세상에서
가장 쉬운
문해력 수업

**세상에서 가장 쉬운
문해력 수업**

| 초판 1쇄 | 발행일 | 2025년 7월 21일 |
| 초판 2쇄 | 발행일 | 2025년 7월 31일 |

| 지은이 | 최나야 · 최지수 · 김효은 · 이신애 · 신수진 · 서지효 |
| 펴낸이 | 유성권 |

편집장	윤경선				
책임편집	김효선	편집	조아윤	홍보	윤소담 박채원
디자인	LUCKY BEAR(표지) 박정실(내지)				
마케팅	김선우 강성 최성환 박혜민 김현지				
제작	장재균	물류	김성훈 강동훈		

펴낸곳	㈜이퍼블릭
출판등록	1970년 7월 28일, 제1-170호
주소	서울시 양천구 목동서로 211 범문빌딩 (07995)
대표전화	02-2653-5131 팩스 02-2653-2455
메일	loginbook@epublic.co.kr
블로그	blog.naver.com/epubliclogin
홈페이지	www.loginbook.com
인스타그램	@book_login

- 이 책은 저작권법으로 보호받는 저작물이므로 무단 전재와 복제를 금지하며, 이 책 내용의 전부 또는 일부를 이용하려면 반드시 저작권자와 ㈜이퍼블릭의 서면 동의를 받아야 합니다.
- 잘못된 책은 구입처에서 교환해 드립니다.
- 책값과 ISBN은 뒤표지에 있습니다.

로그인은 ㈜이퍼블릭의 어학·자녀교육·실용 브랜드입니다.

※ 이 책에 사용된 표지 이미지의 저작권은 모두 해당 책의 저작자와 출판사에 있으며, 저작권자의 허락을 받아 수록했습니다. 단, 일부 도서는 미처 원 저작자의 양해를 구하지 못하고 수록한 경우가 있습니다. 해당 저작물의 저작권 소유주께서는 ㈜이퍼블릭 단행본팀 앞으로 연락주시면 감사하겠습니다.

읽고 쓰고 말하고 생각하는 힘을 기르는
책 읽기의 비밀

세상에서 가장 쉬운 문해력 수업

유아편

최나야 · 최지수 · 김효은
이신애 · 신수진 · 서지효
지음

로그인

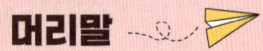

머리말

우리 아이 어떻게 하면 한글을 재미있게 배울 수 있을까요?

놀랍게도 문해력의 토대는 취학 전 유아기에 이미 완성됩니다. 자음과 모음 쓰기를 반복하는 한글 학습지는 이제 그만! 아이에게 한글을 가르칠 때는 그림책이라는 살아 있는 맥락 속에서 재미있게 배울 수 있도록 해 주세요. 『세상에서 가장 쉬운 문해력 수업: 유아편』은 한글 읽기와 쓰기에 관심을 보이기 시작한 만 4~5세 유아, 재미와 배움을 함께 찾는 부모, 그리고 선생님을 위한 책입니다.

학습 능력의 기본 토대가 되는 문해력을 키우는 가장 쉬운 방법이 책 읽기라는 것은 모두가 잘 알고 있습니다. 책 읽기가 중요한 것은 알겠지만, 막상 책을 펼치면 아이와 어떻게 읽어야 하는지 막막하다고 호소하는 부모님들이 많습니다. 비싼 돈을 들여 유명하다는 전집을 책장에 한가득 꽂아도 보지만, 정작 아이는 관심이 없는 경우가 허다하지요. 양으로 승부해 보자는 마음으로 천 권 읽기 같은 목표를 잡아보기도 합니다. 하지만 단순히 책을 많이 접한다고 책을 좋아하며 스스로 읽는 아이가 되는 것은 아닙니다.

이 책은 아이와 집에서 책을 함께 읽으며 쉽고 재미있게 문해력을 기를 수 있는 방법을 담고 있습니다. 서울대 아동언어·인지 연구실에서 한 권 한 권 공들여 선정한 40권의 그림책을 함께 읽어보세요. 책에 담긴 지도안을 따라가며 대화하다 보면 아이의 문해력 뿌리가 탄탄해질 거예요.

또한, 그림책을 활용한 120가지 문해 활동도 담았습니다. 그림책을 읽은 뒤 아이가 직접 해 볼 수 있도록 책에 제시한 120가지 문해 활동을 별도의 아이용 워크북으로도 제공하니, 이 책과 함께라면 한글의 세계에 발을 들이는 우리 아이들의 첫걸음이 즐겁고 신날 거예요. 아이와 읽기 좋은 그림책을 주제별로 선정하였고, 그림책과 워크북은 난이도에 따라 만 4세와 5세로 나뉘었습니다. 낱글자부터 문장 짓기까지 아우르는 통합적인 문해 활동 자료이므로 그림책을 읽고, 쓰고, 그리고 오리고, 붙이며 즐거운 시간을 가져 보세요.

함께 읽어보면 좋은 추천 그림책 5권도 제시했으니, 꼬리에 꼬리를 물고 이어지는 재미있는 그림책의 세계로 떠나 보세요. 그림책을 읽으며 워크북에 담긴 문해 활동을 하다 보면 어느새 우리 아이의 기초 문해력이 쑥쑥 자라 있을 거예요. 『세상에서 가장 쉬운 문해력 수업: 유아편』과 함께 우리 아이들의 기초 문해력이 껑충 성장하는 시간이 되길 기대해 봅니다.

2025년 여름, 저자 일동

도서 사용법

STEP 1 — 그림책 고르기

- 그림책과 워크북의 난이도에 따라 연령별로 구분해 순서대로 배치하였습니다. 우리 아이의 연령과 흥미를 고려하여 활동을 선택해 주세요.
- 책에서 제시하는 그림책의 순서를 꼭 지킬 필요는 없어요. 아이의 흥미와 관심사를 반영해서 활용해 주세요.

  Tip! 가까운 도서관에서 직접 그림책을 찾아 내용을 읽어 보며 고르는 것도 좋습니다.

STEP 2 — 본 책 읽기

- 아이와 활동을 시작하기 전 그림책의 내용을 충분히 숙지하고 시작하는 것이 좋습니다. 그림책을 먼저 꼼꼼히 읽은 뒤, 본 책에 제시된 지도 내용을 읽어 보세요.
- 그림책을 읽어줄 때 어떻게 상호작용하면 좋을지 제시하고 있는 발화문을 실전처럼 따라 말해 보세요. 문장 그대로 말하기보다는 자연스러운 나만의 말투로 하면 됩니다.
- 워크북 활동 예시와 정답을 함께 살펴보고 아이와 활동할 때 어떻게 활용할지 상상해 보면서 읽어보세요.

  Tip! 상호작용 예시를 읽을 때 실제 내 말투와 아이의 반응을 떠올리며 연습해 보세요.

STEP 3 — 아이와 함께 그림책 읽기

- 본 책에서 익힌 상호작용 방법을 바탕으로 그림책을 함께 읽어요. 우리 아이의 연령과 흥미에 맞게 적절히 내용을 가감하며 읽어주세요.
- 그림책을 읽는 시간은 성인이 아이에게 일방적으로 읽어주는 시간이 아닙니다. 아이의 반응을 살피며 그림책을 함께 읽어 나가는 시간이 되도록 노력을 기울여 주세요.
- 그림책을 읽을 때 보이는 아이의 반응에 귀 기울여 주세요. 그림책이란 매체를 활용해서 아이와 즐겁게 이야기를 나눈다고 생각하면 좋아요.

  Tip! 아이가 흥미를 보일 때 적재적소에서 아이의 문해력을 길러줄 수 있는 상호작용을 시도하는 것이 좋아요.

STEP 4 — 워크북 활동 하기

- 그림책마다 음운론적 인식, 어휘력, 이야기 이해력에 초점을 맞춘 세 가지 활동이 수록되어 있습니다. 아이가 흥미를 느끼는 활동지부터 선택하여 진행해 보세요.
- 그림책을 언제든지 다시 읽어보며 워크북 활동을 해 보세요. 그림책을 반복해서 읽는 경험을 통해 그림책에 대한 이해가 더 깊어집니다.

  Tip! 연필, 색연필, 풀, 가위 등 간단한 준비물을 미리 챙겨두면 활동을 수월하게 진행할 수 있어요.

활용 TIP 핵심요약

❶ 어른이 먼저 그림책 읽어 보기   ❷ 본 책 문해 관련 지도 내용 숙지하기   ❸ 유아의 흥미와 반응을 중심으로

본 책 구성

본 책은 크게 그림책을 활용하는 방법과 워크북에 대한 소개로 나뉩니다. 그림책을 활용하는 방법을 소개하는 부분은 〈책 소개〉, 〈이렇게 읽어주세요〉, 〈문해력 키우는 상호작용〉, 〈생각을 키우는 질문〉으로 구성되어 있습니다. 워크북에 대한 소개는 그림책마다 해 보기 좋은 활동 세 가지를 아이와 함께해 볼 때 어떻게 제시하면 좋을지 구체적인 발화와 예시로 알려드립니다.

· 책 소개 ·

그림책의 내용을 아직 읽어보지 못한 독자들을 위해 그림책을 간략히 소개합니다.
서울대 아동 언어·인지 연구실에서 왜 이 그림책을 선정했는지 책 소개부터 함께 살펴보세요.

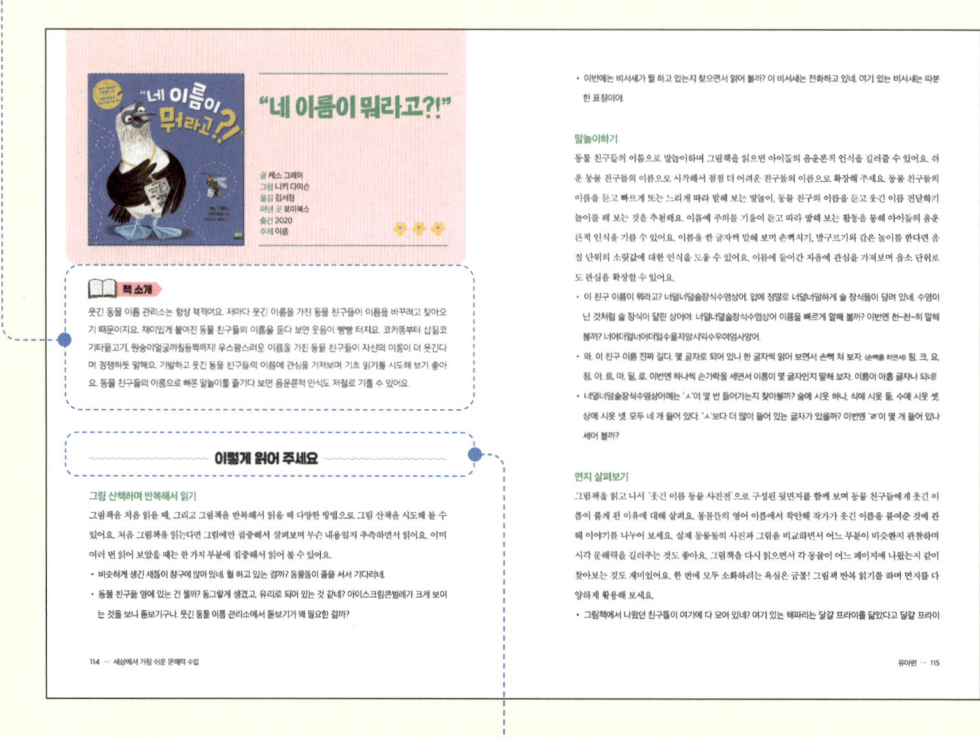

· 이렇게 읽어 주세요 ·

그림책마다 꼭 짚어야 할 부분을 담고 있습니다. 아이에게 해 줄 수 있는 구체적인 발화문의 예시를 적었어요. 미리 그림책을 읽어본 뒤 이 부분을 충분히 숙지해 주세요. 아이와의 그림책 읽는 시간이 더욱 풍부해집니다.

• 문해력 키우는 상호작용 •

유아 문해력의 핵심 요소인 음운론적 인식, 어휘력, 이야기 이해력 발달에 도움이 되는 상호작용 방법을 담고 있어요. 거창한 활동 없이도 그림책으로 우리 아이의 기초 문해력을 키울 수 있습니다.

• 생각을 키우는 질문 •

정답이 정해져 있는 수렴적인 질문보다 아이가 스스로 생각해 보고 대답할 수 있는 확산적인 질문을 해 주세요. 그림책을 읽으며 아이의 생각을 키울 수 있는 구체적인 질문들을 함께 담았습니다. 질문을 던지고 아이의 생각에 귀 기울여 주세요.

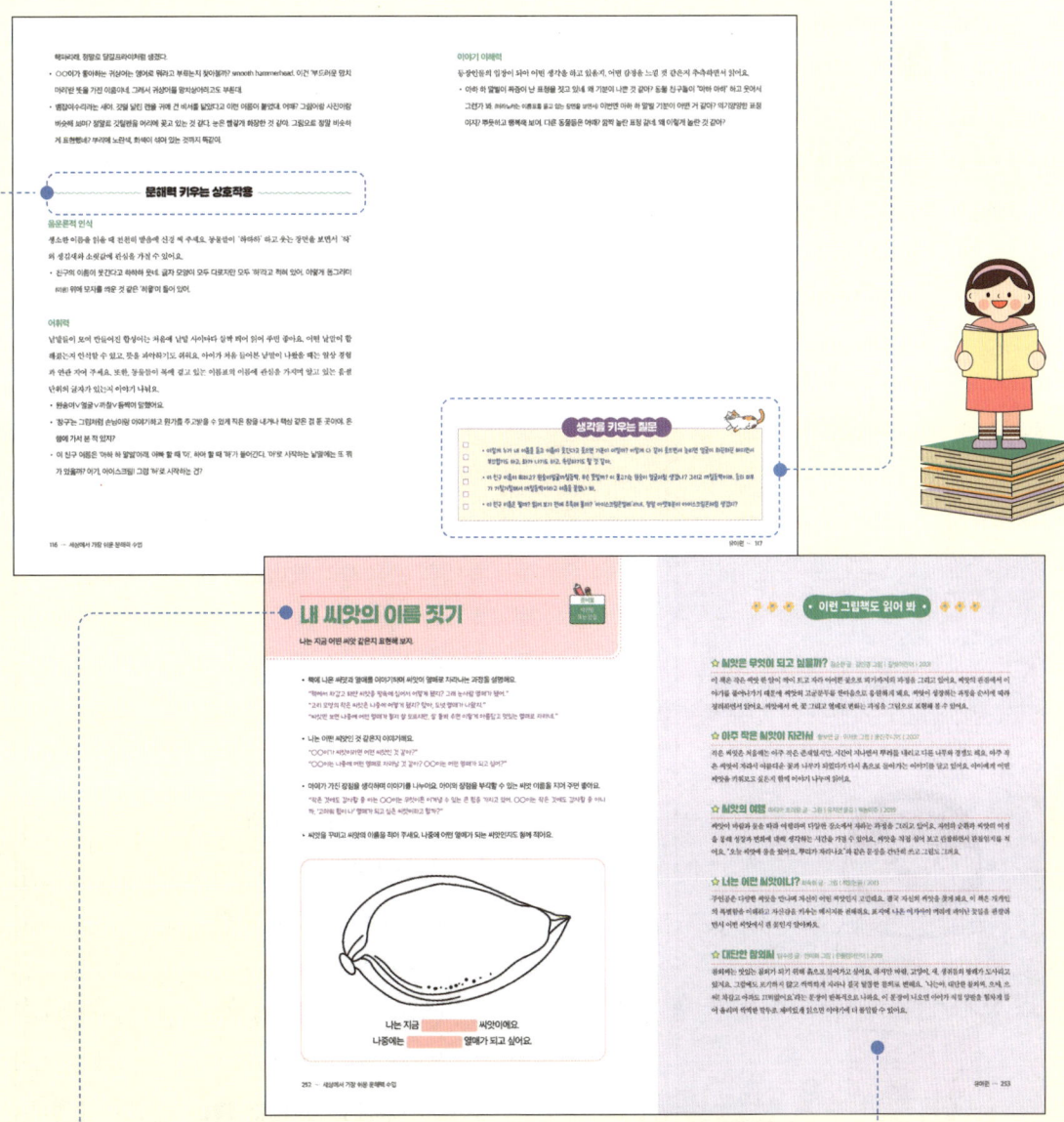

• 문해 활동(워크북) •

그림책을 읽고 간단히 하기 좋은 활동 세 가지를 구성하였습니다. 크레파스, 색연필, 가위, 풀과 같은 기본적인 도구들을 준비해 주세요. 함께 활동지를 하나씩 채워나가다 보면 긍정적인 문해 성향이 만들어질 거예요.

• 이런 그림책도 읽어 봐 •

주제별로 함께 살펴보면 좋은 그림책을 5권씩 추가로 담았습니다. 소개하는 그림책들을 책장의 한편에 비치해 두고 함께 읽어 보면 좋습니다. 그림책들 사이에서 찾을 수 있는 공통점과 차이점을 발견해 볼 수 있고, 도화지와 색연필을 준비해서 우리 아이만의 워크북 활동을 새롭게 구상해 보는 것도 좋은 경험이 됩니다.

차례

1장
만 4세를 위한 문해 활동

무엇이든 할 수 있는 손 손 손 12
피아노 19
고구마구마 27
곰돌이 팬티 34
덜컹덜컹 개미 기차 42
초밥이 옷을 사러 갔어요 49
빵도둑 56
구름은 어떻게 구름이 될까? 64
날씨 상점 71
나뭇잎 손님과 애벌레 미용사 79
오늘도 꿈사탕 가게 86
달을 지키는 곰 93
저 고양이를 보라, 멍? 100
여름 낚시 107
"네 이름이 뭐라고?" 114
거꾸로 토끼끼토 122
싫어는 아주아주 힘이 세! 129
겨울 이불 136
우리 할아버지 143
다시 살아난 초록섬 151

2장

만 5세를 위한 문해 활동

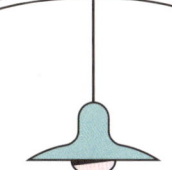

느낌표 160
내가 말할 차례야 167
아빠 해마 이야기 174
개똥벌레가 똥똥똥 181
물꼬 188
우리 가족 말사전 195
또드랑 할매와 호랑이 203
일곱 마리 눈먼 생쥐 211
왜 아무도 고슴도치를 쓰다듬어 주지 않을까? 218
종이 소년 225
감정 호텔 232
짜장면이 왔습니다! 239
신기한 씨앗 가게 247
100마리 고양이네 254
춤추는 가나다라 261
놀부와 ㅇㄹㄹ 펭귄 269
경고! 이 책을 읽지 마세요 276
학교 처음 가는 날 284
내친구 ㅇㅅㅎ 291
무례한 친구가 생겼어요 298

· 1장 ·

만 4세를 위한 문해 활동

무엇이든 할 수 있는 손손손

글 정연경
그림 김지영
펴낸 곳 책속물고기
출간 2023
주제 손 놀이

 책 소개

손의 기능을 과학적으로 탐구해 보는 그림책이에요. 손의 움직임과 구조를 통해 물건을 잡거나 다양한 모양을 만들 수 있다는 사실을 알게 해줘요. 손 모양 그림을 보며 다양한 동작을 따라 할 수 있어 재미있지요. 개성 넘치는 그림 속 장면을 손 놀이를 하며 따라 읽어 보세요. 손 놀이로 손의 기능을 익히고, 소근육을 자극하며, 자음과 모음을 배우기 좋아요.

이렇게 읽어 주세요

손 그림 따라 하기

그림을 보고 손 모양을 그대로 따라 해 봐요. 반복해서 읽을 때는 손 모양의 다양한 형태와 의미에 관해 이야기 나눠요. 자음 또는 모음의 모양을 손으로 표현하며 글자의 모양을 자세히 탐색하는 활동으로 확장할 수 있어요.

- (오른손으로 'ㄱ'을 만들며) 이 그림은 검지를 쭉 펴고, 엄지는 아래로 뻗었네. 그림과 똑같이 만들어 보자.
- (양손으로 'ㅅ'을 만들며) 이건 두 손끝이 맞닿아 있어. 지붕처럼 생겼지? 우리도 만들어 보자.

손가락 모양과 비슷한 글자 만들기

한글 자모와 모양이 같거나 비슷한 손가락 모양이 나와요. 손가락을 이용해 그림과 같은 모양을 만들며 자음과 모음의 모양과 이름을 배울 수 있어요.

- (엄지손가락과 집게손가락을 펴고) 여기 엄지손가락이랑 집게손가락이 힘을 합치면 어떤 모양이 나올까? 한번 만들어 보자. 이 손가락 모양은 한글 니은이랑 똑같이 생겼네.
- (손가락으로 'ㄴ'을 만들며) 니은 모양 손가락을 옆으로 돌리면 기역이랑 똑같아!

손가락 퀴즈

부모님이 먼저 그림책에 나온 손가락 모양을 만들어 보여주면 아이가 자음 또는 모음의 이름을 맞혀요. 반대로 아이가 그림책에 나왔던 손가락 모양을 떠올리면서 만들어 보면 부모님이 이름을 맞히는 놀이를 해요.

- (손가락으로 자음 모양을 만들어 보여주며) 나는 이런 모양이 기억나. ○○아, 이 모양 어떤 글자랑 비슷한지 기억나?
- 이번에는 ○○이가 기억나는 손가락 모양을 만들어 봐. 그럼 엄마가 맞혀 볼게.

문해력 키우는 상호작용

음운론적 인식

자음과 모음의 모양과 이름, 소릿값을 알아봐요. 손을 이용해 자모를 직접 만들며 배우기 때문에 쉽고 재미있게 음운론적 인식을 키울 수 있어요.

- ('ㄱ'을 손가락으로 만들어 모양을 보여주며) 이 모양의 글자 이름은 기역이야.
- ('ㄱ'을 손가락으로 만들고 다른 손의 집게손가락을 펴서 ㄱ에 더해 'ㅋ'을 만들어서) 이건 키읔이야. /크/ 소리가 나는 글자야. 기역 가운데 막대기 하나를 더 붙이면 키읔이 돼.

어휘력

그림책을 읽을 때 각 손가락의 이름을 함께 알려줘요.

- (책에 '집게손가락을 뻗어 봐요'라는 내용을 읽으면서) 어떤 손가락이 집게손가락일까? 맞아! 집게처럼 물건을 집을 수 있도록 도와준다고 해서 집게손가락이야.

- ('엄지손가락에 힘을 주어 봐요'라는 내용을 읽으면서) 어떤 손가락이 엄지손가락일까? 맞아! 왜 엄지라고 이름을 붙였을까? '엄'은 중요하다는 뜻이래. 손가락 중에서 첫 번째여서 엄지손가락이야. 그래서 엄마도 '엄'마라고 하잖아.

이야기 이해력

손은 단순히 물건을 잡거나 글을 쓰는 것뿐만 아니라 소통하고 감정을 표현할 수 있다는 것을 알 수 있어요. 손가락으로 다양한 것을 만들어 낼 수 있다는 걸 깨닫게 되지요. 내 손으로 할 수 있는 일들을 떠올리고 상상하며 이야기를 확장해 나가면서 읽어요.

- 손과 손가락으로 할 수 있는 일들이 참 많네. 손가락으로 글자를 만들면서 우리는 손으로도 이야기하고 소통할 수 있어.
- 손으로 또 무엇을 할 수 있을까? ○○이는 무엇을 할 수 있을 것 같아?
- 다음 장에는 이 손가락 모양으로 어떤 일을 할까? 상상해 볼까?

생각을 키우는 질문

- ☐ 집게손가락으로 눈, 코, 입을 가리키는 것 말고 또 무엇을 할 수 있을까? 새끼손가락으로는 무엇을 더 할 수 있을까?
- ☐ 어떤 손가락들을 이용해서 글자(자음 또는 모음)를 만들어 볼까?
- ☐ 오늘 만든 글자 말고, 손가락으로 또 다른 글자(예전에 배웠던 자음 또는 모음)를 만들어 볼까?

클레이로 한글 만들기

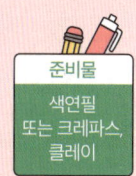

준비물
색연필 또는 크레파스, 클레이

그림책에 나온 손가락 글자를 만들고 그려 보자.

- 그림책에 나오는 다양한 손가락 모양을 관찰하고 직접 손으로 따라 만들어요.
  "집게손가락 두 개가 겹쳐 있네? 같이 만들어 보자."

- 손가락 모양으로 한글 자음이나 모음을 비슷하게 만들며 자음과 모음의 형태와 이름에 관심을 가져요.
  "이렇게 집게손가락 끝이 마주치니까 지붕같이 생겼네. 'ㅅ'이랑 비슷하게 생겼는데? 우리가 만든 시옷 손가락 모양을 그림으로 그려 보자."

- 부모가 손가락 모양을 보여주면 아이가 손가락으로 표현한 한글 모양을 따라 그려요. 아이가 손가락 모양을 만들면, 설명해 주면서 한글을 더 정확하게 써요.
  "(부모가 'ㅅ' 손가락 모양을 보여주며) 손가락 모양으로 'ㅅ'을 만들었지? 이 시옷을 ○○이가 비슷하게 종이에 그려 봐."

- 아이가 글자를 쓴 종이 위에 그대로 클레이를 사용해서 붙여요.
  "○○이가 그린 시옷 위에 좋아하는 색의 클레이로 글자를 따라 만들어 보자."

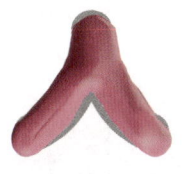
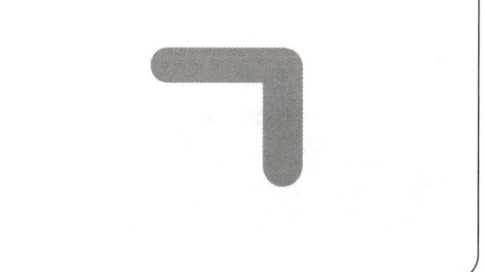

아이가 따라 쓴 한글 위에 클레이 붙이기

유아편 ⋯ 15

내가 만든 손가락 한글

손가락으로 한글을 만들고 사진 찍어 보자.

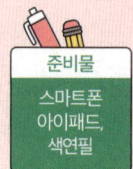
준비물
스마트폰
아이패드,
색연필

- 그림책에 나온 손 또는 손가락 모양을 보며 함께 따라 만들어요.
    "그림책에 나온 손 모양 중에 가장 따라 해 보고 싶은 손가락 모양이 뭐야? 그럼 우리 그거 한번 만들어 보자. 손 모양을 따라 만들어서 보여주면 엄마가 사진 찍어줄게."

- 손가락 모양을 만들고 사진을 찍어요. 그 후 스마트폰이나 태블릿PC의 그림 그리기 기능을 활용하여 부모가 먼저 사진 찍은 손가락 모양 위에 글자를 따라 적어요.
    "이 손가락 모양을 따라 그려 보자. (손가락 모양 사진 위에 니은을 따라 쓰면서) 이건 'ㄴ'을 닮았네."

- 손가락 글자 사진 옆에 아이가 손가락으로 표현한 글자가 무엇인지 직접 써요.
    "이번에는 ○○이가 따라 써 보자! 'ㄴ' 옆에 따라 그려 볼까?"

- 부모와 아이가 함께 손가락으로 새로운 모양을 표현해요. 간단한 모양의 자음 또는 모음부터 만들기 시작하면 좋아요.
    "엄마가 이렇게 집게손가락을 쭉 뻗을게. ○○이가 집게손가락이랑 엄지를 뻗어 볼래? 그리고 이렇게 합쳐 보자. 엄마랑 ○○이 손가락을 합쳤더니 'ㄷ' 모양이 됐네!"

손 사진 칸	아이가 한글 쓰는 칸	손 사진 칸	아이가 한글 쓰는 칸
손 사진 칸	아이가 한글 쓰는 칸	손 사진 칸	아이가 한글 쓰는 칸

손가락 글자 따라 써 보기

손가락 또는 손 모양을 보고 어떤 글자인지 맞혀 보자.

- 아이가 책에서 보고 부모와 따라 해본 자음 손가락 모양을 기억하고 자음 이름과 연결해 쓰는 활동이에요. 손가락 모양을 보고 어떤 자음인지 이름을 맞혀요.
  "이 손가락은 어떤 한글처럼 생겼어? 맞아. 티읕이야."

- 글자 이름을 맞춘 후 그림 옆에 부모가 먼저 따라 쓰면서 획순을 알려주세요.
  "여기 티읕을 쓸게. ('ㅌ'을 쓰며 획순을 보여 줘요.) 자, 하나, 둘, 셋 이렇게 순서에 맞게 따라 써 봐."

- 부모가 직접 쓴 자음 위에 아이가 획순에 맞게 따라 쓸 수 있도록 도와줘요.
  "이 글자 이름은 뭐라고 했지? 맞아 티읕이야."

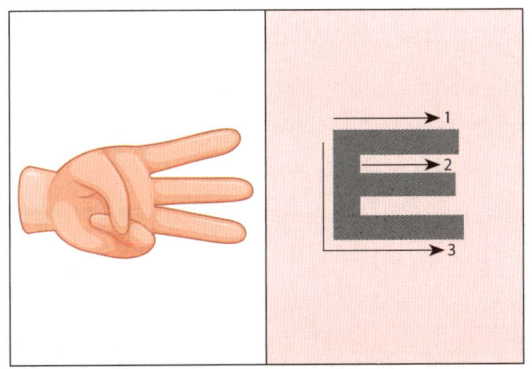
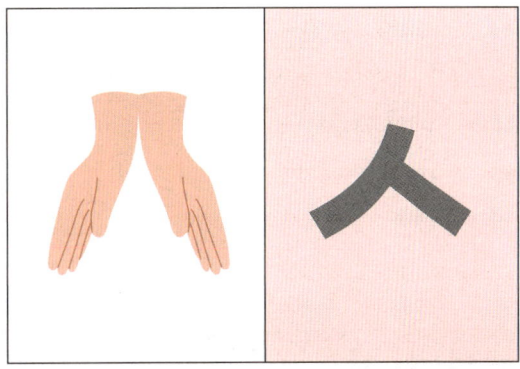
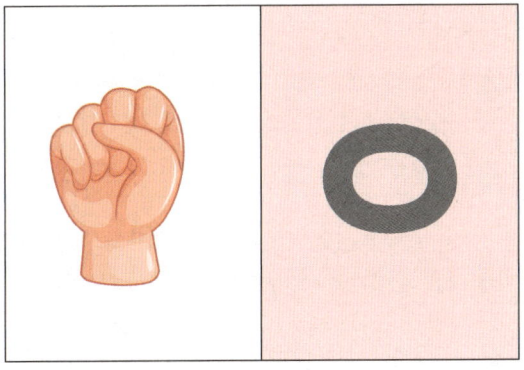
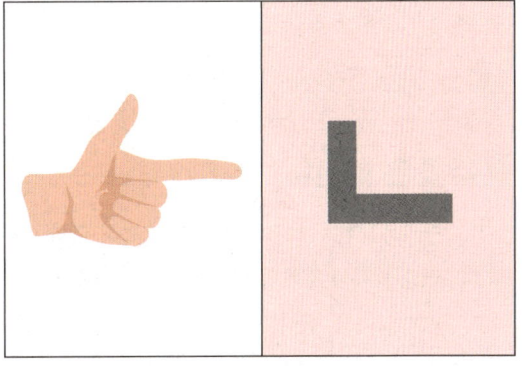

• 이런 그림책도 읽어 봐 •

☆ 고양이는 다 된다 ㄱㄴㄷ   천미진 글 · 이정희 그림 | 발견(키즈엠) | 2019

고양이가 한글 자음 'ㄱㄴㄷ'에 따라 다양한 모습으로 변신하며 상상력을 자극하는 이야기예요. 리드미컬한 문장과 재치 있는 그림으로 한글과 어휘를 재미있게 배울 수 있어요. 종이에 'ㄱㄴㄷ'부터 'ㅎ'까지 적고, 아이들이 자음에 해당하는 단어를 그림으로 그리거나 손이나 몸으로 표현해요. (예: ㄷ 장면에서는 다리미를 들고 다림질 흉내 내기)

☆ 손으로 몸으로 ㄱㄴㄷ   전금하 지음 | 문학동네 | 2008

손과 몸으로 모양을 만들며 숫자와 글자를 배워요. 시각 장애인을 위한 점자도 함께 배울 수 있어요. 눈으로 보는 친구와 손으로 보는 친구, 어른과 아이 모두 세상을 넓은 마음으로 보게 돼요. 각 페이지에 손가락과 몸을 써 자음을 만든 그림을 보고 똑같이 따라 해 보고, 아이가 그림을 응용하여 자음 모양을 자유롭게 만드는 놀이를 해요.

☆ 손을 주세요   여기 글 · 그림 | 키큰도토리 | 2019

손의 다양한 역할과 손 놀이를 통해 글씨를 쓰고, 밥을 먹고, 이를 닦는 등 우리가 매일 사용하는 손을 새롭게 바라보게 해요. 엄지손가락부터 새끼손가락까지 다섯 손가락의 이름과 기능을 배워요. 게의 집게발, 염소의 뿔, 새의 날개, 티라노사우루스의 모습을 손으로 만들며 '뾰족뾰족 뿔난 염소'와 같이 여러 가지 의성어와 의태어를 말하며 손 놀이를 할 수 있어요.

☆ 노는 게 좋은 ㅡ · ㅣ   전정숙 글 · 김지영 그림 | 올리 | 2022

한글의 모음 'ㅡ, · , ㅣ'가 다양한 놀이 속에서 새로운 모양과 이야기를 만들어 가는 과정을 그렸어요. 즐거운 모음들의 세계가 펼쳐지며 한글의 매력에 빠져들게 돼요. 아이와 함께 'ㅡ, · , ㅣ'를 몸으로 표현하는 놀이를 해요. 손가락과 신체 활동을 통해 모음의 모양과 특징을 자연스럽게 배울 수 있어요. (예: ㅡ을 손가락으로 길게 만든 후 몸을 길게 눕히기, ·는 손가락으로 동그라미 만든 후 동그랗게 몸 말기, ㅣ는 손가락을 쭉 뻗었다가 일자로 서기)

☆ 구름 한 숟가락 ㄱㄴㄷ   황숙경 글 · 그림 | 비룡소 | 2024

귀엽고 동글동글한 주인공이 ㄱ부터 ㅎ까지 모험을 떠나며 자연스럽게 글자를 배우는 그림책이에요. 파스텔톤의 부드러운 색감과 동적인 선이 아이들에게 안정감과 흥미를 줘요. 숨어 있는 재미 요소가 많아서 반복해서 읽어도 질리지 않아요. 신나는 공간에서 실컷 놀다가 결국에는 안전한 침대로 돌아오는 이야기여서 잠자리 책으로도 좋아요. 각 페이지에 나온 숨겨진 자음을 찾아보며 어떤 물체와 비슷한 모양인지 이야기해요. 손가락으로 자음을 따라 쓰거나 손 놀이를 통해 자음 모양을 만들어요.

피아노

글·그림 호아킨 캄프
옮김 임유진
펴낸 곳 곰세마리
출간 2022
주제 음악

 책 소개

새 그랜드 피아노가 집에 온 날의 이야기예요. 아빠는 새 피아노 앞을 가로막으며 피아노를 만지지 못하게 하지만, 아빠가 사라진 틈을 타 남매는 신나게 피아노 연주를 해요. 피아노 소리는 아이들의 감정선을 따라 자유롭고 창의적인 소리로 울려 퍼져요. 연주에 맞춰 피아노 위로 예쁜 새들이 날아오르거나 무서운 동물들이 나타나요. 신나는 리듬에 따라 춤추는 사람들이 등장하기도 해요. 아이들이 연주하는 피아노 소리가 다양한 의성어(소리 표현)와 의태어(모양·움직임 표현)로 표현되어 있어 소리와 글자의 관계를 감각적으로 느껴볼 수 있는 그림책이에요.

이렇게 읽어 주세요

표지 펼쳐서 읽기

앞표지와 뒤표지가 하나로 연결된 그림으로 되어 있어요. 표지를 펼치면 책의 전체적인 분위기와 이야기의 단서를 찾을 수 있어요. 화사하고 감각적인 색채로 그려진 표지를 탐색하는 것만으로도 책에 호감이 생길 거예요. 표지에 있는 그림을 탐색하며 어떤 이야기가 나올지 예측해 보세요.

- 우리 표지를 활짝 펼쳐 볼까? 앞쪽에는 커다란 피아노가 있고 뒤에는 어린이 두 명이 걷고 있네. 두 친구는 어디로 가는 중일까?
- 이 책의 제목은 『피아노』야. ○○이는 '피아노'란 단어를 들으면 어떤 기분이 들어?

- 표지 색깔과 분위기를 보니 어떤 느낌이 떠올라? 이렇게 밝은 색감을 보니 신나고 즐거운 이야기일 것 같구나.

의성어·의태어 강조하며 읽기

이 책은 그림이 주가 되어 이야기를 이끌고, 글은 짧은 의성어·의태어 텍스트로만 이루어져 있어요. 아이들은 의성어와 의태어 소리를 실감 나게 듣는 것을 좋아하기 때문에 피아노 소리가 표현된 부분을 읽을 때는 목소리의 높낮이와 크기를 조절하며 생동감 있게 읽어 주세요. 특히 텍스트는 단순한 글씨가 아닌 소리를 반영하는 타이포그래피로 표현되어 있어서 글자의 크기나 형태에 따라 소리의 강약을 보여줘요. 글자의 소리를 강조하여 읽어 주면 아이들이 글자에서 나는 말소리를 더 잘 인식하고, 은연중에 소리와 문자의 관계를 깨달을 수 있어요.

- (새가 날아가듯 손을 위아래로 움직이며 높은 목소리로) **짹짹 짹짹**. 여기 봐 새들이 예쁜 소리를 내며 날아오르고 있어.
- (발을 구르며 낮고 굵은 목소리로) **쿠아아앙!** 무서운 동물들이 나타났어. 도망가자. 으악~
- (팔다리를 움직여 춤추는 흉내를 내며) **랄랄랄라 위히~ 유후~** 이 노래 너무 신나지 않니?

움직이는 그림책 감상하기

책을 다 읽은 후 표제지에 있는 QR코드를 스캔해 보세요. 3~4분 정도 피아노 연주 소리와 함께 움직이는 그림책을 감상할 수 있어요. 먼저 소리만 감상하고, 이후 움직이는 영상을 보면 음악, 미술, 영상이 어우러진 풍부한 읽기 경험이 가능해요.

- 책에서 나온 피아노 연주가 궁금하지 않니? 여기 그 비밀 연주를 들을 수 있는 코드가 있대. 소리와 함께 다시 책을 읽어 보자.
- 피아노 소리와 함께 책을 읽어 보니 어떤 느낌이 들었니? 들렸던 피아노 연주 중 어떤 멜로디가 기억에 남아?
- 이번에는 이 친구들이 움직이며 연주하는 모습을 볼 수 있는 움직이는 그림책 영상을 보자. 움직이는 그림책을 보니 어때?

문해력 키우는 상호작용

음운론적 인식

이 책에는 피아노 연주 소리를 묘사하는 다양한 의성어(짹짹, 쿠아아앙, 랄랄랄라 등)가 등장해요. 거울을 보고 말소리를 내 입 모양을 관찰하면 소리의 특징을 구별하는 데 도움이 돼요. 의성어를 따라 피아노를 쳐 보거나 음절 수에 맞게 박수를 쳐볼 수도 있지요. 이렇게 말소리를 감각적으로 통합 활용하면 음운론적 인식 능력을 높일 수 있어요.

- (거울로 입 모양을 관찰하며) 우리 거울을 보면서 책 속 피아노 소리 중 어떤 소리가 입이 크게 만들어지는지 살펴볼까? 어떤 소리를 먼저 내볼까? 그래 '쿠아아앙' 소리를 내 보자. 입 모양이 어떻게 되어 있어? 동그랗고 커다란 입 모양이 되네. '랄랄랄라'도 해 볼까? 입이 옆으로 크게 벌려지네. '쨕쨕' 소리는 입 모양이 작고 빠르게 움직여.
- 무서운 동물들이 나오는 장면에서는 여동생이 피아노를 아주 세게 연주하나 봐. '쿠아아앙' 소리를 아주 빠르게 읽어 볼까? '쿠아아앙'을 빠르게 읽으면 '쾅' 하는 소리가 되네. 우리도 피아노로 '쾅' 하는 소리를 만들어 보자.
- (많은 새가 날아오르는 장면을 가리키며) 새들이 날아오르는 장면에 '쨕쨕' 소리가 몇 번이나 나는지 세볼까? 쨕쨕 소리가 날 때마다 박수를 쳐 보자.

어휘력

그림책 장면에 제시된 다양한 사물과 인물이 내는 소리를 상상해 보세요. 고양이가 움직일 때, 아이들이 피아노로 뛰어갈 때 등 글에 나오지 않았던 소리를 만들면 어휘력을 키울 수 있어요. 장면마다 소리가 어떤 감정과 연관되는지 떠올려 보면 더 다양한 표현을 유도할 수 있어요. 엄마 아빠가 그림책을 읽어 주면서 미리 다양한 의성어 표현을 생각해 두면 아이들도 따라 하며 표현력을 키울 수 있어요.

- (남자아이가 피아노로 처음 달려가는 장면을 가리키며) 여기 남자아이가 뛰어갈 때 어떤 소리가 들릴까? ○○이는 '후다다닥' 소리가 났을 것 같구나. 엄마는 '타박타박 탁탁탁' 소리가 났을 것 같아.
- (쿠아아앙 소리가 나는 장면의 고양이를 가리키며) 고양이의 표정을 봐. 뾰족한 이빨을 드러내고 있네. 고양이는 어떤 감정이 들었을까? 깜짝 놀라 화가 난 것 같구나. 그럴 때 고양이는 어떤 소리를 낼까? '크르릉 캬악!' 정말 그런 소리가 날 것 같구나.
- (아빠 발소리에 모두가 놀란 장면에서) 어떡해! 아빠가 오고 있나 봐. 사람들 표정을 보니 모두 당황한 것 같지? 이때 사람들 마음속엔 어떤 소리가 들릴까? '흡', '두근두근', '덜컥', '뜨악'. 이런 소리가 났을 것 같아.

이야기 이해력

이 책의 글은 문장형 텍스트 없이 짧은 의성어로만 이루어져 있어요. 상상해서 문장형으로 이야기를 만들어 보세요. 이렇게 하면 분절된 장면들이 하나의 흐름으로 이어지고, 인물의 감정에 더 깊이 공감하며 이야기를 잘 기억할 수 있어요. 마지막에 새로운 후속 이야기를 짓거나, 책의 제목을 바꿔보며 확장하면 나만의 책이 생긴 것처럼 더 친숙하게 느낄 수 있어요.

- (첫 번째 장면을 보며) 우리가 이야기를 만든다면 어떤 말로 이야기를 시작해 볼까? 여기 피아노를 만든 회사의 이름을 지어 보자. ○○이는 상상 피아노라고 하고 싶구나. "드디어 우리가 상상 피아노에서 산 새하얀 피아노가 도착한 날이에요"라고 해 볼까?
- (두 번째 장면을 보며) 아빠가 피아노를 막으며 "안돼"라고 말하네. 이때 아이들의 마음을 설명해 주면 어떨까? "안된다고 말하는 아빠의 모습을 보니 남매는 서운한 마음이 들었어요. 마음속엔 피아노를 만지고 싶은 마음으로 가득했죠."
- (책을 다 읽고 난 다음) 뒤에 일어날 또 다른 일들을 생각해 보자. ○○이는 이 책의 제목을 바꾼다면 어떻게 짓고 싶어?

생각을 키우는 질문

- ☐
- ☐ 아빠가 새 피아노를 만지면 안 된다고 했을 때, 아이들이 정말로 피아노를 연주하지 않았다면 이야기는 어떻게 되었을까?
- ☐ 이 책에서 피아노 대신 새로운 악기를 보여 준다면 어떤 악기가 나오면 좋겠니? 신기했던 악기나 보고 싶은 악기가 있어?
- ☐ 음악이 없다면 우리 생활은 어떻게 변할까? 음악이 있어서 가장 좋았던 순간이 있었니?
- ☐

숨은 단어 '피아노' 찾기

글자들 사이 가로, 세로, 대각선에 숨겨진 '피아노'를 찾아 선으로 연결해 보자.

- 18개의 낱글자가 적혀 있는 표 안에 '피아노' 단어를 연결할 수 있어요.
  "우와~ 이 표에 '피아노'라는 단어가 숨겨져 있대! 어디에 있을까? 가로, 세로, 대각선 줄을 잘 살펴보면 단어가 숨어 있어!"

- 각 칸에 제시된 낱글자는 모두 각기 다른 글자체와 크기로 적혀 있어요. 낱자의 크기와 모양을 자세히 살펴보고 시각적으로 변별하며 '피아노' 단어를 만들어 보세요.
  "한 글자씩 살펴보면서 같은 글자를 찾아볼까? 같은 글자가 보이면 손가락으로 가리켜 봐. '피'라는 글자가 여기에도 있고 저기에도 있네. 어떤 글자가 더 크지? '노'라는 글자도 두 개나 있네. 어디에 있는 '노'가 피아노로 연결될까?"

- 정답을 맞혀보고 '피아노' 외에 찾을 수 있는 다른 단어도 찾아보세요.
  "여기에도 '피아노'가 숨겨져 있었구나. 모두 몇 개를 찾았니? 5개 모두 찾았구나. 처음엔 잘 보이지 않았는데 이제는 단번에 보이는 것 같아."
  "혹시 이 표에 또 다른 단어들이 숨어 있지는 않을까? 여기 '피어나'라는 말도 있네. '노아'라는 이름도 찾을 수 있어. 우와 ○○이는 '아이'를 찾았구나!"

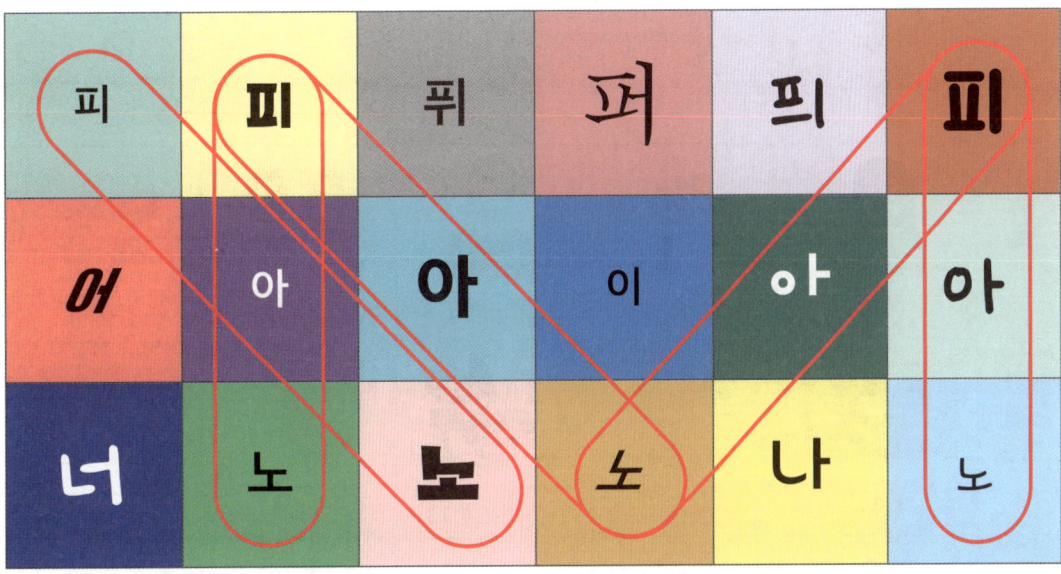

- 단어 '피아노'는 모두 몇 개인가요? (5)개

창작 카드로 이야기 꾸미기

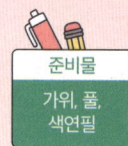
준비물
가위, 풀, 색연필

이야기 창작 카드를 활용해서 새로운 이야기를 만들어 보자.

- 이야기 창작 카드를 탐색하며 새로운 이야기를 구상해요.
  "이제 우리가 새로운 이야기를 만들 수 있대! 여기 이야기를 꾸밀 수 있는 카드가 있어. 어떤 카드가 가장 마음에 들어? 누가 나 온다고 할까?"

- 카드를 오려 도안 위에 배치하며 다양한 이야기를 상상해요. 글자 쓰기를 즐기는 아이라면 타이포그래피 카드는 직접 꾸민 글자를 붙이거나 도안 위에 직접 써도 좋아요. 이야기를 만들 때 소리-인물-배경(사물) 순으로 상상해 보면 이야기의 틀을 잡기가 비교적 수월해요. 처음에는 풀을 바르지 않은 낱장의 카드를 도안 위에 자유롭게 배치하며 아이디어를 떠올려요. 점차 이야기의 윤곽이 잡히면 카드 위치를 확정한 후 풀로 붙여 완성해요.

  Tip 카드를 잘라 코팅 후 빨대나 막대에 붙여서 구연동화(스토리텔링)로도 활용할 수 있어요.

  "그림책에 있던 피아노 장면이 있네. 여기에 카드를 올려보면서 어떤 이야기가 될지 생각해 보자. 피아노에서 어떤 연주 소리가 들릴까? 연주자 자리에 누가 있을까? 왜 지휘자를 피아노 옆에 두었어? 강아지는 어디에서 음악을 듣고 있을까? 지금 몇 시쯤 일까? 날씨는 어때? 비가 오고 있구나. 그럼 창문 밖으로 비 그림도 그려 넣을까?"

- 함께 완성한 이야기를 역할을 나누어 연극처럼 읽어 보거나 녹음해서 재생해 봐요.
  "우리가 만든 이야기를 처음부터 들어볼까? ○○이가 이야기를 들려주는 사람이 되고 싶구나. 좋아, 그럼 엄마는 피아노를 연주하는 할아버지가 될게. 이야기를 기억하기 어려울 것 같으면 녹음해서 언제든 다시 들어보자."

배경 도안

등장 인물 카드	엄마	지휘자	할아버지	친구	강아지
사물 카드	창문	시계	피아노	기타	악보
타이포 그래피 카드	쿵쾅쿵쾅	뭉게뭉게	째깍째깍	샤랄랄라	띵가 띵가

무지개 계이름 찾기

흩어진 계이름들의 순서를 찾아보자.

- 피아노 건반 위의 무지개색 동그라미와 무지개색 계이름 글자를 읽어 보며 계이름에 관심을 가져요.
  "레도미솔파라도시~ 어딘가 아주 이상하지? 맞아 계이름들이 놀다가 순서 없이 여기저기 흩어져 버렸대!"

- 피아노 건반 위 무지개색을 단서로 계이름의 적절한 위치를 찾아봐요.
  "계이름은 원래 어떤 순서로 있었을까? 여기 힌트가 있네. 무지개색을 따라가 보라고 적혀 있어. 건반 위에도 동그라미가 무지개색 순서대로 그려져 있네. 무지개색 계이름 글자를 무지개색에 맞추어 순서대로 적으면 찾을 수 있겠다. 어떤 계이름이 가장 먼저 나와야 할까?"

- 소리의 음을 표현해 봐요. 피아노나 실로폰을 이용해 직접 쳐 보면서 각 계이름의 소리를 들어보세요.
  "우리가 찾은 계이름을 피아노에서 직접 쳐 볼까? ○○이는 계이름 중 어떤 소리를 가장 좋아하니?"

※ 힌트 : 무지개색을 따라가 봐!

이런 그림책도 읽어 봐

⭐ 춤을 추었어 이수지 글·그림 | 안그라픽스 | 2024

본문이 하나의 악보처럼 구성된 그림책으로, 주인공 소녀가 춤추며 절망과 희망이 공존하는 세상을 보여줘요. 18개 소악장 중 마음에 드는 장면을 골라 생략된 글을 만들어요. 문장이 아니어도 감정, 색감, 분위기를 단어로 표현해 시처럼 적어도 좋아요. 배경음악을 들으며 떠오르는 글자를 포스트잇에 적어 붙이면 더욱 실감 나게 느껴질 거예요.

⭐ 음악이 흐르면 이이삼 글·그림 | 올리 | 2024

까만 LP판 위에 흐르는 음악 속에서 사람들이 하나둘 올라와 춤추는 모습을 담고 있어요. 서로 다른 춤을 추지만, 존중하며 하나 되는 마음을 표현하고 있어요. 그림 속 사람들의 동작에서 'ㅇ, ㅅ'의 자모음을 찾아 따라 해요. 둥글게 말아 'ㅇ'을 만들거나, 두 사람이 팔을 뻗어 'ㅅ'을 표현할 수 있어요.

⭐ 모두 다 음악 미란 글·그림 | 사계절 | 2024

자전거를 탄 소녀가 바람, 빗방울, 도시 소음 속에서 음악을 발견하는 그림책이에요. 노란색으로 물든 악기들이 책의 배경 곳곳에 숨겨져 있어요. 뒷면지에 있는 악기 그림을 보며 장면에 숨어 있던 악기들을 찾아보세요. 마치 숨은그림찾기처럼 그림 속 그림을 시각적으로 탐색할 수 있어요.

⭐ 모두를 위한 노래 루시 모리스 글·그림 | 김은재 옮김 | 키즈엠 | 2022

아름다운 노래가 외로운 마을 사람들에게 희망을 주는 이야기예요. 어느 날 노랫소리가 멈추고, 마을 사람들은 노래를 부르던 주인공인 작은 새를 찾아 치료해 줘요. 다시 흐르는 노래와 함께 평화가 찾아와요. 가족이 좋아하는 노래를 함께 불러 보며 음악이 주는 기쁨을 경험해요. 가사를 바꿔 부르며 새로운 노래를 만들어 보는 것도 재미있어요.

⭐ 피아노 소리가 보여요 명수정 글·그림 | 글로연 | 2016

바흐의 〈골드베르크 변주곡〉을 그림으로 표현한 책으로, 청각장애인이 피아노 선율을 시각적으로 감상할 수 있도록 기획했어요. 가로로 긴 판형에 원들이 점자처럼 만져지도록 가공되어 있어요. QR코드로 피아노 연주를 들으며 손가락으로 그림 속 선율을 따라가 보세요. 음악을 소리뿐 아니라 시각과 촉각으로도 느낄 수 있는 경험을 제공해요.

고구마구마

글·그림 사이다
펴낸 곳 반달(킨더랜드)
출간 2017
주제 구황작물

 책 소개

고구마 덩굴에서 뽑힌 여러 모양의 고구마가 등장하면서 이야기가 시작돼요. 고구마들은 눈코입을 달고 제각기 독특한 외모와 특징에 맞는 이름으로 재치 있게 소개해요. 소개에 이어 고구마를 맛있게 먹는 다양한 방법들을 보여주고, 고구마 잔치도 열어요. 그와 동시에 예상치도 못했던 '고구마 방귀'라는 유머 포인트가 터져 나와 모두를 웃게 만들지요. 이 책은 작은 것에도 숨겨진 매력과 각자의 다른 모습을 존중하며 자존감을 느끼도록 하는 따뜻한 메시지를 담고 있어요.

이렇게 읽어 주세요

실물 고구마 탐색하기

그림책을 읽기 전에 실제 고구마를 보여주고 직접 만져보는 시간을 가져보세요. 고구마의 크기와 무게, 거칠기 등 서로 다른 고구마를 손으로 만져 느껴보는 시간을 가져요. 생고구마를 반으로 잘라 냄새를 맡아보거나 고구마 속을 살펴볼 수도 있어요. 책을 읽기 전 고구마에 대한 사전 경험이 더해져 더 생동감 있는 책 읽기가 가능해질 거예요. 이렇게 고구마를 실물로 접하면 읽기 동기가 생길 수 있어요.

- 이 고구마들은 어디서 자랐을까? 생고구마를 만져보니 어떤 느낌이 들어? 어떤 고구마가 가장 마음에 드니?
- 고구마를 반으로 자르면 안에 무슨 색이 보일까? 고구마를 한번 잘라 볼까?

- 고구마 냄새도 맡아보자. 껍질에서 흙냄새가 나는 것 같지? 잘린 곳에서는 달콤한 냄새도 나네!

의성어·의태어 강조하며 읽기

손가락으로 고구마의 몸통을 손으로 따라 그리며 각 고구마의 특징을 살려 읽어요. 고구마의 모습을 묘사하는 글에 나오는 의성어·의태어를 강조하며 리듬감 있게 읽으면 고구마의 모습과 말소리가 더 잘 연결될 수 있어요.

- (둥글구마의 원형을 따라 그리며) 고구마는 둥글~ 둥글~ 둥글구마. (손가락으로 길쭉한 몸을 따라 그리며) 아주 길~쭉 하구마.
- 배가 빵빵하구마~ 어? 여기 작은 연기가 나오고 있잖아. 뿡뿡뿡.
- (큰 목소리로 방귀 소리를 흉내 내며) 빵~뀌었구마.

맛 표현하며 읽기

잘 익은 고구마를 먹는 장면을 보며 고구마를 먹을 때 느낌을 표현하며 읽어 주세요. 실감 나게 그려진 고구마의 모습을 보면 맛을 표현하는 풍부한 언어들이 잘 떠오를 거예요.

- 그림에 있는 고구마를 한입 베어 먹으면 어떤 맛이 날 것 같아? (책의 고구마를 입에 넣어 주는 시늉을 하며) 엄마가 한 입 먹어볼게. 부드럽고 포슬포슬한 맛이 나는 것 같아.
- 이 중 어떻게 생긴 고구마가 가장 맛있게 생겼어? 엄마는 이렇게 속이 노랗게 익은 촉촉한 고구마에서 달콤한 맛이 날 것 같아.

문해력 키우는 상호작용

음운론적 인식

반복되는 어구 '~구마'는 경상도 사투리에서 비롯된 표현이에요. 이 책에서도 사투리를 활용해서 운율이 느껴지는 언어유희를 보여주고 있어요. 책을 읽고 난 뒤 대화할 때 어미에 '~구마'를 붙여 특유의 억양과 운율을 살려 말놀이를 해 보세요.

- 그거 알아? '~구마'라는 말은 경상도 지역의 사투리로 쓰이는 말이래. 우리도 오늘은 '~구마'로 끝나는 말을 해 보자.
- 엄마가 먼저 해 볼게. "○○이는 오늘 졸리구마. 어서 자야겠구마. 엄마가 도와줄거구마."
- ○○이도 한번 해 볼래? "친구랑 같이 재미있게 놀거구마. 그래야겠구마."

어휘력

고구마와 관련된 반의어(반대말), 연관어(관련된 단어), 상위어(더 큰 범주의 단어)를 떠올려 보세요. 책 속 고구마 이름을 활용해 반대말을 만들거나, 고구마처럼 뿌리가 땅에서 자라는 식물을 '덩이뿌리'라는 상위어로 표현할 수 있어요.

- 반의어: 고구마 친구들 이름의 반대말을 말해 보자. 크구마의 반대말은? 작구마, 길쭉하구마의 반대말은? 짧구마, 뚱뚱하구마의 반대말은? 날씬하구마.
- 연관어: 고구마랑 함께 먹으면 맛있고 어울리는 음식을 떠올려 보자. 어떤 것들이 있을까? ○○이는 우유, 치즈, 꿀이 생각났구나. 엄마는 김치가 떠올랐어.
- 상위어: 고구마처럼 땅에서 자라는 뿌리를 부르는 더 큰 단위의 말이 있대. 바로 덩이뿌리야. 덩이뿌리는 뿌리가 아주아주 커지는 식물들을 말한대. 우리가 지난번에 갈아 마셨던 '마'도 같은 종류야.

이야기 이해력

각자 다른 개성을 가진 고구마들은 서로 어떤 이야기를 나눌까요? 고구마들이 사람처럼 말을 한다고 상상하며 새로운 이야기를 만들어 보세요. 아이와 함께 각 고구마의 목소리와 말투를 상상해 보면 더 재미있는 이야기를 만들 수 있어요.

- 만약에 고구마가 사람처럼 말할 수 있다면 뭐라고 했을까? 고구마들이 나누는 대화를 상상해서 이야기를 만들어 보자.
- 길쭉하구마는 어떤 목소리를 낼까? 몸이 길쭉하니 목소리도 가늘게 낼 것 같지? 크구마는 목소리도 아주 큰 아저씨일 것 같아.
- 엄마가 먼저 시작해 볼게. "어느 날 굽었구마가 배불룩하구마를 내려다보며 말했어요. 너는 어쩌다 그렇게 배가 나왔니? 내 홀쭉한 허리를 봐. 아주 날씬하다고구마!"

생각을 키우는 질문

- ☐
- ☐ 감자와 고구마의 공통점과 차이점은 무엇일까? 감자는 덩이줄기, 고구마는 덩이뿌리에 속한다는 것을 알고 있었니?
- ☐ 고구마가 땅속에 있다가 밖으로 처음 뽑혀 나왔을 때 어떤 기분이 들었을까?
- ☐
- ☐ 만약에 세상에 모든 고구마가 없어진다면 어떤 일이 생길까?

문장 띄어쓰기

빈칸을 채워 띄어쓰기 문장으로 완성해 보자.

- 띄어쓰기에 맞게 글자를 써넣어 보며 자연스럽게 문장 구성을 경험하는 활동이에요. 활동을 시작하기 전에 책에 나왔던 문장들을 떠올려 보며 이야기를 나누어 보세요.

  "책에 나왔던 말 중 가장 기억에 남는 말이 있었니? 여기 있는 문장들은 모두 책에 나왔던 문장이래. 그런데 어딘가 이상하지? 모두 붙어버렸네. 띄어쓰기가 사라졌어. 이 문장들이 제자리로 가려면 옆에 네모 칸 안에 순서대로 글자를 넣어 주면 된대."

- 힌트로 제시된 낱글자의 위치를 토대로 글자를 순서대로 찾아 써넣어 주세요. 책을 펼쳐 원래의 문장을 찾아보며 써도 좋아요.

  "고구마는둥글구마를 네모 칸 안에 써 보자. '고' 다음 나올 글자는 무엇일까? 책을 펼쳐 원래 어떻게 쓰여 있었는지 찾아볼까?"

- 제시된 문장과 띄어쓰기를 완성한 문장을 비교하며 읽어 보세요. 띄어쓰기가 되어 있는 문장은 보기에도 편하고, 소리 내어 읽을 때도 정확한 발음과 억양으로 전달할 수 있지요. 이런 점을 이야기하며 띄어쓰기의 중요성을 알 수 있어요.

  "자, 이제 완성된 띄어쓰기 문장을 읽어 보자. '고구마는둥글구마'가 '고구마는 ∨ 둥글구마'가 되었구나. 띄어 쓴 문장에서 어떤 점이 가장 달라 보여? 맞아. 한눈에 봐도 띄어쓰기를 한 문장이 보기가 좋지. 그리고 더 정확한 말소리로 읽을 수 있어."

고구마는둥글구마 ⋯ 고 구 마 는 둥 글 구 마

고구마는길쭉하구마 ⋯ 고 구 마 는 길 쭉 하 구 마

참다르게생겼구마 ⋯ 참 다 르 게 생 겼 구 마

못생겨도맛나구마 ⋯ 못 생 겨 도 맛 나 구 마

모두모두속이빛나구마! ⋯ 모 두 모 두 속 이 빛 나 구 마 !

고구마 이름 짓기

다양한 고구마 모양에 어울리는 고구마 이름을 지어 보자.

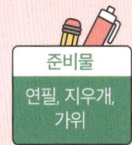

- 그림책의 내용을 떠올리며 다양한 고구마의 이름을 상상해 보세요.
    "책에는 어떤 고구마들이 나왔지? 고구마들은 어떤 모습이었어? 여기 있는 다양한 고구마의 이름도 지어 볼까?"

- 새로운 고구마들의 모습을 보며 이름을 지어 보세요. 모양, 크기, 질감을 자세히 관찰하며 특징에 어울리는 이름을 붙여 주고 글씨로 써 보세요.
    "이 고구마는 어떤 이름이 어울릴까? 하트처럼 생겼으니까 '하트구마!' ○○이는 '사랑이구마'라고 하고 싶구나. 그럼 이 고구마는 공처럼 생기고 작은 구멍들이 있으니 '공구멍구마?' 재미있는 이름이다."

- 이름을 완성한 고구마는 도안의 선을 따라 자른 뒤 짧은 스토리텔링을 해 보세요. 고구마마다 어떤 성격을 지니고 어떤 목소리로 말할지 떠올리며 서로 대화하는 장면을 만들어 보세요. 재미있는 이야기의 배경을 설정하면 스토리텔링 하는 데 도움이 돼요.
    "이 고구마들이 오늘 처음 만난 친구들이라고 하면 어떨까? 서로를 소개하는 이야기를 꾸며보자. 안녕 나는 사랑이 많은 하트구마야. 너는 누구니? 나는 새처럼 생긴 새구마야. 그런데 날아버리는 법을 잃어버렸어."

고구마 삼행시

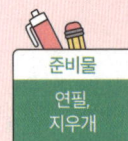

'고구마'로 삼행시를 지어 보자.

- 삼행시는 말놀이처럼 말의 운율을 살려 문장을 창의적으로 구성해 보는 경험이 돼요. 먼저 '고구마' 하면 떠오르는 것들을 자유롭게 이야기 나눠요.

  "○○이는 '고구마' 하면 가장 먼저 떠오르는 게 뭐야? 고구마를 먹을 때의 퍽퍽한 느낌이 생각났구나. 고구마를 먹었던 느낌을 상상해 보면서 고구마 삼행시를 지어 보자."

- 아이가 문장 짓기를 어려워한다면, 엄마가 먼저 삼행시의 운을 띄워 한 줄을 지어 주고 아이가 이어서 지어 보는 방식으로 진행할 수 있어요. 먼저 말로 삼행시를 짓고 아이가 직접 문장으로 써 보거나, 엄마가 써준 문장을 따라 아이가 써 보는 것도 좋아요.

  "엄마가 먼저 해 볼게. '고! 고소한 냄새가 솔솔 나요. 구! 구워서 먹으면 어떻게 될까요? 마! 마법처럼 더 맛있어집니다.'"

- 완성한 삼행시를 함께 읽으며 멜로디를 넣어 노래로 불러 보거나 삼행시의 내용을 그림으로 그려 활동을 확장할 수 있어요.

  "우리가 만든 고구마 삼행시 정말 재미있네. 우리 이 삼행시를 노래로 만들어 불러 볼까? 노래에 맞게 그림도 그려 보자."

이런 그림책도 읽어 봐

⭐ 고구마유 사이다 글·그림 | 반달(킨더랜드) | 2021

『고구마구마』의 후속작으로 기존에 나왔던 고구마들이 등장해 각자의 재능을 살려 문제를 해결하는 협동 이야기예요. 고구마들을 따라 말끝에 '~유'라는 충청도 방언을 붙여 말놀이해 보세요. '맞아유', '괜찮아유'처럼 구수한 느낌을 살려 말할 수 있어요.

⭐ 찍찍찍 마을 옥수수 축제 멜리 글·그림 | 위즈덤하우스 | 2024

다섯 마리 쥐 친구들이 옥수수밭에서 마법 공연에 쓸 옥수수염을 구해 입고 공연을 해요. 마술봉을 휘두른 순간, 마법처럼 번개가 번쩍이며 옥수수가 팝콘으로 튀겨져 사방으로 내려요. 이렇게 팝콘이 터지는 장면을 펼쳐놓고 이를 묘사하는 의성어를 적어 붙이는 활동을 해요. '팝콘'을 새로운 단어로 만들어 보세요.

⭐ 옥두두두 한연진 글·그림 | 향 | 2022

옥수수 다섯 알이 자라는 과정을 말소리와 화려한 타이포그래피로 보여주는 그림책이에요. 옥수수는 작은 알갱이에서 자라나지만, 많은 사람들의 먹거리가 되어준다는 따뜻한 메시지를 전해요. 메시지와 함께 음절 단위로 모아 써서 글자를 그림처럼 시각화하며 대상을 형상화할 수 있는 한글의 우수성을 동시에 보여줘요. 책의 타이포그래피를 보고 옥수수와 관련된 단어를 떠올려 나만의 타이포그래피를 그리며 글자의 형태를 창의적으로 만드는 활동을 할 수 있어요.

⭐ 감자 친구 길상효 글·그림 | 씨드북 | 2022

친구를 찾지만, 매번 거절만 당하던 감자가 결국 자기 자신이 씨감자가 되어 많은 감자 친구를 만들어 자라난다는 이야기예요. 책 속 분류표를 활용해 '나는 누구일까요?' 퀴즈 놀이를 해 보세요. 엄마가 특정 분류(예: 나는 열매채소예요.)를 말하고 점점 힌트를 좁혀가면서 문제를 맞히는 게임을 해 볼 수 있어요.

⭐ 14마리의 호박 이와무라 카즈오 글·그림 | 박지석 옮김 | 진선아이 | 2023

14마리의 생쥐 가족이 호박씨를 심어 키우는 이야기예요. 열매를 맺기 위해 오랜 시간을 인내하며 호박을 정성껏 키워 커다란 호박을 수확하는 기쁨이 그려져 있어요. 온 가족이 둘러앉아 호박 요리를 해 먹는 것까지 완성하는 이야기예요. 포스트잇에 호박이 자라는 과정을 단어로 적어 순서대로 배열해 맞춰 보세요. '씨앗 → 새싹 → 호박잎 → 호박꽃 → 열매 → 호박 → 수확 → 요리' 순서를 따라 호박의 성장을 간결한 어휘로 정리해 볼 수 있어요.

곰돌이 팬티

지음 투페라 투페라
옮김 김미대
펴낸 곳 북극곰
출간 2014
주제 속옷(팬티)

 책 소개

팬티를 잃어버린 하얀 곰돌이 이야기예요. 곰돌이와 생쥐는 함께 팬티를 찾아 떠나고, 그 과정에서 다양한 팬티를 입은 동물 친구들을 한 명씩 만나게 돼요. 장면마다 등장하는 팬티 무늬를 보며 "이건 누구의 팬티일까?" 생각해 보는 재미가 가득해요. 하지만 곰돌이는 결국 팬티를 찾지 못해 실망하는데, 이내 자신이 새로 산 새하얀 팬티를 이미 입고 있었다는 사실을 깨닫게 되지요. 이렇게 재미있는 반전과 함께 다양한 동물 친구들의 팬티를 구경하며 각자의 개성을 담은 팬티 무늬를 볼 수 있는 그림책이에요.

이렇게 읽어 주세요

띠지 활용해 표지 읽기

표지에는 빨간 팬티 모양의 띠지가 있어요. 띠지를 끼웠다 뺐다 해 보면서 곰돌이 주인공의 모습을 더 자세히 살펴볼 수 있어요. 인형 옷 입히기 놀이하듯이 곰돌이에게 팬티 띠지를 입혀 앞/뒤표지에서 곰돌이의 새하얀 얼굴과 몸통을 살펴보세요. 귀여운 주인공 곰돌이의 매력에 흠뻑 빠지게 될 거예요.

- 이 빨간 띠지는 곰돌이 팬티야. 곰돌이한테 이 팬티를 입혀 볼까?
- (앞표지와 뒤표지를 동시에 펼쳐 보며) 여기 새하얀 곰돌이가 서 있네. 뒷모습에는 뭐가 보일까? 꼬리가 정말 짧고 귀엽네.

- 이 친구의 이름은 뭘까? 곰돌이의 표정이 어때 보여? 왜 이렇게 웃지 않고 있을까?

동물 목소리 묘사하며 읽기

동물들의 팬티가 등장할 때마다 "○○의 팬티네요"라는 문장이 반복돼요. 이 문장을 읽을 때 각 동물의 개성을 살려 목소리로 흉내 내며 등장인물의 대사에 살을 붙여 읽어 보세요. 동물들의 특징적인 모습을 상상하며 흉내 내면 더욱 재미있게 책을 읽을 수 있어요.

- 냠냠 쩝쩝 먹보 돼지의 팬티네요. (돼지를 흉내 내며) "꿀꿀 나는 돼지, 냠냠~ 으음 맛있어. 나는 맛있는 간식이 좋아서 팬티에도 간식을 새겨 놓았지."
- 꽃밭을 훨훨 나는 나비의 팬티네요. (작은 팬티 모양을 가리키며 작은 목소리로) "나는 몸집이 작아서 아주 작은 팬티를 입어."
- 세상에, 고양이 팬티네! 위험해요. 도망쳐요. "야옹~ 나는 생쥐를 잡아먹는 검은 고양이. 'I love 마우스'를 적어 놓았지."

경험 연결하며 읽기

아이들은 '팬티', '방귀', '똥' 같은 단어를 들으면 유독 흥미를 보여요. 평소에 조심스럽게 다뤄지는 주제일수록 호기심을 자극하기 때문이에요. 책에 나오는 다양한 팬티 무늬를 관찰하며 자연스럽게 팬티와 관련된 재미있는 경험을 나누며 읽을 수 있어요.

- 토끼는 왜 팬티를 머리 위에 쓰고 있을까? ○○도 혹시 팬티를 입으며 장난쳐 본 적 있니?
- ○○이는 어떤 팬티가 가장 마음에 들어? 엄마는 나비의 꽃무늬 팬티가 가장 마음에 들었어.
- ○○이는 돼지의 간식 팬티가 마음에 들었구나. ○○이 팬티 중에도 먹을 것이 그려져 있는 팬티가 있지?

문해력 키우는 상호작용

음운론적 인식

등장인물이 바뀔 때마다 "그럼 누구의 팬티일까요?", "○○이의 팬티네요"라는 문구가 반복됩니다. 이렇게 반복적인 문장을 들으면 글자를 정확하게 읽지 못하는 아이들도 말소리를 기억하고 자연스럽게 따라 읽을 수 있어요. 리듬감 있는 문장이 반복될 때 예측하며 읽는 능력을 키울 수 있지요. 처음에는 엄마가 먼저 읽어 주고, 두 번째부터는 아이가 주도적으로 예측하며 읽을 수 있도록 유도해 주세요.
- (엄마가 먼저 뒷말을 유도하는 말투로) "그럼 누구의?" (아이) "팬티일까요?"
- (엄마가 먼저) "꽃밭을 훨훨 나는?" (아이) "나비의 팬티네요."
- 이번에는 ○○이가 먼저 책을 읽어볼까? 엄마가 질문에 따라 대답해 볼게.

어휘력

이 책에는 '팬티'라는 단어가 무려 26번이나 등장해요. 책을 읽으며 팬티가 몇 번 나오는지 세보는 활동을 해 보세요. 단어가 나올 때마다 손가락을 접거나 스티커를 붙이며 개수를 확인해요. 이 과정에서 아이들은 단어가 나오는 순간에 집중해서 듣고, '팬티'라는 단어의 형태에도 관심을 가지게 되지요. '팬티'라는 단어가 외국에서 들어온 외래어라는 사실도 이야기해 줄 수 있어요. 이를 계기로 외래어의 개념을 이해하고, 우리말로 바꿔보는 놀이도 할 수 있어요. 이런 활동을 통해 아이들은 언어에 대한 상위 인지 능력(상위언어인식)을 기를 수 있어요.

- 이 책에서 가장 많이 나온 단어는 뭘까? 맞아 바로 팬티야. 우리 같이 이 말이 몇 번이나 나오는지 세어 볼까? 우와! '팬티'라는 단어가 무려 26번이나 나왔네!
- 그런데 팬티는 우리나라 말이 아니라 외국에서 들어온 말이래. 이렇게 외국에서 들어와 우리말처럼 쓰이는 단어를 '외래어'라고 불러.
- 그럼 우리 팬티라는 단어를 비슷한 우리나라 말로 바꿔서 읽으면 어떨까? 속바지? 속옷? 이번에는 팬티라는 단어가 나올 때마다 속바지로 바꿔 읽어 보자.

이야기 이해력

팬티를 찾는 곰돌이와 생쥐는 왼쪽 페이지에 작게 그려져 있고, 오른쪽 페이지에는 새로 등장하는 동물 친구들이 아주 크게 그려져 있어요. 양쪽을 서로 대비해 보며 작가가 왜 이렇게 그렸을지 이야기를 나눠 보세요. 곰돌이가 팬티를 찾아 나가기 전에 있었던 이야기를 상상하며 이야기를 확장할 수도 있어요. 곰돌이가 입고 있던 팬티는 새로 산 것이라는데 어디에서 산 것일지, 왜 입고 있는 것을 깜빡했는지 생각하며 대화를 나눠요.

- 여기 봐! 곰돌이와 생쥐는 작게 그려져 있고, 동물 친구들은 아주아주 크게 그려졌네. 왜 이렇게 크기가 다를까? 아, 동물 친구들의 모습을 더 눈에 잘 띄게 하려고 그런 것 같네.
- 그럼 우리도 곰돌이와 생쥐의 대화는 소곤소곤 작은 목소리로 읽고, 큰 동물 친구들이 나오는 장면은 우렁찬

목소리로 읽어 볼까?

- 곰돌이의 새 팬티는 어디에서 샀을까? 그런데 곰돌이는 왜 자기가 팬티를 입고 있다는 사실을 깜빡한 거지? 너무 편안해서? 아니면 다른 생각을 하느라 그랬나?

생각을 키우는 질문

- ☐
- ☐ (마지막 장면의 노래 가사) 이 부분에 노랫말이 적혀 있네. 그런데 노래 가사가 모두 다섯 글자로 되어 있어. 이 가사에 맞춰 노래를 넣어 불러 볼까?
- ☐
- ☐ 곰돌이 친구가 새로 샀다는 이 팬티는 누가 사준 걸까? 엄마가 사줬을까? 친구가 선물해 준 걸까?
- ☐
- ☐ 어떻게 하면 곰돌이가 팬티를 입었다는 사실을 다시 잊지 않도록 도와줄 수 있을까? 팬티에 이름을 써 줄까? 팬티를 입을 때마다 '팬티 송'을 부르면 잊지 않을까?
- ☐

팬티를 잃어버린 동물 친구들

동물 친구들의 팬티를 찾아 선으로 연결해 보자.

- 곰돌이처럼 팬티를 잃어버린 다른 동물 친구들의 모습을 보며 이야기를 주고받아요. 동물 친구가 어떤 팬티를 입었는지 왜 팬티를 잃어버렸는지 상상하며 이야기 나눠요.

  "세상에, 여기 있던 동물 친구들도 모두 팬티를 잃어버렸나 봐. 어쩌다가 모두 팬티를 잃어버리게 되었을까. ○○이는 동물 친구들의 팬티 무늬가 기억나?"

- 돼지부터 순서대로 원래의 팬티를 찾아 선을 이어 그려요. 만약 동물들이 서로 다른 팬티를 입게 되면 어떻게 될지 떠올려 봐요.

  "돼지 팬티에는 어떤 무늬가 있었지? 맞아. 맛있는 간식이 잔뜩 그려져 있는 팬티였지. 만약에 돼지가 나비 팬티를 입는다면 어떻게 될까? 너무 작아서 들어가지도 않겠지?"

- 동물 친구들이 다시 팬티를 잃어버리지 않도록 각 팬티의 이름표를 찾아 연결하고 글씨를 따라 써요.

  "동물 친구들이 다시 팬티를 잃어버리지 않으려면 어떻게 해야 할까? 팬티에 이름을 쓰면 되겠구나!"

  "팬티 이름표에 동물 친구들의 이름을 써 주자. 돼지의 이름표는 어떤 것일까?"

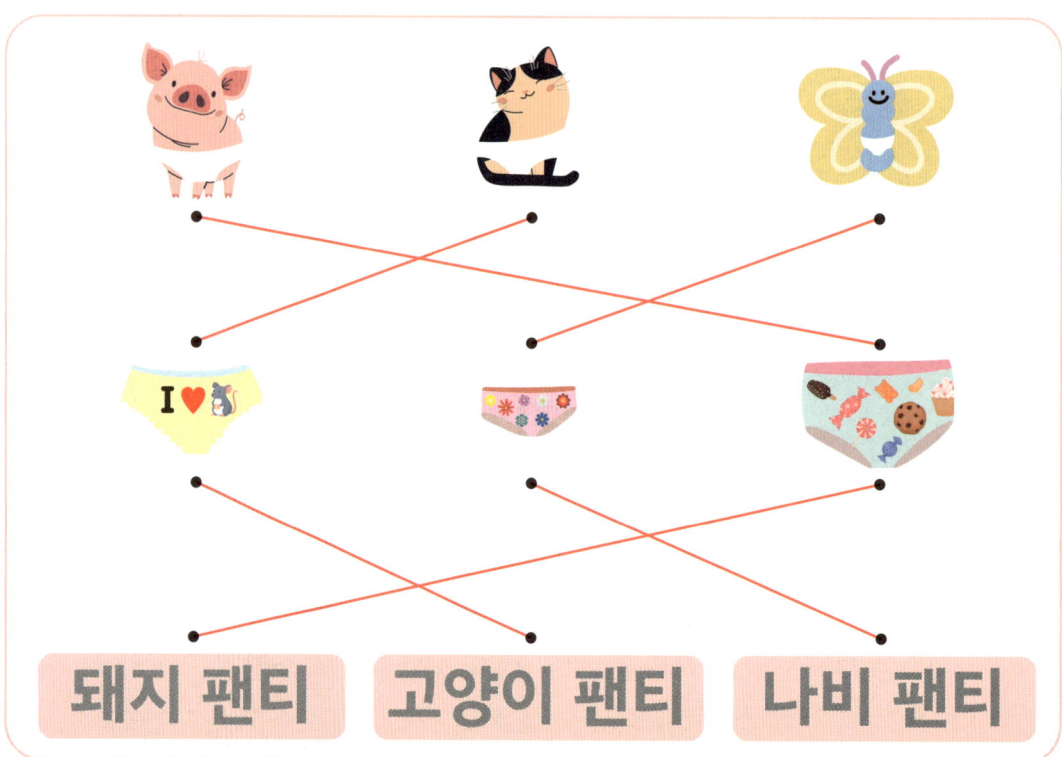

팬티 띠지 만들기

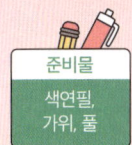

준비물
색연필, 가위, 풀

곰돌이에게 새로운 팬티를 만들어 선물해 보자.

- 그림책에 입혀져 있는 팬티 모양의 띠지처럼 새로운 곰돌이 팬티 모양의 띠지를 디자인해요.
  "이제 우리가 곰돌이에게 새로운 팬티를 만들어 선물해 주자. 어떤 무늬의 팬티를 만들어 볼까? ○○이는 어떤 팬티를 입을 때 가장 기분이 좋았어?"

- 새로운 팬티 무늬와 색깔을 떠올려 보며 곰돌이의 개성을 살릴 수 있는 팬티로 꾸며요.
  "곰돌이에게 어떤 팬티가 가장 잘 어울릴까? 곰돌이를 가장 잘 보여줄 수 있는 팬티로 꾸며보자. 곰돌이는 어떤 팬티를 선물 받으면 가장 좋아할까? ○○이는 어떤 팬티를 입을 때 가장 기분이 좋았어? 곰돌이가 팬티를 또 잃어버리지 않도록 이름도 써 주자."

- 팬티 모양 띠지를 잘라 풀로 연결해 붙여서 책 표지에 씌워 곰돌이에게 입혀 봐요. 새로 만든 팬티 띠지를 곰돌이의 머리 위 귀에도 끼워 보고, 눈을 가리기도 하면서 띠지 끼우기 놀이해요.
  "우리 이제 이 팬티를 곰돌이에게 선물로 입혀 주자. 어때? 곰돌이에게 잘 어울리는 것 같니? 토끼가 팬티를 머리 위에 입었던 것처럼 곰돌이 머리 위에도 팬티를 씌워 보자. 눈을 가려볼까? 곰돌이가 팬티를 쓰고 장난치는 것처럼 보이네."

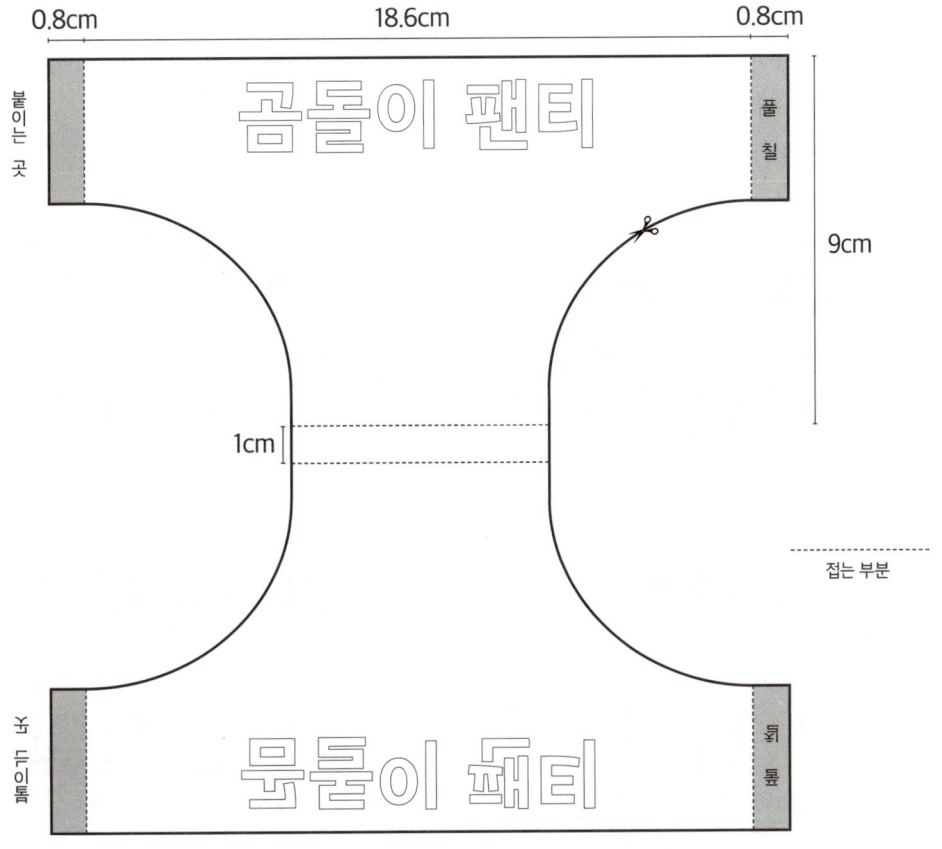

유아편 … 39

반쪽 글자 짝꿍 찾기

동물 이름 카드의 반쪽 짝꿍을 찾아주자.

- 그림책에 나오는 등장인물들의 이름 카드를 각각 오려 주세요. 중앙선을 따라 잘라 반이 갈라진 카드로 만들고 모든 카드를 섞어요. 섞은 카드 중 한 장을 골라 반쪽 카드의 짝을 찾아 맞추는 놀이를 해 보세요. 글자를 모르는 아이도 그림을 보면 쉽게 짝을 찾을 수 있어요.

    "여기 글자가 반으로 갈라져 있네. 글자 친구들이 반쪽을 잃어버렸대. 여기 봐 친구들의 얼굴도 모두 반쪽이 돼 버렸어. 생쥐가 곰돌이의 팬티를 찾도록 도와준 것처럼 우리도 글자 친구들의 반쪽을 찾아줄까?"

- 글자 카드 반쪽에 적혀 있는 자모음 소리를 들어보며 글자 모양을 살펴봐요. 글자 반쪽 부분의 말소리를 들으면 쉽게 힌트를 얻고 원단어를 예측할 수 있어요.

    "이 카드에는 '고도이'라고 적혀 있네. 이 카드는 원래 어떤 단어였을까? 잃어버린 반쪽은 어떤 카드일까? '고도이'가 '곰돌이'가 되려면 어떤 글자가 필요하지?"

- 카드의 짝을 맞춘 뒤 완성된 카드의 글자를 한 글자씩 짚어보며 읽어 보세요. 손가락을 펴서 글자를 따라 써 볼 수도 있어요. 카드를 거꾸로 뒤집으면 다른 글자가 되는 카드도 있어요. 카드를 거꾸로 돌려 변하는 글자 모양을 발견하고 자연스럽게 글자의 구조를 이해할 수 있어요.

    "곰돌이 카드가 완성되었네! 같이 한번 읽어 볼까? (한 글자씩 짚어보며) '곰, 돌, 이', 이 곰돌이 카드를 거꾸로 돌려보면 어떤 글자 모양이 될까? '곰'이라는 글자가 문어의 '문'이 되었네. '얼룩말'의 '룩'은 '놀'이 되었어. 신기하지?"

이런 그림책도 읽어 봐

⭐ 생쥐의 팬티 투페라 투페라 글·그림 | 김보나 옮김 | 북극곰 | 2023

『곰돌이 팬티』의 후속작으로 작고 길쭉한 판형의 책을 손에 쥐면 작은 생쥐를 만지는 듯한 느낌이 들어요. 치즈색 팬티를 입은 생쥐는 신나게 놀다 팬티가 보이지 않게 된다는 반전이 있어요. A4 종이에 생쥐 팬티처럼 작은 팬티 모양을 그리고 팬티 구멍을 오려 구멍 사이로 낱글자를 대고 읽어 보는 놀이를 해요.

⭐ 분홍 팬티 싫어! 한얼 글·그림 | 현암주니어 | 2023

양말부터 팬티까지 모든 분홍색인 물건들이 지겨워진 지원이가 물건의 색을 바꿔보며 점점 다채로운 세상을 만들어요. 앞면지와 뒷면지를 비교하며 색의 의미를 이야기해 보세요. 아이들도 한 가지 색이 아닌 다양한 색을 좋아하게 되는 계기가 될 수 있어요.

⭐ 문어 팬티 수지 시니어 글·클레어 파월 그림 | 한미숙 옮김 | 천개의바람 | 2021

다리가 8개 달린 문어는 팬티를 입고 싶지만 구멍이 8개 뚫린 팬티를 파는 곳은 어디에도 없었어요. 그러다 큰 바다 백화점에서 문어를 위해 구멍이 8개가 달린 셔츠를 선물해 입게 된다는 이야기예요. '큰 바다 백화점 놀이'를 하며 문어의 팬티나 옷을 디자인하고 가격을 매겨 보는 놀이로 확장해 볼 수 있어요.

⭐ 문어 팬티 2 수지 시니어 글·클레어 파월 그림 | 한미숙 옮김 | 천개의바람 | 2023

복어의 해적 팬티를 찾기 위해 문어와 거북이가 바다 시내를 탐험해요. 해적 팬티를 모자로 쓰던 상어가 팬티를 돌려주고 함께 파티를 즐겨요. 해적선에 등장한 다양한 팬티처럼 입으면 능력이 생기는 나만의 해적 팬티를 만들어 보며 창의력을 키울 수 있어요.

⭐ 내 빤쓰 박종채 글·그림 | 키다리 | 2023(개정판)

아홉 살 철수는 모든 것을 형, 누나에게 물려받으며 자라요. 신체검사 날에도 리본이 달린 누나의 팬티를 물려 입고 가 친구들의 놀림을 받게 돼요. 다음날 엄마는 속상해하는 철수에게 멋진 새 팬티를 만들어 줘요. 책에 등장하는 일제 강점기에는 외래어인 '빤쓰', '난닝구' 같은 단어가 나와요. 이를 현대 우리말로 바꿔보며 찾아 읽으면 시대에 따른 언어 변화를 탐색해 볼 수 있어요.

덜컹덜컹 개미 기차

글·그림 오이 준코
옮김 황진희
펴낸 곳 킨더랜드
출간 2024
주제 교통기관

 책 소개

개미 기차를 타고 땅속 비밀 기지로 떠나는 신나는 모험 이야기예요. 기차는 개미집 곳곳을 지나며 간식 공장, 백화점, 놀이공원 등 다양한 역에 도착해요. 개미들이 기차를 타고 즐기는 모습은 아이들의 상상력을 자극하며 즐거움을 선사하지요. 개미 기차의 여정을 따라가며 기차역 이름을 읽고 대화하는 과정에서 기초 읽기와 이야기 이해력을 기르기 좋아요. 기차역 이름을 따라 말놀이하며 음운론적 인식도 키울 수 있어요.

이렇게 읽어 주세요

주인공 되어 보기

개미들이 개미 기차를 타고 줄지어 이동하며 여행을 떠나는 장면을 아이와 함께 생생하게 읽어 보세요. 주인공 개미가 된 듯 상상하며 이야기 속 상황에 몰입해 읽어요. 이야기 흐름을 더 깊이 이해할 수 있고 아이의 상상력을 기를 수 있어요.

- 개미 기차는 운전사 아리퐁이 운전한대. ○○도 운전사가 되고 싶어? 그럼 '○○퐁'이라고 이름 지어 볼까? ○○퐁 운전사님, 개미집으로 출발해요. 덜컹덜컹~슈우우웅.
- 개미 친구들은 끈적끈적한 지렁이가 촉촉해서 기분이 좋대. 우리도 지렁이를 옮겨볼까? 그런데 지렁이가 너무 커서 무거울 것 같아. 자, 이번에는 사마귀 앞다리를 연구하는 방으로 갑니다. 이 기다란 물체는 뭘까? '쟈'를

들고 있구나. 자로 사마귀 앞다리 길이를 재고 있나 봐. 우리도 줄자로 ○○의 팔 길이를 재볼까?
- 다음 역인 놀이동산역까지는 길이 울퉁불퉁 험하네요. ○○풍 운전사님, 안전하게 운전 부탁할게요. 덜컹덜컹! 놀이동산역에 도착했어요. 어떤 놀이 기구를 타고 싶어? 참, 서커스 피에로가 가장 인기라고 했어. 우리도 서커스 보러 갈까? 서커스장 옆에는 저글링 하는 개미 친구도 보여.

숨은그림찾기

그림책에는 개미들이 다양한 활동을 하는 모습이 세밀하게 표현되어 있어요. 아이와 함께 오밀조밀한 개미들의 움직임을 주의 깊게 관찰하다 보면 세밀한 부분을 놓치지 않는 힘과 집중력을 기를 수 있어요. 책의 날개 부분에 나온 '이 개미들은 어디에 있을까요? 책 속에서 찾아보세요!' 코너를 적극적으로 활용하며 읽어요. 작은 단서를 가지고 숨은 그림을 찾는 과정에서 문제해결능력도 기를 수 있을 거예요. 숨은 그림 아래에는 설명이 적혀 있어요. 먼저 아이에게 어떤 그림인지 질문하고, 충분히 생각할 시간을 주세요. 아이의 답을 듣고 나서 부모님이 글자를 읽어 주면 더 재미있게 읽을 수 있어요.
- 공사장에서 영차영차 빵조각을 옮기는 개미 세 마리를 찾아볼래? 자세히 보면 노란 모자를 쓰고 있어. 일개미는 모두 노란 모자를 쓰나 봐. 왜 노란 모자를 썼을까? 공사장에서 일할 때 안전모를 써야 안전해서 그런가 봐.
- 커다란 운동 기구를 힘들게 옮기고 있는 개미 세 마리도 있대. 어디 있을까? 이 개미들의 표정은 어떤 것 같아? 아주 힘들어 보이지. 무거워서 낑낑대는 것 같아. 그런데 이 운동 기구의 이름이 뭘까? '역기'라고 적혀 있네. 긴 막대 양쪽 끝에 둥근 쇠 모양 링이 끼워진 기구야. 무거운 걸 들어 올려서 힘을 기를 때 쓰는 거야.

개미역 간판 글자 함께 읽기

개미 기차가 지나가는 기차역 간판과 다양한 환경인쇄물(칠판, 제조실 간판, 공장 표시판 등)을 읽으며 글자에 친숙해져요. 자연스럽게 한글에 익숙해질 수 있도록 돕는 좋은 문해 자료가 될 거예요. 글자를 읽고 어떤 장소를 의미하는지 해석하는 경험을 통해 초기 읽기 능력을 기를 수 있어요.
- 여기 기차역 간판이 있어. 뭐라고 적혀 있을까? '땅 위', 개미 기차가 땅 위를 달리니까 '땅 위' 역인가 봐. 그럼 땅 아래 역도 있을까? 개미들이 땅속에서도 다닌다면 '땅 아래' 역도 있겠다.
- 공장역도 있어. 개미 공장에는 간식을 연구하는 간식 연구실도 있대. 여기서 '식'과 '실'은 비슷해 보이는데 뭐가 다를까? 받침이 다르지. '시'에 /윽/ 받침을 붙이면 '식'이 되고, '시'에 /을/ 받침을 붙이면 '실'이 돼.
- 여기 '휴게실'이라고 적혀 있어. 휴게실은 어떤 곳일까? 열심히 일하고 잠시 쉬는 곳이야.
- 견학 접수처는 어떤 곳일까? 간식 연구실처럼 다섯 글자네. 그림을 자세히 보니까 가방을 멘 개미들이 보여.

앞에 있는 개미는 설명해 주는 선생님인가 봐. 개미 공장에 견학 온 학생들도 보여.

문해력 키우는 상호작용

음운론적 인식

'개미'라는 단어에 집중하며 읽어요. '개미'라는 단어가 나올 때마다 손가락을 머리 위로 올려 개미 더듬이를 만들어 보세요. 그림책을 읽으며 간단한 신체 동작을 함께하면 글자와 소리를 더 효과적으로 배울 수 있어요. '개미' 글자가 나올 때마다 손가락 끝으로 가리키며 글자 모양을 관찰하는 것도 좋아요.

- 이번에는 '개미' 단어를 찾으면서 그림책을 읽어 보자. '개미' 단어가 나올 때마다 검지손가락 두 개를 ○○이 머리 위로 올려 개미 더듬이를 만들면서 읽는 거야.

어휘력

그림책에 나오는 단어로 시작하는 끝말잇기를 해요. 끝말잇기를 하면 다양한 단어를 떠올리기 위해 궁리하며 어휘력이 확장돼요. 단어를 하나씩 이어 가며 자연스럽게 단어의 뜻도 떠올릴 수 있게 도와주세요.

- 개미 기차가 한 줄로 길게 이어졌네. 우리도 끝말잇기 하면서 단어를 길게 이어서 단어 기차를 만들어 볼까? '기차!' '차'로 시작하는 단어는? 차표!

이야기 이해력

개미 기차를 타고 역마다 이동하는 모습을 짧고 반복적인 문장으로 묘사해요.

- 개미 기차가 덜컹덜컹 어디로 가고 있을까? 공장역에 도착했어. 이번에 어떤 개미가 타고 어떤 개미가 내릴까? 다음 역에서는 무슨 일이 생길까? 제조실역으로 갔네. 이번 역에서는 개미들이 뭘 하고 있을까? 다음에 도착할 곳도 맞혀 볼래? 그다음은 백화점역에 멈췄어. 이야기 끝에는 놀이동산역에 도착했어.

생각을 키우는 질문

- ☐ 개미 기차를 타고 갔던 기차역 중 어디가 제일 마음에 들어? 왜 그렇게 생각해?
- ☐ 개미 기차가 간식 공장에 도착했어. 공장에서 동그랗게 빚은 간식은 무엇으로 만들었을까? 어떤 맛일까? 어떤 냄새가 날까?
- ☐ 개미 기차가 다음엔 어디로 가면 좋을까? 어떤 역을 만들고 싶어?

개미역 이름 찾기

준비물
연필, 지우개

그림책에 나온 개미역의 이름을 찾아서 동그라미 쳐 보자.

- 개미역 이름에 관심을 가지고 그림책을 다시 읽어요.
  "동그랗게 빚은 개미 간식을 만드는 역은 제조실이래. 여기 '제조실'이란 기차역 간판이 있어."
  "산 정상에 올라가니까 개미산이 나왔어. 꼭대기에 기차역 간판이 보여?"

- 개미역 이름과 비슷한 단어들을 자세히 관찰해요. 그림에 맞는 단어를 찾아 동그라미 쳐요.
  "개미역 이름과 비슷한 단어들이 나왔대. 그림책에서 본 거랑 비슷한 역 이름들을 찾아봐."

- 찾은 역 이름을 소리 내어 읽어요.
  "○○이가 찾은 역 이름을 읽어 보자. 여기는 유.치.원.역이구나."

내가 만드는 개미 기차 노선도

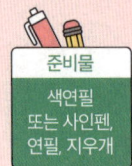

그림을 그려 나만의 개미 기차 노선도를 만들어 보자.

- 개미 기차역 도안에 다양한 기차 노선을 확장해서 그려요.
  "여기가 땅속 개미들이 사는 곳이래. 개미 기차가 지나가는 길을 더 그려 보자. 개미 기차가 어디로 가면 좋을까?"

- 기차역을 꾸미고 이름을 지어요.
  "빈칸에 기차역을 그리고 기차역 이름도 지어 보자."

- 직접 만든 기차 노선도를 소개하는 시간을 가져요. 기차 노선도의 출발역에서 도착역까지 여행하듯 놀이하며 역 이름을 읽어요.
  "개미 기차놀이를 해 보자. 처음 출발하는 역 이름은 뭐야? 개미 기차가 ○○역을 출발합니다. 두 번째 역에 도착했습니다. 두 번째 역 이름을 알려주세요. 아, ○○역이군요. 이번 역은 ○○역, 내리실 분은 오른쪽입니다."

개미 종이 인형 만들기

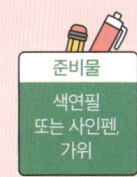

개미 친구들을 그리고 이름을 지어 보자.

- 아리퐁과 아리코의 모습과 이름에 관심을 기울이며 다시 읽어요.
  "아리퐁은 어떻게 생겼어? 아리코는 머리 위에 파란 리본을 달고 있네. 아리퐁의 이름은 여기 있어. 아리코의 이름은 어디 있는지 찾아보자. 아리퐁과 아리코의 이름에서 같은 점이 있을까? '아리' 앞의 두 글자가 똑같네. 또 어떤 점이 같을까? 둘 다 세 글자로 이루어진 이름이네. 그럼 아리퐁과 아리코의 이름은 무엇이 다를까? 마지막 글자가 다르네. '퐁'과 '코'를 소리 내어 말해 볼래? 퐁~퐁~아리퐁, 코~코~아리코."

- 두 주인공 외에 다른 개미 친구들도 자세히 관찰하고, 마음에 드는 개미를 그리고 이름을 지어요.
  "땅속에 아주 많은 개미 친구가 나와. 여러 개미 중에서 어떤 개미가 가장 마음에 들어? 그림으로 그리고 개미 이름도 지어 줘."

- 자신이 만든 개미 인형을 그림 장면에 놓고, 인형 놀이 하듯 그림책을 다시 읽어요.
  "개미 인형들을 개미 기차에 태우고 땅속으로 출발! ○○이가 만든 개미는 어느 역으로 가고 싶어 할까? 어떤 간식을 좋아할까? 어떤 성격일까?"

이런 그림책도 읽어 봐

⭐ 화물 열차 도널드 크루즈 글·그림 | 박철주 옮김 | 시공주니어 | 2001

1979년 칼데콧 아너 상을 받은 도널드 크루즈의 대표적인 그림책이에요. 칙칙할 것만 같은 화물 열차가 무지갯빛을 입고 쉼 없이 달려요. 도널드 크루즈 작가의 『트럭』도 함께 읽으면 좋아요. 다양한 열차가 꼬리에 꼬리를 물고 하나의 기차가 되는 것처럼 '열차-차표-표범'과 같이 끝말잇기 놀이를 해요.

⭐ 바퀴 달린 ㄱㄴㄷ 조은수 글·안태형 그림 | 풀빛 | 2023

ㄱ부터 ㅎ까지 바퀴 달린 14개 자음의 여행을 따라가며 한글을 배우는 자모책이에요. 자음으로 시작하는 단어와 문장을 함께 읽으며 글자의 모양과 소리에 자연스럽게 관심을 가질 수 있어요. 부모님이 소리 내어 읽어 주세요. 아이는 같은 자음으로 시작하는 단어가 반복되는 문장을 들으며 소리와 글자의 관계를 경험할 수 있어요.

⭐ 꿈의 자동차 허아성 글·그림 | 책읽는곰 | 2018

자동차는 꼭 남이 만든 것을 선택해야 할까요? 하늘을 날고 바닷속을 탐험하며 지구를 깨끗이 만드는 특별한 자동차! 혜인이와 부모님이 상상한 꿈의 자동차를 소개해요. 나만의 꿈의 자동차를 그리고 주인공처럼 각 부품의 기능을 설명하며 멋진 설계도를 만드는 활동으로 확장할 수 있어요.

⭐ 차를 타고 오카모토 유지 글·그림 | 최종호 옮김 | 진선아이 | 2024

탈 것을 좋아하는 아이들을 위한 그림책이에요. 할머니 집으로 향하는 파란 차의 즐거운 여정을 따라가며 섬세한 목판화 그림 속에 담긴 풍경을 감상해요. 그림책에 나오는 교통기관 이름을 가리고 이름 맞히기 게임을 하며 읽어요. 아이가 말한 이름과 실제 낱말을 한 음절씩 손가락으로 짚고, 음절 수를 비교하며 음절 인식 능력을 키울 수 있어요.

⭐ 비행기가 부웅부웅 구도 노리코 글·그림 | 윤수정 옮김 | 책읽는곰 | 2017

구도 노리코 작가의 『우당탕탕 야옹이』 시리즈 네 번째 그림책이에요. 호기심 많은 야옹이가 비행기를 몰래 조종하다 무인도에 불시착했어요. 문장 끝에 반복되는 '야옹'이 나올 때마다 박수를 치며 읽어요. 리듬을 타며 따라 읽으면 자연스럽게 음운론적 인식을 기를 수 있어요.

초밥이 옷을 사러 갔어요

글·그림 타나카 타츠야
옮김 권남희
펴낸 곳 토토북
출간 2024
주제 창의력/상상

 **책 소개**

평범하고 일상적인 사물에 유쾌한 상상력이 더해져 미니어처 세상이 탄생했어요. 의인화된 사물들은 옷을 사고, 머리를 하고, 목욕을 하러 가는 등 주체적으로 살아가는 존재가 되었지요. 특히 사물의 특성을 반영해 구성된 이야기가 눈길을 끌어요. 초밥이 옷을 사러 가고, 만두가 목욕하러 가는 등 사물들의 이야기 속 반복되는 문장 구조를 통해 무엇이 어디서 무엇을 어떻게 했는지 문장으로 만들어 보는 말놀이를 해 보며 어휘력과 이야기 이해력을 길러요.

이렇게 읽어 주세요

표지 그림과 제목으로 내용 유추하기

표지 그림과 제목을 살펴보면서 그림책이 어떤 내용일지 유추하고 이야기를 나눠요.

- 앞표지에 누가 걸어가고 있어. 어라? 사람이 아니라 초밥이네. 그러고 보니 등에 빨간색이 붙어 있네? 아, 연어 초밥이구나. 배경에는 무엇이 보여? 건물들인가 봐. 자세히 보니까 우리가 평소에 보는 건물과는 조금 다르다. 어떤 점이 달라? 아, 접시를 쌓아 올린 모양이네.

- 초밥이 걸어 다니고 접시로 만들어진 건물이 있다니. 이 책은 무슨 내용일까? 제목에서는 초밥이 옷을 사러 갔다는데, 초밥이 옷을 산다니 무슨 뜻일까? 초밥은 밥에 생선을 올려서 만든 거니까 생선을 옷처럼 바꿔 입는 내

유아편 … 49

용일 것 같아? 정말 그런 내용일지 읽어 보자.

미니어처에 관해 이야기 나누기

이 그림책은 타나카 타츠야라는 미니어처 작가가 만든 작품들을 찍은 사진에 이야기를 입혀 만들어졌어요. 미니어처란 무엇일지, 그림책에서 미니어처 작품이 어떻게 느껴지는지 등에 관해 이야기를 나눠 볼 수 있어요. 정해진 답은 없으니 자유롭게 의견을 나누어요.

- 이 그림책은 미니어처 그림책이라고 하는데 미니어처가 뭘까? 미니어처라는 말을 들어본 적 있어? '미니'는 들어봤지? 작다는 뜻이야. 그럼 미니어처는 뭘까?
- 이 그림책을 만든 타나카 타츠야라는 작가는 미니어처를 만들어서 그림책 속의 작은 세상을 만들었대. 뒤에 접시는 이렇게 큰 건물처럼 나오는데, 초밥은 미니어처라서 아주 작게 느껴져. 미니어처 작품을 보니까 어떤 생각이 들어?

그림책 속 미니어처 찾기

표지부터 앞면지 그리고 모든 페이지와 뒷면지까지 미니어처 강아지와 할아버지가 등장해요. 앞면지에서 초밥이 흘리고 간 밥알을 강아지가 따라가는 장면이 등장하는데, 사물들의 이야기가 전개되는 동안 미니어처 세상을 누비는 강아지와 할아버지 간의 술래잡기도 이어지지요. 이야기 속 숨겨진 미니어처를 찾아보고 강아지와 할아버지의 술래잡기를 눈으로 따라 읽는 것도 재미있어요.

- (앞면지를 살펴보며) 어라? 여기 웬 강아지가 초밥을 따라간다. 아하, 초밥이 밥알을 흘리고 가서 강아지가 그걸 따라가나 봐. 그런데 강아지는 대체 어디서 나온 거지? 표지에 나와 있나? 그러네. 표지에 강아지가 숨어 있었어!

문해력 키우는 상호작용

음운론적 인식

'무엇이 무엇을 하러 갔어요/했어요'라는 문장 구조가 반복돼요. '갔어요/했어요'가 나올 때마다 함께 '갔어요!' 혹은 '했어요!'라고 크게 외치며 읽어요. 갔어요/했어요/골랐어요 등 나오는 서술어마다 공통으로 어미가 '~어요'로 끝나는 것을 살펴보고 같은 글자는 무엇인지 찾아보는 것도 좋아요.

- '초밥이 옷을 사러 갔어요.', '과감하게 빨간색으로 했어요.', '친구랑 바다까지 달렸어요.' 읽은 문장마다 어떤 게

비슷해? 끝나는 말이 '갔어요/했어요/달렸어요'지? 어떤 글자가 같은지 찾아보자. '어요'가 같네.

어휘력

그림책을 읽다가 익숙하지 않은 표현이 나오면 어떤 의미일지 함께 추측하며 읽어요. 표현이 사용되는 구체적인 상황을 예시로 알려주면서 의미를 추측할 수 있도록 도와주세요.

- '큰맘 먹고'는 무슨 뜻일까? 큰맘을 먹는다? 큰맘은 어떤 마음 같아? 넉넉한 마음? 그런데 마음을 어떻게 먹지? '마음 먹다'라는 말을 들어본 적 있어?
- 무언가 하기로 결정했을 때 '마음을 먹었다'라고 표현해. 예를 들어서 책을 읽겠다고 결심했을 때 '나는 이제 책을 읽기로 마음을 먹었어'라고 할 수 있지.
- 그럼 '큰맘 먹다'는 무슨 뜻일 것 같아? 큰 결심을 했다고 볼 수 있겠다.

이야기 이해력

이 책에서는 초밥이 옷을 사러 가고, 연필이 미용실에 가서 머리를 자르거나 염색하고, 아이스크림이 모자를 사러 가는 등 음식과 사물의 특성에 따라 창의적인 상상력이 가미된 이야기가 펼쳐져요. 각 음식 및 사물의 모습을 살펴보고 특성을 떠올리며 왜 이렇게 표현되었을지 이야기 나눠요.

- 초밥이 옷을 사러 간다는 건 무슨 뜻일까? 초밥이 어떻게 옷을 입지? 옷걸이에 걸린 것들은 뭐야? 아하, 초밥은 밥 위에 생선이 올라가잖아. 그래서 마치 초밥이 옷을 입은 것 같이 보여서 이렇게 표현했나 봐.
- 연필이 미용실에 가네. 연필은 어떨 때 쓰지? 글씨 쓸 때 쓰는 건데. 연필이 어떻게 머리를 자른다는 걸까? 연필을 깎는 걸 머리를 자른다고 생각한 거구나. 재미있다! 그럼 염색한다는 건 무슨 말일 것 같아?

생각을 키우는 질문

- ☐ '언제나처럼 계란말이를 골랐다'라고 하는데 '언제나처럼'은 무슨 말일까? 그럼 평소에 초밥은 어떤 옷을 좋아했다고 볼 수 있어?
- ☐ 만두가 사우나에 갔다는데 그림을 보니까 만두가 어디에 있어? 나무로 된 동그란 통에 앉아 있네. 이 통은 뭘까? 다른 사물들은 무얼 사러 갔다고 하는데 만두는 왜 사우나에 갔다고 표현했을까?
- ☐ 왜 케이크를 침대라고 했을까? '케이크' 하면 어떤 느낌이 들어? 그럼 침대를 떠올리면 어떤 느낌이야?

유아편

글자 옷 입히기

글자에 옷을 입히고 꾸며 보자.

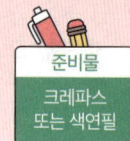
준비물
크레파스
또는 색연필

- 그림책의 제목에서 다른 글자들과 형태가 다른 글자를 살펴요.

  "제목에 '옷' 글자만 다르게 쓰여 있네. 왜 이렇게 적혀 있는 걸까? 자세히 보니까 무엇 같이 보여? 마치 사람처럼 보인다. 이응이 얼굴, 오가 양팔, 시옷이 꼭 다리 같아. 시옷의 아랫부분이 꺾인 걸 보니 이건 발인가 봐."

- 타이포그래피에 관해 이야기 나눠요.

  "왜 '옷' 글자만 이렇게 다르게 나타낸 걸까? 표지 그림에 초밥이 팔과 다리를 가진 걸 보면 이 글자는 초밥이 옷을 사러 가는 모습을 나타낸 건가 봐. 이렇게 글자 모양을 그림처럼 재미있게 디자인한 걸 '타이포그래피'라고 한대."

- 글자 '옷', '초' 안의 빈 곳을 색칠하거나 꾸며서 옷을 입히고 설명을 글로 표현해요.

  "여기 '옷'이라는 글자랑 '초'라는 글자가 있어. 이 글자에 옷을 입힌다면 어떻게 꾸미고 싶어?"

  "'옷'은 사람이 양팔과 다리를 벌린 모습인 것 같아? 그래서 티셔츠랑 청바지를 입혀주고 싶었구나. '초'는 사람이 허들 위를 넘을 때 손을 앞으로 뻗은 채로 뛰어넘는 것처럼 보였어? 그럼 운동선수처럼 꾸며 볼까?"

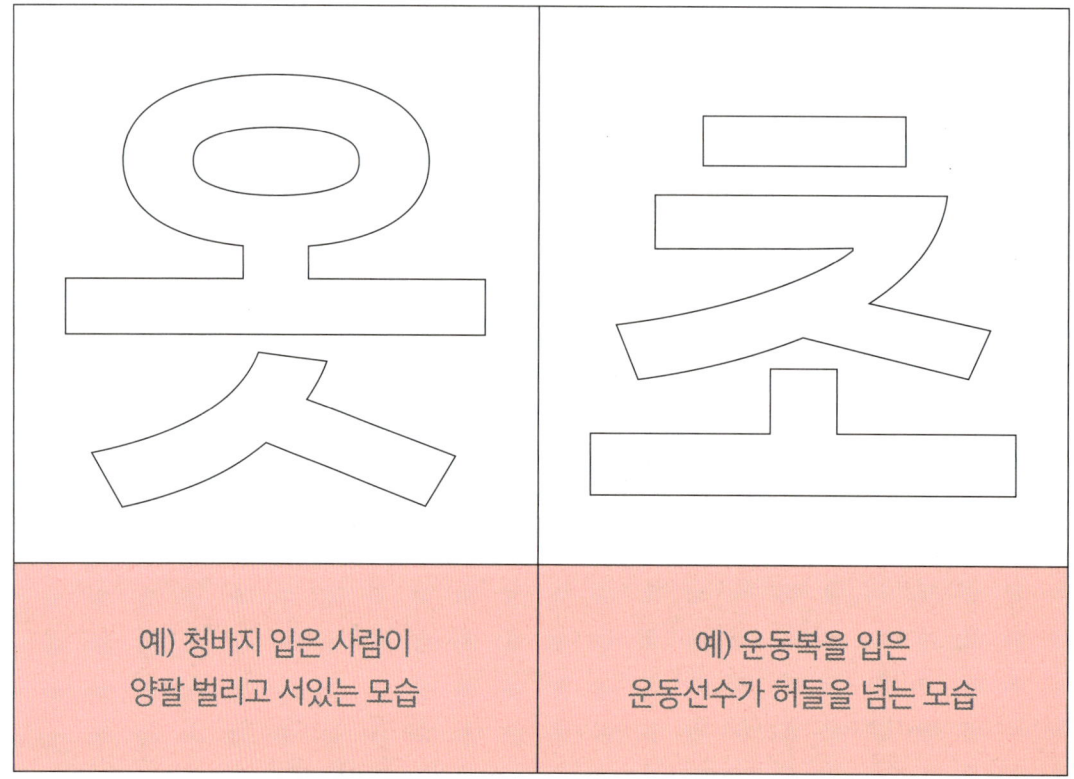

예) 청바지 입은 사람이 양팔 벌리고 서있는 모습

예) 운동복을 입은 운동선수가 허들을 넘는 모습

초밥이 집으로 가요

초밥이 집으로 가는 길을 알려 주자.

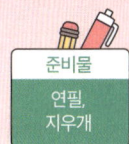

- 지도에 그려져 있는 건물들을 살펴보며 이야기 나눠요.
  "지도에 어떤 것들이 보여? 표지에서 본 것처럼 그릇이 쌓여있는 건물이 있지. 여기 나무로 만들어진 통은 뭘까? 책에서 나왔던 만두가 간 사우나네."

- 지도에서 초밥의 집이 어디에 있는지 짚어보고 집에 가는 길을 찾아 표시해요.
  "초밥은 여기 지도에서 맨 왼쪽 위에 있는 길에 서 있어. 초밥이 집으로 간다는데 초밥의 집은 어디에 있어? 오른쪽 아래에 초밥을 찍어 먹는 간장 종지가 엎어져 있는데 그게 초밥네 집 지붕인가 봐. 그럼 초밥이 어떻게 가야 할까? 초밥이 집으로 가는 길을 표시해 보자."

- 초밥에게 길을 알려주는 방법을 생각하고 의견을 나눠요.
  "우리가 이제 초밥네 집으로 가는 길을 알았으니까 초밥한테 길을 알려주자. 뭐라고 말해 주면 좋을까? 초밥아, 일단 앞으로 가. 그리고 양쪽에 길이 나오면 오른쪽 길로 가. 가다가 또 길이 나뉘는데, 만두가 간 동그란 사우나가 보이는 길로 가. 동그란 사우나가 가까워지면 멈춰서 사우나를 등지고 쭉 가. 그런 다음 네모난 사우나가 있는 길로 가. 그 길에서 쭉 가면 집에 도착해."

무엇이 무엇을 하러 갔을까

준비물
연필, 지우개

누가 무얼 하러 갔는지 알맞은 말에 동그라미 쳐 보자.

- 그림책의 삽화들을 훑어보며 전체적인 내용의 흐름을 짚어요. 처음 그림책을 읽을 때는 글을 읽으며 그림과 연결 짓는 것에 중점을 두었다면, 다시 읽을 때는 전체적인 맥락이 어땠는지 그림만 훑으면서 회상 능력을 기를 수 있어요. 이때 훑어보는 것의 개념을 함께 나눠도 좋아요. 그림을 훑어보면서 전체적인 이야기를 회상하고 요약하여 문장으로 말해 보는 활동을 통해 이야기 이해력을 길러주세요.
"이 그림책에는 엄청 다양한 음식과 사물들이 나오네. 어떤 내용이 있었는지 다시 한번 살펴보자. 이번에는 그림만 훑어보는 거야. ○○이는 훑어보는 게 뭔지 알아? 자세히 보는 게 아니라 빠르게 스윽 보는 거야. 그러면서 어떤 내용이었는지 기억해 보자."

- 주어진 문장을 읽고 들으면서 발음을 기준으로 '자연스러운 말', '내용에 알맞은 말'에 동그라미 쳐요.
"방금 그림으로 훑어본 이야기가 여기 문장으로 나와 있어. 같이 한번 읽어 볼까? 괄호 안에 두 가지 단어가 적혀 있는데, 그중 내용과 알맞은 말을 선택하면 된대. 초밥이 무얼 하러 간 거였는지 기억나? 맞아. 옷을? 사러!"

초밥이 (㉠옷/ 머리) (㉠을/ 를) (㉠사러/ 깎으러) 갔어요.

연필이 (㉠머리/ 목욕) (을 /㉠를) (㉠깎으러/ 하러) 갔어요.

만두가 (가방 /㉠목욕) (㉠을 / 를) (사러 /㉠하러) 갔어요.

소시지가 (침대 /㉠자동차) (을 /㉠를) (깎으러 /㉠사러) 갔어요.

이런 그림책도 읽어 봐

⭐ 작고 작고 큰 타나카 타츠야 글·그림 | 권남희 옮김 | 토토북 | 2023

미니어처 아티스트 타나카 타츠야 작가의 또 다른 그림책이에요. 평범한 사물에 상상력을 입혀 멋진 작품으로 탄생시킨 타나카 타츠야 작가의 첫 그림책을 통해 재미를 느끼고 창의력을 기를 수 있어요. 일상적인 물건을 새로운 시각으로 바라보는 놀이를 해요. 냉장고에 붙인 자석들이 냉장고라는 암벽을 등반하는 중이라고 상상해서 이야기를 만드는 놀이를 할 수 있어요.

⭐ 이야기가 열리는 나무 클라우디오 고베티 글·디야나 니콜로바 그림 | 김영옥 옮김 | 보랏빛소어린이 | 2024

이야기를 적은 종이를 땅에 심고 물을 주며 돌보았더니 종이 싹이 돋아나 이야기 나무가 되었어요. 어떤 과정을 통해 책이 우리에게 오는지, 책의 소중함과 책 읽기의 즐거움을 느낄 수 있어요. 글에서 강조하는 부분마다 진한 파란색 글씨로 표시되어 있어요. 그림책을 읽으면서 진하게 표시된 부분을 더욱 크게 읽거나 익살스러운 표정을 짓는 등 다양한 방법으로 강조하며 읽어요.

⭐ 빨간 섬 올리비에 뒤팽 글·마조리 베알 그림 | 손시진 옮김 | 에듀앤테크 | 2020

모자도 쓸 수 없고 과일을 먹어도 안 되는 등 당연한 것들이 당연하지 않은 빨간 섬 이야기를 통해 세상을 다양하고 새로운 관점으로 바라보게 해요. 빨간 섬 규칙상 안 된다고 하는 것들이 왜 안 되는 것인지 아이에게 질문하며 의견을 나눠요. (예: 빨간 섬에서는 음악을 들으면 안 된대. 왜 음악을 듣지 못하게 했을까? 조용히 해야 하는 곳인가?)

⭐ 내 모자 어디 갔을까? 존 클라센 글·그림 | 서남희 옮김 | 시공주니어 | 2012

잃어버린 모자를 찾기 위해 같은 질문을 하는 곰과 그런 곰에게 하나같이 모른다고 말하는 동물들의 이야기예요. 신뢰와 교감이 빠진 대화를 보며 소통의 중요성을 느끼게 해줘요. 그림책에서 반복되는 질문 "내 모자 못 봤니?"가 나올 때마다 함께 읽어요. 등장인물들은 "응. 못 봤어"라고 대답하지만, 그림책을 다 읽은 후에 모자의 행방을 아는 독자로서 질문에 대답해도 재미있어요.

⭐ 내 이야기 좀 다시 그려 줘 올리비에 뒤팽 글·제네비에브 데프레 그림 | 공민희 옮김 | 그린북 | 2019

우리가 잘 알고 있는 『빨간 모자』를 각색한 이야기예요. 『아기 돼지 삼 형제』와 『신데렐라』 등 다른 책의 주인공들까지 등장해서 바뀌는 빨간 모자 이야기를 통해 무궁무진한 상상의 세계를 보여줘요. 다른 책의 주인공들이 찾아올 때마다 안나가 어떤 내용으로 이야기를 각색할지 예상해요. 직접 새로운 이야기를 만들며 창의력과 상상력을 자극해도 좋아요.

빵도둑

글·그림 시바타 케이코
옮김 황진희
펴낸 곳 길벗어린이
출간 2021
주제 빵

 책 소개

빵을 너무 좋아해 매일 빵을 훔치는 귀여운 빵도둑 이야기예요. '세상에서 가장 맛있는 숲속 빵집'으로 몰래 들어간 빵도둑은 말랑말랑하고 따뜻한 빵을 훔치는 데 성공했어요. 하지만 집으로 돌아와 훔친 빵을 한 입 먹어 보고는 빵이 맛이 없어서 충격을 받았지요. 빵 가게 진열대에 놓인 다양한 빵 이름을 읽으며 기초 읽기와 어휘력을 기르기 좋아요. 빵 이름을 길게 늘어뜨려 말하며 즐겁게 말놀이하다 보면 음운론적 인식도 기를 수 있어요.

이렇게 읽어 주세요

빵 이름 맞히기

그림책 속 빵 가게에는 다양한 종류의 빵이 등장해요. 빵 이름을 다시 떠올리고 맞혀보는 놀이를 하면 음운론적 인식을 기르는 데 도움이 되어요. 인덱스 스티커를 빵 이름 부분에 붙여 이름을 숨긴 후, 아이가 빵 이름을 말하며 인덱스 스티커를 떼어 실제 빵 이름과 비교하는 활동을 할 수 있어요. 이 과정에서 아이는 자신이 말한 빵 이름과 실제 빵 이름의 음절 수를 자연스럽게 비교하며 음절 인식 능력을 키울 수 있어요. 빵의 특징을 묘사하는 활동을 통해 어휘력을 확장하고 말소리에 대한 민감성도 높일 수 있어요.

- 여기 빵이 정말 많네. 어떤 빵들이 있을까? 식빵도 있어. 아침에 우리가 샌드위치를 만들어 먹은 식빵이네. 여기 '식빵'이라고 적혀 있어.
- 그럼 이 빵 이름도 기억나? 이 빵은 뾰족뾰족해. (인덱스 스티커를 뗀 후) 크. 루. 아. 상! 잘 맞혔어. 이건 크루아상이라고 해. 프랑스에서 온 빵이야. 왜 이렇게 생겼을까? 달처럼 반달 모양이지. 크루아상은 프랑스어로 초승달이란 뜻이래. 카레빵은 빵 속에 카레 소스가 들어 있나 봐. 빵 이름을 보면 안에 뭐가 들어 있는지 알 수 있네.
- 이 빵은 동물 모양을 닮은 것 같아. 거북이 모양이라서 거. 북. 이. 빵.이래.
- 이름이 네 글자인 빵만 찾아볼까? 거북이빵, 크루아상, 원숭이빵, 옥수수빵, 소시지빵, 코알라빵. 6개나 찾았어. 이름이 다섯 글자인 빵도 있을까? 초코소라빵. 다섯 글자네. 빵도둑의 빵 가게에서 이름이 가장 긴 빵이네.

환경인쇄물에서 글자 찾기

빵도둑이 사는 동네에는 다양한 환경인쇄물이 등장해요. 빵집 간판, 포스터, 빵 이름표 등 빵도둑 주변의 글자를 찾아 읽어 보세요. 주변 환경에서 글자를 발견하고 읽는 경험은 유아기에 읽기에 대한 흥미를 높여줘요. 그림책을 읽은 후, 실제 동네 빵집을 방문해 환경인쇄물을 찾아보는 활동으로 확장하면 더 재미있어요.

- 빵도둑이 숲속 빵집을 발견했어. 간판을 보니까 '세상에서 가장 맛있는 숲속 빵집'이라고 적혀 있네. 정말 가장 맛있는 빵을 파는 곳일까? 우리도 간판만 보고 가게 안에 뭐가 있을지 맞혀볼까?
- 빵집 안에 있는 제빵사 아저씨의 작업 공간을 봐. 밀가루, 소금, 설탕, 버터가 놓여 있네. 이 재료들은 어디에 쓰일까? 제빵사 아저씨가 지금 만들고 있는 빵에 들어가는 재료일까?
- 빵도둑이 가장 맛있었던 빵을 떠올리며 레시피를 적었대. 종이에 뭐라고 적혀 있을까? '밀가루 듬뿍, 설탕 조금, 달걀 1개'라고 적혀 있네. ○○이도 빵을 만든다면 어떤 재료를 넣고 싶어? 우리만의 빵 레시피를 한번 적어 볼까?
- 마지막 장면에서 빵집 이름이 처음이랑 달라졌어. '정말로'라는 말이 추가됐어. 왜 이름이 바뀌었을까? 처음과 마지막을 비교해 볼까?

앞/뒷면지 비교하기

그림책 면지는 이야기의 시작과 끝을 연결하는 중요한 단서예요. 앞면지와 뒷면지를 비교하며 어떤 점이 변했는지 찾아보세요. 왜 그렇게 변했는지 생각하며 유추하는 능력을 키울 수 있어요.

- 앞면지에는 빵도둑이 어디 숨어 있을까? 뒷면지에도 빵도둑이 숨어 있을까? 같은 곳에 있을까, 아니면 다른

곳으로 갔을까?
- 앞면지와 뒷면지에 차이점이 있을까? 앞면지에는 식빵 하나에 한입 베어 먹힌 흔적이 있네. 그런데 뒷면지에는 어떻게 변했을까? 한입 베어 문 자리 대신 작은 동그란 구멍이 생겼네. 무슨 일이 있었던 걸까?
- 책을 다 읽고 다시 앞/뒷면지를 보면 처음 봤을 때랑 느낌이 다르지? 처음에는 그냥 식빵 그림 같았는데, 이제 보니 빵도둑이 한 입 먹었다는 걸 알겠어. ○○이는 처음 봤을 때랑 지금이랑 뭐가 다르게 느껴져?

문해력 키우는 상호작용

음운론적 인식

크루아상, 크로켓, 크림빵은 모두 '크'로 시작해요. 반복되는 '크' 소리를 강조하며 따라 말하면 자연스럽게 소리와 글자의 관계에 집중할 수 있어요. 손뼉을 치면서 '크' 소리를 인식하면 재미있게 배울 수 있어요.

- 크루아상, 크로켓, 크림빵에서 어떤 소리가 계속 반복될까? 맞아, '크' 소리가 들어 있네. 크~크~크~ 따라 말해볼래? '크' 소리가 나올 때마다 손뼉을 쳐 볼까? 크(짝!)루아상, 크(짝!)로켓, 크(짝!)림빵.

어휘력

낯선 단어의 뜻을 알려주는 직접적인 어휘 지도도 필요해요. 물론 그림책을 읽으며 자연스럽게 맥락 안에서 새로운 단어의 의미를 파악하는 간접적 어휘 지도와 균형을 이루는 것이 좋아요. 아이가 단어의 뜻을 스스로 유추하고 생각할 수 있도록 충분한 시간을 주세요.

- 빵도둑이 사는 집에는 빵 모양 게시판이 붙어 있어. 빵도둑의 규칙이라고 적혀 있네. '규칙'은 무슨 뜻일까? (아이가 대답할 수 있도록 기다린 뒤) 규칙은 지켜야 하는 약속을 말해. 우리 집에서도 규칙이 있지? 밥 먹기 전에 손 씻기, 장난감 다 쓴 뒤 정리하기 같은 거! 그런데 빵도둑 책상 위에는 '빵의 법칙'이라는 책도 있어. '규칙'이랑 '법칙'은 비슷해 보이지? '법칙'은 꼭 지켜야 하는 정해진 규칙이야. 예를 들어 '자연의 법칙'처럼 우리가 바꿀 수 없는 것도 있어.
- 마지막 장면에서 빵도둑은 멋지고 솜씨 좋은 최고의 제빵사가 되었대. 제빵사는 어떤 일을 하는 사람일까? (아이가 생각할 시간을 준 뒤) 제빵사는 빵을 만드는 사람이야. ○○이가 빵도둑처럼 제빵사가 된다면 어떤 빵을 만들고 싶어?

이야기 이해력

빵도둑이 빵을 훔친 사건에 대해 원인과 결과를 찾고 이야기해요. 인과관계를 정리해 보는 경험은 이야기 이해력 향상에 도움이 돼요.

- 빵도둑은 왜 빵을 훔쳤을까? 배가 고파서 훔친 걸까? 아니면 다른 이유가 있을까? 빵을 훔치지 않고 제빵사 아저씨한테 도움을 요청할 수도 있었을까? 빵도둑이 빵을 훔친 뒤에 어떤 일이 벌어졌지? 빵집 주인인 제빵사 아저씨가 빵도둑을 혼내지 않고 오히려 빵 만드는 법을 가르쳐 줬지. 만약 빵도둑이 거짓말을 했다면 이야기가 달라졌을까?

생각을 키우는 질문

- ☐
- ☐ • 세상에서 가장 맛있는 빵 이름은 뭘까? 그 빵 속엔 어떤 재료가 들어 있을까? 한입 먹으면 무슨 맛이 날까?
- ☐ • 세상에서 가장 맛있는 빵을 빵집 손님들에게 소개한다면 뭐라고 말하면 좋을까?
- ☐ • 빵도둑이 제빵사가 되기로 결심한 이유는 뭘까?
- ☐

반복되는 글자를 찾아라

빵 이름에서 반복되는 글자를 찾아 동그라미 치고, 글자의 개수를 적어 보자.

- 빵 이름에서 반복되는 글자를 찾아 동그라미를 쳐요. 비슷하게 생겼지만 서로 다른 글자를 보고 글자의 모양에 따른 소리의 차이에 관심을 가져요.

  "빵 이름 글자에서 '코'를 찾아 동그라미 쳐 봐. '토'와 '코'는 비슷하게 생겼는데 어디가 달라? 똑같은 부분은 어디야?"

- 글자의 개수를 숫자로 적어요.

  "빵 이름에서 '크'는 몇 번 나왔어? 크림빵, 크로켓, 크루아상, 세 번이나 나왔네."

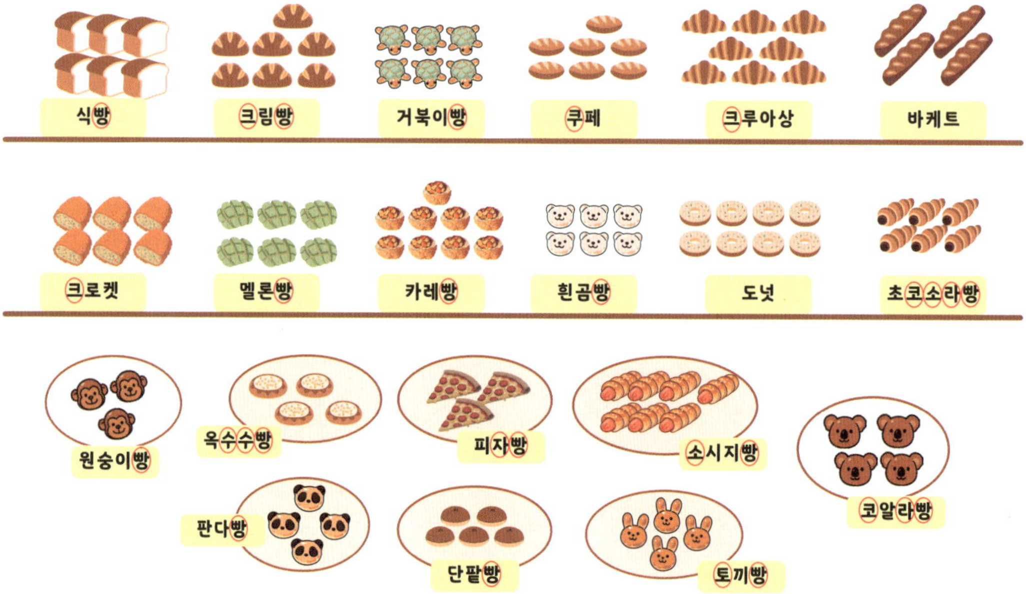

식빵 | 크림빵 | 거북이빵 | 쿠페 | 크루아상 | 바게트

크로켓 | 멜론빵 | 카레빵 | 흰곰빵 | 도넛 | 초코소라빵

원숭이빵 | 옥수수빵 | 피자빵 | 소시지빵 | 코알라빵

판다빵 | 단팥빵 | 토끼빵

라 : 2 개   수 : 2 개   쿠 : 1 개
자 : 1 개   토 : 1 개   크 : 3 개
소 : 2 개   코 : 2 개   빵 : 15 개

빵 이름 찾기

뒤죽박죽 섞인 빵 이름을 보고 순서에 맞춰 한 글자씩 써 보자.

- 빵 이름에 관심을 기울이며 그림책을 다시 읽어요.
  "빵도둑이 머리 위로 들고 훔쳐 가는 빵은 무슨 빵일까?"

- 빵 이름을 말로 표현해요.
  "기다란 막대 모양의 빵은 이름이 뭘까? 옥수수 알맹이가 들어 있는 빵은 뭐라고 부를까?"

- 뒤죽박죽 섞여 버린 빵 이름 글자를 올바르게 배열해요. 한 글자씩 따라 써 보면서 음절 글자에 관심을 가져요.
  "빵 이름이 뒤죽박죽 섞여 버렸네. ○○이가 빵 이름을 다시 찾아 줄래? 혹시 헷갈리는 빵 이름이 있으면, 먼저 그림책에서 그 빵 이름을 찾아봐. 그리고 그 이름과 똑같이 만들면 돼."

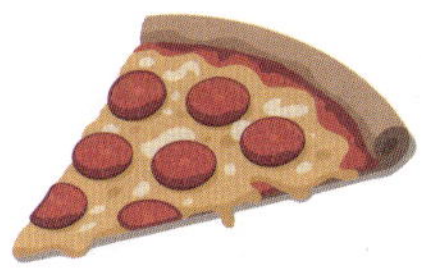 피	자	빵	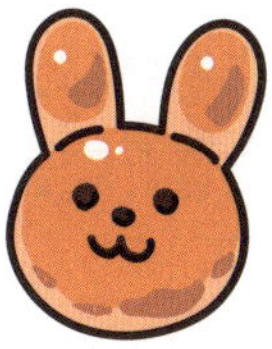 토	끼	빵	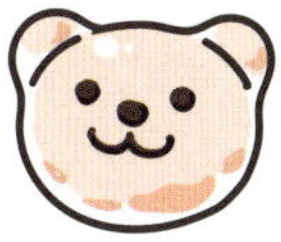 흰	곰	빵	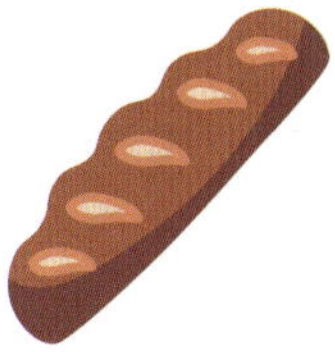 바	게	트
자	피	빵	빵	토	끼	흰	빵	곰	게	트	바

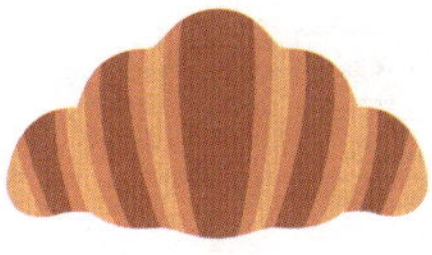 크	루	아	상	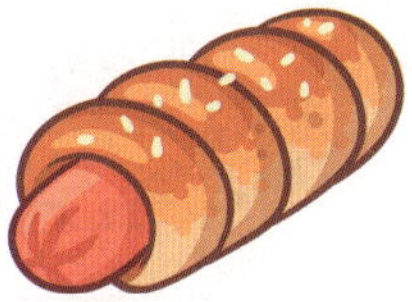 소	지	지	빵	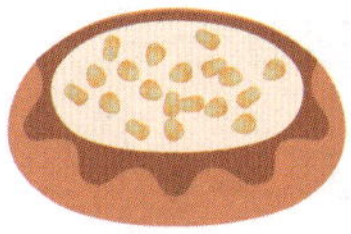 옥	수	수	빵	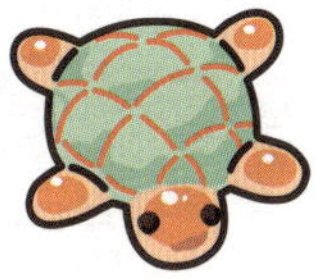 거	북	이	빵
크	아	루	상	소	빵	시	지	옥	빵	수	수	이	거	북	빵

세상에서 가장 맛있는 빵

손님들에게 줄 세상에서 가장 맛있는 빵을 상상하고 그려 보자.

- 숲속 빵집 앞에 손님들이 줄 서서 기다리는 장면을 보며 이야기를 나눠요.

  "세상에서 가장 맛있는 숲속 빵집 앞에 손님들이 북적거렸대. 왜 이렇게 많은 손님이 줄을 서 있을까? 뭘 기다리고 있을까?"

- 손님들에게 줄 세상에서 가장 맛있는 빵을 쟁반 위에 그림으로 표현해요.

  "만약 ○○가 세상에서 가장 맛있는 빵을 만드는 제빵사가 된다면, 줄 서서 기다리는 손님들에게 어떤 빵을 만들어 주고 싶어? 그림으로 그려 보자."

- 빵 이름을 짓고 글자로 표현해요. 아이의 발달 수준에 맞게 도움의 양을 조절해요.

  "○○이가 빵 이름을 지으면, 엄마가 받아 써 줄게."
  "○○이가 지은 빵 이름을 엄마가 빈칸에 써 줄게. 그걸 보고 따라 써 볼래?"
  "○○이가 지은 빵 이름은 구름빵이구나. '구'를 혼자 썼네! 엄마가 '름빵'을 써 줄게."

 **이런 그림책도 읽어 봐**

⭐ 빵도둑 VS 가짜 빵도둑 시바타 케이코 글·그림 | 황진희 옮김 | 길벗어린이 | 2021

시바타 케이코 작가가 쓴 『빵도둑』 시리즈의 두 번째 이야기예요. 빵을 사랑하는 두 도둑이 결국 빵을 만드는 즐거움을 깨닫고 함께 빵을 만들어 가는 따뜻한 이야기죠. 나무 열매가 들어간 다양한 빵 이름을 어떻게 지을지 이야기 나누며 읽어요. 어떤 맛이 날지 상상하고 재미있는 빵 이름을 붙이며 자연스럽게 어휘력을 키울 수 있어요.

⭐ 빵도둑과 수상한 프랑스빵 시바타 케이코 글·그림 | 황진희 옮김 | 길벗어린이 | 2023

『빵도둑』 시리즈의 세 번째 이야기예요. 전편의 주인공 롤빵이 다시 등장하며 시리즈의 재미를 느낄 수 있는 그림책이에요. 빵도둑과 프랑스빵의 따뜻한 화해의 과정을 따라가며 협력의 가치를 배울 수 있어요. 빵 축제에 등장한 빵 가게 간판 이름을 함께 읽고 나만의 빵 가게 이름을 지어요.

⭐ 빵도둑 꼬마 주먹밥 길을 떠나다 시바타 케이코 글·그림 | 황진희 옮김 | 길벗어린이 | 2024

빵도둑이 되기 전, 주먹밥 가게에서 태어난 꼬마 주먹밥이 자신의 꿈을 찾아가는 이야기예요. 『빵도둑』 시리즈의 마지막편이죠. 이 책까지 모두 읽었다면, 이제 좋아하는 그림책 작가가 생긴 거예요. 앞으로 좋아하는 작가의 신간을 기다리며 책을 좋아하는 아이로 자랄 수 있어요. '치킨 주먹밥', '참치 마요네즈 주먹밥', '치즈 주먹밥'처럼 주먹밥 이름 속 같은 글자 '치'를 찾으며 글자의 음절에 관심을 가져요.

⭐ 도넛 펭타 시바타 케이코 글·그림 | 황진희 옮김 | 길벗어린이 | 2024

해변에서 도넛을 만들어 파는 펭귄 펭타의 숨겨진 정체를 찾아가는 이야기를 담고 있어요. 펭펭, 펭권, 펭타처럼 반복되는 첫소리에 맞춰 읽으며 말놀이의 재미를 느낄 수 있는 그림책이에요. 펭타의 도넛 만들기 레시피를 순서대로 읽으며 이야기 순서를 이해해요. 레시피를 그림으로 그려 시퀀스 카드를 만들어 활용해도 좋아요.

⭐ 내 멋대로 슈크림빵 김지안 글·그림 | 웅진주니어 | 2020

다섯 개의 슈크림빵이 서로 다른 다섯 가지 이야기를 담은 컷 형식으로 구성된, 만화적 요소의 그림책이에요. 비슷하지만 서로 다른 모습을 가진 슈크림들이 자기만의 개성을 찾아가는 과정을 담고 있어요. 다섯 개 슈크림들의 공통점과 차이점을 관찰하고 비교하는 것도 좋아요. 작은 슈크림들을 자세히 관찰하며 시각적 변별력을 기를 수 있어요.

구름은 어떻게 구름이 될까?

글·그림 롭 호지슨
옮김 우순교
펴낸 곳 북극곰
출간 2022
주제 구름

 책 소개

구름이 하늘을 떠다니며 변화하는 과정을 아름다운 그림과 함께 설명해요. 아이들이 자연의 순환과 기후 변화를 쉽게 이해할 수 있도록 돕는 그림책이에요. 구름이 물방울로 시작해 하늘을 떠돌며 다양한 모양을 형성하고, 비나 눈으로 변하는 과정을 생동감 있게 그렸어요. 구름과 관련된 단어들을 접하며 자연현상에 대한 호기심을 키울 수 있어요. 구름의 변화 과정을 따라가며 그림책을 읽다 보면 우리 주변의 하늘과 날씨, 자연현상에 관심을 가지게 될 거예요.

이렇게 읽어 주세요

신체 활용하여 읽기

책에서 구름이 변하는 장면을 읽을 때, 각 구름의 변화를 몸으로 표현하며 읽어요. 신체를 활용한 읽기를 통해 이야기의 변화를 몸으로 느끼고 이해할 수 있어요. 몸으로 표현하며 읽는 경험은 아이의 표현력을 길러줘요. 몸을 움직이는 과정을 통해 새로 배우는 표현이나 어휘를 더 쉽게 익힐 수 있어요. 몸으로 구름의 모습을 표현하고 서로 어떤 구름을 표현한 것인지 맞히는 놀이를 하면 좋아요. (예: 구름이 작은 솜사탕처럼 시작해서 점점 커지고 바람에 휘날리는 모습 표현하기)

- 구름이 두둥실 하늘을 떠다닌다. 구름처럼 몸을 두둥실 움직이며 떠다녀 볼까?

면지 살펴보기

그림책의 앞면지를 함께 살피며 책이 어떤 이야기를 담고 있을지 상상해요.

- (앞면지를 펴서) 와, 여기 다양한 색이 밝게 펼쳐져 있네. 이건 뭔 것 같아? 맞아, 무지개 색깔이야. 근데 우리는 구름에 대해서 배우는데 무지개랑 어떤 연관이 있는 걸까? 무지개랑 구름은 무슨 관계일까? 궁금하네. 같이 읽어보자.

경험과 책 내용 연결하기

아이가 직접 경험한 날씨에 관해 묻고 그 날씨에 그림책과 같은 상황이었는지 비교해요. 책 속의 내용을 자신의 경험과 연결지어 생각하면 이야기 이해력을 높일 수 있어요.

- ○○이도 천둥번개가 쳤던 거 직접 보거나 들은 적 있어? 어땠어? 책에 나와 있는 설명처럼 우르르 쾅쾅! 소리가 났었어? 아니면 다른 소리가 났나?
- ○○이도 눈송이 만진 적 있어? 눈송이를 발로 밟아 봤구나. 느낌이 어땠어?
- ○○이가 가지고 놀았던 눈이 어디에서 왔는지 알아? 하늘에서 눈이 내렸지. 구름에서 떨어지던 비가 얼어서 눈이 되어 내리는 거야.

문해력 키우는 상호작용

음운론적 인식

구름 단어를 글자 블록으로 만들며 글자의 모양과 소릿값에 관심을 가질 수 있어요. 자음과 모음 블록을 하나씩 조합해 새로운 단어를 만드는 활동으로 확장하면 좋아요.

- 먼저 그림책에 나온 '구름' 글자를 찾아볼래? ㄱ이 먼저 오고, 그다음 ㅜ가 오면 '구'가 되네, ㄱ 블록 먼저 놓고, 아래에 ㅜ 블록을 올려보자. '구'라는 글자가 만들어졌네. '름'에는 ㄹ 블록을 놓고, 그다음 ㅡ 블록, 제일 밑에 ㅁ 블록을 두면 돼. '구름'이라는 글자를 만들었네.
- '구'에서 ㅜ 블록을 돌려서 옆으로 옮기면 어떤 글자가 될까? ㅜ가 ㅓ가 됐지? 어떤 소리가 나는 단어가 됐어? 맞아! '거름'이야. 모음 하나를 바꿨더니 식물들이 잘 자랄 수 있도록 땅에 뿌려주는 거름이 되었어.
- '구'에서 ㅜ 블록 대신, ㅣ 블록을 넣으면? '기름'이 돼. 모음 블록만 바꿔도 다른 단어가 되네. 신기하지!

어휘력

이 책은 자연과 구름을 주제로 다양한 어휘를 배우기 좋아요. 구름, 하늘, 비, 빛, 바람 등 자연현상과 관련된 단어들과 날씨에 관한 여러 형용사와 동사를 배울 수 있어요.

- 구름이 하늘에 떠 있고 그 옆에 해와 빛이 있네. 구름이 두둥실 떠다니고 움직이지? 그건 바람이 밀어 주기 때문이야. 여기 그림 봐봐. 이 바람이 구름을 다른 곳으로 옮기고 있나 보다.
- 갑자기 날씨가 흐려졌어. 구름 색깔이 검은색, 회색이야. 이건 먹구름이다.
- 맑은 하늘에 뭉게구름이 떠다니네. 왜 뭉게구름이라고 부르는 거 같아?

이야기 이해력

구름의 변화를 따라가면서 아이는 이야기의 흐름을 이해하고 연결하는 능력을 키울 수 있어요. 구름이 다양한 형태로 변하는 과정을 통해 변화무쌍한 날씨의 변화에 대해 배워요. 구름이 어떻게 구름이 될 수 있었는지부터 살펴보며 이야기 나눠요. 구름의 변화 과정을 따라가다 보면 앞뒤의 원인과 결과를 연결하며 변화의 흐름을 이해할 수 있어요.

- (첫 장을 펴서 읽으며) 하늘에는 아무것도 없고 호수에는 물이 가득해요. 구름에 관한 책인데 아직 구름이 안 나오네. 구름이 어디서 나올까? 해가 나와서 호수를 달구니까 물방울들이 하늘로 올라갔어. 시원한 하늘에 물방울들이 자꾸자꾸 모이니까 짜잔! 구름이 생겼네. 드디어 구름이 나왔어. 구름은 물방울들이 모여서 생기는 건가 봐.

생각을 키우는 질문

- ☐ 구름이 될 수 있다면 어떤 구름이 되고 싶어?
- ☐ 구름은 하늘을 떠다니는 동안 무슨 생각을 할까?
- ☐ 왜 구름은 하늘을 떠다닐 수 있을까? 만약 구름이 땅에 떨어지면 어떻게 될까?

다양한 구름 모양 만들기

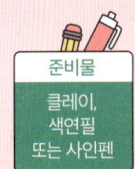

준비물
클레이,
색연필
또는 사인펜

다양한 모양의 구름을 만들어 보자.

- 아이와 다양한 구름 모양과 이름에 관해 이야기해요.
  "이건 뭉쳐있는 것 같아서 뭉게구름이야. 이건 양털이 촘촘히 펴져 있는 것 같아서 양털 구름. 이건 구름이 물결 모양처럼 만들어져서 물결 구름."

- 구름 이름을 가린 뒤 구름 그림만 보고 어떤 모양과 비슷한지 퀴즈를 내고 맞혀요.
  "이 구름 모양은 어떻게 생긴 것 같아? 맞아, 새! 새의 깃털 같아서 깃털 구름이라고 해. 이거는? 아까 책에도 나왔어. 엄청 검은색 구름이다. 검은색 구름이라서 먹구름이야. 검은 물감을 먹물이라고 부르는 것처럼 검은 구름도 먹구름이라고 불러."

- 아이가 만들고 싶은 구름을 골라 만들어 봐요. 아이가 직접 상상해서 나만의 구름을 만들어 보는 것도 좋아요. 어떤 모양의 구름을 만들고 싶은지 이야기 나누며 만들어요.
  "클레이로 만들고 싶은 구름이 뭐야? 여기 나와 있는 구름 중에 하나 골라 보자."
  "○○이가 직접 만들고 싶은 구름을 마음대로 만들어도 좋아. 어떤 모양을 만들고 싶어? 세모 구름? 피자 구름?"

- 아이가 만들고 싶은 구름 모양을 클레이로 만들어서 붙인 뒤 이름을 써요.
  "○○이가 만든 구름 이름은 뭐라고 할까? 그래 피자 구름이라고 하자. ○○이가 먼저 써봐. 잘 모르겠으면 엄마가 도와줄게."

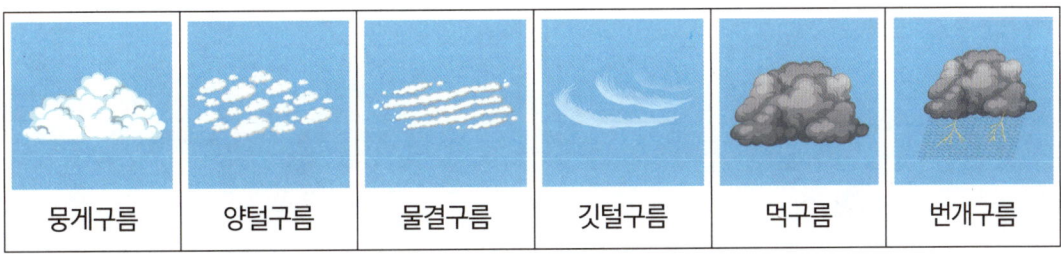

| 뭉게구름 | 양털구름 | 물결구름 | 깃털구름 | 먹구름 | 번개구름 |

구름 클레이 붙이는 칸	구름 클레이 붙이는 칸
구름 이름 쓰는 칸	구름 이름 쓰는 칸

구름 속 물방울의 기분 맞히기

구름 속 물방울의 기분이 어떻게 변했는지 맞혀 보자.

준비물
색연필
또는 사인펜

- 책을 읽은 후 날씨에 따라 구름이 어떤 기분이었고, 구름 안 물방울들의 표정은 어땠는지 이야기해요.
  "구름이 바람을 타고 가다가 엄청나게 추워졌잖아. 그때 구름 안에 물방울들의 표정은 어땠어?"
  "구름이 열을 느껴서 더워했을 때 그 안에 어떤 기분의 물방울들이 있었는지 기억나?"

- 이야기를 나눈 후 추운 구름이었을 때, 그리고 더운 구름이었을 때 물방울들의 표정을 그려요.
  "추운 구름일 때 물방울들 표정이 어땠어? 오들오들 추워서 인상을 찌푸리고 있었지. 그 표정을 그려 보자."
  "더운 구름일 때 물방울이 어땠는지 기억나? 그래. 달궈진 뜨거운 물방울도 있었고, 여전히 차가운 물방울도 있었지? 뜨거운 물방울, 차가운 물방울의 표정을 모두 그려 보자."

- 추운 구름과 물방울들이 변해서 무엇이 생겼는지 초성을 보며 맞혀요.
  "추운 구름 안에 추워하는 물방울들이 얼어서 이걸 만들었어. 이것은 (손으로 ㄴ, ㅅ, ㅇ을 짚으며) 니은 시옷 이응이래."
  "더운 구름 안에서 더워하고 추워하는 물방울들이 서로 부딪혔던 거 기억나? 그래서 (손으로 ㅊ, ㄷ과 ㅂ, ㄱ을 짚어가며) 치읓 디귿 비읍 기역이래."

오늘의 구름 모양 찾기

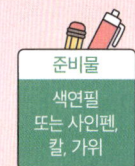
준비물
색연필 또는 사인펜, 칼, 가위

오늘 구름 모양을 살펴본 뒤, 그림으로 그리고 이름을 지어 보자.

- 책 속에 나온 구름을 보고, 실제 하늘에 떠 있는 구름과 비교하며 다양한 구름 모양이 있다는 것을 이야기해요.
  "책 속에 나온 구름이랑 오늘 하늘에 떠 있는 구름이랑 모양이 같은 것 같아 다른 것 같아? 그래, 다르지? 하늘에는 매번 다양한 모양의 구름이 생겨. 비슷해 보이지만 모두 달라."

- 밖에 나가서 구름을 관찰하고, 구름 모양의 이름을 지어요.
  "우리 오늘은 어떤 구름이 인사 나왔는지 보러 갈까? 어떤 구름 모양일까? 새 구름? 토끼 구름?"
  "이 네모 모양의 점선을 자르면 작은 창을 통해서 구름 사진을 찍을 수 있어. 구름 창으로 우리가 오늘 본 구름을 여기에 그리고 날씨도 적어 보고 구름 모양에 맞는 이름을 같이 짓자."

- 아이와 함께 날씨와 구름 이름을 쓸 때 부모가 옆에서 아이 발달 수준에 맞게 도움의 양을 조절해요.
  "○○이가 지은 구름 이름 엄마가 여기 써 줄게. 그거 보고 따라 써 볼래?"

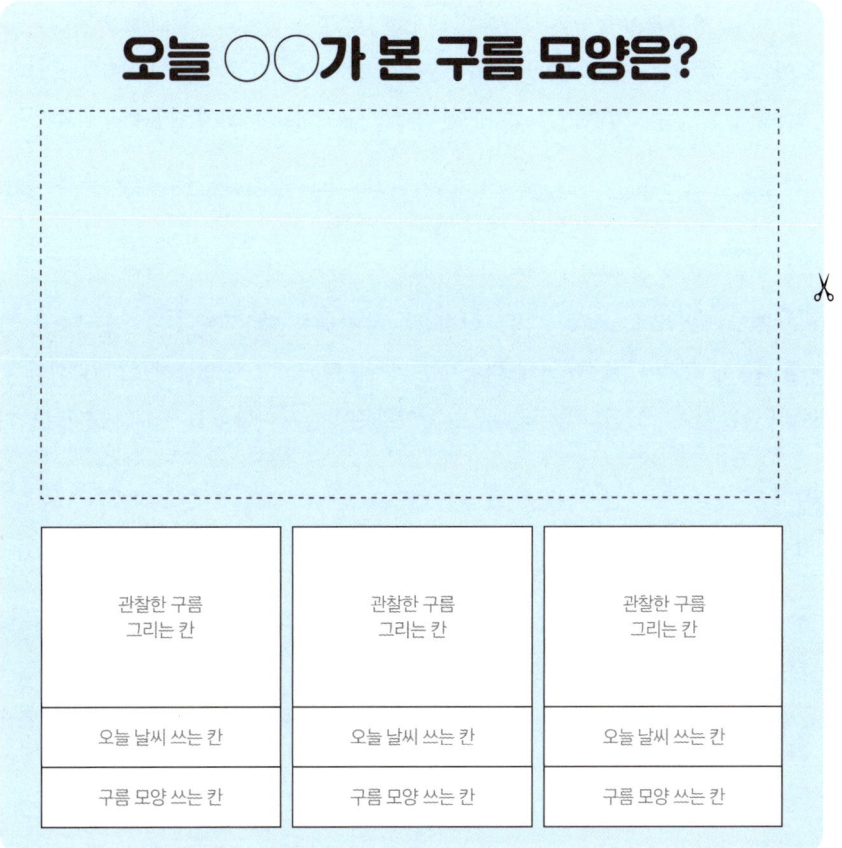

※ 네모 점선은 엄마가 칼로 오려 내 작은 창이 되도록 만들어 주세요.

 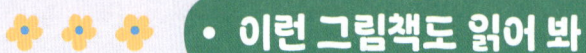

⭐ 어떤 구름 종종 글·그림 | 피카주니어 | 2024

다양한 모양의 구름이 하늘을 떠다녀요. 제각기 다른 모습을 한 구름이 자기가 어떤 구름인지 이야기해요. 구름을 바라보며 상상력을 펼치고, 세상을 다채롭게 보는 즐거움을 전달해요. '내가 상상하는 특별한 구름'은 무엇인지 이야기하고 함께 그린 후 구름의 특정 이름을 지어 주거나 설명하는 활동을 해요.

⭐ 찾았다! 구름 방울 이현주 글·그림 | 오늘책 | 2024

하늘에서 떨어진 신비로운 구름 방울을 발견하고, 그것을 따라가며 신나는 모험을 펼쳐요. 맑고 부드러운 이야기 속에서 자연의 아름다움과 아이들의 순수한 호기심을 느껴요. 구름 방울, 빗방울, 물방울, 땀방울, 기름방울과 같은 합성어들을 만들어 보면서 읽을 수 있어요.

⭐ 구름 놀이 한태희 글·그림 | 미래엔아이세움 | 2004

아이들이 하늘을 바라보며 구름의 모양을 상상하고, 다양한 모습으로 변하는 구름과 함께 신나는 놀이를 펼쳐요. 따뜻한 그림과 이야기 속에서 자연을 관찰하는 즐거움을 느낄 수 있어요. 솜이나 종이를 사용하여 구름을 만들어요. 솜으로 토끼를 만들고 토끼 구름이라고 이름을 지어볼 수 있어요. 나만의 다양한 구름을 만들며 구름 놀이를 해요.

⭐ 다람쥐의 구름 조승혜 글·그림 | 북극곰 | 2020

다람쥐는 늘 비구름을 달고 다녀요. 어디를 가든 다람쥐는 비를 몰고 다녀서 늘 외롭고 쓸쓸해요. 친구 토끼마저 다람쥐의 비구름 때문에 감기에 걸려 버려요. 다람쥐는 외로움을 극복할 수 있을까요? 다람쥐의 구름은 먹구름이었는데, "너의 구름은 어떤 구름이야?"라고 물으며 아이의 감정을 다양한 구름 종류에 빗대어 이야기해요.

⭐ 구름빵 백희나 지음 | 한솔수북 | 2019

비 오는 날, 아이들은 나뭇가지에 걸린 작은 구름을 발견하고 엄마에게 가져가요. 엄마가 구름으로 만든 빵을 먹자 몸이 구름처럼 두둥실 떠올라요. 구름처럼 둥둥 떠다니면서 출근한 아빠에게도 구름빵을 전한다는 아이의 따뜻한 마음을 담은 그림책이에요. 솜이나 습자지로 나만의 구름 음식을 만들어요. 구름 케이크, 구름 사탕, 구름 솜사탕 등 이름을 붙여서 구름 음식을 먹었을 때 어떤 신기한 일이 벌어질지 이야기하거나 글로 표현해요.

날씨 상점

글·그림 토마쓰리
펴낸 곳 웅진주니어
출간 2023
주제 날씨

📖 책 소개

두두지 아저씨의 날씨 상점에는 날씨로 만든 온갖 물건들이 가득해요. 두두지 아저씨의 날씨 상점에 찾아오는 손님들을 둘러싸고 펼쳐지는 흥미진진한 이야기를 함께 읽어 보아요. 숨바꼭질하듯 귀여운 그림들이 한가득 담겨 있어 눈이 즐거운 그림책이에요. 그림의 작은 부분까지 놓치지 말고 구석구석 찾으며 읽어요. 그림 읽기를 통해 시각 문해력을 기를 수 있어요.

이렇게 읽어 주세요

그림 속 그림 찾기

그림책 작가가 작은 부분까지 구석구석 귀여운 그림들을 숨겨두었어요. 볼거리가 많은 만큼 이야깃거리도 풍부한 그림책이에요. 아이가 그림의 작은 부분까지 살피며 그림책을 즐길 수 있도록 도와주세요. 한 페이지를 펼쳐놓고 서로 퀴즈를 내면서 그림 찾기 놀이를 즐겨보는 것도 하나의 방법이에요.

- (비늘 언덕 마을의 전경을 보여주는 장면을 보면서) 여기가 비늘 언덕 마을이래. 정말 커다란 마을이다. 엄마랑 여기서 그림 찾기 놀이해 볼까? 강아지 요정들이 어디 있게? 여기 있네. 딩동댕! 구름 위를 타고 날아가고 있어. 그럼 이번에는 사슴을 찾아볼까?
- 갈매기 휴게소래. 이거 봐. 갈매기들이 쉬어가는 휴게소인가? 아니면 갈매기들이 운영하는 휴게소일 수도 있

겠다.
- 안개나무 숲이래. 숲이 어디 있는지 찾았어? 여기 있었네. 안개가 잔뜩 껴있나 봐. 여기 날아다니는 토끼처럼 생긴 친구가 사실은 안개인가? 안개 토끼라고 부를 수 있겠다.

그림 읽으며 내용 추측하기

그림을 주도적으로 해석하면서 읽는 경험은 아이들의 읽기 동기를 높여줄 수 있어요. 성인이 읽어 주는 것을 일방적으로 듣는 것에서 벗어나 같이 이야기를 나누며 읽을 수 있도록 도와주세요. 성인이 먼저 그림을 보면서 그림을 관찰하고 묘사하면서 무엇을 나타내는 그림인지 추측하는 시범을 보여주세요. 그림 속에 적혀 있는 간판, 표지판과 같은 환경인쇄물을 통해 아이가 읽기에 관심을 보일 수 있도록 도울 수도 있어요.

- 비늘 언덕 마을에는 용의 마법 때문에 신기한 물건을 파는 상점들이 많대. 어떤 상점들이 있는지 한번 살펴볼까? 여긴 무슨 물건을 파는 가게일까? 우리 플리마켓 구경했던 것처럼 길거리에서 물건을 파는 노점이네. 현수막에는 별조각이라고 적혀 있어. 별조각을 파는 가게인가 봐. 별을 팔다니 너무 멋지다. 풍선에 별을 담아서 파나 봐. 지구본에도 별들이 담겨 있어.
- 여기는 번쩍 번개 사진관이래. 간판이 어떤 모양이야? 먹구름 모양 간판이라니 멋지다. 위에는 번쩍하고 번개도 치네. 번쩍 번개 사진관에서 사진을 찍은 사람들 사진도 걸려 있어. 번쩍 번개 사진관은 번개로 사진을 찍는 걸까?
- 두두지 아저씨의 날씨 상점이래. 날씨를 파는 가게인가 봐. 풍선 좀 봐! 해님이 쨍쨍한 풍선도 있고, 비가 오는 풍선도 있네. 날씨가 풍선 속에 담겨 있는 건가?

읽는 척하기

두두지의 날씨 상점에 손님들이 찾아와 걱정거리를 늘어놓으면, 그에 맞는 날씨와 관련된 물건들을 건네주는 것이 반복돼요. 그림책을 반복해서 읽어 본 뒤라면 아이가 이 부분을 읽는 척하며 읽어 보기 좋아요. 읽는 척하기는 아이의 이야기 구조에 대한 이해를 돕고, 능동적이 독자가 될 수 있도록 도와줘요. 처음 시도해 보기 때문에 아이가 버거워한다면 역할을 나누어 번갈아 가며 읽어 보세요. 역할을 나누어 등장인물이 대화하듯 그림책을 읽어 보는 것도 방법이에요. 그림책의 내용을 좀 더 간결하게 대화체로 바꾸어 읽는 것을 먼저 보여주면 아이가 그림을 보면서 어떤 내용인지 떠올려 읽는 척하기가 수월해져요.

- 엄마가 두두지의 날씨 상점에 찾아오는 손님 역할을 할게. ○○가 두두지 씨 역할을 맡아서 손님들에게 딱 맞는 물건들을 건네주는 부분을 읽어 볼래? (그림책의 내용을 좀 더 쉬운 문장으로 바꿔서 속상한 고양이 목소리로) 고양이가 울면서 들어왔어. 꽃이 모두 시들어 버려서 속상해요. (두두지 아저씨 목소리로) 걱정하지 마. 소나기 풍선을 꽃 위에 터트려 봐. (신난 고양이 목소리로) 고마워요, 두두지 씨! 꽃들이 다시 웃어요.

문해력 키우는 상호작용

음운론적 인식

거꾸로 말하기를 하며 음운론적 인식을 기를 수 있어요. 음절 단위의 소릿값에 주의를 기울이고, 이를 거꾸로 말하는 것은 작업 기억도 필요하기 때문에 아이에게 다소 어려울 수 있어요. 거꾸로 말하기를 처음 하는 아이라면 쉬운 단어로 시작해요. 접착식 메모지에 글자를 한 음절씩 쓴 뒤 뒤집는 걸 보여주는 것도 좋아요.

- 두두지 씨 이름을 거꾸로 말하면 무슨 소리가 될까? 두두지, 지두두! 그럼 모자를 거꾸로 하면? 자모!

어휘력

아이가 익숙하지 않은 단어가 등장했을 때는 이해하기 쉽게 설명해 주세요. 그림책을 통해 처음 접한 단어는 일상생활 중에 자연스럽게 사용하면 큰 도움이 돼요. 또한, 아이가 모를법한 단어가 나오면 어떤 뜻일지 먼저 추측해 보도록 한 뒤 설명해 주세요.

- 둥근 고래 정거장이라고 적혀 있네. 정거장이 뭔지 알아? 버스나 지하철 같은 교통기관이 멈추기로 약속된 장소를 정거장이라고 해. 여긴 둥근 고래를 타는 정거장인가 봐. 우리도 저번에 버스 타려고 버스 정거장에서 기다렸지? 다음에는 지하철이 멈추는 정거장에 가보자.
- 두두지의 맺음말이래. 두두지 씨가 그림책 속 자기 이야기가 어땠냐고 물어보네? 독자들한테 쓰는 그림편지 같은 거네. 맺음말이 무슨 뜻인지 알아? 무언가를 끝내는 걸 끝맺음이라고 해. 맺음말은 끝내면서 마지막으로 하는 말이라는 뜻이야.

이야기 이해력

글을 먼저 읽어 준 다음에는 그림을 관찰하며 이야기를 나눠요. 글에는 담겨 있지 않은 부분까지 파악할 수 있어 이야기 이해력을 높을 수 있어요.

- 마지막 손님인데 동물 친구들이 우르르 들어왔대. 누가 들어왔지? 토끼도 있고, 강아지도 있고, 고양이도 있고, 곰도 있네. 동물 친구들이 너무 심심하다고 하소연하네. 친구들 표정이 어때? 심심해서 표정이 다들 시무룩하네. 눈썹이 아래로 내려가 있어. 너무 심심해서 막 널브러져 있기도 해. 강아지랑 고양이 좀 봐. 대자로 뻗었다. 토끼는 거꾸로 매달려 있기까지 하네.

생각을 키우는 질문

- ☐ 개미핥기가 달리기를 너무 오래 해서 덥대. 두두지 씨가 어떻게 도와줄 수 있을까?
- ☐ 눈사람 향수가 너무 재밌어서 마구 뿌리다 보니 동물 친구들이 모두 눈사람이 되어버렸네. 두두지 씨가 친구들을 어떻게 도와줄 수 있을까?
- ☐ 두두지 씨가 기억해 달래, 작은 도전들이 모이면 큰 꿈이 된다는 걸. 작은 도전들이 모이면 큰 꿈이 된다는 건 무슨 뜻일까? ○○도 작지만 멋진 도전을 해본 적 있어?

마법 모자

나만의 마법 모자를 만들어 보자.

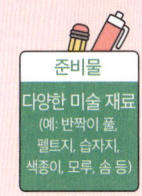

준비물
다양한 미술 재료
(예: 반짝이 풀, 펠트지, 습자지, 색종이, 모루, 솜 등)

- 더워하는 개미핥기한테 바닷바람 모자를 건네주는 장면을 함께 읽어요.
    "개미핥기가 달리기를 너무 오래 해서 덥대. 그래서 두두지 씨가 뭘 줬지? 맞아, 바닷바람 모자를 줬지. 바닷바람 모자라 불가사리랑 조개껍데기가 모자에 달려 있네."

- 나만의 마법 모자를 만든다면 어떤 날씨 모자를 만들고 싶은지 이야기 나눠요.
    "바닷바람 모자라니 마법 같다. ○○는 어떤 모자를 만들고 싶어? 모자를 쓰기만 하면 원하는 대로 무언가를 이뤄주는 마법 모자를 만들어 볼까?"

- 나만의 마법 모자를 표현할 수 있도록 도와주세요. 자유롭게 상상하며 기발하게 표현해 볼 수 있도록 다양한 미술 재료들을 제시하면 좋아요.
    "내가 좋아하는 날씨로 바꿔주는 마법 모자도 멋있겠다. ○○는 살짝 안개가 껴서 흐린 날이 좋다고 했으니깐 안개를 모자에 표현해 보자. 어떤 재료로 표현하면 멋지게 표현할 수 있을까? 하얀 솜을 붙이면 정말 안개가 깔린 것 같겠다."

- 완성된 마법 모자를 함께 살펴보면서 어떤 모자인지 아이가 설명해 보도록 해요.
    "○○가 원할 때는 안개가 깔릴 수 있게 안개가 모자에 달려 있네. 이건 뭐야? 별님이 보고 싶을 때는 안개 사이로 별님을 볼 수 있게 만들어 주는 거구나. 반짝이 풀로 만들어서 진짜 별님 같다."

비늘 언덕 마을의 상점

나만의 멋진 상점을 상상해서 건물과 간판을 꾸며 보자.

준비물
크레파스
또는 색연필

- 비늘 언덕 마을의 다양한 상점 그림들을 보면서 어떤 상점들이 있는지 이야기 나눠요.
  "그림책에서 비늘 언덕 마을에 있는 갖가지 다양한 상점들을 봤지? 어떤 상점들이 있었는지 다시 살펴볼까? 이건 봄바람 꽃집이네. 봄바람이 너울거리는 꽃집인가 봐."

- 만약 내가 비늘 언덕 마을의 상점 주인이 된다면 어떤 상점을 만들고 싶은지 상상해요.
  "○○가 비늘 언덕 마을에 상점을 하나 낸다면 어떤 상점을 내고 싶어? 엄마는 가면을 쓰기만 하면 무엇이든지 될 수 있는 '다 변해 가면집'을 만들고 싶어. ○○는 좋아하는 놀잇감을 파는 상점을 만들어 보는 건 어때? 태엽을 감기만 하면 살아나는 놀잇감을 팔면 멋지겠다. '다 살아나 놀잇감 가게'라고 이름 지어 주면 손님들이 뭘 파는 가게인지 한눈에 알 수 있겠어."

- 나만의 상점을 그림으로 표현해요. 건물 모양부터 간판까지 내가 원하는 대로 만들 수 있어요.
  "엄마는 가면을 파는 상점을 만들고 싶으니까 얼굴 모양 건물을 지어야겠어. ○○는 어떤 모양 건물을 지어 볼래? 놀잇감을 파는 가게니까 블록을 쌓은 거 같은 가게도 멋지겠다."

- 상점 그림을 완성하고 직접 꾸민 상점을 구체적으로 설명해요.
  "○○가 만든 '다 살아나 놀잇감 가게'부터 설명해 줄래? 무슨 놀잇감을 파는 거야? 자동차도 있고, 비행기도 있고, 공도 있네. 공은 한 번 튕길 때마다 다른 모양으로 바뀔 수 있다니 멋지다!"

같은 소리 풍선

같은 소리로 시작하는 낱말들을 찾아 풍선에 적어 보자.

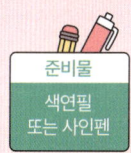

- 풍선에 적혀 있는 자음 'ㄱ, ㄴ, ㄷ'에 관심을 가져요.
  "풍선에 기역, 니은, 디귿이 적혀 있네. 기역은 /그/ 소리, 니은은 /느/ 소리, 디귿은 /드/ 소리가 나. 그림책을 다시 읽어 보면서 이런 소리로 시작하는 단어들을 찾아서 적는 거래."

- 그림책을 읽으며 'ㄱ, ㄴ, ㄷ'으로 시작하는 단어들을 찾아요. 그림책의 글을 성인이 읽어 줄 때 아이는 주의를 기울여서 같은 소리로 시작하는 단어를 찾아볼 수 있어요. 아이가 어려워할 때는 해당하는 소리로 시작하는 단어의 첫소리를 강조해 주면서 읽어요.
  "날씨 상점. 어, 시작부터 찾았네. 어디에 ㄴ 소리가 들어가? '날씨'에 들어가 있네. 니은."

- 그림책에서 찾은 단어를 풍선에 적어요. 보고 따라 쓸 수 있도록 커다랗게 먼저 적어 주는 것도 좋아요.
  "풍선에 적어볼까? 여기에는 글자가 크기 적혀 있어서 따라 써 보기 좋네. ('날'을 적으면서) ㄴ부터 니은, 아, 리을, 날! ('씨'를 적으면서) 시옷이 두 개 쌍시옷, 이 ,씨!"

- 풍선 두 개에는 내가 찾아보고 싶은 자음을 골라 적고 그림책에서 찾아서 적어요.
  "풍선 두 개에는 우리가 찾아보고 싶은 소리로 시작하는 단어를 적으면 된대. 어떤 걸 찾아볼까? ○○이 이름이 들어가는 ○○을 찾아볼까?"

이런 그림책도 읽어 봐

⭐ 비가 되기 전에 마리아 호세 페라다 글·마르코 파체타 그림 | 남진희 옮김 | 사슴뿔 | 2023

주인공 물방울 친구와 함께 물이 순환하는 과정에 대해 알아볼 수 있어요. 물방울과 함께 여행을 떠나볼까요? 물방울이 여행하며 마주하는 모든 순간이 따뜻하고 포근할 거예요. 그림책에 등장하는 등장인물들로 막대 인형을 만들어 인형극 놀이를 해요. 물의 순환 과정을 나타내는 큰 그림 배경판을 만들어 주는 것도 좋아요.

⭐ 구름 방귀 뿡뿡뿡 김용희 글·그림 | 웅진주니어 | 2023

아기 구름들이 방귀를 뀌면 우르르 쾅쾅 천둥이 치고, 주룩주룩 비가 내려요. 그런데 숲에서 불이 나서 연기가 피어올라요. 아기 구름들은 방귀로 숲을 구할 수 있을까요? 방귀 소리를 통해 다양한 소리에 관심을 가져보면서 소리 변별력을 길러요. 방귀 소리를 한글 블록으로 직접 만들어 보며 어느 부분이 다른지 알아볼 수 있어요.

⭐ 오늘 날씨는 물 오치 노리코 글·메구 호소키 그림 | 김소연 옮김 | 천개의바람 | 2020

물은 곳곳에 숨어 있어요. 하늘 위, 땅속, 내 몸속에도 물이 있지요. 우리를 둘러싸고 존재하는 물의 변화에 대해 알아볼 수 있어요. 그림책을 읽고 나서 우리 집에서 물을 찾아보는 건 어때요? 화장실, 싱크대, 내 몸속, 반려동물의 몸속 곳곳에서 물을 찾을 수 있을 거예요.

⭐ 우리 집 일기 예보 하세가와 요시후미 지음 | 김지연 옮김 | 책속물고기 | 2011

변화무쌍한 아이들의 감정을 날씨에 빗대어 표현하고 있어요. 아침 일찍 일어나 체조를 하면 '맑음', 소변 실수를 하면 '흐림'이 되어버리지요. 그림책을 읽을 때 아이의 경험에 빗대어 읽으면 의미가 더욱 풍부해질 수 있어요. 언제 맑음, 흐림, 비와 같은 기분을 느꼈는지 그림과 글로 표현해서 우리 아이만의 일기 예보를 만들어요.

⭐ 기차 여행 이숙현 글·토마쓰리 그림 | 다림 | 2022

토마쓰리의 또 다른 그림책이에요. 바다를 향하는 기차를 타고 가던 아이들의 기발한 상상 덕분에 기차 안이 멋지게 변해요. 기차가 숲이 되기도 하고, 도서관, 아이스크림 가게, 수영장이 되기도 하지요. 상자를 이용해서 다양한 공간과 날씨가 나타나는 나만의 기차를 만들어 볼 수 있어요.

나뭇잎 손님과 애벌레 미용사

글·그림 이수애
펴낸 곳 한울림어린이
출간 2015
주제 자연/나무

 책 소개

나뭇잎 손님은 다른 친구들처럼 멋진 머리모양을 갖고 싶어서 숲속 미용실로 향했어요. 애벌레 미용사가 나뭇잎 머리를 야금야금 갉아 먹으며 멋지게 만들어 주지만 도통 나뭇잎 손님의 마음에 들지 않아요. 변화하는 자연에 관심을 가지며, 나다움이란 무엇인지 이야기를 나누어 볼 수 있는 그림책이에요.

이렇게 읽어 주세요

앞뒤 면지 비교하기

앞면지에는 머리가 무거운 나뭇잎 손님이, 뒷면지에는 귀여운 새싹이 자란 것만 같은 나뭇잎 손님이 있어요. 그림책 속에서 무슨 일이 있었기에 나뭇잎 손님의 모습이 이렇게 달라졌는지 추측하며 읽어요. 그림책을 읽기 전과 다 읽고 난 후 다시 비교해 보면서 이야기를 얼마나 이해했는지 살펴볼 수 있어요.

- 그림책 읽기 전: (앞면지를 보면서) 얜 누굴까? 머리가 나뭇잎 모양이네? 그림책 제목이 『나뭇잎 손님과 애벌레 미용사』이니까 얘가 나뭇잎 손님인가 봐. 입술이 아래로 내려가 있는 게 기분이 별로 인가 봐. (뒷면지를 보면서) 여기에도 사람처럼 생긴 아이가 있어. 그런데 앞에 나왔던 나뭇잎 손님이랑은 생김새가 다르네? 표정이 밝아졌어.

- 그림책 읽은 후: 나뭇잎 손님이 따뜻한 바람이 불 무렵에 긴 잠에서 깨어났다고 했잖아. 봄이 온 거였나 봐. 그래서 나뭇잎 손님 머리에도 다시 예쁜 새싹이 자란 거였네. (뒷면지를 보면서) 봄이 돼서 나무에도 나뭇잎이 자랐네.

주변 텍스트 활용하기

그림책의 주변 텍스트를 살펴보며 이야기를 나눠 보세요. 그림책이 제작된 배경에 관해서도 관심을 가지며 새로운 어휘를 배울 수 있어요. 그림책 작가가 어떤 이야기를 전달하고 싶었는지 그 의도를 파악하고 그림책을 다시 읽어 보는 것도 아이의 생각을 확장하는 데 도움이 돼요.

- 이 그림책은 2015년 우수 출판콘텐츠 제작 지원 당선작이래. 출판은 이렇게 책을 세상에 만들어 내는 것을 말해.
- 그림책 작가가 이 그림책으로 두 가지 내용을 전달하고 싶었대. 하나는 진짜 내가 가진 것의 아름다움에 관한 이야기, 또 하나는 계절이 바뀌면서 벌어지는 자연의 이야기래. 나뭇잎 손님이 다른 친구들처럼 멋진 머리를 갖고 싶어서 자꾸 이 머리 저 머리 했지만, 결국 새롭게 다시 자라난 자기 머리를 가장 마음에 들어 했지? 나뭇잎 손님의 머리 색이 계속 바뀌었던 건 봄, 여름, 가을, 겨울이 되면서 바뀌는 나뭇잎 색을 표현한 건가 봐.

다이컷 활용하기

다이컷 기법으로 표현된 부분을 활용하여 놀이로 확장해요. 그림책에서 나뭇잎 모양대로 뜯어낸 종이를 활용하여 나뭇잎 카드나 책갈피를 만들어 보는 독후활동도 추천해요. 나뭇잎 모양을 활용하여 그림자놀이도 할 수 있어요. 어두운 방에서 빛을 비춰 나뭇잎 그림자를 만들며 놀이해 보세요. 떼어낸 나뭇잎 모양과 그림책의 나뭇잎 모양으로 뚫려 있는 부분을 모두 활용해 비교해 보세요.

- 그림책에서 나뭇잎 모양을 이렇게 떼어낼 수 있네? 신기하다. 그림책 한가운데를 이렇게 톡 떼어내니까 나뭇잎 모양 종이들이 만들어져. 그림책을 한 장씩 넘기면 나뭇잎 모양이 되네. (책장을 넘기면서) 이건 초록색 양버즘나무 나뭇잎, 이번에는 빨간 단풍나무 단풍잎이네.
- 나뭇잎 모양 카드가 됐네. 이걸로 우리 책갈피를 만들어 볼까? 누구 책갈피인지 한눈에 알 수 있게 이름을 적으면 좋겠다.
- 이렇게 뻥 뚫려 있는 부분에 빛을 비추면 나뭇잎 그림자도 만들 수 있어. 빛을 책 가까이로 움직이니 나뭇잎 모양 그림자가 어떻게 됐어? 그림자가 점점 커진다.

문해력 키우는 상호작용

음운론적 인식

반복하여 나오는 의성어와 의태어에 주목하며 읽어요. 의성어와 의태어 뜻도 설명해 줄 수 있어요.

- 애벌레 미용사가 끊임없이 나뭇잎 머리를 하고 있네. 쓱싹쓱싹 염색약을 발라서 물들이고, 다시 야금야금 갉아 먹고 있어. 쓱싹쓱싹 소리가 나게 염색약을 바르네. 쓱싹쓱싹은 이렇게 무언가를 비비거나 섞을 때 나는 소리를 표현하는 의성어야. 야금야금은 나뭇잎을 갉아 먹는 것처럼 무언가를 입안에 연달아 조금씩 먹는 모양을 표현하는 의태어라고 해. 의성어는 소리를, 의태어는 모양이나 행동을 표현하는 재미있는 흉내말이지.

어휘력

다양한 모양의 나뭇잎 머리 스타일의 이름을 보며 이야기를 나눠요. 실제 나무들의 나뭇잎이 그림과 비슷하게 생겼는지 검색해서 비교해 보며 읽으면 대화의 내용이 더욱 풍부해질 수 있어요. 나뭇잎의 생김새를 구체적으로 묘사하면서 읽으며 다양한 어휘를 사용하는 모습을 보여주세요.

- 나뭇잎 머리 스타일이 진짜 다양하고 많네. 뾰족뾰족 빨간 단풍나무 머리도 있고, 노란 부채 같은 은행나무 머리도 있네. 또 어떤 나뭇잎 머리가 있어? ○○는 어떤 나뭇잎 머리가 가장 마음에 들어? 엄마는 신나무 머리도 한번 해 보고 싶다. 신나무라는 나무에서 자라는 나뭇잎은 이렇게 'ㅗ'처럼 생겼나 봐. 길쭉한 탑처럼 끝이 뾰족하다. 진짜 이렇게 생겼는지 사진을 한번 찾아볼까?
- 나뭇잎의 잎맥이 거미줄처럼 퍼져 있어. 이렇게 기다랗고 복잡한 길처럼 뻗어 있는 걸 잎맥이라고 해. 이 잎맥으로 물과 영양분을 나르는 거야.

이야기 이해력

그림을 꼼꼼하게 관찰하며 등장인물과 사건이 일어나는 배경의 특징을 파악하며 읽어요. 그림의 작은 부분을 보며 추측하면서 읽으면 이야기를 더 깊이 있게 이해할 수 있어요.

- 애벌레 미용사가 운영하는 미용실인가 봐. 숲속 미용실이라 그런지 미용실 안에도 나무가 있다. 애벌레는 손이 많아서 빗을 한꺼번에 많이 사용하네. 애벌레 미용사가 미용 대회에 나가서 상도 받았나 본데? 트로피도 잔뜩 있고, 트로피를 들고 찍은 사진도 있어. 머리 자르는 실력이 대단한가 봐?

생각을 키우는 질문

- 나뭇잎 손님은 도대체 어떤 머리를 하고 싶은 걸까? 어떤 머리를 해줘도 다 마음에 들지 않는다고만 하네.
- 나뭇잎 손님의 머리가 망가져 버리고 말았네. 기분은 어떨까? 어떤 심정으로 잠자리에 누웠을까? 무슨 꿈을 꾸려나?
- 나뭇잎 손님 머리가 어떻게 된 거야? 귀여운 새싹처럼 나뭇잎이 자랐네. 나뭇잎 손님 표정이 어때 보여?

멋진 나뭇잎 머리

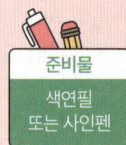

나만의 나뭇잎 머리를 상상하고 그림과 이름으로 표현해 보자.

- 그림책에서 다양한 나뭇잎 머리 스타일을 보여주는 장면을 보며 이야기를 나눠요.
  "다양한 모양의 나뭇잎 머리 스타일이 있네. 어떤 머리가 있지? 단풍나무 머리, 은행나무 머리, 양버즘나무 머리!"

- 어떤 스타일의 나뭇잎 머리를 만들고 싶은지 생각해요. 다양한 나무들의 잎 모양을 찾아보는 것도 좋아요.
  "○○가 만약 나뭇잎 손님이라면 어떤 머리로 해달라고 하고 싶어? 다른 나뭇잎 머리로는 어떤 걸 할 수 있나 한번 찾아볼까? 소나무는 잎이 삐죽삐죽 가시처럼 생겼다. 그럼 소나무 머리는 어떤 머리 모양이 될까?"

- 만들고 싶은 나뭇잎 머리를 그림으로 표현하고, 나뭇잎 머리에 이름을 붙여요.
  "소나무 머리는 잎이 삐죽삐죽하겠네. 그래서 여기에서는 '삐죽 소나무 머리'라고 이름 붙여줬대."

- 나뭇잎 머리의 특징과 이름을 그림과 글로 표현해요.
  "소나무 머리를 그림으로 그리고 이름도 적어줬대. 우리도 만들고 싶은 나무 머리를 그림이랑 글로 표현해 보자."

나뭇잎 사진첩

나뭇잎 사진을 관찰하고, 같은 모양 나뭇잎을 찾아서 이름을 적어 보자.

- 그림책에서 다양한 모양의 나뭇잎 머리 사진을 관찰해요.
  "나뭇잎 머리 모양이 모두 제각각이다. 어떤 나뭇잎 머리가 있어? 떡갈나무 머리는 끝부분이 동그랗게 올록볼록하네. 은행나무는 부채를 펼쳐놓은 것 같아. 단풍나무는 손처럼 생겼네. 일곱 가닥으로 길쭉길쭉하게 나뉠 수 있을 것처럼 생겼어."

- 그림책 속 나뭇잎 그림과 실제 나뭇잎의 사진을 비교하며 읽어요.
  "여기 있는 나뭇잎 사진들은 그림책에 나오는 나뭇잎 머리랑 똑같은 나뭇잎이래. 사진을 보면서 얼마나 비슷하게 생겼는지 비교해 볼까?"

- 그림책의 그림과 비교해 보면서 나뭇잎 사진첩에 어떤 나무의 잎인지 찾아서 적어요. 아이가 찾으면 글자로 적어 주는 것도 좋아요.
  "우리 그림을 보면서 이 사진이 어떤 나무의 나뭇잎인지 찾아서 적어 보자."

같은 글자 나뭇잎을 모아라

'야'는 빨간색, '금'은 파란색으로 동그라미 쳐 보자.

준비물
색연필 또는 사인펜

- 그림책을 읽으며 의태어 '야금야금'에 관심을 기울이며 읽어요.
  "애벌레 미용사가 야금야금 나뭇잎을 먹으면서 머리를 해 주고 있어. 야금야금 잎을 갉아 먹어서 머리를 만든다니 기발하다."

- 나뭇잎에 적혀 있는 글자 중 '야'와 '금'을 찾아 '야'는 빨간색, '금'은 파란색으로 동그라미를 쳐요. 비슷하게 생겼지만 다른 글자들을 보며 모양에 따른 소리의 차이에 관심을 가져요.
  "'야'는 빨강으로 동그라미를 치래. 여기에서 글자 '야'만 찾아볼까? 이건 '야'랑 비슷하게 생겼는데 조금 다르다. 어디가 다르지? '아'는 '야'랑 비슷하지만 막대가 하나밖에 없어. 소리도 달라. '아'는 아이스크림의 '아', '야'는 야수의 '야'!"
  "이번엔 '금'을 찾아보자. '금'을 찾아서 파란색으로 동그라미 치래. '금'은 '그네'의 '그'에 네모난 미음이 받침으로 들어가. 이건 '금'이 아니네? 어느 부분이 다르지? 미음이 아니라 이응이 들어가네. 동그란 이응이 들어가서 '긍' 소리가 나는 글자야."

84 ··· 세상에서 가장 쉬운 문해력 수업

• 이런 그림책도 읽어 봐 •

☆ 봄꽃이 궁금해 봄 속으로 풍덩 주미경 글·김연주 그림 | 키즈엠 | 2018

따뜻하게 일렁이는 봄의 아름다움을 그린 그림책을 읽으며 자연을 만끽해요. 다양한 봄꽃을 소개해 아이에게 자연을 알아가는 즐거움을 선사할 수 있어요. 봄에 어떤 꽃이 피는지 그림책을 통해 알아보고, 직접 나가서 꽃을 찾아요. 검색하여 실제 꽃의 사진을 보며 공통점과 차이점을 관찰하며 비교하는 것도 좋아요.

☆ 나뭇잎을 찾으면 에이미 시쿠로 글·그림 | 서남희 옮김 | 피카주니어 | 2023

나뭇잎만 있으면 무엇이든 만들 수 있어요. 돛단배가 되기도 하고, 그물침대, 열기구, 낙하산, 모자까지 무엇이든 되지요. 나뭇잎과 함께 두근거리는 여행을 떠나요. 다양한 모양의 나뭇잎을 활용하여 그림을 그려요. 나뭇잎과 함께라면 아이들의 무한한 상상력을 펼칠 수 있을 거예요.

☆ 나뭇잎이 달아나요 올레 쾨네게 글·그림 | 임정은 옮김 | 시공주니어 | 2008

마지막으로 떨어지는 나뭇잎을 치우려는데, 살랑이는 바람에 나뭇잎이 자꾸만 달아나요. 나뭇잎을 따라 펼쳐지는 아이들의 행렬을 따라가면 어떤 재미난 일이 벌어질지 궁금해져요. 독후활동으로 여러 장의 나뭇잎을 주워 길게 나열하고, 나뭇잎 위에 단어 끝말잇기를 하며 하나씩 적어요.

☆ 봄 여름 가을 겨울 헬렌 아폰시리 지음 | 엄혜숙 옮김 | 이마주 | 2019

아름다운 꽃과 잎으로 그린 사계절을 보여주는 그림책이에요. 꽃이나 잎을 누른 뒤 말려서 만든 것을 압화, 우리말로 꽃누르미라고 해요. 그림을 표현한 기법에 관해 이야기를 나누며 아름다운 글과 함께 읽어 보세요. 산책하러 나갈 때 아름다운 꽃이나 잎을 주워 나만의 그림을 그려볼 수 있어요. 아이의 얼굴 사진을 준비하여 머리카락 부분을 꾸며보는 것도 좋아요.

☆ 여기는 그림책 도시입니다 이수애 글·그림 | 그림책도시 | 2016

『나뭇잎 손님과 애벌레 미용사』 그림책 작가 이수애의 그림책이에요. 병풍 형태로 길쭉하게 펼쳐지는 그림책 도시 속으로 놀러 가볼까요? 그림책을 길게 펼쳐서 역할놀이를 위한 배경판으로 활용할 수 있어요. 집에 있는 인형을 활용하거나 아이의 전신사진을 작게 만들어 막대 인형으로 만들어 주는 것도 좋아요.

오늘도 꿈사탕 가게

글·그림 콘도우 아키
옮김 황진희
펴낸 곳 길벗스쿨
출간 2022
주제 가게

 책 소개

꿈을 사탕으로 만들어 파는 신비로운 꿈사탕 가게가 열렸어요. 가게 주인 펭펭과 모구모구는 손님들에게 달콤하고 특별한 꿈사탕을 건네요. 그런데 한 할아버지가 찾아와 꿈속에서 만난 여인의 꿈을 사탕으로 만들고 싶어 해요. 꿈사탕의 다양한 맛과 색깔을 이야기하며 어휘력을 키울 수 있어요. 꿈속에서 펼쳐지는 신비로운 이야기를 따라가며 이야기 이해력과 음운론적 인식도 자연스럽게 키울 수 있어요.

이렇게 읽어 주세요

표지 추측하기

그림책을 읽기 전에 표지를 살펴보며 어떤 이야기일지 추측해요. 제목의 '꿈사탕'이라는 단어를 듣고 아이가 떠올리는 이미지에 대해 자유롭게 대화를 나누면 그림책 속 세계에 대한 기대감이 더욱 커질 수 있어요. 표지 속 꿈사탕 가게의 분위기, 주인공 펭귄의 표정, 가게 안에 진열된 사탕의 모양과 색깔 등을 관찰하는 과정에서 문맥을 유추하는 능력과 어휘력을 기를 수 있어요.

- 책 제목이 『오늘도 꿈사탕 가게』네. 꿈사탕은 어떤 사탕일까? 먹으면 꿈꾸게 해 주는 사탕일까? 먹으면 어떤 꿈을 꾸게 될까?
- 이 가게 안에는 반짝반짝 빛나는 사탕들이 정말 많네. 이 사탕들은 어떤 사탕일까? 뭔가 마법에 걸린 것 같지?

먹으면 특별한 능력이 생길 것 같아.
- 가게의 주인은 누구일까? 가운데 있는 펭귄이 주인 같아 보이네. "어서 오세요"하고 인사하는 것 같아. 펭귄 오른쪽에 있는 검은 동그라미 두 개는 뭘까? 어떤 동물의 귀 같기도 하고, 눈 같기도 해. 아니면 주먹을 쥐고 있는 손일 수도 있겠다. 그림책을 읽으면서 확인해 보자.

상상하며 읽기

다양한 꿈을 꾸게 해 주는 특별한 사탕들이 등장해요. 그림책을 읽으며 아이가 직접 꿈사탕을 고르고, 왜 그 사탕을 골랐는지 이야기하는 과정은 창의적인 사고력과 표현 능력을 기르는 데 도움이 돼요. 각각의 꿈사탕이 어떤 맛일지, 어떤 특별한 능력을 줄지 상상하는 활동을 통해 사고력과 언어 표현력을 확장할 수 있어요.

- 이 가게에서는 원하는 꿈을 꾸게 해 주는 특별한 사탕을 팔고 있대. ○○는 어떤 꿈사탕을 사고 싶어? 하늘을 나는 꿈사탕은 어떤 맛일까? 하늘을 나는 꿈을 꾸면 기분이 어떨 것 같아?
- 꿈사탕마다 모두 맛이 다를까? 아니면 다 같은 맛일까? 만약 '바닷속을 헤엄치는 꿈사탕'이 있다면 무슨 맛일까? 바닷물처럼 짭짤한 소금 맛일까? '슈퍼히어로가 되는 꿈사탕'은 어떤 맛일까? 불타는 매운맛일까? 용감한 기운이 생기니까.
- 어떤 닭 손님이 무서운 꿈사탕을 사고 싶어 했어. 왜 그랬을까? 혹시 닭 손님이 친구들한테 '나는 무서운 꿈도 안 무서워'하고 자랑하고 싶었을 수도 있겠다.

낱말의 범주 알아보며 읽기

나만의 꿈사탕 메뉴판을 만들어 범주별로 꿈사탕을 정리하는 활동은 어휘력 발달에 효과적이에요. 범주와 그 안에 속하는 낱말들을 이해하게 되면 머릿속에 상위/하위 범주가 정리되기 때문에 어휘를 배우고 사용하는 데 유리해요. 특히 유아기는 범주화 능력이 발달하는 시기이므로 일상 대화에서도 다양한 사물을 분류하며 자연스럽게 어휘력을 확장할 수 있어요.

- 사탕을 비슷한 것끼리 모아볼까? 색깔이 같은 사탕끼리 모아보자! 비슷한 것끼리 모아 정리하면 어떤 점이 좋을까? 맞아. 어떤 사탕이 어디에 있는지 쉽게 알 수 있지.
- 동물 친구 사탕에는 물고기 사탕, 새 사탕이 보이네. 자연 사탕에는 나뭇잎 사탕, 낙엽 사탕, 꽃 사탕, 숲 사탕, 야자수 나무 사탕이 보여.

문해력 키우는 상호작용

음운론적 인식

다양한 꿈사탕 이름을 한 음절씩 손가락으로 세어 보며 음절 단위의 소릿값에 친숙해질 수 있어요. 짧은 단어부터 긴 단어까지 확장하며 말놀이를 해요.

- 꿈사탕 가게에는 여러 가지 꿈사탕이 있네. 무서운 꿈사탕, 하늘을 나는 꿈사탕, 무지개 미끄럼틀을 타는 꿈사탕, 비가 내리는 꿈사탕, 별똥별이 쏟아지는 꿈사탕 같은 이름이 있어. 손뼉 치면서 몇 글자인지 세어 보자. 이름이 제일 짧은 꿈사탕은 뭘까? 무서운 꿈사탕! 제일 긴 꿈사탕 이름도 찾아보자. 무지개 미끄럼틀을 타는 꿈사탕! 몇 글자일까? 와, 13번이나 손뼉을 쳤네. 정말 길구나.

어휘력

○○ 가게에서 볼 수 있는 다양한 물건을 떠올리며 '단어 대기' 놀이를 해요. 아이가 상황에 맞는 단어를 스스로 말하며 어휘의 확장을 연습할 수 있어요.

- 빵 가게에 가면~ 크루아상 있고~ 크림빵도 있고~ 소시지빵도 있고~ 식빵도 있지.
- 마트에 가면~ 과자도 있고~ 음료수도 있고~ 채소도 있고~ 고기도 있지.

이야기 이해력

가게에 있는 다양한 꿈사탕을 보며 꿈사탕이 가진 특별한 마법이 무엇인지, 꿈사탕을 먹으면 어떤 꿈을 꿀 수 있을지 상상하며 이야기해요. 나만의 꿈사탕을 만들어 상상 속 이야기로 확장하는 것도 좋아요.

- 하늘을 나는 꿈사탕을 먹으면 진짜 하늘을 날 수 있을까? 만약 ○○가 하늘을 나는 꿈을 꾼다면 어디로 날아가고 싶어? 나만의 꿈사탕도 만들어 볼까? 강아지와 이야기하는 꿈사탕, 시간을 멈추는 꿈사탕, 어른이 되는 꿈사탕… ○○이만의 특별한 꿈사탕 이름을 정해 보자. 그리고 그 사탕을 먹으면 어떤 꿈이 펼쳐질지 상상해 볼래?

생각을 키우는 질문

- ☐ 펭펭에게 가게를 물려주신 할아버지는 어떤 분일까? 가게를 펭펭에게 맡긴 이유는 무엇일까?
- ☐ 펭펭과 모구모구는 어떻게 친구가 되었을까? 처음 만났을 때는 어떤 이야기를 했을까?
- ☐ 펭펭이가 메고 다닌 노란색 가방에는 뭐가 들어 있을까? 가게를 운영하는 데 꼭 필요한 물건이 들어 있을까?

펭펭을 만나러 가는 길

준비물
연필, 지우개

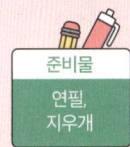

모구모구가 펭펭을 만나러 가는 길을 따라가며 '꿈사탕 가게' 글자를 하나씩 찾아주자.

- 모구모구가 펭펭을 만나러 가는 길에 관해 이야기 나눠요.

  "모구모구가 펭펭을 만나러 간대. 길을 따라가다 보면 글자도 발견할 수 있을 거야. '꿈사탕 가게' 글자를 찾아가면 펭펭을 만날 수 있대."

- 찾은 글자의 모양에 관해 이야기 나눠요.

  "'꿈'과 '꼼' 글자는 어떤 점이 달라? '꿈'에는 모음 ㅜ가 들어가고, '꼼'에는 모음 ㅜ가 뒤집어진 모음 ㅗ가 들어가."

- 찾은 글자들을 연결해요.

  "다섯 개의 글자를 찾았어. 어떤 글자였지? 꿈, 사, 탕, 가, 게! 다 연결하니 꿈사탕 가게가 되었네."

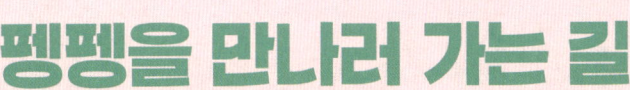

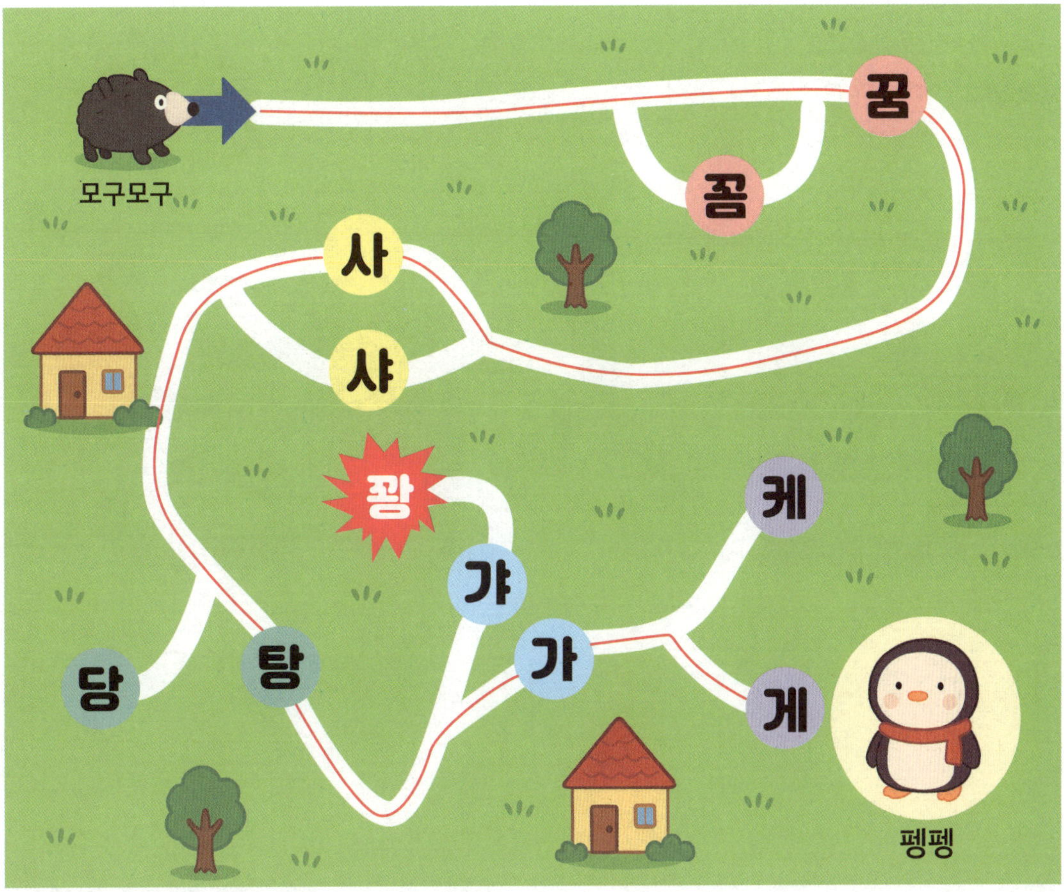

꿈사탕으로 글자 만들기

꿈사탕을 그려 넣어 꿈사탕 글자를 만들어 보자.

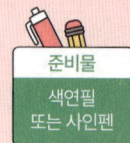

- 흐릿한 글자에 관해 이야기 나눠요.
  "여기 흐릿한 글자가 있어. 어떤 글자일까? 꿈사탕을 그려 넣어 이 글자를 완성해 볼까?"

- 한 글자씩 완성하며 한 음절씩 글자를 인식해요.
  "첫 번째 글자는 '꿈'이야. 'ㄲ'은 쌍기역이라고 읽고, /끄/ 소리가 나. 'ㅜ'는 /우/, 받침 'ㅁ'은 /음/ 소리가 나. 합하면 /꿈/"

- 완성한 글자를 탐색해요.
  "우리가 만든 글자가 '꿈사탕'이 되었어. 꿈사탕 글자를 손가락으로 따라 써 보자."

나만의 꿈사탕 만들기

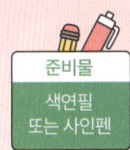

나만의 꿈사탕을 그리고, 멋진 이름을 지어 주자.

- 그림책에 나온 다양한 꿈사탕에 관해 이야기 나눠요.
  "그림책에 어떤 꿈사탕들이 나왔지? 하늘을 나는 꿈사탕, 무지개 미끄럼틀을 타는 꿈사탕, 사탕 비가 내리는 꿈사탕."

- 내가 만들고 싶은 꿈사탕을 그려요.
  "만약에 ○○이의 꿈을 사탕으로 만들 수 있다면 어떤 꿈사탕을 만들고 싶어? 유리병 안에 그림으로 그려 보자."

- 내가 지은 꿈사탕 이름을 적어요.
  "꿈사탕 이름을 뭐로 짓고 싶어? 이름 칸에 써 보자."

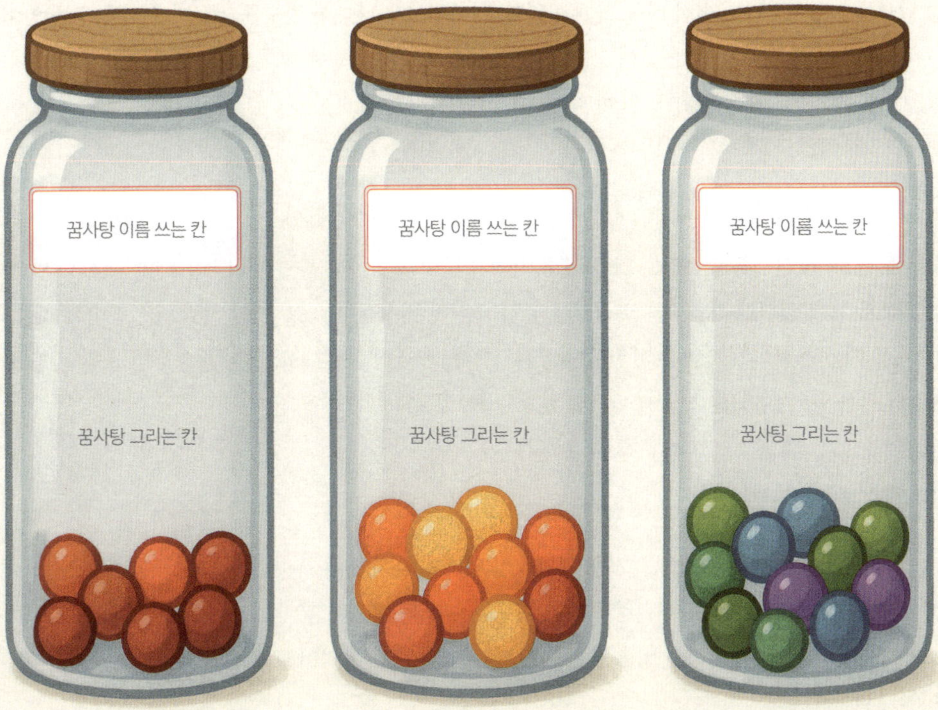

 이런 그림책도 읽어 봐

☆ 반가운 손님과 꿈사탕 가게 콘도우 아키 글·그림 | 황진희 옮김 | 길벗스쿨 | 2023

『오늘도 꿈사탕 가게』의 콘도우 아키 작가가 쓴 또 다른 그림책이에요. 손님들에게 산 꿈을 사탕으로 만들어 파는 가게 이야기예요. 펭펭과 모구모구는 돌아가신 할아버지의 물건을 만지며 꿈꿔요. 그리움 대신 행복했던 기억을 떠올리며 사탕으로 추억을 만들어요. 나는 어떻게 추억을 간직하는지 떠올리며 읽어요. 내가 만들고 싶은 꿈사탕을 상상하며 읽으면 더욱 재미있어요.

☆ 으라차차 라면 가게 구도 노리코 글·그림 | 윤수정 옮김 | 책읽는곰 | 2022

구도 노리코 작가의 『우당탕탕 야옹이』 시리즈 중 하나예요. 말썽꾸러기 야옹이들이 멍멍씨의 라면 가게를 엿보다가 몰래 숨어들어 벌어지는 이야기예요. 야옹이 흉내를 내며 읽으면 주인공에 한층 더 몰입할 수 있고, 등장인물의 감정과 행동을 더 잘 이해하게 돼요. 이렇게 읽으면 이야기 이해력을 높이는 데 도움이 돼요.

☆ 얼음산 빙수 가게 정현진 글·그림 | 올리 | 2024

극지방 얼음산에서 시작된 특별한 빙수 가게가 있어요. 시원하고 달콤한 빙수를 맛보며 손님은 점점 늘어나지만 얼음산은 점점 작아져요. 자연과 인간이 조화롭게 살아가려면 어떻게 해야 할까요? 얼음산을 보호할 방법이 있을까요? 내 생각을 말로 표현한 뒤, 빙수 아저씨에게 그림 편지를 써요.

☆ 빨간 조끼 여우의 장신구 가게 김미혜 글·김혜원 그림 | 사계절 | 2023

보름달이 뜨는 밤, 장신구를 좋아하는 빨간 조끼 여우와 할머니는 아주 특별한 약속을 해요. 여우는 할머니의 장신구 가게에서 함께 일하며 아름다운 장신구에 담긴 의미와 정성을 배워요. 옛날 사람들은 단순히 멋을 내는 것을 넘어 나쁜 기운을 물리치고 복을 기원하며 장신구를 몸 가까이 두었어요. 장신구에 담긴 우리 전통을 이야기 나누며 그림책을 함께 읽어요.

☆ 두근두근 편의점 김영진 글·그림 | 책읽는곰 | 2022

현명이, 민채, 인해가 사는 동네에는 신기한 편의점이 있어요. 이곳에서 특별한 간식을 먹을 때마다 아이들은 고민을 풀고 따뜻한 위안을 얻어요. 편의점의 작은 마법은 아이들 마음속 깊이 잠든 용기를 깨워요. 편의점에 나오는 맛있는 간식을 자세히 관찰하고 이름을 읽어요. 내가 좋아하거나 먹어본 간식이 있는지 자신의 경험과 연결하며 이야기 나눠요.

달을 지키는 곰

글·그림 조시엔카
옮김 서남희
펴낸 곳 어린이작가정신
출간 2022
주제 달

 책 소개

어두컴컴한 밤에 활동하는 동물들에게는 달빛이 소중해요. 그래서 하얀 곰 에밀을 달 지킴이로 뽑았고, 에밀은 아름다운 달을 매일 돌보며 지켜봐요. 그러나 달은 점점 작아지기 시작하고, 에밀은 이를 막으려 애쓰지만 해결 방법을 찾지 못해요. 결국 에밀은 달이 다시 커질 때까지 계속해서 사랑과 관심으로 달을 지키기로 결심해요. 달빛이 비치는 밤하늘과 달을 지키는 곰을 사랑스럽게 그리고 있어요. 친숙한 소재인 달과 곰에 관해 읽으면서 음운론적 인식과 어휘력을 기를 수 있어요.

이렇게 읽어 주세요

표지 보며 추측하기

아이와 같이 책 표지에 나온 그림들을 관찰하며 그림책의 내용을 추측해요. 책 제목을 읽으며 다양한 확산적인 질문을 통해 그림책에 관심을 가져요.

- 표지에 어떤 그림이 있어? 맞아, 달도 있고 곰도 있지. 달이랑 곰이랑 왜 나왔을까? 곰이 달을 좋아하나?
- 달을 지키는 곰이래. 왜 곰이 달을 지켜야 할까? 누가 부탁했나?
- 네가 곰처럼 달을 지켜야 한다면 어떨 것 같아?

수수께끼

에밀이 달 때문에 슬퍼서인지 배고파서인지 걱정됐을 때 반딧불이 "바다에 떠 있는 별은?" 불가사리라고 재미있는 수수께끼를 내는 장면을 보면서 수수께끼 놀이를 해요.

- ○○아, 우리도 곰을 웃게 해 줄 수 있는 재미있는 수수께끼를 만들어서 서로 정답을 맞혀 보자.
- 물고기의 반대말은? 불고기
- 도둑이 제일 좋아하는 금은? 살금살금
- 뒤로 하는 절은? 기절
- 무가 자기소개할 때 하는 말은? 나무
- 어두워질수록 밝아지는 동그라미는? 달

에밀의 속마음 들여다보기

달이 실만큼 얇아지더니 완전히 사라져 버렸고 에밀은 그걸 바라만 봐야 했어요. 사라져 가는 달을 지켜보는 장면을 보며 에밀의 마음이 어땠을지 생각하며 읽어요.

- 에밀이 소중하게 지키고 싶었던 달이 완전히 사라졌어. ○○이 에밀이라면 어떤 마음일 것 같아? 다시 돌아올까 걱정하거나 의심할 것 같아? 달이 사라져서 슬플 것 같아? 달이 돌아올 거라 믿고 침착하게 기다리고 있을 것 같아?

문해력 키우는 상호작용

음운론적 인식

그림책을 읽어 줄 때 '달'과 '곰'이라는 단어가 나올 때마다 '달' 또는 '곰'이라고 외치며 읽어요. 그림책에서 '달'과 '곰'이라는 글자 모양을 살펴보고 아이가 단어를 직접 찾아보는 것도 도움이 돼요.

- (표지를 살펴보면서) 『달을 지키는 곰』 그림책을 다시 한번 읽어 볼까? 이번에는 '달'이랑 '곰'이라는 단어를 찾으면서 읽는 거야. 엄마가 그림책을 읽어 줄 테니까 '달'이라는 단어가 나오면 '달'이라고 외치고, '곰'이라는 단어가 나오면 '곰'이라고 외치는 거야.
- '달'은 '다'라는 단어에 'ㄹ' 받침이 들어간 모양이야. '곰'은 '고'에 'ㅁ' 받침이 들어간 모양이야.

어휘력

아이에게 익숙하지 않을 법한 새로운 단어는 함께 짚어보며 읽어요. 이 그림책의 경우, '아스라이', '하소연', '아리송'과 같은 단어에 주목할 수 있어요. 단어의 뜻을 쉽고 간단히 설명해 주고 문장을 예시로 들려주면서 단어의 의미를 짐작할 수 있도록 해요.

- "아리송해진 에밀은 똑똑히 확인하려고 밤마다 달의 모습을 그렸어요." '아리송'은 잘 모르겠고 조금 헷갈린다는 뜻이야. '아리송'이라는 단어를 넣어서 엄마가 새로운 문장을 만들어 볼게. "엄마가 말한 게 아리송해서 내가 이해할 수 없었어"라고 말할 수 있어.
- "새가 휙 날아오르더니 어둠 속으로 아스라이 사라졌어요." '아스라이'는 너무 멀리 있어서 잘 보이지 않거나 들리지 않는다는 뜻이야. 이번에도 새롭게 문장을 만들어 볼게. "저 멀리 산꼭대기에 있는 작은 집이 아스라이 보여."

이야기 이해력

점점 달이 작아지는 이유가 무엇일지 추측하고 상상하며 읽어요.

- 에밀도 달이 왜 점점 작아졌다가 커졌다 하는지 생각했잖아. 달은 왜 점점 작아졌다가 커졌다 자기 모양을 바꾸는 걸까? 정말 배고파서일까? 부끄러워서 자신을 숨기려고 하는 걸까? 어느 때는 빛이 많이 필요하고 어느 때는 적게 필요해서 달이 스스로 빛의 양을 조절하는 걸까?

생각을 키우는 질문

- ☐ 만약에 ○○가 달을 지켜야 한다면 어떤 방법으로 달을 지킬 거야?
- ☐ 다시 원래대로 동그랗게 돌아온 달을 보며 곰은 무엇을 깨달았을까?
- ☐ 달은 왜 모양이 바뀔까?
- ☐ 달이 매일 같은 모양이면 어떨 것 같아?

달 주사위 던져 글자 만들기

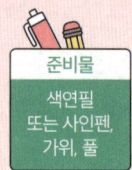

준비물
색연필 또는 사인펜, 가위, 풀

주사위를 던져서 글자 '달'을 만들어 보자.

- 삼각 주사위를 사용하여 '달'이라는 글자를 완성하는 놀이예요. 먼저 '달'은 자음, 모음, 받침 자음으로 이루어진 구조임을 설명해요.

  "'달'이라는 소리가 나는 글자를 만들려면, 먼저 'ㄷ' 자음을 쓰고 그 옆에 'ㅏ'를 쓰고 그 밑에 'ㄹ'을 써야 '달'이라는 소리가 나는 단어가 완성돼."

- 가위와 풀을 사용하여 아이와 함께 삼각 주사위를 만들어요.

  "달 주사위 도안을 가위로 자른 다음에 점선을 접어줘야 해. 회색 부분에 풀칠해서 주사위를 입체적으로 만들어 주는 거야."

- 삼각뿔 주사위 놀이를 설명해요.

  "이렇게 주사위를 던져서 'ㄷ'이 나오면 달 글자판에 'ㄷ'을 색칠하는 거야. '달'이라는 글자를 가장 많이 색칠해서 완성한 사람이 이기는 게임이야!"

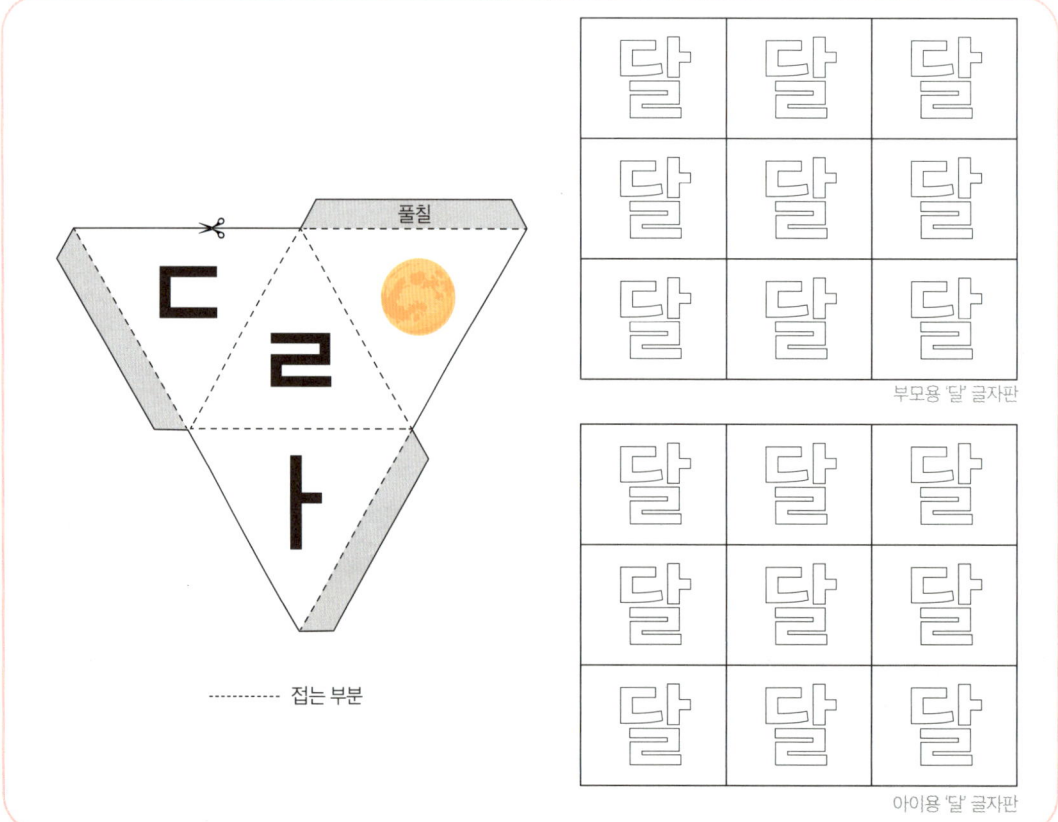

지킴이 메달 만들기

나만의 지킴이 메달을 그려 보자.

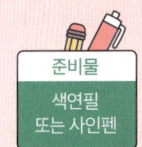
준비물
색연필 또는 사인펜

- 그림책에 곰이 무엇을 지켰는지 이야기 나눠요.

    "곰이 무엇을 지켰지?"
    "왜 밤에 활동하는 동물들이 달 지킴이를 필요로 했을까?"
    "밤에 활동하는 동물들한테는 달빛이 있어야 움직일 수 있어서 걔네들한테는 달이 매우 소중해."

- 아이가 지키고 싶은 것을 찾아봐요.

    "○○이에게 소중한 건 뭐야? 무엇을 지키고 싶어? 우리 집 강아지? ○○의 동생? 아니면 집 앞 놀이터?"

- 지킴이 메달 도안에 그림으로 표현하고, 지키고 싶은 것과 메달 이름을 써요.

    "우리 그럼 그것을(아이가 지키고 싶은 것) 잘 지킬 수 있도록 ○○이의 지킴이 메달을 만들자."

"(　　지키고 싶은 것 쓰는 칸　　)를 지키는 ○○"

유아편 ⋯ 97

달 메모리 카드 게임

달 그림에 알맞은 단어 카드를 찾아보자.

- 에밀이 그린 다양한 달 모양 장면을 펴서 아이에게 달 종류를 설명해요.
  "달은 모양에 따라 이름이 달라. 이 달은 보름달이라고 해. 그리고 달이 반쪽이 되면 반달. 또 달이 엄청나게 얇아져서(옆쪽 그림에 있는 곰을 가리키며) 에밀이 먹고 난 수박 껍질처럼 생긴 건 초승달이라고 해. 그믐달은 초승달을 옆으로 뒤집은 모양이야."

- 종이카드에 그려진 달 그림을 보면서 달의 이름을 맞혀 보면서 읽어요.
  "(단어 카드의 글자 부분을 손으로 가려서 그림만 보여주며) 이 달 이름은 뭐였지? 맞아. 보름달!"

- 종이카드를 검은 선을 따라 가위로 잘라요. 카드를 고르게 책상 위에 다 펴서 섞은 후 달 카드 게임을 설명해요.
  "그림 카드와 글자 카드로 나눠서 뒤집어 놓을 거야. 그림 카드 쪽에서 한 장, 글자 카드 쪽에서 한 장씩 뒤집고, 그림이랑 글자 카드가 일치하면 카드를 가져갈 수 있어. 카드 수가 많은 사람이 이기는 거야."

🌕	🌓	🌙	🌙
보름달	반달	초승달	그믐달
🌕	🌓	🌙	🌙
보름달	반달	초승달	그믐달

☆ 달케이크 그레이스 린 지음 | 마술연필 옮김 | 보물창고 | 2019

별이가 엄마와 만든 달케이크를 한 입씩 베어 물 때마다 신기한 일이 벌어져요. 별이가 먹어버린 달케이크처럼 달의 모양이 변화하며 하늘에서 아스러지고 또다시 차오르지요. 달의 변화에 대한 개념을 배우며 실제 달의 변화를 그림으로 표현하는 활동을 해요.

☆ 둥글둥글 둥근 달이 좋아요 조이스 시드먼 글 · 유태은 그림 | 이상희 옮김 | 미디어창비 | 2017

달의 변화와 자연 속에서 달이 우리와 어떻게 연결되는지를 아름다운 시와 따뜻한 그림으로 담아낸 이야기예요. 밤하늘의 신비로운 달을 따라가며 자연을 관찰하고 감성을 키울 수 있어요. 책의 운율과 리듬을 살려 "달은 ○○처럼 ○○해요"와 같은 문장을 완성하여 짧은 시 또는 이야기를 만들어요

☆ 달이 좋아요 나명남 글 · 그림 | 창비 | 2016

아기 부엉이는 달에 가고 싶어요. 어느 날 밤, 하늘에서 내려온 노란 조각을 만지자 달로 날아가 토끼들과 함께 보름달을 만들고 다시 숲으로 돌아왔어요. 아이와 함께 아기 부엉이가 되어 달에서 토끼와 어떤 달을 만들었는지 상상의 나래를 펼쳐요. 자신만의 달을 그리는 활동으로 확장하면 좋아요.

☆ 달의 맛 미하엘 그레이니에츠 글 · 그림 | 용희진 옮김 | 미래아이 | 2025

동물들은 달이 얼마나 맛있는지 궁금해 함께 힘을 모아 달을 따려고 했어요. 작은 거북이부터 코끼리까지 차례로 올라서자 달이 자신을 조금씩 나누어 주며 모두 함께 맛보는 기쁨을 전해요. "만약 우리가 달을 한입 먹는다면 어떤 맛이 날까?" 질문을 던지고 아이가 상상하는 달의 맛을 이야기해요. '초콜릿 맛? 솜사탕 맛? 피자 맛?' 다양한 아이디어로 대답할 수 있게 유도해요.

☆ 달님의 산책 김삼현 글 · 그림 | 푸른숲주니어 | 2016

밤이 되자 달님이 하늘에서 내려와 조용한 마을을 산책하며 세상을 따뜻하게 비춰요. 사람들, 강물, 나무, 동물들과 교감한 달님은 다시 하늘로 올라가 모두의 밤을 포근하게 지켜 주었어요. 달님처럼 밤 산책을 하며 달의 위치와 밝기, 주변 풍경의 변화를 관찰해요. 달님이 본 것 중 가장 아름다운 것은 무엇일지 이야기 나눠요.

저 고양이를 보라, 멍?

글 데이비드 라로셸
그림 마이크 우누트카
옮김 이순영
펴낸 곳 북극곰
출간 2023
주제 강아지

 책 소개

강아지와 글 텍스트가 번갈아 나오며 서로 대결하듯 우스꽝스러운 대화를 이어가요. 세 개의 짧은 이야기가 연결된 구조예요. 강아지 대박이는 매번 황당한 전개를 먼저 펼쳐버리는 글 텍스트의 명령에 당황하고 반발하지요. 연필을 들고 글 텍스트로 넘어가 내용을 바꿔버리기도 해요. 간결한 글 텍스트와 재치 있는 그림이 어우러져 아이와 어른에게 웃음과 상상력을 선사해요.

이렇게 읽어 주세요

강아지 인형 활용하기

아이에게 인형으로 말을 걸어본 적 있나요? 아이들은 인형을 의인화해서 상호작용을 하는 것을 좋아해요. 이 책을 읽을 때도 강아지 인형을 활용해 부모와 아이가 함께하면 더욱 재미있는 독서 경험을 만들 수 있어요. 주인공 강아지와 똑같지 않더라도 비슷한 손가락 인형이나, 봉제 인형, 종이 인형 등을 활용해서 강아지가 직접 말하는 것처럼 연출해 주면 강아지의 말과 움직임이 더 생동감 있게 느껴질 거예요.

- 우리 집에도 대박이처럼 귀엽게 생긴 강아지 인형이 있지? 그 인형으로 대박이 흉내를 내며 책을 읽어 볼까?
- ○○이가 책을 넘겨줄래? 엄마가 강아지 인형을 움직이며 이야기해 볼게.
- (강아지 인형을 흔들며) "멍멍! 나 까까 아니야. 내 이름은 대박이야!" 대박이 목소리를 들어보니 화가 많이 났나 봐.

역할 나누어 읽기

책을 여러 번 읽어 내용이 익숙해졌다면, 역할극을 하듯 대사를 주고받으며 읽어 보기를 추천해요. 대사를 떠올리며 읽는 척 하는 것도 좋아요. 강아지의 감정과 말투를 상상하면 더욱 실감 나고 재미있는 읽기가 될 수 있어요.

- 책에서 주인공 대박이가 아니라 뒤에 있던 고양이를 설명한다는 것을 알았을 때 대박이 기분이 어때 보여?
- 강아지는 창피할 때 어떤 소리를 낼까? '끄르릉~' 소리를 낼 것 같구나. 우리도 흉내 내보자.
- 우리 이번에는 한 사람은 강아지, 또 한 사람은 책이 되어서 읽어 볼까? ○○이는 누가 되고 싶어? 그럼 ○○이가 강아지가 되어 보자. 엄마가 책이 되어서 강아지에게 말을 걸어볼게.

작가 탐색하기

이 책에 담긴 글 작가와 그림 작가, 번역가의 소개 글을 자세히 읽어요. 이 책을 만든 작가를 탐색하고 작가가 출판한 또 다른 그림책을 찾아보며 이 작가만의 특유의 창작 스타일을 알 수 있어요.

- 이 책을 만든 사람들은 누구일까? 이 작가는 왜 이런 이야기를 만들었을까? 작가 소개 글을 함께 읽어 보자.
- 이 작가는 동물 캐릭터를 자주 그릴까? 혹시 이 작가가 쓴 다른 책도 이 책처럼 재미있게 만들었을까? 『사과는 이렇게 하는 거야』라는 책에 보면 정말 재미있는 동물들의 실수와 사과 이야기가 나온대.
- 이 책은 『저 멍멍 개를 보라, 냥?』이라는 2탄도 있대. 그 책의 주인공이 아까 나왔던 고양이인가 봐!

문해력 키우는 상호작용

음운론적 인식

낱자를 음소 단위로 나누면 소리와 글자의 관계를 더 깊이 탐색해 볼 수 있어요. '멍'이라는 낱자를 음소 단위(ㅁ, ㅓ, ㅇ)로 분해해 새로운 낱자(뭉, 망, 엄, 움)로 변형해 보는 놀이도 할 수 있어요. 종이 위에 '멍'이라는 글자를 크게 써서 자모음의 음소 단위로 잘라 보거나 자석 글자의 자모음을 활용해도 좋아요.

- 제목에 나온 '멍'은 누구의 소리일까? 강아지의 울음소리지. 이 책은 제목부터 말장난하고 있었네. 우리도 '멍'이라는 글자를 바꿔서 책을 당황하게 해 보자.
- '멍'이라는 글자 안에 어떤 자모음이 들어갔는지 크게 적어 볼까? 'ㅁ, ㅓ, ㅇ' 세 개의 자음과 모음으로 되어 있네. 이렇게 소리의 가장 작은 단위로 쪼갠 것을 '음소'라고 말한대.

- 이제 이 음소를 활용해서 다른 글자로 변신시켜 볼까? 'ㅇ'에 'ㅓ'를 붙이고 'ㅁ'을 받침으로 바꾸면? '엄'이 되네! '저 고양이를 보라, 엄?'이라니 정말 웃긴 제목이 되었어.
- ○○이는 '몽'이라는 글자를 만들었구나. 이건 어떤 소리로 들려? 몽몽! 아주 작은 강아지가 내는 소리 같구나.

어휘력

이 책의 제목은 『저 고양이를 보라, 멍?』이라는 반전과 언어유희로 웃음을 유발해요. 이 제목 구조를 활용해 "저 ○○을 보라, ×."에 새로운 단어를 넣어 재미있는 제목을 만들어 볼 수 있어요. 고양이와 강아지처럼 밀접한 관련이 있는 단어를 찾아보거나, 상반되는 반의어 두 개를 조합해 새로운 제목을 지어 볼 수 있어요.

- 우리 제목에 완전히 다른 단어를 넣어 재미있는 제목을 만들어 보자. '고양이' 대신에 넣고 싶은 동물이 있니?
- 고양이 대신 호랑이, '멍' 소리 대신에 병아리의 '삐약' 소리를 넣어 보자. "저 호랑이를 보라, 삐약?"이 되네!
- 이번엔 '고양이' 대신 '어른', '멍' 대신 아기 소리를 넣어 보자. "저 어른을 보라, 까꿍?"이 되는구나.

이야기 이해력

이 책은 강아지 대박이와 책의 글 텍스트가 대화하며 예상치 못한 전개를 이어가는 세 가지 이야기로 이루어져 있어요. 우리는 네 번째 후속 이야기도 지어볼 수 있지요. 세 번째 이야기와 연결되는 후속 이야기로 만들거나, 혹은 새로운 동물 인물이 등장하는 이야기로 만들어도 좋아요.

- 세 번째에서 이야기가 끝나서 아쉽네. 우리가 네 번째 이야기를 만들어 볼까? 네 번째 이야기는 세 번째 이야기에서 마지막에 잠을 자던 강아지가 깨어났다고 해 보자.
- 네 번째 이야기에는 누가 나온다고 하면 좋을까? 아까 나왔다가 되돌아간 하마가 돌아왔다고 하고 싶구나. 하마가 돌아오면 어떤 일이 벌어질까? 하마가 친구들을 세 명이나 더 데려와서 쿵쿵거리는 바람에 강아지가 잠에서 깼다는 이야기구나. 정말 재미있다.
- 책이 이번에도 대박이를 놀리고 있을까? 아니면 대박이를 도와주는 것으로 끝이 날까?

생각을 키우는 질문

- ☐
- ☐ 강아지 대박이가 책이 하라는 명령을 그대로 다 들었다면 이야기는 어떻게 되었을까?
- ☐ 나왔던 동물(고양이, 뱀, 하마) 중 하나가 다른 동물(토끼, 병아리, 호랑이 등)로 바뀐다면 어떤 동물이 나오면 좋을까?
- ☐ 이 책을 친구들과 함께 읽는다면 어떨까? 이 책에 나오는 등장인물과 가장 잘 어울리는 친구는 누구일지 떠올려 볼까?
- ☐

초성 글자 채우기

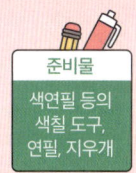

초성만 남은 그림책 표지의 제목을 쓰고 색깔을 채워 완성해 보자.

- 초성만 남은 그림책의 제목을 보고 원래 제목과의 차이점을 비교해요.

  "그림책이 또 장난을 치고 있나 봐. 여기 제목에 초성만 남아 있는 것 같아. 초성이라는 건 글자의 제일 첫 부분에 쓰여 있는 자음을 말해. 이 책의 제목이 원래 뭐였지? 그림책 표지와 비교해 보자. 정말 모음과 받침이 모두 빠져 있네. 우리가 이 제목을 따라 그림책 표지 위에 완성해 보자."

- 그림책 표지에 나와 있는 주인공 강아지 대박이의 모습을 생각하며 색을 칠해 봐요.

  "여기 있던 강아지 이름 기억나? 맞아, 주인공 대박이지. 대박이는 원래 무슨 색이었는지 기억나? 우리 그림책을 다시 확인해 보고 원래 색으로 칠해 보자."

- 완성된 그림책 표지와 실제 그림책 표지를 비교하며 읽어 보세요.

  "그림책 표지가 드디어 완성되었네. 그림책 표지와 비교해 볼까? 우리가 써넣은 제목과 강아지 그림이 어떻게 달라졌니?"

새로운 이야기 만들기

준비물
연필, 지우개

그림책 장면을 다른 이야기로 만들어 보자.

- 제시된 그림 속 장면을 관찰하고 그림책 내용을 회상해 보며 새로운 이야기를 상상해 보세요.
  "이 장면 기억나니? 이때 강아지 기분이 어때 보였어? 이 그림을 바꾼다면 어떤 이야기가 나올지 상상해 보자. 강아지가 뭐라고 말하고 있을까?"

- 강아지 대사를 아래 말풍선에, 글의 내용을 위 글 상자 안에 채워 보세요. 아이가 글쓰기를 어려워한다면 엄마가 대신 써 주고 아이가 따라 써 보는 것도 좋아요.
  "우리 이 장면의 책 내용을 상상해서 글씨를 써넣어 보자. '강아지가 기분 좋게 자고 있었어요. 그런데 갑자기 오줌을 싸고 말았어요.' ○○이가 정말 웃긴 이야기를 생각해 냈네. 우리 여기 강아지가 펄쩍 뛴 장면에 오줌 자국을 그려볼까?"

- 완성한 새로운 장면을 보며 후속 이야기를 상상해 보세요.
  "만약에 여기서 강아지 옆에 새로운 친구가 갑자기 나타난다면 어떻게 해야 할까?"

강아지 밸런스 게임

두 가지 선택지 중 원하는 것을 선택해 보자.

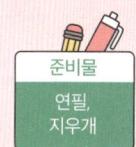
준비물
연필, 지우개

- 제시된 두 가지 선택지 중 하나를 선택하는 '밸런스 게임'의 방법을 이해해요.

  "○○아, 우리 밸런스 게임을 해 보자. 밸런스 게임은 엄마가 말해 주는 두 가지 중 더 마음에 드는 하나만 선택하는 거야. '야옹 우는 강아지 vs 멍멍 우는 고양이' 둘 중 하나를 선택한다면? 너무 오래 고민하면 안 돼! 3초 안에 답을 골라야 하거든. 그럼 여기 남은 문장들을 읽고 하나씩 선택해 보자."

- 문장을 함께 읽어 보며 선택한 단어에 관한 이야기를 나눠요. 아이가 특정 단어를 선택한 이유를 설명해 볼 수 있도록 질문을 던져주세요.

  "○○이는 강아지가 더 좋다고 했구나. 이름은 까까를 선택할 거라고 했지? 까까는 고양이의 이름이잖아. 왜 까까라는 이름을 선택할 것 같아?"

- 다른 새로운 밸런스 게임을 즉석에서 떠올려 내보세요. 서로에게 재미있는 문제를 내며 순발력 있는 선택의 기회를 가질 수 있어요.

  "이번에는 새로운 밸런스 게임 문제를 내보자. 대박이가 좋아하는 음식은? '개껌 vs 바나나' 무엇일까요?"

내가 더 좋아하는 동물은?	내 이름을 바꿔야 한다면?
강아지 VS 고양이	대박이 VS 까까

한 마리만 키울 수 있다면?	대박이의 성격을 바꾼다면?
야옹 우는 강아지 VS 멍멍 짖는 고양이	책의 명령을 잘 듣는 강아지 VS 책 밖으로 나가버리는 강아지

대박이가 공격받는다면?	대박이에게 선물을 준다면?
뱀 VS 하마	연필 VS 놀이터

유아편 ··· 105

 • 이런 그림책도 읽어 봐 •

☆ 저 멍멍 개를 보라, 냥? 데이비드 라로셀 글 · 마이크 우누트카 그림 | 이순영 옮김 | 북극곰 | 2023

『저 고양이를 보라, 멍?』의 후속작이에요. 아픈 강아지를 대신해 고양이가 등장해요. 강아지처럼 땅을 파고, 물에 뛰어 들고, 양을 지키는 책의 지시를 따르다 지쳐버리지만, 마지막엔 책의 배려로 휴가를 즐기러 가는 이야기예요. 책 제목 바꾸기 놀이를 해 보세요. '물고기-어흥', '고양이-음매'처럼 새로운 조합의 단어를 찾아 재미있는 제목을 만들어 볼 수 있어요.

☆ 핫 도그 더그 살라티 글 · 그림 | 신형건 옮김 | 보물창고 | 2023

칼데콧 2023 대상 수상작이에요. 더위를 피해 바다를 찾아 떠나는 강아지와 주인의 여정을 그린 그림책이에요. 복잡한 뉴욕에서 벗어나 자연 속에서 휴식을 취하는 모습이 인상적이에요. 책 제목처럼 '핫'으로 시작하는 외래어를 찾아 이야기를 나눠요. '핫초코, 핫소스, 핫치킨'처럼 다양한 단어를 떠올리며 어휘력을 확장할 수 있어요.

☆ 이불개 이미나 글 · 그림 | 보림 | 2024

까만 강아지 이불개는 추위에 떠는 친구들을 따뜻하게 감싸주지만, 어느 날 주인이 털을 밀어버려 당황해요. 갑자기 앙상해진 이불개지만, 친구들이 다시 이불개를 찾아와 둘러싸며 따뜻한 온기를 돌려주는 이야기예요. '이불개'의 이중 의미를 이야기해요. '이불을 개다'와 '이불처럼 따뜻한 개'라는 두 가지 뜻을 비교하며 작가의 의도를 생각해 볼 수 있어요.

☆ 강아지와 염소 새끼 권정생 글 · 김병하 그림 | 창비 | 2014

밧줄에 묶인 염소와 자유롭게 뛰노는 강아지의 갈등과 화해를 다룬 그림책이에요. 치고받고 싸우던 강아지와 염소는 제트기 소리에 놀라 한편이 돼요. 격하게 싸우다 화해하는 둘의 모습에 한국전쟁 당시 평화를 기원한 권정생 작가의 마음이 담겨 있어요. 염소 고삐가 풀린 장면에 포스트잇을 붙여 이야기를 지어 넣으며 재미있는 장면을 만들어 볼 수 있어요.

☆ 기리네 집에 다리가 왔다 강인송 글 · 소복이 그림 | 노란상상 | 2024

친구 '기리'가 입양한 강아지 '다리'와 강아지 공포증이 있는 소녀의 이야기예요. 소녀는 다리와의 만남이 불편하지만, 이런 마음이 들켜 미안함에 강아지 공포증을 극복하기 위한 훈련을 시작해요. '기리'와 '다리'처럼 '리'로 끝나는 단어를 넣어 '리리리자로 끝나는 말은' 노래 가사를 만들어요. 마지막에 '기리네 다리'를 넣으면 재미있는 가사를 만들 수 있어요. 소녀는 강아지 공포증 극복 훈련을 하면서 점차 두려움을 이겨내려 용기를 내요.

여름 낚시

글·그림 김지안
펴낸 곳 재능교육
출간 2018
주제 낚시

 책 소개

여름 바다에서 고양이들의 신나는 낚시 대소동이 펼쳐졌어요. 일곱 마리 고양이는 각자 잡고 싶은 물고기를 꿈꾸며 바다로 나가요. 하지만 낚싯줄에 걸려 올라오는 건 미역 줄기뿐! 그래도 포기하지 않고 함께 힘을 합쳐 도전하는 모습에서 협동심과 인내의 소중함을 느낄 수 있어요. '퐁퐁', '코코'와 같은 반복되는 의성어를 따라 말하며 음운론적 인식을 기르기 좋아요. 낚아 올린 물고기의 이름을 읽으며 기초 읽기와 어휘력을 키울 수 있어요.

이렇게 읽어 주세요

집 밖에서 읽기

바닷바람, 파도 소리, 물의 움직임 같은 자연의 감각이 풍부하게 담긴 그림책이에요. 이 책을 집 안이 아닌 야외에서 읽으면 아이가 책 속의 자연을 실제로 경험하면서 더 생생하게 몰입할 수 있어요. 특히 바닷가, 낚시터, 공원, 개울가처럼 물과 바람을 직접 느낄 수 있는 장소에서 읽으면 이야기 이해와 어휘력 향상에 효과적일 거예요.

- 오늘은 진짜 바닷가에서 그림책을 읽어 볼까? 실제로 바닷가에서 『여름 낚시』를 읽으니까 정말 우리가 그림책 속 바닷가에 온 것 같지? 책 속 바다랑 진짜 바다가 똑같아 보여!

- 야옹호 주변 바닷물이 찰랑찰랑하고 있네. 우리도 바닷물 가까이 가서 물소리를 들어볼까? 찰랑찰랑! 꼭 물고기가 나올 것 같아. 물결이 일렁일렁하면서 물고기들이 헤엄치고 있을지도 몰라.

경험과 연결하며 읽기

그림책을 읽을 때 아이의 실제 경험과 연결하면 책의 내용을 더 깊이 있게 이해할 수 있어요. 낚시 경험이 있다면 그때의 느낌을 떠올리고, 낚시 경험이 없는 아이도 비슷한 기다림의 순간(연못에서 물수제비 뜨기, 수영장에서 물고기 흉내 내며 놀기 등)을 생각하며 연결할 수 있어요.

- ○○는 낚시할 때 어떤 느낌이었어? 기다리는 게 좀 지루했지만 물고기가 잡히니까 엄청나게 신났지? 그때 ○○의 기분이 이 책 속 야옹이들과 똑같을 수도 있겠다. 야옹이들도 처음엔 가만히 기다리지만 나중엔 깜짝 놀랄 일이 생기거든.
- 낚시는 기다려야 물고기가 잡히는 거잖아. ○○도 뭔가를 기다려 본 적 있어? 엄마가 아이스크림 사 올 때 기다렸어? 맞아! 낚시도 그런 기다림과 비슷해. 뭔가를 기다리는 동안 설레고 기대되는 느낌이 있지. 이 그림책 속 야옹이들도 아마 그런 기분을 느낀 것 같아.

의성어와 의태어 강조하며 읽기

다양한 의성어와 의태어를 강조해서 읽으면 아이가 그림책 속 장면을 더 생생하게 느끼고, 언어 표현력도 기를 수 있어요.

- 야옹호에서 제일 앞에 탄 고양이가 낚싯줄을 바다로 던졌어. '휘리릭, 풍덩!'하고 큰 소리가 났대. 작은 돌멩이를 개울에 던지면 어떤 소리가 날까? 풍~덩! 고양이가 낚싯줄을 던질 때 난 소리랑 정말 비슷하지. 그럼 작은 물고기들이 물 위로 뛰어오를 때는 어떤 소리가 날 것 같아? 톡톡!
- 고래 꼬리가 바다에서 '철썩'하고 물을 쳤어. 소리가 정말 컸을 것 같지? 글자가 커서 진짜 크게 들릴 것 같아. 그럼 우리도 바닷가에서 파도 치는 소리를 자세히 들어보자. 파도 소리가 '철썩'하네. 그림책 속 고래 소리랑 비슷할까?

문해력 키우는 상호작용

음운론적 인식

그림책에 나온 단어를 거꾸로 말하며 음절 단위 글자의 소릿값에 집중해요. 짧은 단어부터 시작해 점점

긴 단어로 확장하며 난이도를 조절하면 소릿값에 대한 민감성을 높일 수 있어요.

- 바다를 거꾸로 하면 뭐가 될까? '다바'가 되네. 신기하지? 거꾸로 말하니까 새로운 단어가 된 것 같아.
- 이번에는 좀 더 긴 단어를 거꾸로 해 볼까? 야옹호를 거꾸로 하면? '호옹야'가 되네.
- '여름 낚시'를 거꾸로 말하면 어떻게 될까? '시낚 름여'야.

어휘력

그림책에 나오는 여름 풍경을 살펴보며 여름과 관련된 낱말들을 범주로 묶어요. 여름철 음식, 여름에 하는 활동, 여름에 볼 수 있는 것들을 이야기하며 범주와 그 안에 속하는 낱말을 이해하게 되면 머릿속에서 상/하위 범주가 정리되기 때문에 어휘력 향상에 유리해요. 여름과 반대 개념인 겨울을 비교하는 것도 의미 있어요.

- '여름' 하면 떠오르는 음식이 뭐가 있을까? ○○이는 여름에 어떤 음식을 많이 먹어? 수박, 냉면, 팥빙수, 참외처럼 시원한 음식이 많지? 이 음식들은 여름철 음식에 속해.
- 그럼 반대로 '겨울' 하면 떠오르는 음식도 있을까? 겨울에는 어떤 음식을 자주 먹을까? 귤, 붕어빵, 호떡이 있지. 이 음식들은 겨울철 음식에 속해.

이야기 이해력

낚시 과정(미끼 던지기 → 기다리기 → 물고기 잡기)을 순서대로 관찰하며 이야기의 순서를 파악해요.

- 물고기를 잡으려면 먼저 미끼를 던져야 해. 야옹이들이 어떻게 미끼를 던지는지 살펴볼까? 자세히 관찰하니 낚싯대 끝에 아주 작은 미끼를 걸어서 던졌어. 물고기가 바로 잡힐까? 야옹이들은 한 번에 못 잡고 한참 기다렸지. 물고기가 미끼를 물때까지 기다리는 시간이 필요해. 드디어 물고기가 낚싯대를 당겼어. 어떤 물고기를 잡았을까?

생각을 키우는 질문

- ☐ 고양이들의 낚싯줄에 엄청난 것이 걸렸대. 무엇일까?
- ☐ 일곱 마리 고양이는 어떤 사이일까? 모두 친구일까, 가족일까, 친척일까, 동네 이웃일 수도 있겠다.
- ☐ 고양이들은 각자 좋아하는 물고기가 다를까?

제목 글자 낚시

그림책의 제목 글자를 찾아 적어 보자.

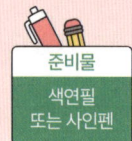

- 이 그림책의 제목을 다시 읽어요.
  "그림책의 제목이 뭐였지? 다시 읽어 보자. 여, 름, 낚, 시."

- 제목 글자에 동그라미 해요.
  "물고기 속 제목 글자에 동그라미 쳐 봐. '여름 낚시'할 때 '여'는 ㅇ과 ㅕ가 합해진 거야. '야'는 ㅇ과 ㅑ가 합쳐졌네. 글자 모양이 비슷하지만 다르지. 자, 이제 여, 름, 낚, 시! 모두 찾았네."

- 동그라미 친 글자를 아래의 큰 동그라미 칸에 써요.
  "찾은 제목을 한 글자씩 둥근 칸에 써 보자."

출처: 여름 낚시, 김지안, 재능교육, 2018

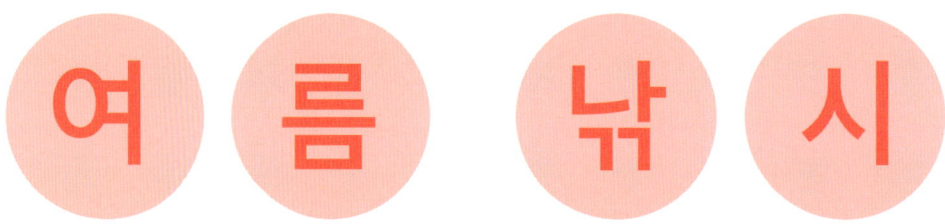

고양이의 낚시

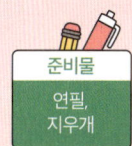

고양이가 낚은 바다 생물의 그림과 글자를 서로 연결해 주자.

- 고양이가 낚은 바다 생물에는 어떤 것들이 있었는지 이야기 나눠요.
  "고양이가 낚은 바다 생물에는 어떤 것들이 있었어? 미역, 문어, 꽃게... 또 뭐가 있었지? 조개, 오징어. 맞아!"

- 제시된 그림을 보고 이름을 말해요.
  "이 그림은 어떤 바다 생물일까? 하나씩 이름을 맞혀 보자."

- 그림과 글자를 올바르게 연결해요. 글자의 음절 단위와 생김새에 관심을 가지며 찾아볼 수 있도록 도와요.
  "그림과 글자의 짝을 맞춰 봐. 미역이란 글자는 어디 있을까? 미끄럼틀 할 때 '미'랑 똑같은 소리로 시작해."
  "오징어 글자는 어디 있을까? 오, 징, 어. 오징어란 글자만 세 글자야. 금방 찾을 수 있겠는데?"
  "조개, 꽃게 모두 비슷한 소리로 끝나는 것 같지만 표시하는 방법이 다르지? (ㅐ와 ㅔ를 따라 그리며) 조개의 '개'는 'ㅐ', 꽃게의 '게'는 'ㅔ'라고 적어."

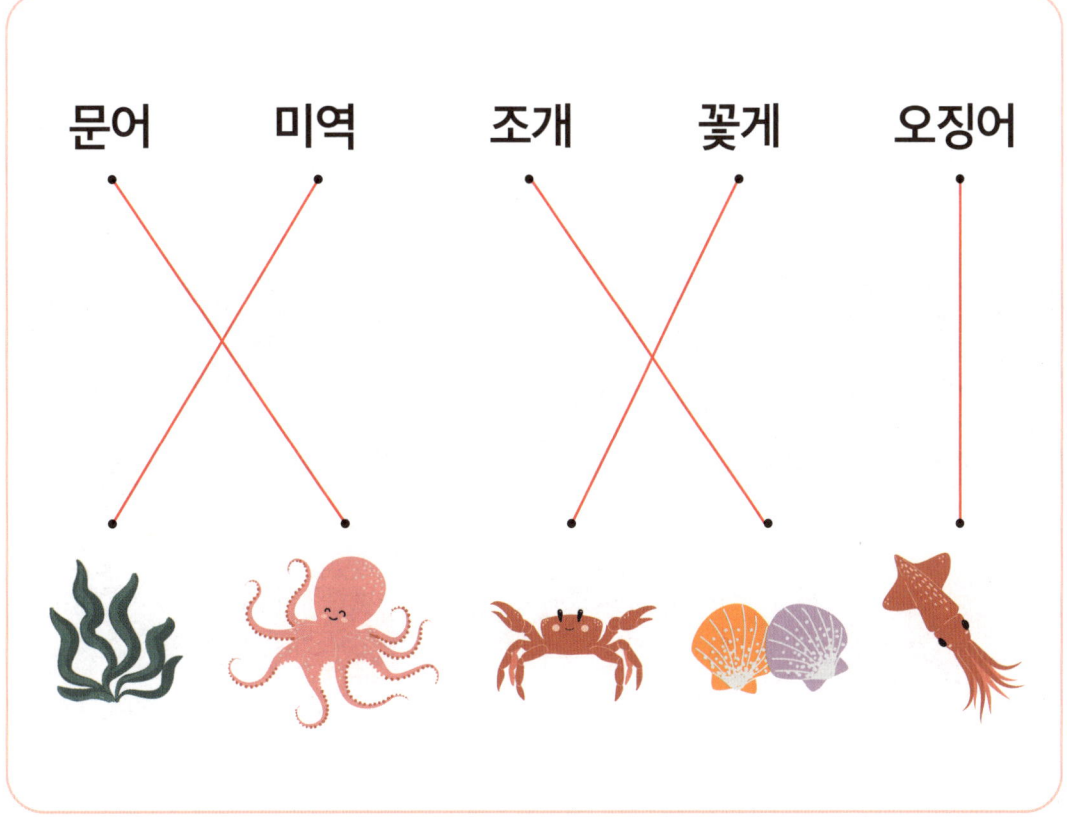

신나는 물고기 파티

먹고 싶은 물고기를 그리고 이름을 써 보자.

- 고양이들의 물고기 파티 장면을 함께 읽어요.
  "바닷가에서 신나는 물고기 파티가 열렸대. 고양이들이 낚시한 물고기로 파티를 열었나 봐. 어떤 물고기들이 있을까?"

- 먹고 싶은 물고기를 그림으로 그려요.
  "만약에 ○○이가 물고기 파티에 초대받았다면 어떤 물고기를 먹고 싶어? 맛있는 물고기를 상상하면서 그림으로 그려 보자."

- 그림 옆에 물고기의 이름도 적어요. 아이의 쓰기 발달 수준에 따라 도움의 양을 조절해요.
  "○○가 그린 물고기 아래에 이름도 써 보자."
  "○○이가 이름을 말하면, 엄마가 써 줄게."
  "○○이가 첫 글자 '오'를 쓰면 엄마가 '징'을 써 줄게. 마지막 글자 '어'는 ○○이가 써 볼래?"
  "○○이가 스스로 써 볼까?"

출처: 여름 낚시, 김지안, 재능교육, 2018

이런 그림책도 읽어 봐

⭐ 별 낚시 김상근 글·그림 | 사계절 | 2019

잠이 오지 않는 밤, 아이는 우연히 내려온 별을 타고 밤하늘로 여행을 떠나요. 깜깜한 밤에 잠들기 전 느끼는 불안한 마음을 다독여주는 그림책이에요. 주인공을 막대 인형으로 만들어 인형 놀이하며 그림책을 읽어요. 바닷속과 달 주변 등 별 낚시 배경에 막대 인형을 놓고 상상하며 이야기를 만들면 책 읽는 즐거움을 느낄 수 있어요.

⭐ 호랑이 꼬리 낚시 신현수 글·백대승 그림 | 하루놀 | 2018

입에서 입으로 전해 내려온 옛이야기 그림책이에요. 어느 날 동물의 왕 호랑이의 꼬리가 빠졌어요. 호랑이는 토끼와 어떤 일이 있었을까요? 그림책을 읽으며 반대말 맞히기 게임을 해요. 부모님이 먼저 단어를 말하면 아이가 반대말을 찾아요. 동의어 맞히기 게임으로 확장하면 어휘력이 더욱 자랄 거예요.

⭐ 다시는 낚시 안 해 윤여림 글·정진호 그림 | 북멘토 | 2023

평화롭게 살던 낚시꾼은 어느 날부터 낚싯줄에 지구에서 탈출한 동물들이 줄줄이 올라오는 것을 발견했어요. 지구 환경 문제가 우리 삶에 어떤 영향을 미치는지 생각할 기회를 주는 그림책이에요. 낚시꾼과 동물의 대화를 읽으며 동물들이 어떤 감정을 느끼는지 추측해요. 다양한 감정 어휘를 사용해 표현하면 좋아요.

⭐ 낚시하러 가요! 키티 크라우더 글·그림 | 나선희 옮김 | 책빛 | 2021

아스트리드 린드그렌 상을 받은 키티 크라우더의 『포카와 민』 시리즈 중 낚시 편이에요. 호기심 많은 민과 따뜻한 보호자 포카가 함께 낚시하며 겪는 이야기예요. 포카와 민이 낚시하는 과정에서 벌어지는 사건을 순서대로 정리하며 읽어요. 이 과정에서 이야기의 흐름을 파악하며 이야기 이해력을 키울 수 있어요.

⭐ 루시와 친구들: 여름 이야기 마리안느 뒤비크 글·그림 | 백지원 옮김 | 고래뱃속 | 2024

『여름 낚시』의 주제와 관련된 흥미로운 여름 이야기예요. 『루시와 친구들』의 사계절 시리즈 중 여름 편으로, 루시와 작은 동물 친구들이 숲속에서 지내며 계절의 변화를 경험하는 내용을 담고 있어요. 주인공의 종이 인형을 만들어 극놀이를 하며 읽어요. 숲속 배경 그림 위에 인형을 놓고 역할극을 하며 스크립트 지식(일상생활에서 특정 사건이나 활동의 흐름을 이해하는 능력)을 확장할 수 있어요.

"네 이름이 뭐라고?!"

글 케스 그레이
그림 니키 다이슨
옮김 김서정
펴낸 곳 로이북스
출간 2020
주제 이름

책 소개

웃긴 동물 이름 관리소는 항상 북적여요. 저마다 웃긴 이름을 가진 동물 친구들이 이름을 바꾸려고 찾아오기 때문이지요. 재미있게 붙여진 동물 친구들의 이름을 듣다 보면 웃음이 빵빵 터져요. 코카똥부터 삽질코기타물고기, 원숭이얼굴까칠등짝까지! 우스꽝스러운 이름을 가진 동물 친구들이 자신의 이름이 더 웃긴다며 경쟁하듯 말해요. 기발하고 웃긴 동물 친구들의 이름에 관심을 가져보며 기초 읽기를 시도해 보기 좋아요. 동물 친구들의 이름으로 빠른 말놀이를 즐기다 보면 음운론적 인식도 저절로 기를 수 있어요.

이렇게 읽어 주세요

그림 산책하며 반복해서 읽기

그림책을 처음 읽을 때, 그리고 그림책을 반복해서 읽을 때 다양한 방법으로 그림 산책을 시도해 볼 수 있어요. 처음 그림책을 읽는다면 그림에만 집중해서 살펴보며 무슨 내용일지 추측하면서 읽어요. 이미 여러 번 읽어 보았을 때는 한 가지 부분에 집중해서 읽어 볼 수 있어요.

- 비슷하게 생긴 새들이 창구에 앉아 있네. 뭘 하고 있는 걸까? 동물들이 줄을 서서 기다리네.
- 동물 친구들 옆에 있는 건 뭘까? 동그랗게 생겼고, 유리로 되어 있는 것 같네? 아이스크림콘벌레가 크게 보이는 것을 보니 돋보기구나. 웃긴 동물 이름 관리소에서 돋보기가 왜 필요한 걸까?

- 이번에는 비서새가 뭘 하고 있는지 찾으면서 읽어 볼까? 이 비서새는 전화하고 있네. 여기 있는 비서새는 따분한 표정이야.

말놀이하기

동물 친구들의 이름으로 말놀이하며 그림책을 읽으면 아이들의 음운론적 인식을 길러줄 수 있어요. 쉬운 동물 친구들의 이름으로 시작해서 점점 더 어려운 친구들의 이름으로 확장해 주세요. 동물 친구들의 이름을 듣고 빠르게 또는 느리게 따라 말해 보는 말놀이, 동물 친구의 이름을 듣고 웃긴 이름 전달하기 놀이를 해 보는 것을 추천해요. 이름에 주의를 기울여 듣고 따라 말해 보는 활동을 통해 아이들의 음운론적 인식을 기를 수 있어요. 이름을 한 글자씩 말해 보며 손뼉치기, 발구르기와 같은 놀이를 한다면 음절 단위의 소릿값에 대한 인식을 도울 수 있어요. 이름에 들어간 자음에 관심을 가져보며 음소 단위로도 관심을 확장할 수 있어요.

- 이 친구 이름이 뭐라고? 너덜너덜술장식수염상어. 입에 정말로 너덜너덜하게 술 장식들이 달려 있네. 수염이 난 것처럼 술 장식이 달린 상어야. 너덜너덜술장식수염상어 이름을 빠르게 말해 볼까? 이번엔 천~천~히 말해 볼까? 너어더얼너어더얼수울자앙시익수우여엄사앙어.
- 와, 이 친구 이름 진짜 길다. 몇 글자로 되어 있나 한 글자씩 읽어 보면서 손뼉 쳐 보자. (손뼉을 치면서) 핑, 크, 요, 정, 아, 르, 마, 딜, 로. 이번엔 하나씩 손가락을 세면서 이름이 몇 글자인지 말해 보자. 이름이 아홉 글자나 되네!
- 너덜너덜술장식수염상어에는 'ㅅ'이 몇 번 들어가는지 찾아볼까? 술에 시옷 하나, 식에 시옷 둘, 수에 시옷 셋, 상에 시옷 넷. 모두 네 개 들어 있다. 'ㅅ'보다 더 많이 들어 있는 글자가 있을까? 이번엔 'ㄹ'이 몇 개 들어 있나 세어 볼까?

면지 살펴보기

그림책을 읽고 나서 '웃긴 이름 동물 사진전'으로 구성된 뒷면지를 함께 보며 동물 친구들에게 웃긴 이름이 붙게 된 이유에 대해 살펴요. 동물들의 영어 이름에서 착안해 작가가 웃긴 이름을 붙여준 것에 관해 이야기를 나누어 보세요. 실제 동물들의 사진과 그림을 비교하면서 어느 부분이 비슷한지 관찰하며 시각 문해력을 길러주는 것도 좋아요. 그림책을 다시 읽으면서 각 동물이 어느 페이지에 나왔는지 같이 찾아보는 것도 재미있어요. 한 번에 모두 소화하려는 욕심은 금물! 그림책 반복 읽기를 하며 면지를 다양하게 활용해 보세요.

- 그림책에서 나왔던 친구들이 여기에 다 모여 있네? 여기 있는 해파리는 달걀 프라이를 닮았다고 달걀 프라이

해파리래. 정말로 달걀프라이처럼 생겼다.
- ○○이가 좋아하는 귀상어는 영어로 뭐라고 부르는지 찾아볼까? smooth hammerhead. 이건 '부드러운 망치 머리'란 뜻을 가진 이름이네. 그래서 귀상어를 망치상어라고도 부른대.
- 뱀잡이수리라는 새야. 깃털 달린 펜을 귀에 건 비서를 닮았다고 이런 이름이 붙었대. 어때? 그림이랑 사진이랑 비슷해 보여? 정말로 깃털펜을 머리에 꽂고 있는 것 같다. 눈은 빨갛게 화장한 것 같아. 그림으로 정말 비슷하게 표현했네? 부리에 노란색, 회색이 섞여 있는 것까지 똑같아.

문해력 키우는 상호작용

음운론적 인식

생소한 이름을 읽을 때 천천히 발음에 신경 써 주세요. 동물들이 '하하하' 하고 웃는 장면을 보면서 '하'의 생김새와 소릿값에 관심을 가질 수 있어요.
- 친구의 이름이 웃긴다고 하하하 웃네. 글자 모양이 모두 다르지만 모두 '하'라고 적혀 있어. 이렇게 동그라미 (이응) 위에 모자를 씌운 것 같은 '히읗'이 들어 있어.

어휘력

낱말들이 모여 만들어진 합성어는 처음에 낱말 사이마다 살짝 띄어 읽어 주면 좋아요. 어떤 낱말이 합해졌는지 인식할 수 있고, 뜻을 파악하기도 쉬워요. 아이가 처음 들어본 낱말이 나왔을 때는 일상 경험과 연관 지어 주세요. 또한, 동물들이 목에 걸고 있는 이름표의 이름에 관심을 가지며 알고 있는 음절 단위의 글자가 있는지 이야기 나눠요.
- 원숭이∨얼굴∨까칠∨등짝이 말했어요.
- '창구'는 그림처럼 손님이랑 이야기하고 뭔가를 주고받을 수 있게 작은 창을 내거나 책상 같은 걸 둔 곳이야. 은행에 가서 본 적 있지?
- 이 친구 이름은 '아하 하 말벌'이래. 아빠 할 때 '아', 하마 할 때 '하'가 들어간다. '아'로 시작하는 낱말에는 또 뭐가 있을까? 아기, 아이스크림! 그럼 '하'로 시작하는 건?

이야기 이해력

등장인물의 입장이 되어 어떤 생각을 하고 있을지, 어떤 감정을 느낄 것 같은지 추측하면서 읽어요.

- 아하 하 말벌이 짜증이 난 표정을 짓고 있네. 왜 기분이 나쁜 것 같아? 동물 친구들이 "아하 아하" 하고 웃어서 그런가 봐. (티라노라는 이름표를 들고 있는 장면을 보면서) 이번엔 아하 하 말벌 기분이 어떤 거 같아? 의기양양한 표정이지? 뿌듯하고 행복해 보여. 다른 동물들은 어때? 깜짝 놀란 표정 같네. 왜 이렇게 놀란 것 같아?

생각을 키우는 질문

- ☐ 이렇게 누가 내 이름을 듣고 이름이 웃긴다고 웃으면 기분이 어떨까? 이렇게 다 같이 웃으면서 놀리면 얼굴이 화끈화끈 해지면서 부끄럽기도 하고, 화가 나기도 하고, 속상하기도 할 것 같아.
- ☐ 이 친구 이름이 뭐라고? 원숭이얼굴까칠등짝. 무슨 뜻일까? 이 물고기는 원숭이 얼굴처럼 생겼나? 그리고 까칠등짝이래, 등의 피부가 거칠거칠해서 까칠등짝이라고 이름을 붙였나 봐.
- ☐ 이 친구 이름은 뭘까? 읽어 보기 전에 추측해 볼까? '아이스크림콘벌레'라네. 정말 아랫부분이 아이스크림콘처럼 생겼지?

아/하 글자카드 게임

글자카드를 꾸미고 '아'와 '하'를 구별해 보자.

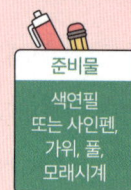
준비물
색연필 또는 사인펜, 가위, 풀, 모래시계

- 그림책에서 '아, 하'를 찾아보며 반복 읽기를 해요. '야' 또는 '하'가 나올 때마다 손뼉을 치거나 발을 굴러보면 좋아요.
  "우리 이번엔 글자 '아'랑 '하'를 찾으면서 읽어 보자. '아'가 나오면 손뼉을 치고, '하'가 나오면 발을 구르는 거 어때?"

- 아/하 글자카드를 만들어 보며 '아'와 '하'의 글자 모양과 소리의 차이에 관해 이야기 나눠요.
  "'아'랑 '하'가 적혀 있는 글자카드다. 실선은 가위로 자르고 점선은 접은 다음에 안쪽에 풀칠해서 붙이면 글자카드를 만들 수 있어. 글자카드에 '아'랑 '하'를 따라 쓰거나 색칠할 수도 있네. ○○는 글자카드를 어떻게 꾸며보고 싶어?"

- 상자 속에 넣어둔 글자카드를 하나씩 꺼내 보면서 아/하를 구분해 읽어요.
  "상자 속에 '아'랑 '하'가 적힌 글자카드가 들어 있대. 글자카드를 꺼내서 보여줄 테니 '아'인지 '하'인지 읽어 볼까? 동그라미만 있으면 '아', 동그라미 위에 모자까지 쓰고 있으면 '하'야."

- '아'와 '하'로 나누어 1분 동안 각자의 글자카드가 많이 나오도록 뒤집는 놀이를 해요.
  "모래시계가 다 떨어질 때까지 엄마는 글자카드 '아'가 보이도록, ○○는 글자카드 '하'가 보이도록 카드를 뒤집는 거야. 글자카드의 수가 더 많은 사람이 이기는 게임이야."

---------- 접는 선

'소'로 끝나는 곳

'-소'로 끝나는 곳은 뭐가 있는지 생각해 보자.

준비물
연필, 지우개

- 웃긴 동물 이름 관리소가 무엇을 하는 곳일지 추측하며 읽어요. (장소 또는 기관의 뜻을 더하는 접미사예요.)

  "웃긴 동물 이름 관리소? 뭐 하는 곳일까? 웃긴 이름을 가진 동물들이 잔뜩 와서 자기 이름을 바꾸려고 하는 곳이네? 이름을 바꿀 수 있게 관리해 주는 곳이라서 웃긴 동물 이름 관리소라고 부르는 거네."

- '소(所)'라는 한자의 의미를 아이가 이해하기 쉽게 설명해 준 뒤, '소(所)'라는 한자가 들어가는 다른 낱말로는 어떤 것들이 있는지 떠올려요.

  "관리소 할 때 '소'는 장소를 나타내. '-소'로 끝나는 장소나 기관에는 뭐가 있을까? 우리 백화점에 갔을 때 물품보관소에 가방 보관해 뒀던 거 기억나? 물건을 보관하는 곳을 물품보관'소'라고 부르는 거야."

- '-소'로 끝나는 장소 그림을 하나씩 살펴보고 해당하는 낱말을 찾아 선으로 이어요.

  "관리소는 어떤 일을 처리하거나 감독하는 곳이야. 이름 관리소는 이름에 관한 일을 하는 곳이겠네."
  "보건소는 병을 예방하고 치료해서 사람들의 건강을 지키는 곳이야. 병원이랑 비슷하지?"
  "이발소는 주로 남자들이 머리를 자르는 곳이야. 미용실은 여자, 남자 모두 가지만 말이야."
  "물품보관소는 물품을 잠시 보관해 두는 곳이야. 물건을 맡겼다가 다시 찾으러 가지."
  "검문소는 시민들의 안전을 위해서 오가는 사람들을 관리하고 범죄를 예방하는 곳이야. 보통 군인이나 경찰관이 지키고 있어."

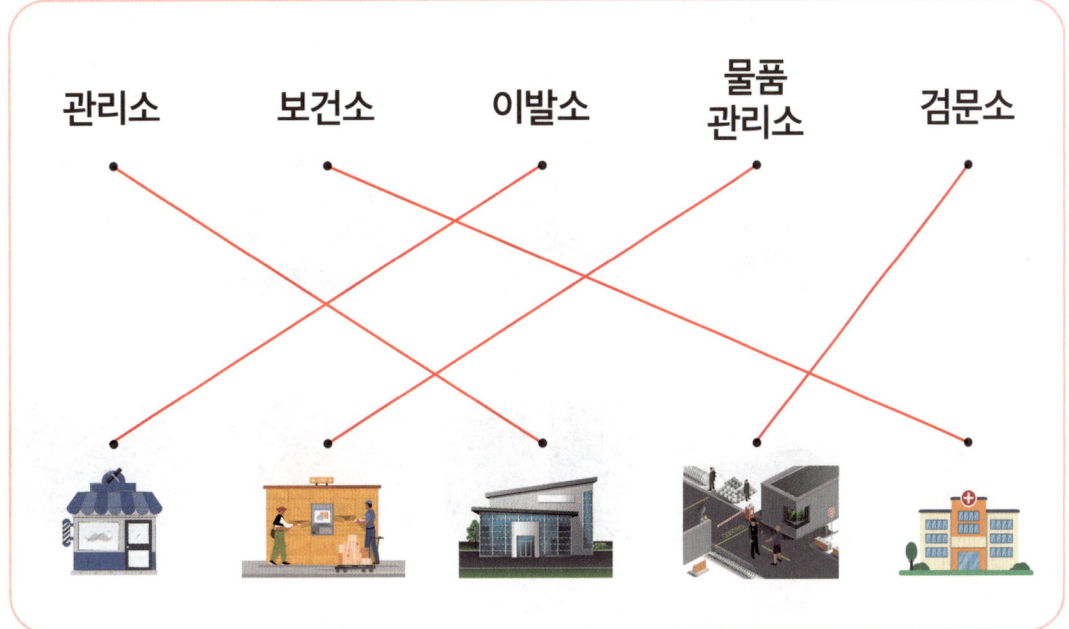

유아편 ··· 119

동물들이 사는 곳

준비물
가위, 풀

어디에 사는 동물인지 분류해 보자.

- 그림책의 뒷면지를 함께 읽으며 동물 친구들이 사는 곳이 어디일지 추측하면서 읽어요.
  "애기아르마딜로는 어디에 살까? 사진을 보니 땅에 사는 것 같다. 튼튼한 발톱으로 땅을 파고 들어가서 몸을 숨길 수 있는 친구래."

- 사는 곳이 같을 것 같은 동물 친구들이 누구인지 찾아요. 같은 색 인덱스로 표시하면서 같은 곳에 사는 동물 친구끼리 분류해 보는 것도 좋아요. 동물 친구들의 서식지를 하늘, 땅, 바다로 쉽게 구분할 수 있도록 이름에 색을 표시해 두었으니 참고하세요(하늘-초록색, 땅-갈색, 바다-파란색).
  "블롭피쉬처럼 바다에 사는 친구들은 누가 있을까? 파란색 글자로 표시해 보면서 찾아볼까? 좀비벌레도 바다에 사는 친구네. 깊은 바다에서 죽은 밍크고래의 뼈를 녹여서 먹고산대. 바다에 사는 친구들 이름은 모두 파란색이래. 또 찾아보자."

- 바다, 하늘, 땅으로 분류한 동물 친구들을 보며 이야기 나눠요. 아이가 아는 다른 동물들의 이름을 떠올리며 접착식 메모지에 그림과 글로 표현해 본 뒤, 사는 곳에 따라 메모지를 붙이는 활동으로 확장할 수 있어요.
  "뱀잡이수리처럼 하늘을 날 수 있는 동물은 뭐가 있을까? 참새, 독수리, 부엉이! 엄마가 메모지에다가 그림 그리고 이름 적어줄 테니까 나중에 한꺼번에 ○○가 다시 분류해서 붙여 보자."

〈동물들이 사는 곳〉

- 하늘: 초록색 글자
- 땅: 갈색 글자
- 바다: 파란색 글자

푸른발부비새

뱀잡이수리

좀비벌레
출처: 스크립트 해양연구소

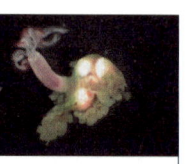
달걀프라이해파리

코카푸

총알고둥
출처: 국립생물자원관

술장식수염상어

아하 하 말벌

블롭피쉬

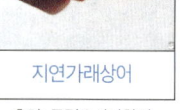
지연가래상어
출처: 국립수산과학원

빗갯지렁이
출처: 해양생명자원통합정보시스템

애기아르마딜로
출처: 내셔널지오그래픽

몽키페이스뱀장어
출처: 위키피디아

120 ··· 세상에서 가장 쉬운 문해력 수업

· 이런 그림책도 읽어 봐 ·

☆ 난 내 이름이 참 좋아! 케빈 헹크스 글·그림 | 이경혜 옮김 | 비룡소 | 2008

국화라는 뜻인 '크리샌써멈'이라는 이름을 가진 생쥐가 독특한 이름 때문에 겪게 되는 좌충우돌을 담고 있는 그림책이에요. 그림책을 읽어본 뒤, 접착 메모지에 크리샌써멈을 한 음절씩 적어요. 음절 하나씩을 번갈아 가면서 위로 올리며 한 글자에만 음을 높이며 포인트를 주어 읽기 놀이를 해요. (예: 크／리샌써멈, 크리／샌써멈, 크리샌／써멈, 크리샌써／멈, 크리샌써멈／)

☆ 내 이름 신혜은 글·이철민 그림 | 장영 | 2014

소중한 내 이름에는 무슨 의미가 담겨 있을까요? 내 이름은 나를 보여주는 얼굴이기도 해요. 다른 사람들이 내 이름을 부를 때 나에 대해 어떻게 생각했으면 좋을지 이야기 나누며 함께 읽어요. 우리 아이의 이름에는 어떤 뜻이 담겨 있는지 함께 이야기를 나누며 설명해요. 이름의 뜻을 한 글자씩 그림과 글로 표현하며 보여주는 것도 좋아요. 아이의 이름으로 시작하여 부모님, 형제자매, 조부모님 등으로 확장해 보는 것도 좋아요.

☆ 김수한무 거북이와 두루미 삼천갑자 동방삭 소중애 글·이승현 그림 | 비룡소 | 2012

영감님이 환갑이 넘어 귀하게 얻은 아이가 너무 소중해서 이름을 길게 붙였대요. 그런데 이 책은 너무 긴 이름 때문에 위험에 처하게 되는 내용을 담고 있어요. 그림책을 읽을 때 아이의 이름이 나오면 '김수한무~' 노래를 흥얼거리며 함께 읽어요. 내 이름에 붙이고 싶은 이름을 길게 붙여서 새롭게 노래를 만들어 부를 수도 있어요.

☆ 야, 개구리! 케스 그레이 글·짐 필드 그림 | 김영선 옮김 | 책내음 | 2023

『네 이름이 뭐라고?!』의 글 작가 케스 그레이가 쓴 『야!』 시리즈 중 하나예요. 동물의 이름과 앉아 있는 곳의 라임을 맞춰 말놀이의 재미를 느낄 수 있어요. 고양이(cat)와 매트(mat)처럼 같은 소리로 끝나는 단어들을 찾으며 같은 소릿값을 갖고 있는 음절에 관심을 가져요.

☆ 199 우리 아이 첫 낱말 사전 동물 홀리 배시 글·니키 다이슨 그림 | 어스본코리아 | 2019

『네 이름이 뭐라고?!』 그림 작가 니키 다이슨이 그린 그림책이에요. 동물들이 사는 곳에 따라 분류되어 있어 각각의 공통점과 차이점에 대해 알아보며 범주를 구성할 수 있어 좋아요. 『네 이름이 뭐라고?!』에 나오는 것처럼 동물 친구들에게 우스꽝스러운 이름도 지어 주세요. 동물 친구들의 생김새를 관찰하여 그 특징을 살린 이름들을 붙여주면 재미있어요.

거꾸로 토끼끼토

글·그림 보람
펴낸 곳 길벗어린이
출간 2024
주제 말놀이

 책 소개

친구에게 선물 받은 소중한 신발이 더러워지는 것이 싫었던 토끼에게 좋은 생각이 났어요. 신발을 신은 채로 거꾸로 서는 것이었죠. 이제부터는 뭐든지 거꾸로 하는 끼토라고 불러주세요. 끼토는 걸을 때도 충깡충 깡 뛰고, 인사를 할 때도 녕안이라고 말해요. 뭐든지 거꾸로 하는 끼토와 뭐든지 거꾸로 말하는 말놀이를 하며 함께 읽어요.

이렇게 읽어 주세요

표지 읽으며 내용 추측하기

그림책의 앞표지와 뒤표지를 함께 살펴보면서 어떤 내용의 그림책일지 추측하면서 읽어요.

- 얘가 끼토인가 봐. 이름이 왜 끼토인 걸까? 끼토는 왜 울고 있어? 귀를 다쳤나 봐. 당근 밴드를 붙이고 있어. 끼토한테 무슨 일이 생긴 걸까? '난 오늘부터 거꾸로 걸을 거야'라고 적혀 있는 걸 보니까 원래부터 거꾸로 걷는 토끼는 아니었나 봐.

작가의 소개 글 활용하기

그림책 작가가 이 그림책을 어떤 마음으로 만들었는지 작가 소개에 함께 적혀 있어요. 거꾸로, 똑바로 걷든, 데굴데굴 구르든, 느릿느릿 기어가든 나답게 나아가는 모든 걸음을 응원하는 마음으로 만들었다고 해요. 그림책 작가가 그린 다른 그림책을 함께 읽어 보며 다른 그림책으로도 관심을 확장해 보는 시간을 가져요. 같은 작가가 만든 그림책이기 때문에 비슷한 점과 다른 점을 서로 비교하며 읽어 보는 것도 재미있어요.

- 세상에 ○○이는 한 명뿐이지? ○○이가 무엇을 좋아하든 어떤 아이이든 상관없이 소중한 아이란 걸 응원하고 싶어서 그림책 작가가 이 그림책을 만들었대.
- 그러고 보니 『완벽한 계란 후라이 주세요』에도 끼토가 나오네. 끼토랑 생김새만 닮은 건가? 이 책은 모두 다르지만 그래서 더 완벽한 계란 후라이를 만드는 내용을 담았대. 이 그림책도 한번 읽어 볼까?

끼토의 속마음 대변하기

끼토가 거꾸로 서서 다닌다고 잔소리하거나 놀리는 친구들에게 끼토는 무슨 말을 하고 싶었을지 추측하면서 읽어요. 끼토가 하지 못했던 대답을 속 시원하게 해 주는 건 어떨까요?

- 쓸데없는 짓 하지 말고 똑바로 걸어 다니라고 지나가던 아저씨가 잔소리하네. ○○이 끼토라면 뭐라고 대답했을 거 같아? 쓸데없지 않아요! 거꾸로 서서 다닌 덕분에 신발도 깨끗하고, 재미있는 거꾸로 놀이도 할 수 있어요.

문해력 키우는 상호작용

음운론적 인식

거꾸로 적혀 있는 글자들에 주의를 기울이며 읽어요. 거꾸로 적힌 대로 읽어 보고, 뒤에서부터 거꾸로 읽어 보면서 원래는 어떤 소리였는지 알아볼 수 있어요. 아이가 음절 단위의 글자에 관심을 가질 수 있도록 해 주며, 소릿값에 관심을 가질 수 있도록 도와주는 활동이에요.

- 끼토가 어떻게 인사를 한 대? 녕안! 하고 한 쪽 다리만 흔든대. 손 대신 발을 흔드는 거네. 안녕을 거꾸로 해서 녕안!
- 끼토는 단어들도 거꾸로 말한대. 기라바해는 뭐지? 해바라기! 그럼 쥐람다는? 다람쥐! 거꾸로 해도 같은 단어들도 있대. 토마토는 거꾸로 해도 토마토! 별똥별은 거꾸로 해도 별똥별!
- 끼토는 노래도 거꾸로 부른대. 뭐라고 적혀 있나 읽어 볼까? 끼토 야끼토, 로디어 니거는가. 그럼 다시 바르게 부르려면 어떻게 불러야 할까? (글자를 하나씩 가리키면서) 토끼 토끼야, 어디로 가는거니.

어휘력

그림책을 읽다가 만나는 새로운 단어들을 한 번씩 짚어주세요. '금세, 유별, 한참'과 같은 단어에 주목해 볼 수 있어요. 단어를 활용한 문장을 예시로 들려주면서 아이가 단어의 의미를 추측할 수 있도록 해요.

- 이대로 가다가는 금세 헌 신발이 될까 봐 걱정이 되나 봐. '금세'는 '금시에'의 줄인 말이야. 신발이 금세 헌 신발이 될까 봐 걱정한다는 건 '금방, 순식간에' 더러워질까 봐 걱정된다는 뜻이야.
- 유별난 토끼라니 무슨 뜻일까? 별난 토끼라고도 표현할 수 있어. 평범하고 일반적이지 않다는 뜻이지. 보통 사람들과 다를 때 유별나다, 별나다고 해.

이야기 이해력

무엇이든지 거꾸로 하는 끼토의 일상생활을 살펴보며 뭐든지 거꾸로 하려면 어떻게 행동해야 하는지 상상해 보며 읽어요. 작은 부분까지도 거꾸로 하게 되면 어떻게 될지 상상해 볼 수 있어요. 아이에게 구체적인 일상생활 속 상황을 예시로 들어주고 어떻게 해야 거꾸로 행동하는 것일지 설명해 줘요.

- 끼토는 밥도 거꾸로 서서 먹네. 원래는 밥을 손으로 먹는 거니까 모두 다 거꾸로 하려면 발로 들고 먹어야 하는 거 아닌가? 밥 먹다 말고 목이 마르면 물은 어떻게 마셔야 거꾸로 마시는 걸까?
- 옷 입는 것도 거꾸로 한다면 어떻게 할 수 있을까? 바지를 몸통에 입고, 윗도리를 바지에 입어버리면 거꾸로 돼 버릴 수 있겠다. 그러고 보니 거꾸로 서 있으니까 신발을 귀에 신어야 하는 거 아냐?

생각을 키우는 질문

- ☐
- ☐ 끼토가 거꾸로 서서 다닌다고 잔소리를 들었을 때 어떤 기분이었을까? 끼토는 뭐라고 대답하고 싶었을까?
- ☐ 끼토는 물구나무서기가 오히려 더 쉽네? 이렇게 끼토처럼 거꾸로 서 있을 때 오히려 더 쉬운 게 있을까?
- ☐ 토토가 끼토한테 아끼는 당근 밴드를 붙여주네. ○○이도 이렇게 토토처럼 다른 친구를 도와줬던 적 있어?
- ☐

거꾸로 읽기

문장을 거꾸로 읽으면서 한 칸에 하나씩 써 보자.

- 그림책에서 끼토가 거꾸로 말하는 장면의 글자를 거꾸로 소리 내 읽어요.
  "끼토가 인사를 하네, '녕안'하고. 거꾸로 읽으면? 안녕! '워마고'라고 인사하는 건 뭐야? 거꾸로 읽으면 고마워."

- 그림책에서 거꾸로 해도 똑같은 단어들을 소리내어 읽어요.
  "수박을 거꾸로 하면 박수. 호랑이를 거꾸로 하면 이랑호지. 그런데 거꾸로 읽어도 똑같은 소리가 나는 단어들이 있대. 토마토는 거꾸로 해도 토마토, 별똥별도 거꾸로 읽어도 별똥별."

- 거꾸로 읽어도 똑같은 문장을 거꾸로 읽으며 빈칸에 한 음절씩 써 보세요.
  "토마토는 거꾸로 읽어도 토마토였지? 이렇게 거꾸로 읽어도 똑같은 문장들이 있대. 한번 읽어 볼까? 고치다 손 다치고. 거꾸로 읽으면? (한 음절씩 손으로 짚으면서) 고치다 손 다치고."

- 문장을 거꾸로 읽으며 글자 음절을 하나씩 적어 보세요.
  "글자를 하나씩 읽으면서 거꾸로 적어 보자. 고, 치, 다, 손, 다, 치, 고. 거꾸로 읽어도 고치다 손 다치고!"

"녕안! 나랑 거꾸로 읽기 놀이를 해 볼래?"

고치다 손 다치고	고	치	다	손	다	치	고
난장이 장난	난	장	이	장	난		
아 좋다 좋아	아	좋	다	좋	아		
음식이 많이 식음	음	식	이	많	이	식	음

토마토는 거꾸로도 토마토

거꾸로 읽어도 똑같은 소리를 가진 단어를 찾아서 동그라미를 쳐 보자.

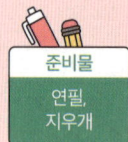
준비물
연필, 지우개

- 그림책에서 거꾸로 해도 똑같은 단어들의 특징을 살펴보며 함께 읽어요.
  "토마토는 거꾸로 해도 토마토. 기러기도 거꾸로 해도 기러기. 맨 앞이랑 맨 뒤의 소리가 같네."

- 거꾸로 읽어도 똑같은 단어를 찾아 동그라미 쳐요.
  "이렇게 앞뒤 소리가 같아서 거꾸로 해도 똑같은 소리가 나는 단어들이 많대. 앞뒤 소리가 똑같은 단어들이 어디 있는지 한번 찾아볼까?"

- 제시된 단어들을 읽으며 어떤 단어인지 뜻도 알아봐요.
  "거꾸로 읽어도 똑같은 글자 여기 있네. 사진사. 사진을 찍어 주는 사람을 말해. 일주일도 앞뒤가 똑같네. 월, 화, 수, 목, 금, 토, 일 7일이 모두 모인 걸 일주일이라고 해."

- 새롭게 배운 단어를 문장 속에 넣어 예시로 들어보면서 뜻을 알아보는 것도 좋아요.
  "생고생은 안 해도 될 고생을 하는 걸 말해. 예전에 버스를 타고 가지 않고 괜히 걸었다가 생고생했었지?"

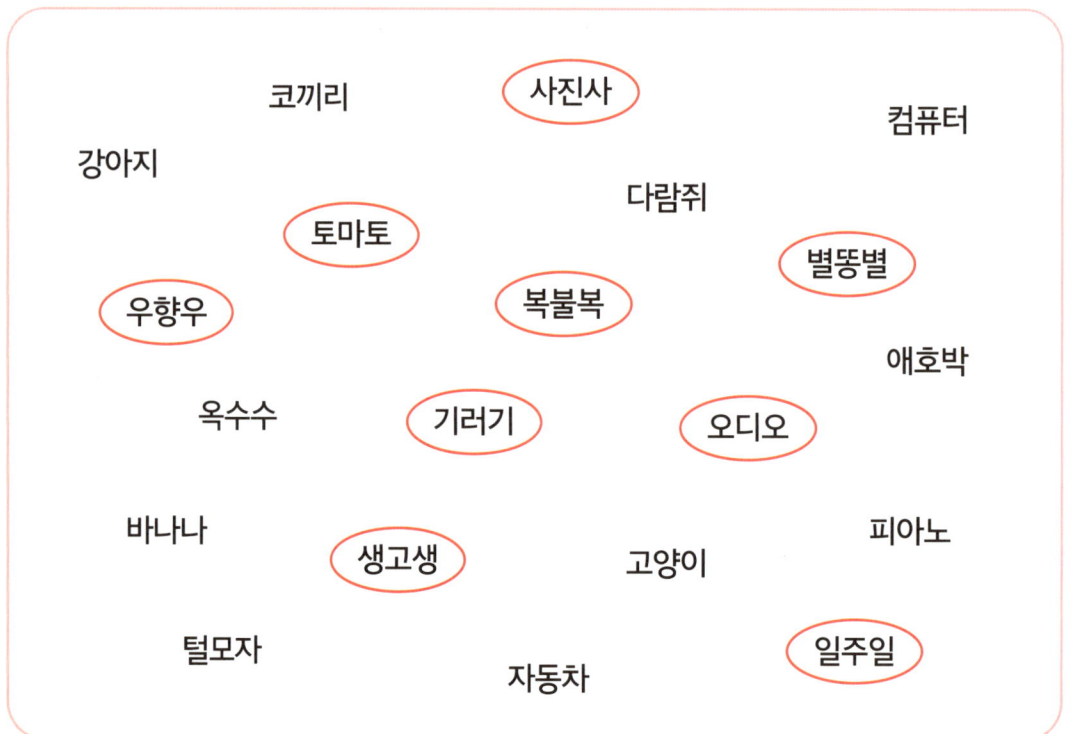

126 ··· 세상에서 가장 쉬운 문해력 수업

개미 해설사

그림책에 나오는 개미가 되어 끼토의 이야기를 적어 보자.

- 그림책을 다시 읽어 보면서 매 장면에 등장하는 작은 개미를 찾아요. 개미의 입장에서 끼토의 모습을 어떻게 설명할 수 있을지 추측하면서 읽어요.

    "끼토 옆에 개미 친구가 계속 나온대. 눈을 크게 뜨고 개미 친구가 어디 있나 찾아볼까? 그림책 표지에서부터 개미가 등장하네. 끼토가 길을 걷고 있는 장면에도 개미가 있네. 바위 뒤에 숨어서 지켜보고 있어. 개미가 끼토가 뭐 하는지 설명한다면 뭐라고 설명해 줄 거 같아?"

- 해설사의 정의를 쉽게 설명해요.

    "해설사는 해설하는 사람을 말해. 문제나 사건의 내용을 알기 쉽게 풀어서 설명해 주는 사람이야. 운동 경기 같은 걸 보면 어떤 상황인지 설명해 주는 해설사가 있지? 우리가 이 그림책의 해설사가 되어 보는 놀이를 하는 거래. 이름하여 개미 해설사!"

- 개미 해설사가 되어 그림책의 장면을 설명하는 놀이를 해요.

    "그림책에 나오는 장면들을 보면서 개미 해설사가 되어 볼까? '끼토 신발에 진흙이 튀었어요. 끼토가 속상해 하면서 나뭇잎으로 신발에 묻은 진흙을 털고 있어요'라고 설명하면 어때?"

- 그림책의 각 장면에 관해 설명한 내용을 간단히 문장으로 요약해서 적어요.

    "개미 옆에 말풍선이 있네. 우리가 그림책에서 봤던 장면들을 다시 설명해 보면서 문장으로 적어 보자."

유아편 ··· 127

• 이런 그림책도 읽어 봐 •

☆ 고릴라와 너구리 이루리 글·유자 그림 | 북극곰 | 2022

기역 고릴라랑, 니은 너구리, 디귿 둘이 사귄대! 고릴라와 너구리가 사귀게 된 이야기를 ㄱㄴㄷ 순서에 따라 소개하며 말놀이해요. 이루리 작가의 『아기가 태어났어요!』도 추천해요. 기역부터 히읗까지 나만의 ㄱㄴㄷ 그림책도 만들어 봐요. 그림과 글로 직접 꾸미고 읽다 보면 문해력이 저절로 늘어날 거예요.

☆ 빨주노초파남보 색깔 말놀이 박정선 글·윤미숙 그림 | 시공주니어 | 2010

색깔 이름으로 만들어진 말놀이 덕분에 눈과 귀가 즐거운 그림책이에요. '빨강 빨래를 빨자, 주홍 감을 주섬주섬 담자'와 같이 라임이 살아 있어 한 번만 읽어도 입에 착 감겨요. 성인이 먼저 한 문장 읽고 나면 아이가 따라 읽어요. 문장의 내용에 귀를 기울이며 집중력을 기를 수 있고, 문장을 직접 말해 보며 음운론적 인식을 기를 수 있어요.

☆ 호호호호박 한연진 글·그림 | 사계절 | 2024

'호박'이라는 글자 하나로 이야기를 재미나게 풀어나가는 그림책이에요. 바람이 호오 호오 불면 줄기가 호로록 구부러지고, 잎들이 호방방방 올라오면 박! 하고 꽃이 핀대요. 한연진 작가의 『옥두두두두』도 추천해요. 진분홍색으로 표현된 '호박'의 다양한 버전의 글자들을 찾으며 읽어요. 상황에 맞게 익살스러운 소리로 함께 읽어 보면 좋아요.

☆ 한 아이 로라 바카로 시거 글·그림 | 이루리 옮김 | 북극곰 | 2022

한글과 영어로 함께 말놀이를 즐길 수 있어서 더욱 특별해요. 두 마리 바다표범이 바다 밖으로 나와요(two seals at the sea)라고 적힌 문장에서 같은 글자를 찾아볼까요? 그림책에서 같은 모양의 글자를 찾아보며 읽어요. 그림책에 나온 말놀이처럼 하나의 글자를 활용하여 서로 다른 문장을 만들어 보는 활동도 할 수 있어요.

☆ 방귀 말놀이 키즈콘텐츠클럽 글·김일경 그림 | 모든요일그림책 | 2023

방귀로 시작해서 방귀로 이어지는 말놀이를 해요. '원숭이 엉덩이는 빨개'의 음을 개사하여 읽어 주세요. 『응가 말놀이』도 함께 즐기면 좋아요. 그림책에서 소개한 것처럼 꽁지 따기 말놀이를 즐겨보세요. '원숭이 엉덩이는 빨개'로 시작해서 '빨가면~'으로 이어지는 문장을 새롭게 만들어요.

싫어는 아주아주 힘이 세!

글 크리스 그라벤스타인
그림 레오 에스피노사
옮김 노은정
펴낸 곳 제제의숲
출간 2023
주제 말(태도)

 책 소개

"싫어!"라는 말 대신 긍정적인 말의 힘을 알려주는 그림책이에요. 싫다고만 말하는 주인공 올리버 앞에 좋다고만 말하는 사촌 제스가 나타나면서 올리버는 "좋아!"라고 말하기 시작하지요. 긍정적인 언어 습관을 형성함과 동시에 일상적으로 쓸 수 있는 긍정의 말은 어떤 것이 있을지 생각해 보며 어휘력을 기를 수 있어요.

이렇게 읽어 주세요

반복되는 말 따라 하며 읽기

그림책에서 반복되는 단어나 문장이 나올 때마다 다양한 방법으로 읽어볼 수 있어요. 처음에는 반복되는 말을 따라 말하면서 내용을 파악하며 읽어요. 여러 번 읽고 반복되는 말과 어울리는 표정을 짓거나 제스처를 따라 해 봐요. 음절 수만큼 손뼉을 치는 등 다양한 방법으로 읽을 수 있어요.

- 올리버는 이렇게 말했어. "싫어!" 그리고 그다음 상황에서도 이렇게 말하네? "싫어!" 우리 올리버가 "싫어"라고 말할 때마다 같이 따라 말해 볼까? "싫어!"

- 제스는 "좋아!"를 반복하는 친구네. 제스가 좋다고 말할 때 어떤 표정을 지었어? 아주 해맑게 웃고 있네. 그럼 우리도 제스가 "좋아"라고 말할 때마다 웃으면서 따라 말해 보자. 그리고 고개를 끄덕이면서 따라 말하는 건 어때? "(고개를 끄덕이며) 좋아!"

- 이제 올리버가 제스를 따라서 "좋아"라고 말하기 시작하네. 올리버와 제스가 "좋아"라고 말할 때마다 두 번 손뼉 치면서 읽으면 재미있겠다. "(손뼉을 짝짝 치며) 좋아!"

앞뒤 면지 비교하기

그림책을 읽고 나서 앞뒤 면지를 비교하며 읽어요. 앞면지에는 "싫어!"와 관련된 말들이 "싫다고!", "싫거든?", "싫은데?" 등 어미가 변형된 형태로 말풍선 안에 제시되어 있는데, 뒷면지에는 다른 색상 말풍선 안에 적힌 "좋아!"를 발견할 수 있어요. 앞뒤 면지의 차이점을 찾아볼 수 있고, 같은 말이지만 어미에 따라 조금씩 달라지는 의미에 관해서도 이야기 나눠요.

- 어라? 우리 아까 그림책 읽기 전에 맨 앞에서 봤던 면지랑 그림책 맨 뒤에 나온 면지를 보니까 뭐가 좀 달라진 것 같다. 뒷면지에는 "좋아!" 말풍선이 생겼네. 왜 앞뒤 면지가 다를까?
- "싫어!"라는 말이 다양하게 표현되어 있네. 의미는 다 '싫다'는 뜻인데 느낌이 좀 다른 것 같다. "싫거든?"이랑 "싫다고!"는 어떤 점이 다르게 느껴져? 어떨 때 "싫다고!"라고 할까? 반복해서 싫다고 말할 때 "싫다고!"라고 강조할 수 있을 것 같아.

역할 나눠 읽기

이 그림책은 올리버와 다른 등장인물들의 대화로 이야기가 전개돼요. 그림책을 여러 번 읽었다면 역할을 나누어 등장인물이 된 것처럼 읽는 것도 좋아요. 역할 나눠 읽기를 통해 아이는 능동적인 읽기를 할 수 있고, 등장인물에 대한 역할 이해도가 높아지면서 전반적인 이야기 이해력을 기를 수 있어요.

- 엄마가 올리버에게 말을 거는 사람들 역할을 할게. ○○가 올리버 역할을 맡아서 사람들에게 대답하는 부분을 읽어 볼래? (올리버의 엄마 목소리로) 사촌 제스가 같이 놀자고 전화 왔어. 통화할래? (올리버 목소리로) 싫어! (올리버 아빠 목소리로) 그림책 읽어 줄까? (올리버 목소리로) 싫어!

문해력 키우는 상호작용

음운론적 인식

사람들이 올리버에게 제안하는 말들은 모두 '~래?'로 끝나요. 똑같이 반복해서 나오는 '래' 소리에 주목할 수 있도록 도와주세요. 성인이 그림책의 글을 읽어 주고, 아이는 '래' 소리가 나올 때마다 손을 번쩍 들어요.

- 이 닦을래? 밥 먹을래? 장난감 좀 치울래? 모두 무슨 소리로 끝나? ('래' 소리를 강조하면서 읽으면서) 이 닦을'래'?, 밥 먹을'래'?, 장난감 좀 치울'래'? 모두 '래'로 끝난다. 술래잡기할 때 '래'야.
- 엄마가 그림책 다시 읽어 줄게. 잘 듣고 있다가 '래' 소리가 나오면 손을 번쩍 들어줘. 이번엔 '래'가 몇 번이나 나오는지 세어 볼까?

어휘력

다양한 비유적인 표현에 관해 이야기를 나누며 말의 뜻을 알아보아요. 문자 그대로의 의미와 실제 말의 뜻에 대해 그림책의 맥락을 보며 알아볼 수 있어요.

- 입만 열면 "싫어!"라고 말했대. '입만 열면'이라는 게 무슨 말일까? "싫어!"라는 말을 그만큼 자주, 많이, 반복해서 말했다는 건가 봐.
- "싫어"라는 말을 입에 달고 살았대. 입에 달고 산다는 게 뭐지? 우리 입에 뭐가 달려 있어? 아하, 말할 때마다 싫다고 해서 "싫어"라는 말을 입에 달고 살았다고 하는 거구나.

이야기 이해력

등장인물의 입장이 되어 어떤 생각을 하고 있을지, 어떤 감정을 느낄 것 같은지 추측하며 읽어요.

- 올리버의 엄마가 놀란 표정을 짓고 있네. 왜 놀란 것 같아? 올리버에게 옷 입고 나가야 한다고 말했는데 올리버가 발가벗고 대문 밖으로 나가서 그런가 봐.
- (올리버의 아빠가 그림책을 손에서 놓친 장면을 보면서) 이번엔 올리버의 아빠 기분이 어떤 거 같아? 깜짝 놀란 것 같기도 하고 당황한 표정이지? 왜 이렇게 놀란 것 같아? 올리버에게 그림책을 읽어 주려고 했는데 올리버가 싫다고 소리 질러서 깜짝 놀란 것 같아. 그림을 보니까 손에서 그림책을 놓칠 정도로 놀란 것 같지?

생각을 키우는 질문

- ☐ 이렇게 누가 모든 질문에 "싫어!"라고 대답하면 기분이 어떨까? 올리버의 엄마와 아빠처럼 놀란 표정이 나오고 기분이 나쁠 수도 있을 것 같아. 이유를 말하지 않고 싫다고만 하면 화도 날 것 같아.
- ☐ 제스는 왜 좋다고만 할까? 제스는 어떤 성격을 가진 친구 같아? 처음에는 싫더라도 우선 한번 해 보는 도전정신이 있는 친구일 것 같기도 해. 도전정신이라는 말 들어봤어? 안 해본 것들을 도전하려고 하는 마음을 도전정신이라고 해.

'싫어!'의 변신

'싫어!' 의미가 들어간 다양한 말을 소리 나는 대로 적힌 글자와 연결해 보자.

- 그림책 면지에서 '싫어!' 의미가 들어간 말들('싫어', '싫거든', '싫다고')을 짚으며 읽어요.

  "(앞면지를 살펴보며) 여기 엄청 많이 '싫어!'가 적혀 있어. 그런데 여러 가지 모습으로 변신하네. 싫다는 의미가 '싫거든, 싫다고요, 싫은데?'로 쓰일 수 있구나."

- '싫어!' 의미가 담긴 다양한 말을 천천히 읽으며 원래의 형태와 다른 어미에 관해 이야기 나눠요.

  "'싫어!'가 변신한 여러 가지 말들을 읽어 볼까? 변신한 모습이 원래의 모습과 어떻게 다른지도 살펴보자. 원래는 '싫어!'인데 여기는 '싫거든!'이야. 뭐가 달라진 것 같아? '싫' 뒤에 '어'였는데 여기에는 '거든'이 붙었네."

- 어미에 따라 달라진 발음에 관해 이야기 나누며 각각 알맞은 발음과 연결해요.

  "변신한 모습이 글자도 다른데 발음도 다른 것 같아. 원래는 발음이 어땠지? (천천히 강조하며) 시. 러. ('싫다고'를 짚으며) 그럼 이거는? (천천히 발음하며) 실. 타. 고."

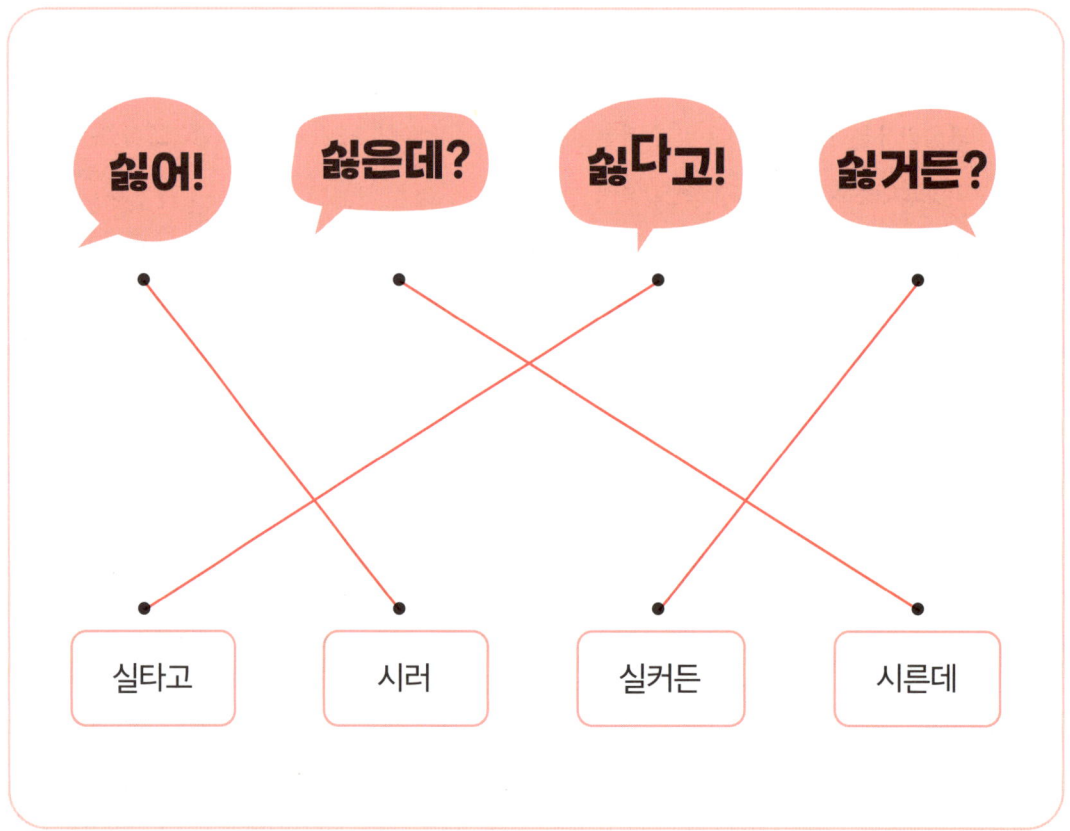

고운 말, 미운 말

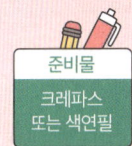

고운 말이 적힌 말풍선은 초록색, 미운 말이 적힌 말풍선은 빨간색으로 색칠해 보자.

- 그림책의 내용을 회상하며 주인공이 보인 말의 태도에 관해 이야기 나눠요.
  "이 그림책에서 주인공은 처음에 어떤 말을 가장 많이 했어? 싫다고만 했지. 그런데 나중에 어떤 말을 하게 되지? 좋다는 말을 하지. 어떤 일이 있었길래 이렇게 바뀌었어?"

- 고운 말과 미운 말의 의미를 알아보아요.
  "주인공은 계속 미운 말을 하다가 고운 말을 했어. ○○가 생각하기에 미운 말은 어떤 것 같아? 누군가 그 말을 들었을 때 기분이 안 좋아지거나, 눈살이 찌푸려지는 말인 것 같아. 혹시 ○○이 '고운'이라는 말을 들어본 적 있어? 곱다는 말은 아름답고 예쁘다는 뜻이야. 그럼 고운 말은 어떤 말 같아? 그 말을 들으면 누군가 기분이 좋아지는 말이 고운 말 같아."

- 고운 말과 미운 말이 적힌 말풍선 속 말을 읽어 보고, 고운 말이 적힌 말풍선은 초록색으로, 미운 말이 적힌 말풍선은 빨간색으로 색칠해요.
  "여기 말풍선에 고운 말, 미운 말이 있대. 어떤 게 고운 말이고 미운 말일까? '고마워'라는 말을 들으면 어때? 마음이 따뜻해지지. 그럼 고운 말이니까 초록색으로 색칠하자."

만약에 모두가 싫다고 한다면?

만약 올리버에게 싫다고 했다면 그의 마음이 어떨지 올리버의 표정을 표현해 보자.

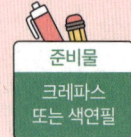
준비물
크레파스
또는 색연필

- 주인공이 '싫다'라고 하는 장면들을 훑어보며 이야기 나눠요.
  "올리버가 '싫다'라고 하는 장면들을 다시 볼까? 그네를 탈 때 똑바로 앉아서 타라고 했는데 올리버는 어떻게 했어? '싫어!'라고 소리치고 엎드려서 타고 있네."

- 만약에 모든 사람이 올리버에게 '싫다'고 했다면 어떤 일이 일어났을지 상상하며 대화해요.
  "만약에 올리버에게 부모님과 선생님, 그리고 사촌과 친구들까지 모두 싫다고 했다면 올리버는 어땠을까? 엄마께 놀이터에 가자고 했는데 엄마가 싫다고 했다면 올리버는 마음이 어땠을 것 같아?"
  "만약에 올리버가 아빠한테 그림책을 읽어달라고 했는데 아빠가 싫다고 대답하면 올리버의 마음은 어떨까?"

- 모두로부터 '싫다'는 대답을 들은 올리버의 마음을 상상해서 올리버의 표정을 글과 그림으로 표현해요.
  "엄마도, 아빠도, 그리고 모두가 올리버에게 싫다고 했다면 올리버는 슬프고 속상했을 거야. 그때 올리버의 표정은 어땠을까? 눈물이 났을 것 같기도 하고, 입술은 한껏 내려가서 실망스러운 표정일 것 같아. 올리버의 표정을 그림으로 그려 보자."

올리버의 표정을 그리는 칸

만약에 모두가 '싫어!'라고 했다면, 올리버는 _____올리버의 표정을 설명하는 칸_____ .

이런 그림책도 읽어 봐

⭐ 난 토마토 절대 안 먹어 로렌 차일드 글·그림 | 조은수 옮김 | 국민서관 | 2001

롤라는 편식하며 음식마다 '절대 안 먹어!'라고 하지만, 음식에 상상력을 가미한 재미있는 이름을 붙여준 오빠 찰리 덕분에 롤라가 편식 습관과 언어 습관을 고치는 흥미로운 이야기예요. '절대'라는 말이 반복될 때마다 함께 읽거나 음절 수만큼 손뼉을 치며 따라 읽으며 음운론적 인식을 키워요.

⭐ 사과는 이렇게 하는 거야 데이비드 라로셀 글·마이크 우누트카 그림 | 이다랑 옮김 | 블루밍제이 | 2023

상황에 적절하게 사과하는 방법과 바른 언어 습관을 통해 사회성을 기를 수 있게 하는 그림책이에요. 상황마다 어떻게 미안한 마음을 전달할 수 있을지 그림책을 읽으며 상황에 어울리는 말을 생각해요.

⭐ 나쁜 씨앗 조리 존 글·피트 오즈월드 그림 | 김경희 옮김 | 길벗어린이 | 2018

감정을 언어로 표현하는 것에 서툴러 미운 말과 행동만 하는 나쁜 씨앗이 점점 고운 말과 행동을 하며 성장하는 이야기예요. 나쁜 씨앗이 하는 미운 말을 고운 말로 어떻게 바꿀 수 있을지 이야기 나누며 어휘력을 키울수 있어요.

⭐ 이런! 안 돼, 조지! 크리스 호튼 글·그림 | 노은정 옮김 | 비룡소 | 2020

해리스가 외출한 동안 말썽부리지 않기로 약속한 조지가 마음대로 행동하고 싶은 욕구를 조절하는 이야기를 통해 자기조절능력을 키울 수 있어요. 조지가 말썽을 부릴 때마다 '안 돼, 조지!'라고 말하며 이야기에 참여해요. 능동적이고 적극적인 독자가 되어 이야기 이해력을 기를 수 있어요.

⭐ 친구를 모두 잃어버리는 방법 낸시 칼슨 글·그림 | 신형건 옮김 | 보물창고 | 2007

이기적이고 고집불통으로 행동하려는 말썽꾸러기 아이에게 훈계조로 교육하는 대신에 익살스러운 말로 미운 언행을 표현하는 흥미로운 내용이에요. 역할을 나눠 읽으며 그림책에 나오는 부정적인 말을 긍정적인 말로 바꿔요. 역할에 몰입하면 상황에 어울리는 긍정적인 말을 떠올릴 수 있고, 무한한 상상력을 펼칠 수 있을 거예요.

겨울 이불

글·그림 안녕달
펴낸 곳 창비
출간 2023
주제 한국 문화

 책 소개

겨울날 아이가 할머니, 할아버지 댁에서 보내는 시골의 평화로운 오후를 그린 작품이에요. 한국 가족 간의 사랑, 정서, 문화를 따뜻하게 전해요. 학교에서 돌아온 아이는 뜨끈한 방바닥과 솜이불 아래에서 추위를 녹이며 특별한 시간을 보내요. 솜이불 밑에서는 깜짝 놀랄 만한 상상의 공간이 펼쳐지고 평범한 겨울날이 마법처럼 변신해요. 한국 특유의 문화인 온돌 바닥, 사우나에서 마시는 식혜와 달걀이 그림책에 자연스럽게 담겨 있어요.

이렇게 읽어 주세요

띠지 사용하여 이야기 나누기

띠지를 살펴보면서 그림책이 어떤 내용일지 추측해요. 띠지에 작가의 짧은 그림 만화 편지가 있어요. 띠지를 보며 시골집에는 어떤 것들이 있는지 하나씩 살펴요.

- 띠지에 누가 있어? 아이랑 할머니, 할아버지가 있네. 어떤 내용일까?
- (첫 번째 그림 칸 아궁이를 가리키며) 이건 뭘까? 이 사람은 누군데 여기서 불을 피우고 있을까? 이렇게 시골에서는 겨울에 방을 따뜻하게 하려고 여기에 나뭇가지 같은 것들을 넣고 불을 피워. 이렇게 불을 피우는 곳을 '아궁이'라고 해. (방에 누운 아이를 가리키며) 아궁이에 불을 피우니까 어떻게 됐어? 바닥이 따뜻해져서 기분이 좋아 보이지?

- (두 번째 그림 칸을 가리키며) 아궁이 앞에서 뭘 먹고 있네? 뭘 먹고 있는 거지? 옛날에는 이렇게 아궁이에다가 고구마랑 밤을 구워 먹었대. 지금도 깊은 시골에 가면 이렇게 먹기도 해. 정말 맛있겠다.

노래 따라 부르기

아이와 함께 책에 나온 노래를 따라 불러요. 나만의 노래 가사를 새롭게 붙여보는 것도 좋아요. 둘이서 노래를 만들어 부르며 놀이를 해도 재미있어요. 다시 읽을 때는 형제자매나 친구들과 함께 읽으며 한국 놀이 문화를 체험해요.

- (노래하며) '곰 엉덩이는 따뜻해~ 따뜻하면 달걀, 달걀은 맛있어.' ○○이는 맛있는 거 하면 어떤 음식이 생각나? 그래, 아이스크림! '맛있으면 아이스크림, 아이스크림은…' 아이스크림은 어떨까? 차가울까, 부드러울까? 아, 달구나. '아이스크림은 달아, 달면…'
- 우와, 달걀 찜통 안에서 아이들이 뭘 하는 것 같아? '무궁화 꽃이 피었습니다' 놀이를 하고 있네. ○○도 이 놀이 한 적 있어? 같이 해 볼까? 술래가 이렇게 뒤돌아서 '무궁화 꽃이 피었습니다'라고 말할 때는 술래한테 뛰어가는 거고, 술래가 뒤돌아보면 멈춰야 해. 술래한테 다가가서 술래를 치고 도망치기 시작하면 술래가 친구들을 잡으러 뛰어가는 거야. 자, 같이 해 보자.

그림에 나온 움직임 흉내내기

이 책에서는 다양한 의성어와 의태어가 등장해요. 아이와 함께 소리 내어 읽으며 그림에 나온 움직임을 몸짓과 표정으로 흉내 내면, 자연스럽게 이야기에 몰입하며 능동적인 독자가 될 수 있어요.

- 아이가 왜 '앗 뜨뜨, 앗 뜨뜨뜨!' 했을까? 그래, 바닥이 뜨거운가 봐. 우리도 같이 따라 해 보자. (바닥이 뜨거운 것처럼 함께 '앗 뜨뜨!' 소리 내며 그림에 나온 아이처럼 몸으로 따라 하기)

문해력 키우는 상호작용

음운론적 인식

그림책에 나오는 다양한 의성어와 의태어를 따라 읽어요. 목소리의 크기, 속도, 톤에 변화를 주며 몸으로 표현해요.

- '바스락바스락' 같이 이불 속에 있는 것처럼 흉내 내어 보자. (이불 속에 있는 것처럼 흉내 내며 소리 따라 하기)

- '뽀드득뽀드득' 같이 눈 위를 걸어 볼까? (눈 위를 걷는 흉내 내며 소리 따라 하기)

어휘력

책의 제목을 통해 음절을 인식해요. 이불의 종류가 겨울 이불이라면, 또 다른 계절에 사용하는 이불은 어떤 이불이라고 불릴지 함께 대화를 나눠요. 그리고 계절마다 사용하는 이불 종류에 대해 이야기해요.

- 이 책 제목 '(한 자씩 손가락으로 짚으며 천천히 강조해 읽기) 겨. 울. 이. 불.'이라고 하네. 그러면 다른 계절에 쓰는 이불들은 뭐라고 할까? 여름 이불, 가을 이불도 있겠다.
- 겨울에 쓰는 이 이불은 안에 뭐가 들었을 것 같아? 솜이 많이 들어 있겠다. 이런 걸 솜이불이라고도 해. 우리가 여름에 쓰는 얇은 이불은 솜이불일까? 어떤 이불이라고 불릴까? 홑이불이라고, 속에 든 게 없이 홑겹이라 아주 얇고 시원한 이불이야.

이야기 이해력

글과 그림을 보며 등장인물이 처한 상황을 추측하고, 이야기의 다음 장면에서 어떤 일이 일어날지 상상하며 읽어요.

- (달걀 찜통 속에서 등장하는 등장인물의 옷과 부채들을 살피며) 달걀 찜통 안은 더울까, 추울까? 달걀 찜통 속은 더운 여름 같네. 왜 여름으로 표현한 걸까? 그렇지! 달걀을 뜨거운 불로 찌니까 달걀 찜통 속이 엄청 뜨겁고 덥겠지.
- (살얼음이 덮인 식혜 속에서 썰매 타는 등장인물을 보며) 식혜 속에 있는 사람들은 뭘 하고 있지? 맞아, 썰매를 타고 있네. 여기는 더울까 추울까? 왜 식혜 속은 겨울처럼 표현한 거지?
- 아이가 잠들고 난 뒤에는 무슨 일이 일어날 것 같아? 할머니, 할아버지가 다음 날 아침에 깨워주려나? 엄마, 아빠는 어디 있을까?

생각을 키우는 질문

- ☐ 겨울 이불을 들췄을 때 ○○이는 어떤 세계가 펼쳐지면 좋겠어?
- ☐ 이불 속에서 느껴지는 따뜻함을 더 크게 만드는 방법은 무엇일까?
- ☐ ○○이는 엄마, 아빠랑 함께했던 겨울날 중 가장 기억에 남는 일이 뭐야?

우리나라의 겨울 간식

먹고 싶은 겨울 간식을 상상해서 그려 보자.

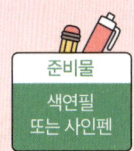
준비물
색연필 또는 사인펜

- 그림책에 나오는 다양한 겨울 간식들을 살펴보며 이야기 나눠요.
  "우리나라에서만 먹는 겨울 간식들이 있어. 이 장면에는 어떤 겨울 간식들이 나왔지? ○○이는 이런 간식 겨울에 먹어 본 적 있어? ○○이는 겨울에 또 어떤 간식을 먹어 봤어? 기억나?"
  "이번 겨울에 겨울 간식 딱 한 개만 맛있게 먹을 수 있다면 어떤 걸 먹고 싶어?"

- 우리나라에서 먹는 다양한 간식들에는 무엇이 있는지 이야기 나눠요. 아이가 접해보지 못했던 간식들을 사진을 검색해서 보여주며 이야기 나누면 좋아요.
  "우리나라에서 먹는 겨울 간식들에는 호빵, 고구마, 붕어빵, 군밤, 호떡, 계란빵 같은 것들이 있어."
  "오늘은 우리나라의 대표적인 겨울 간식인 붕어빵과 호빵을 그림으로 그리자."

- 나만의 붕어빵과 호빵 이름을 지어요. '피자 붕어빵, 고구마 붕어빵, 감자 호빵, 고기 호빵'과 같이 좋아하는 음식으로 만든 붕어빵/호빵 이름을 지어 보며 합성어 만드는 놀이를 해요.
  "○○아, 이건 무슨 겨울 간식이야?"
  "여기 호빵 안에는 어떤 재료가 들어가 있어?"
  "○○이가 겨울 간식 이름을 지으면, 엄마가 받아 써 줄게."

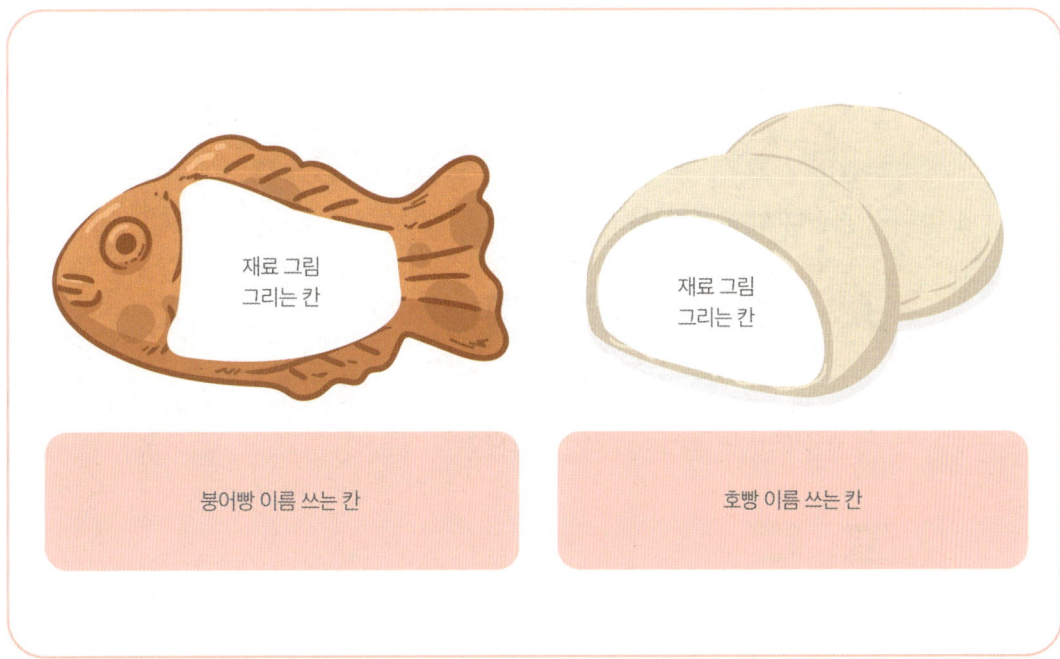

책 속 이야기 퀴즈 맞히기

책 속 이야기를 생각해 보며 퀴즈를 맞혀 보자.

- 퀴즈는 부모가 읽어 주고 아이가 초성을 보고 답을 맞혀요.
  "우리 책 속 이야기에 관한 퀴즈를 맞혀 보자. 그럼 ○○이가 글자의 첫소리를 보고 답을 맞혀 보는 거야."

- 아이가 어려워하면 퀴즈에 해당하는 그림책 속 장면을 펼쳐서 힌트를 줘요.
  "기억이 잘 안 나면 우리 그 장면을 펴 놓고 정답을 찾아보자."
  "할머니, 할아버지가 아이를 뭐라고 불렀는지 기억나? 엄마가 ○○이를 부를 때도 이 말을 자주 써. 멍멍 짖는 친구야. 엄마는 앞에 똥을 붙여서 똥ㄱㅇㅈ라고 부를 때가 많아."

1. 아이는 어디로 들어 갔나요?

   ㅇ ㅂ

2. 할머니, 할아버지께서 아이를 뭐라고 부르셨나요?

   ㄱ ㅇ ㅈ

3. 아이가 곰한테서 산 간식은 무엇인가요?

   ㅅ ㅎ   ㄷ ㄱ

4. 동화 속 수수께끼의 정답은 무엇일까요?

   ㅍ ㄷ

1. 이불 / 2. 강아지 / 3. 식혜, 달걀 / 4. 판다

내가 만드는 겨울 이불

빈 겨울 이불에 내가 가고 싶은 장소를 그려 보자.

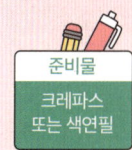

- 그림책에서 주인공이 겨울 이불 속으로 들어갔을 때 상상의 나라들이 펼쳐졌던 내용을 다시 떠올려요.
    "주인공이 겨울 이불 속으로 들어갔더니 동물들과 사우나에 있는 상상의 나라가 펼쳐진 거 기억나?"
    "많은 장소 중에 어디가 가장 멋졌어? 그 장소를 겨울 이불에 그리자."

- 겨울 이불 도안 첫 번째 칸에 책 속 주인공이 갔던 장소 중 하나를 그려요.
    "주인공이 갔던 장소 중에 어디가 가장 멋졌어? (해당 장소 페이지를 펴고) 그 장소를 그려 보자."

- 아이가 가고 싶은 장소를 생각하며 나머지 세 칸에 그림을 그려요.
    "○○이가 겨울 이불 속으로 들어갔을 때, 첫 번째로 어디로 가고 싶어?"

 · 이런 그림책도 읽어 봐 ·

☆ 팥죽 할멈과 호랑이 박윤규 글·백희나 그림 | 시공주니어 | 2006

할멈이 호랑이를 속여 집에 들어오게 한 뒤, 팥죽을 만들어 먹이면서 호랑이를 물리친 우리나라 전통 이야기예요. 기지와 지혜로 위기를 극복하는 할멈의 이야기를 통해 용기와 지혜의 중요성을 전해요. 할멈이 만든 팥죽에 관해 이야기하며 팥죽을 만들 때 어떤 재료가 들어가는지 물어봐요. 팥죽에 들어갈 수 있는 가상의 재료를 상상하며 읽는 것도 재미있어요.

☆ 김장하는 날은 우리 동네 잔칫날! 이규희 글·최정인 그림 | 그린북 | 2016

마을 사람들이 함께 김장하며 따뜻한 정과 협력의 가치를 독자에게 전달해요. 김장 과정을 통해 가족과 이웃 간의 유대감을 키우고, 나누는 기쁨을 느낄 수 있어요. 김장과 관련된 단어나 문장을 다시 읽은 후, 아이가 쉽게 따라 부를 수 있는 '김장 송'을 만들어요. (예: 배추를 씻고, 고추를 넣고, 김장하는 날은 우리 동네 잔칫날~!)

☆ 부엌 할머니 이규희 글·윤정주 그림 | 보림 | 2008

주인공 아이가 할머니와 함께 부엌에서 음식을 만들며 따뜻한 추억을 쌓아요. 옛날 부엌에서 쓰던 물건들의 이름을 알아보고, 오늘날 부엌과 비교하며 어떤 모습이 비슷하고 다른지 이야기해요. 부모님의 어린 시절 부엌에 대해 이야기를 나누며 세대 간의 경험을 공유할 수 있어요.

☆ 된장찌개 천미진 글·강은옥 그림 | 키즈엠 | 2015

된장찌개에 들어가는 음식 재료를 의인화하여 된장찌개를 끓이는 과정을 재미있게 담아 냈어요. 각각의 특징을 지닌 재료들이 온천으로 향하는 과정을 유머러스하게 풀어서 아이들이 흥미를 가질 수 있어요. 된장찌개에 넣고 싶은 재료들을 아이가 고르고 그려서 나만의 된장찌개 이름을 만들어요. (예: 저는 애호박이 좋아요. 그래서 애호박 된장찌개예요.).

☆ 팥빙수의 전설 이지은 글·그림 | 웅진주니어 | 2019

깊은 산속에서 혼자 농사를 지으며 살아가던 할머니가 장에 다녀오려는 길에 호랑이를 만났어요. '맛있는 거 주면 안 잡아먹지'라는 호랑이의 말에 정성스레 키운 과일을 내어줘요. 한국의 전래 동화를 떠올리게 하는 그림책이에요. 다양한 의태어를 따라 말하며 호랑이처럼 몸짓을 흉내 내요. 팥죽이 호랑이 머리 위에 엎어졌을 때 그림을 보며 어떤 소리가 났을지 이야기 나눠요.

우리 할아버지

글·그림 앤서니 브라운
옮김 장미란
펴낸 곳 웅진주니어
출간 2024
주제 가족

 책 소개

그림책 작가 앤서니 브라운이 쓴 가족 시리즈 그림책 중 하나에요. 엄마의 아빠, 아빠의 아빠였던 할아버지를 다양한 표현과 그림으로 보여줘요. 몸집이 크거나 작거나, 주름이 많거나 포근하거나, 귀를 기울여 이야기를 들어주거나 이야기가 많은 할아버지들. 할아버지의 생김새와 성격은 모두 다르지만 변하지 않는 할아버지의 사랑을 느낄 수 있지요. 할아버지를 표현하는 말과 그림을 연결 지으며 어휘력을 기를 수 있고 이야기 이해력도 키울 수 있어요.

이렇게 읽어 주세요

면지 살펴보기

앞뒤 면지에는 다양한 패턴과 색상으로 채워진 사각형이 많이 그려져 있어요. 앞뒤 면지의 그림이 다른데, 많은 사각형 속의 색상과 패턴은 그림책에 나오는 할아버지들이 입은 옷을 나타내요. 그림책을 읽기 전에 면지의 그림만 보고 이것이 무엇을 나타내는 것일지, 제목인 『우리 할아버지』와는 무슨 상관이 있을지 이야기 나눠요. 그림책을 읽고 나서 다시 면지를 살피면서 각 패턴이 할아버지의 옷을 나타낸다는 것을 알아내고, 어느 페이지에 나왔는지 같이 찾아보는 것도 재미있어요.

- 여기 네모들은 뭘까? 알록달록 여러 가지 색인데 자세히 보니까 무늬도 있는 것 같아. 이 무늬는 어떤 것 같아?

얇고 기다란 선이 여러 개 그려져 있어. 털실 같은데? 무늬가 반복되는 게 꼭 벽지 같기도 하네.
- 앞면지랑 뒷면지에 그려져 있는 네모들의 무늬가 다르네. 왜 그럴까? 네모들이 그림책 제목인 『우리 할아버지』랑 무슨 관련이 있는 거 아닐까? 할아버지의 어떤 모습을 나타낸 것 같은데? 할아버지 방 벽지? 아니면 할아버지 옷 무늬? 정말 그런지 같이 책을 읽어 보자.
- 그림책을 읽고 나서 다시 보니까 면지에 있는 네모들은 뭐였어? 할아버지들의 옷이었지. ○○이 예상이 맞았네. 뒷면지에 이 노란 배경에 꽃무늬가 있는 옷은 어느 페이지에서 봤더라? 아, 그 활짝 웃는 할아버지!

그림책 속 질문에 답하기

그림책을 펼치면 첫 장에 나오는 남자아이가 "너희 할아버지는 어떤 분이야?"라고 묻는 말이 등장해요. 이 질문을 읽고 나의 할아버지는 어떤 분인지 한두 문장으로 설명해요. 할아버지가 계시지 않다면 할머니, 엄마, 아빠 중 원하는 사람에 대해 설명해 보는 것도 좋아요. 곧장 문장으로 표현하기 어려울 수도 있으니 할아버지를 떠올리면 생각나는 것들을 먼저 자유롭게 이야기할 수 있도록 하면 문장으로 만들기가 쉬워요.

- 이 친구가 그림책의 주인공인가? 허리에 두 손을 얹고 궁금한 표정으로 서 있네. 뭐라고 묻고 있는지 읽어 볼까? "너희 할아버지는 어떤 분이야?"라고 묻고 있구나. ○○아, 할아버지를 떠올리면 어떤 게 생각나? 신문, 까만색 테가 두꺼운 안경, 할아버지 집 소파 옆에 늘 놓여 있는 쿠키 세트도 생각난다!
- 그럼 ○○이는 할아버지를 어떤 분이라고 소개하고 싶어? ○○이를 무릎에 앉히고 할머니 몰래 과자를 잔뜩 주시는 할아버지. 재미있는 표현이네!

강조 텍스트 살펴보며 읽기

이 그림책에서는 아이들이 자신의 할아버지를 소개하는 말마다 글씨체와 글자 크기가 다르게 표현되어 있어요. 굵게 표시된 부분은 강조해서, 큰 글씨로 표시된 부분은 크게 말하는 등 글자 형태를 반영해서 읽어요. 그림책에 나오는 아이마다 목소리를 달리해서 읽어 보는 것도 좋아요. 그림에 나타난 아이들의 자세와 표정을 따라 하며 읽으면 더욱 재미있게 읽을 수 있지요.

- 할아버지를 나타내는 말들을 보니까 글자 모양이 좀 특이한 것 같아. 어떤 점이 달라? 여기 몸집이 큰 할아버지를 표현하는 문장을 봐봐. '몸집이 진짜 커!'라고 적혀 있는데 글자도 크네. 그럼 글자가 큰 부분은 목소리를 크게 해서 읽어 볼까?
- 아이들이 말하는 말마다 글자 모양이 다 다르네. 어떤 아이가 하는 말은 글자들이 엄청 가느다란 선으로 이루

어져 있고, 어떤 아이가 하는 말은 둥글둥글한 모양으로 적혀 있어. 가느다랗고 네모난 글자는 어떤 느낌이 들어? 그럼 어떻게 읽을까?
- 여기 아이들의 자세와 표정을 따라 하면서 읽어봐도 재미있을 것 같아. 주황색 스웨터를 입은 아이처럼 두 손을 허리 뒤에 대고 놀란 듯이 눈을 동그랗게 뜨면서 말해 볼까? "우리 할아버지는 몸집이 진짜 작은데 엄청 큰 고양이를 키워!"

문해력 키우는 상호작용

음운론적 인식

아이와 그림책을 반복해서 읽은 뒤에는 '할아버지'라는 단어가 나올 때마다 얼굴에 두 손으로 꽃받침을 하며 읽어요. '할아버지'에서 '할'을 빼면 '아버지'가 된다는 점에 관해서 이야기 나누면 음절 단위의 글자와 소릿값에 관심을 가질 수 있도록 도울 수 있어요.

- 제목이 『우리 할아버지』이고 주제도 '할아버지'니까 이번에는 '할아버지'라는 단어를 찾으면서 읽어 볼까? 엄마가 다시 한번 읽어 줄 테니까 '할아버지'라는 단어가 나올 때마다 할아버지 얼굴을 소개하듯이 얼굴에 꽃받침을 해 봐.
- '할아버지'라는 단어를 한 글자씩 천천히 발음해 보자. 할, 아, 버, 지. 어라? '할'을 빼면? '아버지'가 된다! '할'을 작은 소리로 발음하면 '아버지'로 들리겠어.

어휘력

할아버지의 특징을 묘사하는 의태어(쪼글쪼글, 반짝반짝)나 비유(공룡 같기도 해, 곰 인형처럼 포근해)가 나올 때마다 어떤 의미일지 이야기 나눠요. 그림과 함께 연결하면 뜻을 파악하기 쉬워요. 다른 어떤 상황에서 이런 표현을 쓸 수 있을지, 다른 말로도 표현할 수 있을지도 이야기 나누며 예문을 만들어요. 다양하고 새로운 표현에 친숙해질 수 있어요.

- 할아버지가 공룡 같다는 건 무슨 말일까? 할아버지 얼굴이 쪼글쪼글하다고 했으니까 피부가 공룡 같다는 건가 봐.
- 곰 인형처럼 포근하다는 걸 다르게 표현하면 어떨까? 어떤 게 또 포근해?

이야기 이해력

이 그림책에서는 할아버지의 옷에 할아버지를 표현하는 말과 관련된 그림이 그려져 있어요. 할아버지를 묘사하는 말과 그림을 연결 지으며 읽는 것도 또 하나의 재미 요소예요.

- 쪼글쪼글 주름이 많은 할아버지래. 어라? 그림을 자세히 보니까 할아버지 셔츠 주머니에 공룡이 들어 있다! 할아버지를 표현하는 말과 할아버지 옷이 관련 있는 것 같아.
- 새 자동차처럼 반짝반짝 빛이 나는 할아버지라고 하네. 괄호 안을 보니 '내 생각엔 할아버지가 자동차를 정말 좋아하는 것 같아'라고 적혀 있어. 그럼 혹시 할아버지 옷에 자동차가 있으려나? 그렇네. 할아버지 셔츠 무늬가 자동차야.
- 활짝 웃는 할아버지는 옷에 무엇이 그려져 있을까? 꽃들이네. 아하, 꽃들이 활짝 피어 있어!

생각을 키우는 질문

- [ ]
- [ ] 제목이 『우리 할아버지』인데 왜 '나의 할아버지'라고 하지 않고 '우리 할아버지'라고 했을까?
- [ ] (표지를 살펴보면서) 여기 보니까 할아버지를 그린 그림도 있고 어떤 건 사진 같기도 하다. 해바라기를 든 할아버지는 왜 해바라기를 들고 있을까?
- [ ] (그림을 살펴보면서) 할아버지 품에 안긴 아이는 뒷모습만 나와 있지만 표정이 어떨 것 같아? 어떤 기분일까?
- [ ]

할아버지의 모자

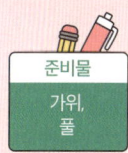

'ㅎ' 속에 담긴 할아버지의 모자를 꾸며 보자.

- 제목의 '할아버지' 단어를 음절, 음소 단위로 살펴보고 'ㅎ' 모양을 자세히 관찰하며 모자 모양과 연관 지어 생각해요.
  "제목의 '할아버지'에서 '할'은 어떤 글자로 이루어져 있어? ㅎ, ㅏ, ㄹ로 구성되어 있네. '아'는? ㅇ이랑 ㅏ."
  "ㅎ 글자를 자세히 살펴볼까? ㅇ이랑 비슷한데 어떤 점이 달라? 위에 삐죽한 게 얹혀 있지. 꼭 머리 위에 모자가 있는 것 같다."

- 할아버지에게 선물한다면 어떤 모자를 만들어 드리고 싶은지 이야기 나눠요.
  "우리 ㅎ 글자로 할아버지 모자를 꾸며 보자. ○○는 할아버지께 어떤 모자를 선물해 드리고 싶어? 활짝 웃으시니까 미소가 그려져 있는 모자?"

- 자유롭게 ㅎ 안의 모자와 얼굴을 꾸밀 수 있도록 도와주세요. 그림책에 나온 할아버지 옷 무늬를 오리거나 손으로 찢으면서 콜라주처럼 표현하면 창의력과 표현력을 키울 수 있고, 소근육 발달에도 도움이 돼요. 옷 무늬를 오리면서 읽었던 내용을 떠올려도 좋아요.
  "여기 할아버지 옷 무늬들이 있네. 이걸 오려서 모자를 꾸밀 수 있겠다. 여러 무늬를 자르거나 손으로 찢어 붙여서 콜라주처럼 꾸며도 멋있겠어."
  "할아버지 얼굴도 꾸며 볼까? ○○이가 만든 모자를 선물 받은 할아버지의 표정은 어떨 것 같아?"

- 완성된 할아버지 모자를 함께 살펴보면서 어떤 모자인지 아이가 설명해 보도록 해요.
  "별이 콕콕 박힌 모자네. 할아버지 표정을 보니 함박웃음을 짓고 계시지. 할아버지께 보여 드리면 엄청나게 기뻐하실 것 같아."

반대되는 말끼리! 스피드 카드 게임

반대되는 말끼리 카드를 모아 보자.

- 카드를 보며 차이점을 유추하며 반대되는 말(반의어)에 대해 알아보아요.
  "여기 카드에 여러 가지 말이 적혀 있네. 어떤 기준으로 적혀 있는 걸까? 먼저, 할아버지랑 할머니. 아, 반대되는 말인가? 그런가 보다. 옆에 아버지와 어머니도 반대되는 말이잖아. 그럼 조부, 조모는? 이건 한자라 조금 어려울 수 있는데, 조부는 할아버지 '조', 아버지 '부' 라는 한자야. 할아버지라는 뜻이지. 조모는 할아버지 '조', 어머니 '모'. 할머니라는 뜻이야."

- 카드를 오리면서 반대되는 말은 무엇이 있는지 이야기 나눠요.
  "같이 카드를 오려 볼까? 오리면서 어떤 말들이 서로 연결될 수 있는지 보자. 아빠, 엄마도 반대되는 말이야."

- 카드를 글자가 보이게 펼쳐 놓고 타이머를 설정해요(예: 30초, 1분). 정한 시간 내에 더 많은 반의어를 모아요.
  "자, 그럼 이제 반대되는 말이 적힌 카드끼리 골라보자. 정한 시간 안에 더 많이 모으면 이기는 거야."
  게임순서 단어가 적힌 카드를 가위로 오리기 → 단어가 보이게 모든 카드를 책상에 펼치기 → 반대되는 말이 적힌 카드를 골라 내 앞에 두기 → 정한 시간 내에 더 많이 모으는 사람이 이기는 게임

할아버지	할머니	아버지	어머니
조부	조모	아빠	엄마
크다	조그맣다	까칠한	포근한

할아버지를 소개합니다

그림 속 할아버지를 나타내는 말을 찾아서 소개해 보자.

- 단어를 묘사하는 말들을 읽고 각 단어의 의미를 이야기 나누며 표정이나 동작으로 단어 뜻을 표현해요.
  "초록색 칸에 어떤 말들이 있는지 볼까? 쪼글쪼글. 무슨 뜻이야? 표정이나 동작으로 나타내 본다면 어떻게 표현할 수 있을까?"

- 그림 속 할아버지가 어떤 모습인지 말해요.
  "그림 속의 할아버지는 어떤 모습이야? 얼굴에 주름이 많아. 주름이 어떤 모양이야? 어떤 말로 주름을 표현할 수 있을까?"

- 초록색 칸의 단어 중에 그림 속 할아버지를 묘사할 수 있는 적절한 말을 찾아 선으로 연결해요.
  "주름은 반짝반짝/포근/활짝으로 표현하기에는 어색하다. 쪼글쪼글이 어울리네. 그럼 여기 빈칸을 주름을 꾸며주는 말로 쪼글쪼글과 연결해 선을 이어보자."

우리 할아버지는 ___ 주름이 많아.

우리 할아버지는 새 자동차처럼 ___ 빛이 나.

우리 할아버지는 상냥하고 ___ 해서 꼭 안아주고 싶어.

우리 할아버지는 늘 ___ 웃지.

포근   활짝   쪼글쪼글   반짝반짝

• 이런 그림책도 읽어 봐 •

☆ 우리 아빠 앤서니 브라운 글·그림 | 공경희 옮김 | 웅진주니어 | 2019(개정판)

그림책 작가 앤서니 브라운의 가족 시리즈 중 또 다른 그림책이에요. 무엇이든 할 수 있을 것 같은 아빠의 모습과 현실적인 아빠의 모습을 그려낸 그림책 속에서 곁에 있는 것만으로 힘이 되는 아버지에 대한 사랑을 되새길 수 있어요. 책에서 자주 등장하는 비유 표현인 '만큼', '처럼'을 사용해서 아빠를 소개해 보세요. (예: 우리 아빠는 코끼리만큼 밥을 많이 드셔요, 공룡처럼 목소리가 큰 우리 아빠.)

☆ 넌 나의 우주야 앤서니 브라운 글·그림 | 공경희 옮김 | 웅진주니어 | 2020

앤서니 브라운의 가족 시리즈에서 자녀를 주제로 한 그림책이에요. 예측할 수 없는 이리저리 통통 튀는 매력을 가진 자녀를 애정 어린 시선으로 바라보는 부모님의 사랑을 느낄 수 있어요. 말놀이 '시장에 가면'처럼 책 속에서 딸을 빗대어 표현한 말들을 번갈아 가며 이어 말하는 놀이를 해요. (예: 우리 딸은~ 동물을 좋아하고/ 우리 딸은~ 동물을 좋아하고~ 생쥐를 좋아하고~/ 우리 딸은~ 동물을 좋아하고~생쥐를 좋아하고~ 그림도 잘 그리고~)

☆ 언제까지나 너를 사랑해 로버트 먼치 글·안토니 루이스 그림 | 김숙 옮김 | 북뱅크 | 2002

엄마의 자장가를 들으며 잠들던 한 아이가 소년이 되고 어른이 되고 아빠가 될 때까지, 그 과정 동안 가족의 사랑과 사랑의 대물림을 보여줘요. '너를 사랑해 언제까지나' 문장이 나올 때마다 음을 붙여 노래로 불러요. 가족의 이름이나 호칭을 넣어 '엄마, 사랑해요. 언제까지나', '내 동생, 사랑해. 언제까지나' 이런 식으로 바꾸어 불러도 좋아요.

☆ 참 잘했어요, 엄마 펭귄! 크리스 호튼 글·그림 | 노은정 옮김 | 비룡소 | 2022

남극에서 아기 펭귄을 키우기 위해 온갖 위험을 감수하는 엄마 펭귄의 모습을 통해 가족의 끈끈한 사랑과 엄마의 용기와 희생을 보여주는 그림책이에요. 의성어, 의태어를 소리와 몸으로 표현해요. (예: 몸을 동그랗게 말아 구르며 '데굴데굴'을 표현하거나, 발을 바닥에 세게 내려놓으며 '쿵쿵'을 표현하고, 깨끗하게 닦은 접시를 문지르며 '뽀드득뽀드득' 소리를 표현해요)

☆ 할머니의 여름휴가 안녕달 글·그림 | 창비 | 2016

여름방학을 맞이해서 홀로 사는 할머니에게 찾아온 손자가 선물한 소라를 통해 상상 속 바닷가에서 여름휴가를 보내는 할머니를 그렸어요. 오랜만에 손자를 만난 할머니는 어떤 감정이 들었을지, 몸이 불편하신 할머니를 본 손자의 마음은 어땠을지, 등장인물의 입장이 되어 조부모님에 대한 마음을 이야기 나눠요.

다시 살아난 초록섬

글 잉그리드 샤베르
그림 라울 니에토 구리디
옮김 문주선
펴낸 곳 피카주니어
출간 2023
주제 환경보호

📖 책 소개

쓰레기로 뒤덮여 생기를 잃은 섬을 다시 초록빛으로 회복시키는 내용을 담은 그림책이에요. '나머지'라고 불리는 쓰레기 더미를 사람들이 섬에 가득 두고 떠났다가 다시 '나머지'를 섬에서부터 가지고 나와 '대신에 섬'에 나무를 심어 주지요. 환경오염의 원인과 결과를 연결 지으며 논리적 사고력과 이야기 이해력을 기를 수 있고, '나머지'가 무엇인지 유추하며 추론적 사고와 어휘력을 키울 수 있어요.

이렇게 읽어 주세요

표지 보며 추측하기

초록섬이 어떤 상태였는지 그리고 어떻게 다시 살아날 수 있었는지 그림책의 제목을 보며 이야기 나눠요. 앞표지의 그림과 뒤표지에 있는 그림책에 대한 소개 글을 통해 그림책의 내용을 추측해요.

- (제목을 가리키며) 제목이 『다시 살아난 초록섬』이야. 다시 살아났다니 어떤 의미인 것 같아? 무슨 일이 있었을까? 초록섬이 죽었다가 살아났다는 걸까? 섬이 죽는다는 건 무슨 뜻일까? 섬이 다시 살아난다는 건 어떻게 되는 걸까?
- (앞표지를 살펴보면서) 한 사람이 무언가 들고 서 있네. 무얼 들고 있는 걸까? 삽처럼 보이기도 하고, 배에서 노를 저을 때 사용하는 노처럼 보이기도 하네.
- (뒤표지 살펴보면서) '한때는 나무들이 울창했고 새들이 노래하는 곳'이었다고 적혀 있어. '한때'가 무슨 말인지 알

아? '오래전 일'을 말해. 대체 이곳은 어디고 어떤 일이 일어났던 걸까? 한번 읽어 보자.

앞뒤 면지 비교하기

앞뒤의 면지에는 검은색 동그라미들이 가득 그려져 있어요. 그림책을 다 읽으면 이것이 쓰레기를 가득 담은 검정 봉투 더미를 위에서 바라본 것이라는 걸 알 수 있지만, 그림책을 다 읽기 전에는 그냥 검은 동그라미로 보여서 이것이 무엇일지 예측해 볼 수 있어요.

- (앞면지를 살펴보면서) 검은 동그라미들이 엄청 많아. 이건 다 무엇일까? 바탕은 파란색이네. 연못에 잔뜩 깔린 조약돌일까? 돌멩이같이 보이기도 해. 아니면 동그란 벌레일까?
- (책을 다 읽고 난 뒤 뒷면지를 살펴보면서) 이제 이 검은 동그라미들이 무엇인지 알 것 같아? 쓰레기를 담은 검정 봉투들이었어. 근데 우리가 평소에 볼 수 있는 쓰레기봉투와는 조금 다른 것 같지 않아? 쓰레기봉투들이 널려 있는 걸 위에서 바라본 모양이네. 하늘에서 섬을 바라볼 때 바다에 많은 쓰레기봉투들이 놓인 걸 이렇게 그린 거였어.

'나머지' 뜻 유추하기

책에서 '나머지'라는 말이 계속 등장해요. 책에서는 이 '나머지'가 무엇인지 직접적으로 나타내지 않지만 그림과 맥락을 통해 '나머지'가 쓰레기라는 것을 알 수 있어요.

- '나머지'를 실어야 했기 때문에 조각배에 두 사람만 탈 수 있대. '나머지'는 무얼 말하는 걸까? 아직 단서가 많이 없어서 잘 모르겠어. 대체 무엇을 말하는 건지 계속 읽어 볼까?
- 섬에 들어가서 '나머지'를 꽁꽁 묶어 내려놓았대. 그림을 보니까 검은색 둥근 물체로 보여. 무엇인 것 같아? 섬에 갈 때마다 '나머지'를 쌓고 얹고 포갰대. 그랬더니 섬이 어떻게 변했어? 이 나머지들은 바로 쓰레기들이었구나!

문해력 키우는 상호작용

음운론적 인식

반복해서 나오는 '나머지'에 주목해서 어떤 글자로 이루어져 있는지 살피며 글자의 형태에 관심을 가져요. '나머지'라는 말이 나올 때마다 작은 목소리로 속삭이듯 읽으며 강조점을 두어 읽어도 좋아요.

- 자꾸만 사람들이 '나머지'를 옮기고 나르고 있어. '나머지'라는 말이 반복해서 나오네. 나머지는 어떤 글자로 이루어져 있는지 보니까, '나비' 할 때 '나'가 들어간다. 그리고 '머'는? '머리' 할 때 '머' 그리고 '지'는 '지갑' 할 때 '지'.

- 우리 '나머지'가 반복될 때마다 작은 목소리로 읽어 볼까? "'섬에 갈 때마다 (작은 목소리로) 나머지를 쌓고 얹고 포개자 섬은 더 이상 예전의 섬이 아니었다."

어휘력

그림책의 맥락에서 '나머지'라는 말을 대신할 수 있는 말은 어떤 것이 있는지 이야기 나눠요. 같은 의미를 다양한 말로 설명하며 어휘력을 기를 수 있어요.

- '나머지'는 여기서 쓰레기라는 뜻인데, 다른 어떤 말로 '나머지'라는 말을 대신할 수 있을까? 필요 없는 것들? 버리는 것들?
- 사람들이 사는 지역 말고 작은 섬에까지 가서 버리는 걸 보면 쓰레기는 사람들을 골치 아프게 했겠지? 그럼 골칫거리라고도 할 수 있겠다.

이야기 이해력

그림책 전체를 훑으며 초록섬을 나타낸 그림이 어떻게 변하는지 살펴요. 초록으로 뒤덮인 그림에서는 작은 검은색 점들이 새를 의미한다는 것을 알 수 있고, 초록이 반쯤 남은 그림에서는 검은색 점이 사라진 걸 볼 수 있어요. 그림의 작은 부분을 보며 추측하면서 읽으면 이야기를 더 깊이 있게 이해할 수 있어요. 섬을 위에서 바라본 모습의 삽화를 통해 지구의 모습을 연상하며 이야기해도 좋아요.

- 처음에 나온 초록섬을 자세히 보니까 검은색 점이 있어. 이건 뭐지? 점 양옆에 삐쭉 튀어나온 게 있는데, 아, 새인가 보다. 섬 위를 새들이 날아다니는 모습이야. 그런데 뒤에 나오는 섬은 절반만 초록색이야. 그리고 검은색 점이 없네. 왜 그럴까?
- 섬 그림을 보니까 꼭 지구 같기도 하다. 오염되고 있는 지구를 이렇게 나타내려고 했을 수도 있겠어.

생각을 키우는 질문

- 그림책 띠지에 '더 나은 지구를 위해 인간이 할 수 있는 일은 무엇이 있을까?'라고 적혀 있어. 우리가 어떤 일을 할 수 있을까?
- '나머지'를 실은 조각배를 타고 섬으로 가는 동안에는 아무도 말을 안 했대. 왜 그랬을 것 같아?
- '나머지'를 잔뜩 섬에 버리고 돌아온 사람들의 표정이 그림에 잘 나타나지 않았네. 표정이 어땠을 것 같아? 일부러 무표정을 나타낸 것 같기도 해.

여러 뜻을 가진 나머지

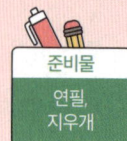

'나머지'의 세 가지 뜻과 어울리는 그림을 연결해 보자.

- 그림책에서 '나머지'가 들어간 문장을 읽으며 '나머지'라는 말에 관심을 가져요. 여러 번 반복해서 노출할수록 단어의 형태에 익숙해질 수 있어요.

  "나머지가 들어간 문장을 다시 읽어 볼까? '섬에 닿으면 우리는 나머지를 꽁꽁 묶어 조심스럽게 내려놓았다.' '섬에 갈 때마다 나머지를 쌓고 얹고 포개자, 안타깝게도… 섬은 더 이상 예전의 섬이 아니었다.'"

- 국어사전에 나타난 '나머지'의 뜻을 보며 아이가 이해할 수 있는 정도로 설명해요. 한 단어가 여러 뜻을 가질 수 있다는 사실과 사전에서 단어 찾는 일에 재미를 느낄 수 있어요.

  "국어사전에 '나머지'라는 말의 뜻은 이렇게 나와 있대. 무려 세 가지나 있네! 첫 번째 뜻은 쓰고 남은 부분이래. 예를 들어 '책을 사고 나머지 돈으로 색연필을 사렴' 이런 식으로 사용할 수 있지."

- 그림책에서 나온 '나머지'는 국어사전에서 나타난 '나머지'의 몇 번째 의미에 해당할지 함께 이야기 나눠요.

  "책에서 나온 '나머지'는 뭐였지? 쓰레기였어. 그럼 몇 번째 뜻일까?"

- 그림을 보며 예시 문장을 읽고, 알맞은 사전 뜻과 연결해요.

  "첫 번째 그림에는 뭐가 보여? 예시 문장을 읽어 보자. 아하, 남은 돈으로 색연필을 사는 거네. 그럼 사전에 나온 '나머지' 뜻 중 몇 번째에 해당하는 예시일까?"

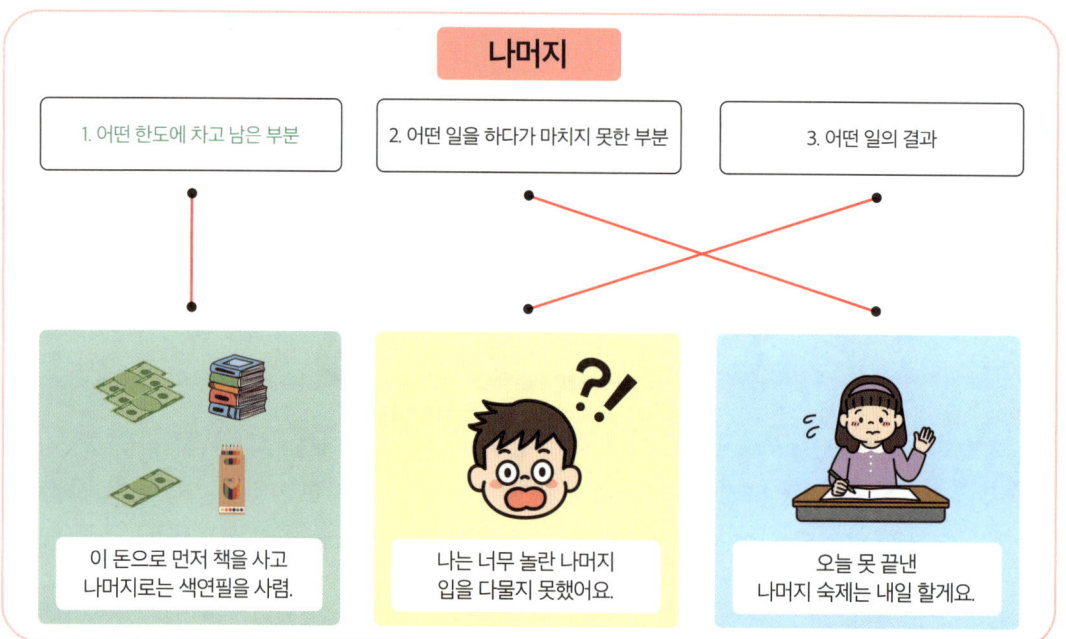

지구야 사랑해♡

글자판에서 '지구야 사랑해♡' 글자를 찾아 초록색으로 색칠해 보자.

- 그림책에서 사람들이 섬에 다시 나무를 심은 이유와 환경보호를 연결 지어 이야기해요.
  "사람들이 섬에 있는 쓰레기를 가지고 온 후에 어떻게 했어? 왜 나무를 심었을까? 다시 초록섬이 되게 하려고 한 거였지."
  "초록섬을 되살리는 건 환경을 보호하는 일이야. 그게 바로 우리가 사는 지구를 사랑하는 일이지."

- 제목에 어떤 글자가 있는지 읽고 글자판을 살펴요.
  "제목을 읽어 봐. '지구야 사랑해♡' 속에는 무슨 글자가 있어?"
  "글자판에 여러 가지 글자가 있지. 어떤 글자들이 보여?"

- '지구야 사랑해♡'를 구성하는 글자를 찾아 그 위에 초록 색연필로 색칠해요.
  "제목을 구성하는 글자를 찾아서 그 위에 초록 색연필로 색칠하면 무슨 모양이 나오나 봐. 초록색으로 칠하니까 꼭 나무색 같다. 섬에 나무를 심듯 우리도 초록 색연필로 채워 보자. 먼저 'ㅈ'을 찾아볼까? 제목에 하트도 있으니까 하트까지 찾아서 칠해 봐."

ㄴ	ㄷ	ㅁ	ㅂ	ㅊ	ㅋ	ㅌ
ㅓ	ㅣ	ㄱ	ㅕ	ㅇ	ㅑ	ㅛ
ㅈ	ㅠ	ㅡ	ㅜ	ㅋ	ㅗ	♡
ㅅ	ㄴ	ㄷ	ㅁ	ㅂ	ㅊ	ㅐ
ㅌ	ㅏ	ㅓ	ㅕ	ㅛ	ㅎ	ㅠ
ㅡ	ㅋ	ㄹ	ㅗ	ㅇ	ㄴ	ㄷ
ㅁ	ㅂ	ㅊ	ㅏ	ㅓ	ㅕ	ㅛ

지구가 아픈 이유

그림을 보고 지구가 아픈 이유를 연결해 보자.

- 환경오염을 나타낸 그림을 보고 환경오염 현상에 관해 이야기해요.
    "지구 그림들이 있네. 그런데 지구 표정이 어때? 안 좋아 보이지. 첫 번째 그림에서 지구는 어떤 것 같아?"
    "회색 연기는 뭘까? 공기가 탁해졌나 봐."

- 환경오염이 인간의 삶과 밀접하게 연관되어 있다는 것에 관해 이야기 나눠요.
    "지구의 공기가 탁해지고 안 좋은 게 우리랑 무슨 상관이 있어?"
    "만약에 지구에 안개와 먼지가 가득해지면 지구는 어떻게 될까? 사람들은?"

- 환경오염의 원인을 나타낸 그림을 살펴보고 환경오염의 원인과 결과를 알맞게 연결해요.
    "오른쪽 그림을 보니까 첫 번째는 무얼 나타낸 것 같아? 쓰레기가 땅에 버려져 있어."
    "쓰레기로 가득한 땅은 어떻게 될까? 맛있는 과일과 채소가 자라지 못할 거야. 왼쪽의 그림 중에 어떤 그림이랑 관련된 것 같아?"

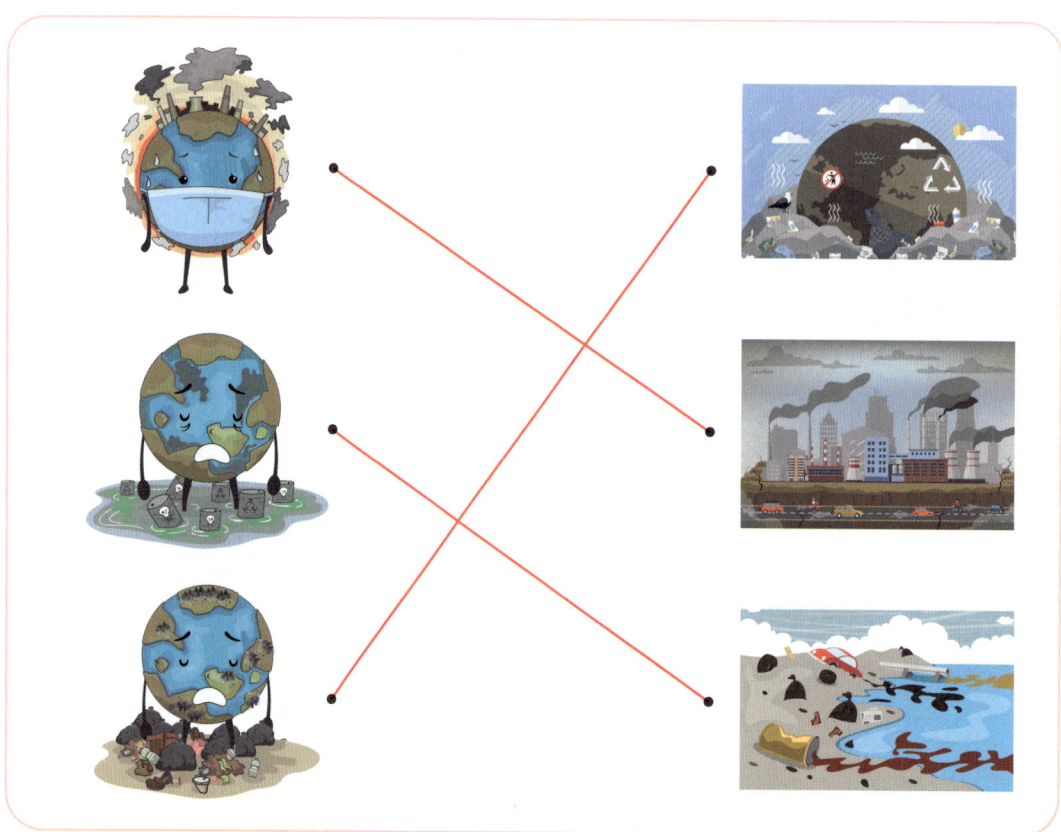

☆ 지구 최고의 수영 선수 바다거북 린 콕스 글·리처드 존스 그림 | 마술연필 옮김 | 보물창고 | 2023

바닷가 모래 속 알에서 태어난 붉은바다거북 '요시'의 삶을 통해 아름답고도 위태로운 생태계에서 자연과 공존하며 살아가고자 하는 마음을 길러 줘요. '망망대해', '실화', '여정' 등 아이들이 생소하게 느낄 수 있는 단어의 뜻을 알아보고, 어떤 상황에서 쓰일 수 있는지 예문을 들어 어휘력을 키워요.

☆ 워터 프로텍터 캐롤 린드스트롬 글·미카엘라 고드 그림 | 노은정 옮김 | 오늘책 | 2022(개정판)

검은 뱀으로 비유된 송유관에 의해 파괴되는 마을 물길을 보호하기 위해 대자연의 돌보미가 된 인디언 부족의 이야기를 담았어요. 일상 속 수질오염을 예방하는 방법은 무엇이 있을지 이야기 나눠요. 가정에서 '물 보호하는 요일'을 정해 샴푸를 적게 쓰는 것처럼 실제로 실천 가능한 방법을 직접 해 봐요.

☆ 우리 곧 사라져요 이예숙 글·그림 | 노란상상 | 2021

파랗게 아름다운 바닷속과 상반되는 제목이 눈길을 끌어요. 민팔물고기, 가시해마, 푸른바다거북 등 바닷속 쌓여 가는 플라스틱으로 인해 멸종위기에 처한 해양 동물의 이야기를 담고 있어요. 해양 동물이 사라지는 이유를 유추하며 읽어요. 표지와 면지, 그리고 삽화를 살피며 추측해요.

☆ 도시에 물이 차올라요 마리아호 일러스트라호 글·그림 | 김지은 옮김 | 위즈덤하우스 | 2022

도시에 물이 차오르는 상황에 모두 각자의 삶을 살지만, 세상이 보내는 위험 신호를 무시하지 않고 함께 힘을 모으면 상황을 해결할 수 있다는 내용을 담았어요. 등장인물 그림 옆에 작게 적힌 속마음과 대화를 주목하며 실감 나게 읽어도 좋아요. 같은 상황이지만 등장인물의 생각이 모두 다름을 보며 처한 상황을 해결하려면 어떻게 해야 할지 이야기 나눠요.

☆ 미세미세한 맛 플라수프 김지형, 조은수 글·김지형 그림 | 두마리토끼책 | 2022

플라스틱으로 인해 파괴된 지구가 결국 우리의 건강한 삶을 위협한다는 이야기를 통해 환경오염이 사람과 밀접하게 관련된다는 것을 일깨워요. 일상에서 미세플라스틱이 들어간 물건을 줄이는 방법을 생각하며 이야기와 삶을 연결 지어요.

· 2장 ·

만 5세를 위한
문해 활동

느낌표

글 에이미 크루즈 로젠탈
그림 탐 리히텐헬드
옮김 용희진
펴낸 곳 천개의바람
출간 2021
주제 문장부호

 **책 소개**

『쿠키 한 입의 인생 수업』으로 유명한 작가 에이미 크루즈 로젠탈의 책이에요. 마침표 사이에 있는 느낌표는 언제 어디서나 눈에 띄어요. 마침표 친구들과 비슷해 보이고 싶지만 그럴 수 없어 속이 상한 느낌표 앞에 물음표 친구가 등장해요. 끊임없이 질문을 퍼부어 대는 물음표에게 '이제 그만!'이라고 소리치게 된 느낌표 덕분에 느낌표만 할 수 있는 일을 발견하게 돼요. 다양한 문장부호의 쓰임새를 재미있게 알아볼 수 있어요.

이렇게 읽어 주세요

표지 보며 추측하기

책의 제목을 과감히 없앤 그림책이에요. 아이와 함께 이런 부분에 관해서도 이야기 나눌 수 있어요. 그림책의 뒤표지에 있는 소개 글을 읽으며 어떤 내용이 펼쳐질지 추측해요.

- 이 그림책 좀 봐. 제목이 없어. 그림 하나만 덩그러니 있네? 긴 막대에 동그란 얼굴 그림이야. 이게 뭔지 알아? 이건 느낌표라고 해. '우와!' 할 때처럼 놀라운 감정이나 느낌을 나타내거나, 강조하는 말을 쓸 때 사용해.
- 뒤에는 무슨 그림이 있을까? (뒤표지를 살펴보면서) 뒤에는 커다란 느낌표가 옆으로 누워있네. 여기 글도 적혀 있어. 친구들과 다른 모습을 가진 느낌표래. 달라도 너무 다른 물음표를 만난다는데? 느낌표랑 물음표가 나오는 거 보니까 문장부호 친구들이 나오는 그림책인가 봐.

- 무슨 내용일까? 느낌표랑 물음표가 여행을 떠나는 그림책일까? 무슨 그림책일지 한번 읽어 보자.

꼬리에 꼬리를 무는 질문하기

물음표가 느낌표에게 쏟아내는 질문들을 읽을 때 엄마/아빠가 물음표가 되어서 아이에게 질문을 던져 볼 수 있어요. 아이는 느낌표가 되어 물음표의 질문에 대답해요. 그림책에 나와 있는 질문에서 시작해 꼬리에 꼬리를 무는 질문을 해 보는 것도 재미있어요.

- 물음표가 느낌표한테 질문하네? ○○가 느낌표가 돼서 대답해 볼래? 엄마가 물음표가 돼서 질문할게. 제일 좋아하는 색은 뭐야? 보라색 좋아하는구나. 왜 보라색이 좋아? ○○가 갖고 있는 물건 중에 보라색이 있어?
- 다른 질문들도 해 볼까? 생일은 언제야? 생일에 무슨 선물 받고 싶어? 생일날 뭐하면서 하루를 보내고 싶어? 생일날 초대하고 싶은 친구들은 누구야? 생일날 가장 먹고 싶은 음식은 뭐야?

주인공 인형 만들어 함께 읽기

그림책 속 주인공을 인형으로 만들어 읽으면 더 재미있게 읽을 수 있어요. 점토와 모루로 느낌표를 만들어요. 점토로 동그란 부분을, 모루로 다양하게 휘어질 수 있는 막대 부분을 만들어요. 그림책 속 느낌표의 모양과 비슷하게 모루를 꼬는 것도 좋아요. 아이의 소근육 발달을 자극할 수 있는 활동이에요.

- 짠, 점토랑 모루로 엄마가 느낌표를 만들었어! 느낌표 친구랑 같이 읽어 볼까? (그림책의 느낌표가 있는 부분에 느낌표 인형을 올리면서) 느낌표는 여기서도 저기서도 눈에 띄었지. 이번엔 느낌표를 용수철처럼 뱅글뱅글 꼬아 볼까?

문해력 키우는 상호작용

음운론적 인식

느낌표, 물음표, 마침표는 모두 '표'로 끝나요. 똑같이 반복해서 나오는 '표' 소리에 주목할 수 있도록 도와주세요. 어른이 그림책의 글을 읽어 주고, 아이는 '표' 소리가 나올 때마다 손을 번쩍 들어요.

- 느낌표, 물음표, 마침표 모두 무슨 소리로 끝나? ('표' 소리를 강조하며 읽으면서) 느낌'표', 물음'표', 마침'표'. 모두 '표'로 끝난다. 가위표할 때 표야.
- 엄마가 그림책 다시 읽어 줄게. 잘 듣고 있다가 '표' 소리가 나오면 손을 번쩍 들어줘. 이번엔 '표'가 전부 몇 번이나 나오는지 세어 볼까?

어휘력

다양한 종류의 문장부호에 관해 이야기를 나누며 문장부호의 쓰임에 대해 알아보아요. 문장부호의 이름과 활용방법에 대해 그림책의 구체적인 예시를 보며 알아볼 수 있어요.

- 느낌표가 마침표들 사이에 있으니까 눈에 띈대. 마침표랑 느낌표 본 적 있어? 여기 있는 글처럼 '저기서도 눈에 띄었지.' 하고 문장을 끝마치는 부분에 적는 걸 마침표라고 해. 문장의 맨 마지막에 말을 마칠 때 써서 마침표야. 끝을 올려 말하거나, 느낌을 강조하면서 말하는 게 아닐 때는 대부분 이렇게 마침표가 찍혀. 이것 봐. '속도 상했어.', '잔뜩 풀이 죽었지.'에도 이렇게 마침표가 찍혀 있지?
- 물음표는 무언가를 물어볼 때 사용돼. 물음표가 느낌표한테 질문을 쏟아내고 있지? 엄마도 지금 물음표를 넣어서 물어봤네? '개구리 좋아해?'라고 물어본 것처럼 물어보는 문장의 끝에 쓰여.
- 느낌표는 '안녕! 야호! 최고야! 재밌다!'처럼 감탄하거나 무언가를 강조하고 싶을 때 사용돼.
- 그림책에서 나오지는 않았지만, (쉼표를 그려서 보여주면서) 마침표에 꼬리가 달린 걸 쉼표라고 해. 문장의 중간에서 쉬어가는 부분이 있거나, 구분이 필요할 때 써.

이야기 이해력

주인공인 느낌표의 표정을 보며 어떤 기분일지 추측하며 읽어요. 주인공이 어떤 생각을 하고 있을 것 같은지 생각해 봐요.

- 아무리 노력해도 다른 마침표 친구들처럼 될 수 없었대. 여기 느낌표 표정이 어때? 시무룩해졌지? 마침표 친구들처럼 될 수 없어서 속상한가 봐. 왜 다른 마침표 친구들처럼 되고 싶어 하는 걸까? 자기 혼자만 눈에 띄는 게 싫었나? 마침표처럼 동글동글하게 생기고 싶었을까?
- 느낌표가 속도 상하고 잔뜩 풀이 죽었대. 그런데 여기에선 기분이 어떤 것 같아? 느낌표가 할 수 있는 게 많다는 걸 알게 되고 나서 기분이 좋아졌네? 신나고 행복한가 봐. 입이 귀에 걸렸다.

생각을 키우는 질문

- ☐ '야호! 재밌다! 잘했어! 최고야!'처럼 느낌표가 들어가는 말은 또 뭐가 있을까?
- ☐ '이'에는 동그라미 이응이 들어가. '이'로 시작하는 단어는 또 뭐가 있을까? 이빨, 이야기 모두 '이'로 시작하네. 이유식이란 단어도 '이'로 시작해. 아기에게 처음 먹이는 묽은 죽으로 만든 음식을 이유식이라고 해.
- ☐ 느낌표가 뭐 하고 있는 거야? 친구랑 비슷하게 보이고 싶어서 노력 중인가 봐. 기다란 막대를 없애려면 어떻게 해야 할까?

문장부호의 알맞은 자리

빈칸에 문장부호를 넣어 보자.

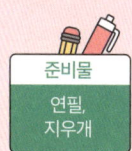
준비물
연필, 지우개

- 그림책을 다시 읽으면서 마침표, 느낌표, 물음표가 어디에 쓰였는지 확인하며 읽어요.
  "문장부호에는 마침표, 쉼표, 물음표, 느낌표가 있어. 우리 그림책을 다시 보면서 문장부호가 어디에 있는지 찾아보면서 읽어볼까?"

- 마침표, 쉼표, 물음표, 느낌표의 쓰임새에 대해 구체적으로 설명해 줘요.
  "마침표는 말이 끝나는 맨 마지막에 적는대. (문장을 적는 것을 보여주면서) 엄마가 '이건 마침표야.'라고 말한다면 '야' 뒤에 마침표를 찍어야 해. 쉼표는 그럼 뭘까? 마침표에서 기다란 꼬리가 나온 것처럼 생겼지?"

- 빈칸에 들어가야 하는 문장부호를 적어 보고, 문장부호의 느낌을 살려 소리 내어 읽어요.
  "안녕? 하고 인사하는 거래. 끝을 올리면서 말하려면 물음표가 들어가야 해. 물음표는 어떻게 생겼지? ○○가 한번 그려 보자."

친구야, 안녕? 만나서 반가워! 다음에 또 만나자.

.	마침표는 말이 끝나는 맨 마지막에 적어요.	,	쉼표는 말하는 중간에 쉬어가는 부분이 있거나, 앞뒤의 말을 구분하기 위해 적어요.
?	물음표는 무언가를 물어보는 말의 끝에 적어요.	!	느낌표는 감탄을 하거나, 무언가를 강조하는 말의 끝에 적어요.

안녕 ?

만나서 반가워 !

엄마 , 안아줘요 .

사랑해 .

고마워 .

괜찮아 ?

문장부호 그림

문장부호로 그림을 그려 보자.

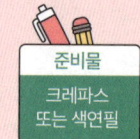

준비물
크레파스 또는 색연필

- 문장부호의 생김새에 대해 관찰하고 이를 묘사해요. 아이와 이야기를 나눌 때 문장부호의 이름을 자연스럽게 사용하여 말하면 좋아요.
  "쉼표는 씨앗에서 싹이 튼 것처럼 생겼어. 물음표는 옆에서 본 귀 모양처럼 생겼다. 아래 있는 점은 귀에 달린 귀고리처럼 보여."

- 문장부호를 활용하여 어떤 그림을 그리면 좋을지 이야기 나눠요.
  "쉼표, 물음표, 느낌표, 마침표를 활용해서 어떤 그림을 그려볼 수 있을까? 문장부호의 모양이 그려진 종이를 다양하게 돌려 보면서 적당한 모양을 상상해 보자."

- 문장부호를 활용하여 그린 그림에 대해 구체적으로 칭찬해요. 아이가 그린 그림을 설명해 달라고 해 보세요.
  "느낌표를 옆으로 누운 모양이라고 상상하고 그림을 그렸구나. 기발한데? 느낌표의 막대 부분이 새 부리고, 점은 새의 눈이 되었네. 정말 멋지다!"
  "마침표로는 뭘 그린 거야? ○○가 한번 설명해 줄래?"

,	?	!	.
쉼표	물음표	느낌표	마침표

느낌표랑 끝말잇기

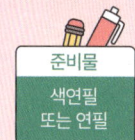

느낌표가 한 말로 시작해서 끝말잇기를 해 보자.

- 느낌표가 다양한 말을 쏟아내는 부분에서 아이가 아는 글자를 찾아보아요. 아이가 아는 단어들을 활용해 같은 소리의 음절을 알려주세요.

  "느낌표가 신나서 꽁꽁 숨겨 둔 말을 외치기 시작했대. 잡았다! 멋져! 맛있어! 여기서 ○○가 아는 글자 있나? '같이 놀자'에서 '자'는 자전거의 '자'네. '일어나'라고 할 때 '나'는 나비의 '나'야."

- 아이가 아는 글자의 음절로 시작하거나 끝나는 단어를 떠올리며 말놀이해요.

  "'잡았다'랑 '예쁘다' 모두 '다'로 끝나네. '다'로 시작하는 단어는 그럼 뭐가 있을까? 다람쥐!"

- '같이 놀자!'의 '자'로 시작하는 단어를 떠올리면서 끝말잇기를 시작해요. 아이가 떠올린 단어를 부모님이 적어 줘도 좋고, 아이가 따라 적을 수 있도록 다른 종이에 적어 보여주는 것도 좋아요. 아이가 글자를 보고 똑같이 적으며 재미있게 기초 쓰기를 경험할 수 있어요. 또한 자연스럽게 글자를 적는 획순과 방향에 관해서도 관심을 가질 수 있어요.

  "(노래를 부르면서) 자, 자, 자 자로 시작하는 말은? 자전거! 엄마가 자전거 적어줄게. ○○가 똑같이 따라 적어 봐. 이번엔 '거'로 시작하는 단어를 떠올려 봐야겠네. '거'로 시작하는 단어는 뭐가 있을까? 거미!"

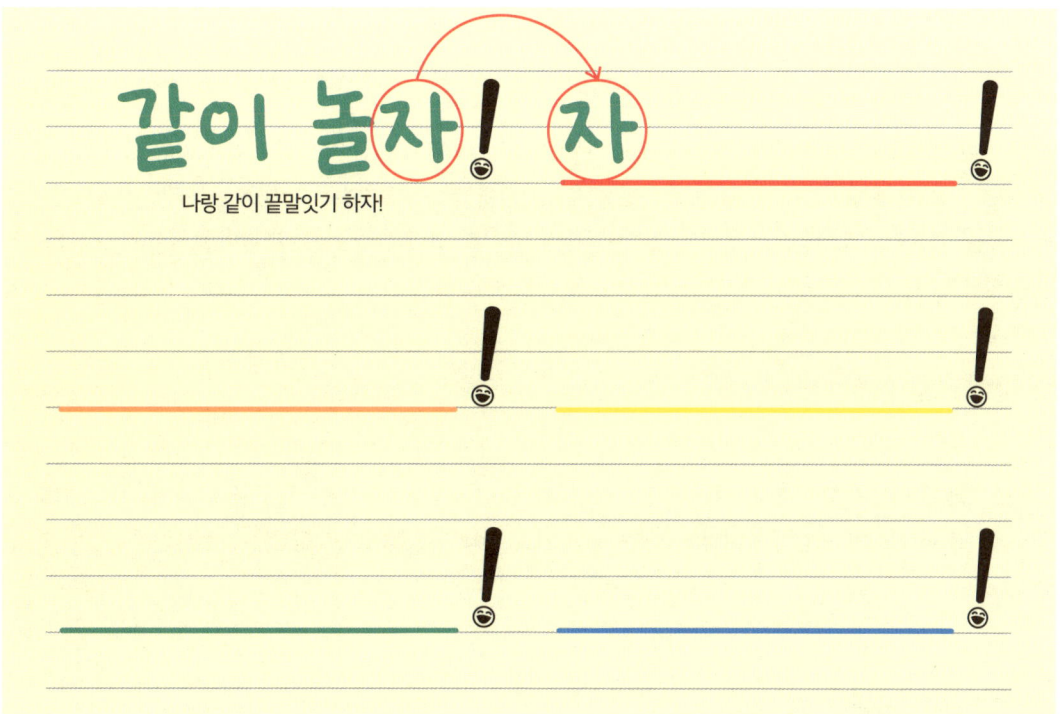

이런 그림책도 읽어 봐

⭐ 문장부호 난주 글·그림 | 고래뱃속 | 2016

예쁜 꽃밭 속에 문장부호들이 숨어 있어요. 작은 씨앗은 마침표, 작은 꽃봉오리가 달린 꽃은 물음표 모양으로 피어 있지요. 그림을 관찰하며 시각 문해력과 형태 지각력을 함께 길러요. 그림책의 그림 위에 OHP 필름을 올리고 유성 매직으로 문장부호를 따라 그려볼 수 있어요. 따라 그리며 마침표, 쉼표, 느낌표, 물음표에 관심을 가져요.

⭐ 글자가 다 어디에 숨었지? 조디 맥케이 글·데니스 홈즈 그림 | 김지연 옮김 | 꿈터 | 2018

글을 적기 위해서는 글자와 문장부호 모두가 필요함을 재미있게 알려주는 그림책이에요. 이야기를 쓰고 싶은 마침표가 문장부호 친구들과 힘을 합쳐 글자들을 찾아 이야기를 만들 수 있을까요? 접착식 메모지에 단어, 조사, 마침표를 다양하게 적고 조합하며 문장을 만들어 보는 활동으로 확장할 수 있어요.

⭐ 오! 호? 열두 띠 동물 최도희 글·그림 | 북랩 | 2020

글자와 문장부호로 열두 띠 동물을 만들어요. 그림책 작가의 기발한 상상 속 세계를 엿볼 수 있어요. 그림 속에서 문장부호를 찾아보는 재미를 즐겨 보세요. 다양한 색상의 색종이로 느낌표, 물음표, 마침표, 쉼표를 만들어요. 크기도 다양하게 만들면 좋아요. 문장부호들을 활용하여 그림책에 나온 것처럼 다양하게 동물을 표현해요.

⭐ 빨대는 빨라 에이미 크루즈 로젠탈 글·스콧 매군 그림 | 신수진 옮김 | 비룡소 | 2022

글 작가 에이미 크루즈 로젠탈의 그림책이에요. 시리즈로 『젓가락 짝꿍』, 『숟가락』도 함께 읽어 보길 추천해요. 실수해도, 느려도 괜찮다는 메시지를 통해 치열한 경쟁 사회에 경종을 울리지요. 빨대를 구부리거나 이어서 자음과 모음을 만들어요. 필요에 따라 가위로 잘라보는 것도 좋아요. 빨대를 다양하게 조작해 보면서 소근육 운동을 할 수 있어요.

⭐ 막대기랑 돌멩이랑 베스 페리 글·탐 리히텐헬드 그림 | 이순영 옮김 | 북극곰 | 2020

서로 다른 두 친구 막대기와 돌멩이가 친구가 될 수 있을까요? 그림 작가 탐 리히텐헬드가 그린 그림책이에요. 앞서 소개한 글 작가와 함께 작업한 『세상에서 가장 소중한 너에게』와 『오리야! 토끼야!』도 추천해요. 아이와 산책하러 갔을 때 다양한 모양의 막대기와 돌멩이를 주워요. 막대기랑 돌멩이로 문장부호나 이름을 표현해 볼 수 있어요.

내가 말할 차례야

글 크리스티나 테바르
그림 마르 페레로
옮김 유지연
펴낸 곳 다봄
출간 2021
주제 비폭력 대화

 책 소개

아이들의 일상을 통해 비폭력 대화법을 제안하는 그림책이에요. 하루에도 수십 번 친구와 다투게 되는 아이들이 공감할 수 있는 내용들을 담고 있어요. 이야기 속 엄마와 아빠는 감정 표현이 미숙한 아이들이지만 서로의 감정을 존중하면서 대화로 해결책을 찾을 수 있게 안내해요. 문제 상황에서 자신의 감정을 이해하고 어떻게 해결할 수 있는지 생각하며 읽어요.

이렇게 읽어 주세요

그림책 활동지 활용하기

맨 뒷면에 나뭇가지 막대기와 돌멩이가 그려진 활동지가 있어요. 나뭇가지 막대기와 돌멩이를 오려서 마이크로 활용해요. 마이크를 들고 카를라와 마리오처럼 내 기분을 표현하는 역할극을 해요. 아이가 책 주인공들과 비슷한 갈등 상황을 마주할 때 어떻게 이야기하면 좋을지 말해요.

- 우리 나뭇가지 막대기와 돌멩이를 가지고 서로의 감정을 표현할까? 내가 색연필을 뺏었어. 그럼 ○○이는 기분이 어떨 것 같아? 원하는 마이크를 대고 너의 감정을 표현해 봐. 어떻게 말하면 친구의 기분이 상하지 않으면서 내 기분도 표현할 수 있을까?

주인공 입장 되어 보기

주인공들이 겪는 갈등 상황을 살펴보며 어떤 기분일지 주인공의 입장이 되어요. 친구가 내가 가지고 놀던 공을 뺏어버리거나, 내가 앉은 그네 자리를 빼앗으려고 할 때 어떨지 상상할 수 있어요. 각각의 상황에서 어떻게 대화를 통해 갈등을 해결할 수 있을지 이야기 나눠요.

- 만약 주인공들처럼 화가 나서 모래를 던지고 친구를 발로 찬다면 친구가 어떨 것 같아? 반대로 친구가 너한테 그렇게 하면 어떨까?

갈등 해결 방안 찾아보기

책 속에 나온 여러 가지 갈등 상황이 나올 때마다 어떻게 대화로 문제를 해결할 수 있을지 생각을 묻고 이야기해요. 그리고 자신만의 갈등 해결 방법을 생각할 수 있도록 도와요.

- 아무리 화나고 큰소리치고 싶어도 손이나 발로 친구를 때리면 안 되지. 친구에게 어떤 말로 너의 기분을 표현하는 게 좋을까?
- 카를라와 마리오가 그네를 어떻게 타면 좋을지 규칙을 만들어서 약속했어. ○○이라면 친구와 어떤 규칙을 정해 볼 것 같아?

문해력 키우는 상호작용

음운론적 인식

'더 크게' 또는 '울고'와 같은 자주 반복되는 표현은 두꺼운 글자로 제시되었어요. 읽을 때 두꺼운 글자를 손가락으로 짚어주며 아이가 반복해서 나오는 글자에 익숙해지도록 도와요.

- (손가락으로 짚어주며 읽으며) 더 크게 소리쳤어요.

어휘력

책에 나온 분노와 관련된 감정 표현을 따라 말하며 자신의 감정을 말로 표현하는 경험을 해요. 이를 통해 감정을 조절하고 긍정적으로 표현하는 방법을 연습할 수 있어요.

- 주인공들처럼 모래를 던지고 발로 찰 정도로 화가 날 것 같아? 이럴 땐 감정이 어떨 것 같아? 화가 났을까? 슬펐을까? 많이 싫었을 수도 있겠다.

이야기 이해력

등장인물의 입장에서 그들의 생각과 감정을 추측하며 읽어요. 등장인물이 겪고 있는 갈등 상황에 몰입하고 공감하며 읽어요.

- (카를라와 마리오가 마주 보며 서로에게 소리치는 장면을 보며) 카를라와 마리오가 많이 화난 표정을 짓고 있어. 왜 그럴까? 서로 공을 가지고 싶어서 그런가 봐.
- (두 주인공이 나뭇가지를 들고 말하는 장면을 보며) 이번에는 두 사람의 기분이 어떤 것 같아? 진지하게 뭔가를 이야기하고 있는 표정이지? 차분하고 편안해 보여.
- ○○이는 친구가 공을 뺏어가고 그네도 양보 안 하면 기분이 어떨 것 같아?

생각을 키우는 질문

- 만약 모두가 자기 차례를 기다리지 않고 말한다면 어떤 일이 생길까?
- 차례를 기다리는 게 왜 중요할까? 차례를 지키면 좋은 점이 뭐가 있을까?
- 가족이나 친구끼리 서로의 말을 잘 듣고 차례를 지킬 방법이 있을까??

나만의 감정 마이크 그리기

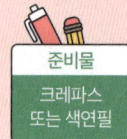

준비물
크레파스
또는 색연필

기분을 표현할 수 있는 마이크를 그려 보자.

- 그림책에 나온 주인공들이 화가 났을 때 마이크(나뭇가지, 돌멩이)를 들고 차례차례 자신의 기분을 표현했던 장면을 떠올리며 이야기해요.

  "주인공들이 화가 났을 때 마이크를 들고 자신의 기분을 이야기했지? 손에 뭘 들고 얘기했는지 기억나? 나뭇가지랑 돌멩이가 마이크였지?"

- 아이만의 마이크를 정해요.

  "○○이도 집에서 화가 나거나 속상할 때 쓸 ○○이만의 마이크를 정하자. 뭐로 할까?"

- 아이가 정한 마이크 물건을 손에 그려 넣어봐요.

  "○○이만의 마이크를 여기 그려 볼까?"

- 확장 활동으로 집 안에서 아이가 정한 마이크가 실제로 있는지 찾아봐요.

  "○○이만의 마이크가 집에 있으려나? 찾아볼까?"

- 마이크 물건을 찾았다면 상황극 놀이를 하며 갈등을 해소하는 역할극을 해요. 형제 또는 자매가 있으면 함께해요.

  "(부모가 먼저 마이크를 들고) ○○이가 크레파스를 혼자 쓰고 빌려주지 않을 때 나는 ○○이한테 정말 나쁜 말을 하고 싶었어. 하지만 생각을 멈추고 다른 좋은 말을 생각했어."

  "(아이에게 마이크를 건네주며) ○○이 차례야. 내가 과자를 뺏어갔을 때 어땠어?"

연결선을 이용해 해결책 찾기

준비물
연필, 지우개

갈등을 해결하는 표현을 찾아서 짝을 맞춰 보자.

- 아이들이 화가 난 책 장면과 서로의 감정을 표현하는 책 장면을 펴서 다시 읽어요.
  "아이들이 이렇게 화가 나서 싸우는 갈등이 있었어. 그러다 차례차례 서로의 감정을 표현하면서 갈등을 해결했지."

- 예시를 참고하여 아이들이 마주할 수 있는 부정적 감정과 갈등 상황을 제시하고, 어떻게 해결할 것인지 물으며 해결책을 함께 찾아요.
  "우리도 이렇게 화가 나서 친구를 때리고 싶어질 때, 나쁜 말 하고 싶을 때 어떻게 해야 할까?"
  "때리고 싶을 때는 멈추고 말로 기분을 표현해야겠지."
  "나쁜 말 하고 싶을 땐 친구가 기분 안 상하게 다른 표현을 생각해 보자."

- 아이 수준에 맞게 부모가 갈등 상황과 해결 표현 문장을 읽어 주세요.

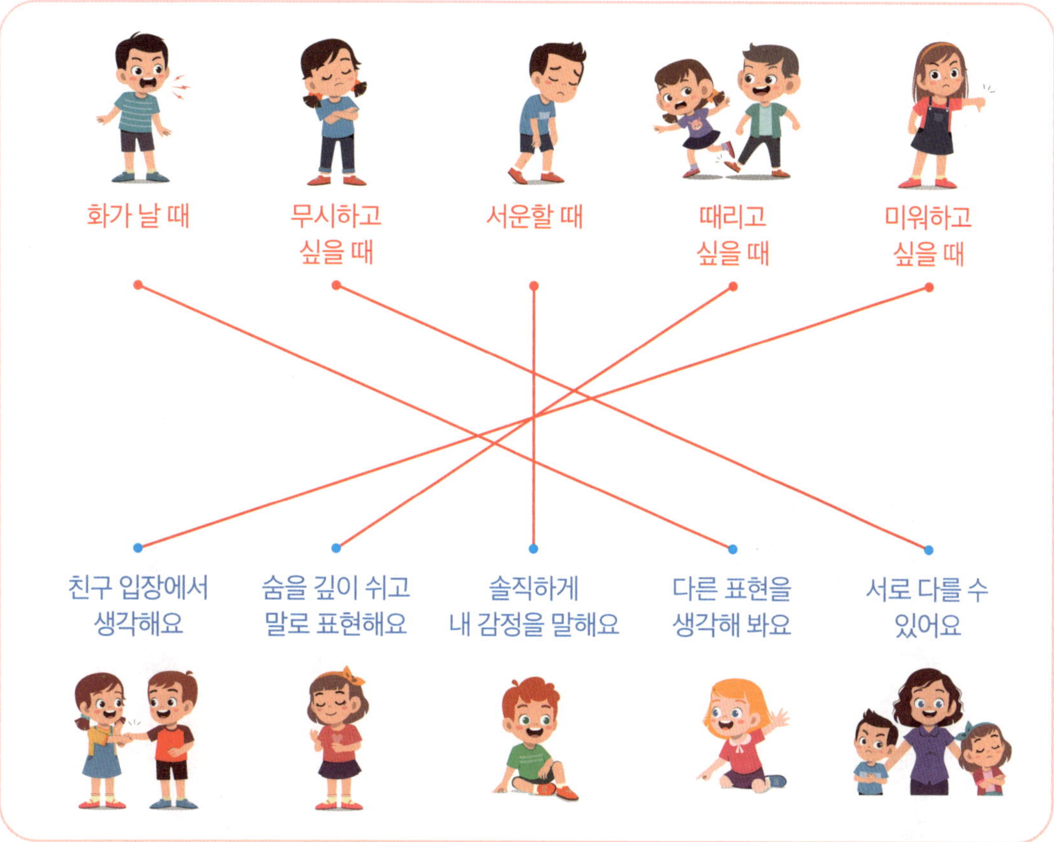

화가 날 때	무시하고 싶을 때	서운할 때	때리고 싶을 때	미워하고 싶을 때
친구 입장에서 생각해요	숨을 깊이 쉬고 말로 표현해요	솔직하게 내 감정을 말해요	다른 표현을 생각해 봐요	서로 다를 수 있어요

내 기분을 말로 표현하기

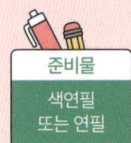
준비물
색연필 또는 연필

속상한 기분을 말로 표현하는 연습을 해 보자.

- 아이가 일상에서 겪는 갈등 상황을 연습하며 비폭력 대화법을 배워요. 감정을 솔직하게 표현하고 해결 방법을 찾을 수 있어요. 책 속 이야기처럼 아이가 속상했던 적이 언제였는지 스스로 떠올리도록 이야기를 나눠요.
  "○○이는 카를라와 마이클처럼 속상했던 적 있어?"

- 여러 가지 갈등 상황을 부모가 제시해요.
  "친구가 장난감을 뺏어 가면 기분이 어떨 것 같아?"
  "친구가 새치기 하면 기분이 어떨 것 같아?"
  "친구가 화가 나서 너를 때리면 기분이 어떨 것 같아?"

- 부모가 예를 들어준 문장을 이용해 아이가 자신의 기분을 표현해요. 문장으로 표현한 감정과 해결 방법을 활동지에 적어요.
  "화가 났을 때 감정을 표현해 보자. 예를 들면, '나는 화난 감정을 느꼈어.' 이렇게 대답해 보자."
  "말로 해결하려면 뭐라고 해야 할까? 예를 들면 '나는 친구한테 다시 돌려받고 싶다고 말할 거야.' 이렇게 대답해 보자."

예) 나는 화난 감정을 느꼈어.
나는 친구한테
다시 돌려받고 싶다고 말할 거야.

이런 그림책도 읽어 봐

☆ 어떻게 못됐으면서 착해요? 올리비에 클레르 글·가이아 보르디치아 그림 | 김하연 옮김 | 공존 | 2022

토끼 폼폼은 친구마다 자신을 다르게 평가하자 혼란에 빠져요. 하지만 이내 착하거나 못되었다는 기준이 모두 다르단 걸 깨닫게 돼요. 그리고 친구들과 다투지 않고 사이좋게 지내는 방법도 찾아요. 서로 공감하고 솔직하게 표현하는 비폭력 대화를 통해 관계를 맺는 법을 알려주고 있어요. 폼폼처럼 친구들과의 갈등을 어떻게 대화로 해결할 수 있을지 이야기 나눠요.

☆ 짝꿍 박정섭 글·그림 | 위즈덤하우스 | 2017

아주 사소한 오해로 시작된 다툼이 점점 커지면서 둘도 없이 친했던 짝꿍과의 사이가 멀어져요. 그러다 다시 가까워지는 과정에서 우정의 소중함을 배워요. 친구 관계에서 흔히 겪을 수 있는 갈등과 화해를 담고 있어요. 책 속 이야기와 같은 상황에서 "내 친구는 지금 어떤 마음일까?"라는 질문과 함께 감정과 마음을 색깔로 표현해요.

☆ 핑! 아니 카스티요 글·그림 | 박소연 옮김 | 달리 | 2020

친구를 사귀거나 갈등이 생겼을 때 자신의 마음을 현명하게 표현하는 방법에 대해 다루고 있어요. 사람들과 관계를 맺으며 슬기롭게 살아가는 법을 알려줘요. 다른 사람과 관계를 맺으며 기쁨을 느낄 수 있도록 용기를 줘요. 부모가 여러 가지 표정으로 '핑!'이라고 외치면, 아이는 '퐁!'이라 외치며 다양한 기분을 표정으로 표현해요.

☆ 미움 조원희 글·그림 | 만만한책방 | 2020

어느 날, 친구의 "너 같은 거 꼴도 보기 싫어!"라는 한마디에 주인공의 마음속에 미움이 가득 차게 돼요. 하지만 그 감정을 깊이 들여다보며 천천히 고민한 끝에 친구를 미워하지 않기로 해요. 친구와의 갈등 속에서 생겨나는 감정을 어떻게 조절할 수 있는지 이야기 나누기 좋은 책이에요. '미움, 마음, 미안, 미소, 명랑'과 같은 'ㅁㅇ' 초성으로 표현할 수 있는 감정 어휘들을 함께 찾으며 어휘력을 길러요.

☆ 난 싸우지 않아 구닐라 베리스트룀 글·그림 | 김경연 옮김 | 다봄 | 2024

주인공이 친구와의 갈등을 폭력 대신 대화로 해결하며 관계를 회복하는 이야기예요. 아이들이 평화롭게 문제를 해결하는 법과 공감의 중요성을 배울 수 있어요. 주인공처럼 비폭력적으로 문제를 해결하겠다는 다짐 놀이를 해요. 싸우지 않고 해결할 방법들을 이야기하고 부모와 아이가 약속을 정한 뒤 손도장을 찍어 평화의 약속 포스터를 꾸민 후 잘 보이는 곳에 붙여요.

아빠 해마 이야기

글·그림 에릭 칼
옮김 오상진
펴낸 곳 시공주니어
출간 2022
주제 바다동물과 아빠

 책 소개

해마 아빠는 해마 엄마가 낳은 알을 자신의 배에 품고 돌보는 특별한 역할을 해요. 이 책에는 해마뿐만 아니라 다양한 바다 동물들의 독특한 번식 방법이 담겨 있어요. 바다 동물들의 부모 역할을 소개하며 자연의 다양성과 신비로움을 알려주는 그림책이에요. 해마 아빠의 헌신적인 모습은 아이들에게 부모님의 사랑과 가족 간의 따뜻한 유대감을 느끼게 해요. 다양한 동물 그림과 이야기를 통해 자연과 바다 동물에 관한 관심을 키울 수 있어요.

이렇게 읽어 주세요

역할극 하기

부모는 아빠 해마 역할을 하고, 아이는 작은 해마나 다른 물고기 역할을 맡아 대화를 나눠요. 역할극을 하면서 책 속에 나오는 아빠 물고기의 움직임을 흉내 내고 바닷속 동작을 따라 하는 놀이를 해요. 책 앞부분에 나온 의태어를 활용해 아이와 함께 물고기들의 움직임을 따라 해요.

- (실고기가 나오는 책의 장면을 펼친 뒤, 부모가 아빠 해마를 흉내 내며) 실고기 씨, 어떻게 지내셨어요?
- 우리 같이 실고기처럼 살랑살랑 헤엄쳐 볼까?

투명 플랩 활용하기

아빠 해마가 다른 아빠 바다 동물들과 만나는 장면이 투명한 플랩에 가려져 있어요. 플랩을 넘기면서 어떤 바다 동물이 나올지 추측하며 읽어요.

- (투명한 플랩을 넘기기 전) 여기 어떤 물고기가 숨었을까? 다음에 나올 바다 생물은 뭘까?
- (투명한 플랩을 열기 전에 아이와 함께 다음 장면 추측하기) 여기서 아빠 해마는 어떤 행동을 할까? 어떤 말을 할까?

그림 자세히 관찰하기

그림책을 읽을 때 그림의 세부적인 부분을 관찰하며 읽어요. 책의 내용에 집중하면 그림을 통해 내용을 이해하고 추측하는 힘이 생겨요. 그림을 관찰하며 바다 동물에 대한 정보를 얻고 더 많은 궁금증을 가질 수 있어요.

- (알을 품은 아빠 해마의 배가 점점 커지는 장면을 보여주며) 아빠 해마의 배 크기가 어떤 것 같아? 더 커졌나? 왜 더 커졌을까?
- (바다의 다양한 아빠 물고기를 보여주며) 이 아빠 물고기는 알을 어디에 품었어? 뒷장에 있던 커투스 아빠 물고기는 어디에 알을 품고 있었지? 머리였지. 아빠 물고기마다 알을 보호하는 장소가 다르네.

문해력 키우는 상호작용

음운론적 인식

의태어에 주목하며 감정을 담아 재미있게 읽어요. 움직임과 모습을 묘사하는 의태어를 읽을 때 소리와 함께 몸짓을 흉내 내면 더 생동감 있게 읽을 수 있어요.

- 아빠 해마가 동동, 둥둥 헤엄치며 간대. 동동, 둥둥은 헤엄치는 모습을 나타내는 말이야.
- 해초가 하늘하늘 움직인대. 하늘하늘 어떻게 움직일 것 같아? 손으로 표현해 보자. (손을 부채질하듯 천천히 움직이며) 해초가 이렇게 하늘하늘 움직였대.

어휘력

그림책 앞표지에 나온 해마를 보며 생김새나 닮은 동물에 관해 이야기 나눠요. 그리고 왜 이 바다동물의 이름이 해마인지 알려주며 어떤 이름에는 각 음절(해, 마)에 의미가 있음을 알려줘요. 같은 한자를 사용하는 단어들을 예시로 들어주는 것도 좋아요.
- 이 바다 동물은 어떻게 생긴 것 같아? 어떤 동물을 닮았어?
- 바다에 사는 작은 말 같다고 해서 이 동물 이름은 해마야. '해(海)'는 바다를 뜻하고, '마(馬)'는 말을 뜻해. 그래서 바다에 사는 말이라는 뜻이야. 넓고 큰 바다를 '해양'이라고 하지? '해마'의 '해'와 같은 한자를 사용하는 단어야.

이야기 이해력

아빠 해마가 마지막에 새끼 해마들에게 한 말을 함께 이야기 나누며 그 의미를 생각해요. 아빠 해마의 책임과 돌봄의 중요성을 전달하면서 아이가 부모님의 사랑에 공감할 수 있어요.
- 새끼 해마 한 마리가 다시 아빠 배 주머니로 들어가려고 할 때, 아빠 해마가 왜 '아가야 안 돼!'라고 했을까?
- ○○이는 넓은 바다에서 헤엄칠 때가 신날 것 같아, 아니면 좁은 주머니 속에서 헤엄치는 게 신날 것 같아?
- 아빠 해마는 새끼 해마들을 많이 사랑해서 새끼 해마들이 자기처럼 자유롭게 행복하게 넓은 바다를 헤엄칠 수 있도록 도와준 게 아닐까?

생각을 키우는 질문

- [ ] 아빠 해마는 왜 알을 품었을까? 다른 물고기들도 그럴까?
- [ ] 아빠 해마는 아기 해마들을 보듬어주시는 분이구나. 그렇다면 우리 가족에서 아빠는 어떤 역할을 할까?
- [ ] 이 물고기는 틸라피아야. 틸라피아가 우리나라 바다에도 있을까?

미로에서 '해'를 찾아라

준비물
색연필 또는 연필, 지우개

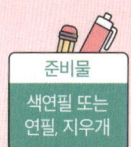

'해' 글자만 따라가면서 미로를 탈출해 보자.

- 해마의 '해'는 하늘에 태양 해가 아니라 바다를 뜻하고 있는 '해'라고 이야기해요.

  "해마의 '해'는 바다라는 의미야. 하늘에 있는 태양, 그 해가 아니야. 한자라 그래."

- '해' 글자 모양에 관해 설명해요.

  "해는 'ㅎ' 자음이랑 'ㅐ' 모음이 합쳐진 단어야. 소리는 /흐/ /애/. 빨리 말하면 해! 이 글자가 해야. 우리 여기에 '해'를 따라 쓴 다음 색칠해 보자. 이 해는 바다 해니까 우리 하늘색이나 파란색으로 '해'를 써 보는 건 어때?"

- '해'를 찾는 미로 찾기 활동을 설명해요.

  "우리 '해'를 찾는 미로 찾기 해 볼까? 여기서 다른 글자는 따라가면 안 되고 선을 그으면서 글자 '해'만 따라가야 해. 그러면 해마를 찾을 수 있어!"

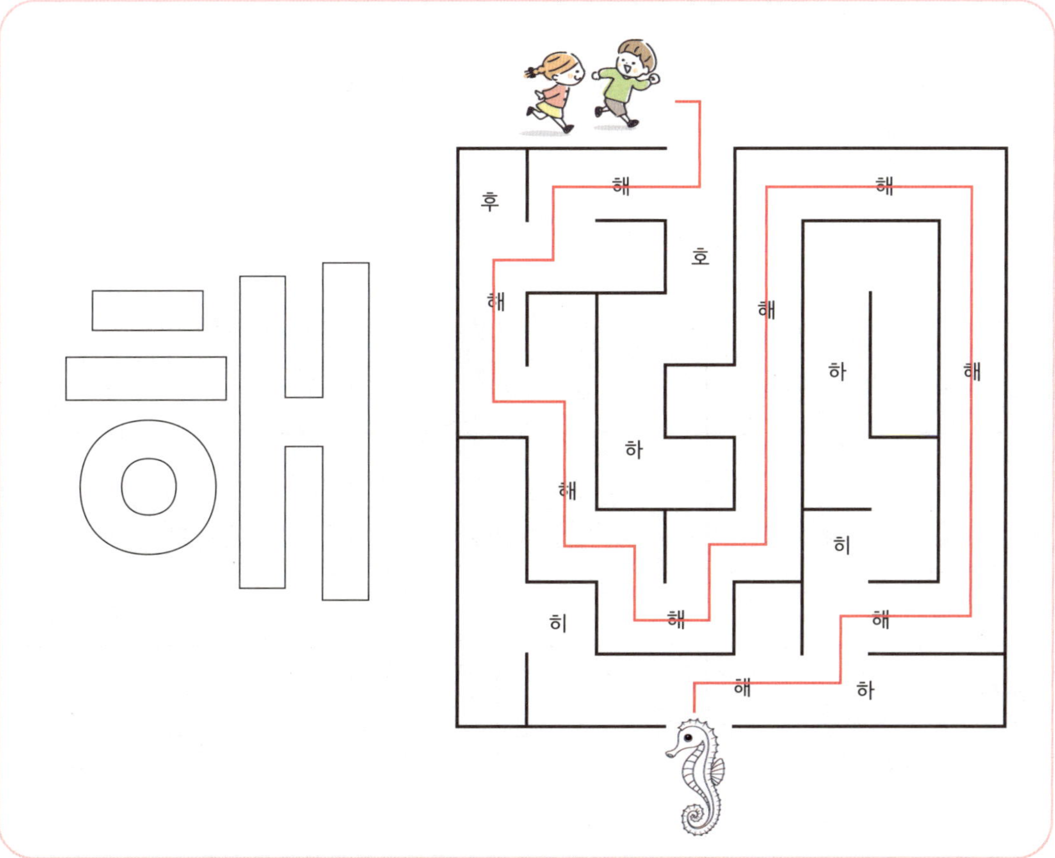

물고기 이름 빨리 말하기

물고기 이름을 빨리 말해 보자.

준비물
가위

- 책에서 묘사된 아빠 해마 외에도 다른 아빠 물고기들의 그림을 보여주며 이야기를 나눠요. 이 그림책에 등장하는 물고기들의 이름이 독특하고 다양해서 아빠 물고기 이름을 골라 같이 소리 내어 말하며 음운론적 인식을 키우기 좋아요.

    "(물고기 이름들이 나온 쪽을 펴서 그림과 단어를 보여주며) 이 물고기 이름은 트럼펫피쉬래. 빨리 읽어 보자! 트럼펫피쉬. 누가 더 빨리 읽나 해 볼까?"

- 아이와 함께 책에 등장한 물고기 이름을 누가 빨리 정확하게 읽고 발음하는지 시합하며 워밍업 활동을 해요. 아이에게 이름 빨리 말하기 게임에 대해 설명해요. 엄마가 먼저 시범을 보여요. 처음에는 천천히 읽고 여러 번 읽으며 조금씩 읽는 속도를 높여요. 활동지를 보여주며 빨리 말하기 놀이에 관해 설명해요.

    "(손가락으로 물고기 이름들을 순서대로 가리키며) 해마부터 시작해서 옆으로 그리고 두 번째 줄로 내려와서 쏠배감펭을 읽고 옆으로, 맨 아랫줄 물고기 이름들도 다 읽어야 해. 그동안 초를 셀 거야. 누가 더 빨리 읽는지 시합하는 게임이야. 대신에 잘못 읽으면 처음부터 다시 읽어야 해. 처음에는 조금 천천히 시작해 보자. 엄마가 먼저 해 볼게."

- 아이 개인별 수준에 맞게 난이도를 조절해요. 처음 그림책을 읽었을 때는 첫 번째 줄 단어로만 놀이하고, 두 번째 그림책을 읽었을 때는 두 번째 줄까지 놀이해요.

해마	가시고기	트럼펫피쉬
쏠배감펭	틸라피아	커투스
통쏠치	실고기	불헤드

해마 가족 이야기 만들기

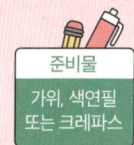

해마 가족 종이인형을 색칠하고 오려서 새로운 이야기를 만들어 보자.

- 아이와 책에 관한 이야기를 나누며 아빠 해마, 엄마 해마, 아기 해마를 떠올려요.

    "엄마 해마가 알을 낳으려 할 때 어땠지?"
    "아빠 해마가 엄마 해마를 어떻게 도와줬는지 기억나?"
    "나중에 아기 해마가 알에서 나왔을 때 기분이 어땠을까?"

- 해마 가족 도안을 자유롭게 색칠하고 가위로 오려요.

    "네가 만들 해마 가족은 어떤 색이었으면 좋겠어?"

- 아이가 만든 해마 가족 종이인형으로 새로운 이야기를 만들며 인형극 놀이를 해요.

    "아빠 해마는 알을 품고 헤엄치다 어떤 물고기를 만났을까?"
    "엄마 해마는 무얼 하며 어디서 아빠 해마를 기다리고 있지?"
    "아기 해마가 알에서 나와 길을 잃었다면 어쩌지?"

- 아이의 이야기를 부모가 받아 적거나, 아이가 직접 그림을 그려 표현할 수도 있어요. 완성된 이야기를 가족 앞에서 인형극놀이로 표현할 수 있도록 격려해요.

이런 그림책도 읽어 봐

⭐ 아빠가 지켜 줄게 이혜영 글·그림 | 비룡소 | 2007

아빠가 아이에게 세상에서 가장 큰 보호자가 되어 주겠다는 따뜻한 이야기를 담았어요. 아빠는 아이를 다양한 위험으로부터 지키고, 아이는 아빠의 사랑과 든든함 속에서 큰 위안을 얻어요. 유아에게 "내가 지켜줄게"라는 주제로 자신을 지켜주는 사람을 그림으로 그려요. (예: "엄마가 지켜줄게"나 "할머니가 지켜줄게"와 같은 문장을 완성한 뒤, 그 인물과 상황을 그리도록 유도해요.)

⭐ 인어아빠 허정윤 글·잠산 그림 | 올리 | 2022

바닷속에서 인어 아빠와 함께 사는 소녀의 이야기예요. 아빠가 인간 세상으로 떠나며 겪는 아픔과 그리움을 담고 있어요. 이 과정을 통해 소녀는 아빠의 사랑을 깨닫고 성장할 수 있게 돼요. 아빠가 소녀에게 전하는 사랑의 말을 떠올리고, 아이가 아빠에게 전하고 싶은 사랑의 말을 만들고 그림을 덧붙인 그림 카드를 만들어요. (예: "아빠에게는 내가 가장 소중한 존재야!" 또는 "아빠가 나를 지켜줄게!"에 맞는 그림을 그려요.)

⭐ 아빠, 나의 바다 이경아 글·그림 | 창비 | 2024

아빠와 딸이 함께 바다를 떠나요. 소녀는 바다에서 아빠와 함께 추억을 쌓고, 아빠의 사랑을 느끼며, 바다는 특별한 의미를 가진 공간이 돼요. 책 속에서 아빠와 함께한 바다 여행처럼 가족과 함께 떠날 수 있는 가상의 바다 여행을 상상하고, 그 과정에서 느낀 감정과 경험을 그림일기로 만들어요.

⭐ 아빠 바다 조경숙 글·이수연 그림 | 청어람주니어 | 2020

소녀가 아빠와 함께 바다에서 특별한 순간을 경험하며 가족의 사랑과 소중함을 느끼는 과정을 함께할 수 있어요. 가족들과 함께 바다에 뛰어드는 모습을 상상하며 바다, 파도, 모래가 내는 소리를 흉내 내요. 책에 나온 의성어를 활용하면 더 생동감 있게 읽을 수 있어요. (예: 경중경중, 쑥쑥, 출렁, 껄껄)

⭐ 초록 거북 릴리아 글·그림 | 킨더랜드 | 2021

아빠 거북의 돌봄과 보호를 받아 성장한 어린 거북이가 늙은 아빠 거북을 돌보며 서로 더욱 애틋하게 사랑하는 이야기를 담고 있어요. 초록 거북이라는 제목을 활용해서 가족의 별명을 지어요. (예: 아빠는 파란 거북이고 나는 빨간 거북이야. 엄마는 분홍 거북이야.)

개똥벌레가 똥똥똥

글 윤여림
그림 조원희
펴낸 곳 천개의바람
출간 2016
주제 합성어

말과 말이 합쳐져서 새롭게 만들어진 우리말 합성어를 다루고 있는 그림책이에요. 개똥과 벌레가 합쳐지면 빛을 내며 날아다니는 개똥벌레, 볼과 우물이 합쳐지면 보조개를 뜻하는 볼우물이 되지요. 단어들이 모여 새로운 의미를 가진 단어가 만들어지는 과정을 함께 살펴보며 합성어에 대해 알아보아요.

이렇게 읽어 주세요

합성어 의미 추측하며 읽기

단어가 합쳐져 만들어진 합성어의 의미를 파악하며 읽어요. 왜 이런 합성어를 사용하게 되었는지도 추측해 보면서 합성어가 가진 의미를 파악해요. 아이들이 단어가 가진 의미 자체에 주목하면서 읽을 수 있도록 도울 수 있어요.

- 구멍가게는 왜 구멍가게라고 한 걸까? 구멍처럼 조그마한 크기의 가게라서 구멍가게라고 부르나? 정말 모양이 구멍처럼 작고 동그란 건 아니겠지?
- 바늘밥이라니 귀여운 이름이다. 바늘에 실을 꿰어서 바느질하다가 짧아져서 버리게 되는 실들을 바늘밥이라고 한 대.
- 왜 거북등이라고 표현한 걸까? 강에 있는 자갈밭이 울퉁불퉁해서 거북이 등처럼 보여서 거북등이라고 부르나 봐.

새로운 합성어 만들기

합성어를 다른 표현으로 확장한다면 어떻게 활용할 수 있을지도 추측해 보세요. 합성어에 관심을 가지며 합성어를 만드는 원리에 대해 파악할 수 있어요. 다양하게 상상의 나래를 펼치며 우리 아이만의 새로운 합성어를 만들어요.

- 바다처럼 끝도 없이 나무가 펼쳐진 숲을 '나무바다'라고 말한 대. 그럼 모래가 끝도 없이 펼쳐지면 뭐라고 부를 수 있을까? 모래바다! 똥이 끝없이 깔려 있으면 똥바다!
- 코로 웃는 걸 코웃음이라고 한 대. 보통 코웃음 친다고 하지. 그럼 눈으로 웃는 걸 뭐라고 할까? 눈웃음.
- 툭하면 우는 사람을 눈물단지라고 한 대. 그럼 툭하면 화내는 사람은 뭐라고 부르면 좋을까? 화 단지?

우리말 풀이 살펴보며 합성어 활용하기

그림책에 사용된 단어와 합성어에 대한 설명이 자세히 나와 있어요. 단어의 뜻을 읽어 보면서 그림책의 그림과 비교하며 다시 읽으면 단어의 의미를 좀 더 쉽게 파악할 수 있어요. 그림책에서 소개하고 있는 단어들의 구체적인 활용 예시를 생각해 보면서 그림책에서 만난 합성어를 다시 한번 더 복습해요.

- 그 일과 상관없는 엉뚱한 말이나 행동을 하는 걸 오리발이라고 한 대. 과자를 몰래 훔쳐먹고 아닌 척하는 것도 오리발 내민다고 볼 수 있겠다. 그런 친구한테는 "○○이가 과자 먹었으면서 오리발 내밀지 마!"라고 말해줘야지.
- 볼에 움푹 들어가는 보조개를 볼우물이라고도 한 대. ○○이도 볼에 볼우물 생기는데 그치? ○○이 볼우물에는 귀여움도 쏙 들어갈 것만 같다.

문해력 키우는 상호작용

음운론적 인식

두 단어가 합쳐지면서 음절의 개수가 몇 개가 되는지 세어 보며 음절 단위의 소릿값에 관심을 가질 수 있어요. 음절을 하나씩 손으로 가리키며 어떤 소리가 나는지 눈여겨 볼 수 있도록 도와주세요. 음절의 길이를 비교해 보면서 음절의 수가 같은 단어를 찾아보는 활동으로도 확장할 수 있어요.

- 합쳐지는 단어는 커다랗게 적혀 있고 색도 다르네. (그림책의 각 페이지에서 단어를 가리키면서) '개똥, 벌레' 다음 장을 넘기면 어떻게 됐었지? 맞아, 개똥벌레. 개똥 두 글자, 벌레 두 글자가 합쳐져서 '개똥벌레' 네 글자가 된다.
- 한 장씩 넘겨 보면서 합성어가 몇 글자가 되는지 살펴볼까? 바람, 꽃, 바람꽃. 바늘, 밥, 바늘밥. 모두 세 글자네.

어휘력

그림책에 등장하는 다양한 의성어, 의태어에 주목하며 읽어요. 소리를 흉내 내는 의성어인지, 움직임과 모습을 묘사하는 의태어인지 구분하면서 읽어볼 수 있어요. 의성어와 의태어를 소리로 몸으로 표현해 보며 읽는 것도 재미있어요. 스케치북에 커다랗게 의성어, 의태어라고 적어 두고, 그림책에서 나오는 말들을 찾아 적어 보며 읽는 것도 좋아요.

- 개똥이 데굴데굴 굴러간대. 데굴데굴 굴러가는 모양을 나타내는 의태어야. 개똥이 공처럼 데굴데굴 굴러가네.
- 흔들흔들 흔들리다가 잠잠해지고를 반복하고 있대. 흔들흔들 어떻게 흔들리는 거야? (몸을 양옆으로 흔들면서) 흔들흔들. 그러고는 다시 잠잠해졌대. (몸을 가만히 멈추고 숨죽이면서 작은 목소리로) 잠잠, 잠잠.

이야기 이해력

합성어가 만들어진 과정을 재미있게 표현하고 있는 그림책을 읽으며 그림이 무엇을 표현하고 있는지 관찰해요. 그림을 이해할 수 있도록 성인이 먼저 그림을 있는 그대로 묘사하면서 읽는 시범을 보여요. 그림의 작은 부분까지 세심히 살펴보면서 읽다 보면 그림책 작가가 고민하며 그린 그림 속 이야기를 더욱 자세히 발견할 수 있을 거예요.

- 이건 누구 손일까? 초록색 실을 바늘에 꿰어서 바느질하고 있네. 옆에서 아이가 동강동강 잘린 실로 맛난 밥을 짓고 있대. (다음 페이지로 넘기면서) 할머니가 바느질하고 계신 거였구나. 초록색 실로 바느질하고 남은 짧은 실들로 밥을 만들었어. 그래서 바늘밥이라고 말한대.

생각을 키우는 질문

- ☐ 개똥벌레는 왜 개똥벌레라고 불리는 것 같아?
- ☐ 이렇게 승부가 나지 않는 다툼이나 겨룸을 두꺼비씨름이라고 한 대. 왜 하필 두꺼비씨름일까? 개구리씨름은 안 되나?
- ☐ 코들이 모여 있는데 누가 웃으면 싸움이 난대. 왜 싸움이 난 걸까?

합성어 나누기

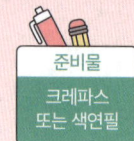

준비물
크레파스 또는 색연필

합성어를 두 가지 단어로 나눠서 동그라미 쳐 보자.

- 그림책에서 소개한 합성어에 관해 이야기를 나눠요.
  "낱말과 낱말이 만나서 새로운 뜻을 가진 합성어가 됐었지? 어떤 것들이 있었지?"

- 그림책에 나왔던 합성어를 다시 두 낱말로 나누어 동그라미를 쳐요. 어떻게 나누는지 동그라미 쳐 보면서 합성어에 대한 개념을 한 번 더 이해할 수 있고, 음절과 낱말 단위에 관심을 가질 수 있어요.
  "여기 그림책에 나왔던 합성어들이 있네. 합성어를 다시 낱말들로 나눠볼까? 두 개로 나눌 수 있지? 동그라미 치면서 나눠보자."

- 그림책에 나온 낱말들의 뜻을 설명하는 부분을 함께 참고하면 좋아요.
  "그림책에 나왔던 낱말들이 여기 모두 모여 있네. 우리가 그림책에 나왔던 합성어들을 다시 두 가지 낱말로 나눠봤었지? 이번엔 낱말들 뜻을 하나씩 알아보자."

- 아이가 알고 있는 낱말을 떠올려 보고, 직접 설명해 보는 활동으로 확장할 수 있어요.
  "알고 있는 낱말들을 서로 설명해 주는 놀이 해 볼까? 과자는 뭐야? 칼국수는 뭐야? 가방은 뭐야?"

(개똥)(벌레)	(거북)(등)	(바람)(꽃)
(두꺼비)(씨름)	(바늘)(밥)	(볼)(우물)
(물)(구슬)	(나무)(바다)	(오리)(발)

내가 만든 새로운 합성어

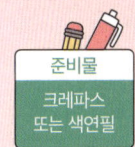

낱말들로 나만의 새로운 합성어를 만들고, 그림과 글로 표현해 보자.

- 그림책에서 제시된 단어들을 다시 살펴봐요.
  "그림책에서 나왔던 단어들을 적어 두었대. 어떤 단어들이 있는지 한번 살펴볼까?"

- 제시된 단어를 활용하여 다양하게 단어를 합성해요. 새로운 뜻을 가진 단어를 어떻게 만들면 좋을지 생각해 보며 단어를 조합해 봐요. 단어를 합성하여 합성어를 만들어 보며 새로운 의미를 부여해 보는 예시를 들어주세요.
  "두꺼비랑 우물을 합쳐서 두꺼비우물 어때? 두꺼비 모양으로 생긴 우물인 거지. 두꺼비가 물을 길어 주는 우물이라고 소개하는 것도 재미있겠다."

- 새롭게 만든 합성어를 그림과 글로 표현해요.
  "나무랑 구슬을 합치면 나무구슬! 나무로 만든 구슬이야, 아니면 나무 모양 구슬이야? 그림으로는 어떻게 표현하면 좋을까?"

- 그림 또는 이름만 보면서 어떤 합성어인지 맞히는 게임으로 확장해 볼 수 있어요.
  "꽃이 바람에 떠다니는 걸 보니 이건 꽃바람 같은데?"

> 개똥, 벌레, 거북, 등, 바람, 꽃, 두꺼비, 씨름, 바늘,
> 밥, 볼, 우물, 물, 구슬, 나무, 바다, 오리, 발

그림			
새로운 합성어			

같은 소리 찾기

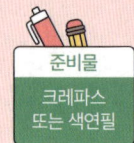

같은 소리가 나는 자음을 찾아 같은 색으로 색칠해 보자.

- 그림책에서 낱말들이 나왔던 장면들을 보면서 그림책의 어느 장면에서 봤던 낱말인지 매칭하며 읽어요.
  "벌레는 어디서 나왔지? (그림책을 살펴보면서) 개똥벌레 할 때 벌레였네."

- 같은 모양의 자음끼리 같은 색으로 색칠해요.
  "낱말들 좀 봐. 모음은 검은색으로 색칠되어 있는데, 자음은 색칠되어 있지 않네. 우리가 직접 색칠해 주자. 같은 소리가 나는 자음끼리 같은 색으로 색칠하면 돼. '벌레'의 '비읍'은 무슨 색으로 색칠할래? 좋아, 비읍은 모두 파란색으로 색칠하자. 벌레의 '비읍'처럼 또 비읍이 들어가는 낱말은 어디 있을까? 거북할 때 '북'에도 비읍이 들어가네."

- 검은색으로 색칠된 모음에 관해서도 이야기 나누며 자음과 모음의 차이에 대해 알아볼 수 있어요.
  "모음들은 검은색인데, 자음들은 모두 알록달록 색칠했네. 자음이랑 모음은 어떻게 달라? 모음들은 모두 길쭉길쭉 막대처럼 생겼네."

- 음절 단위의 소릿값 차이에 주목해요. '밥, 발, 바'와 같이 받침의 유무와 받침의 변화에 따른 소리의 변화에도 관심을 가질 수 있어요.
  "'바'에 어떤 받침이 오는지에 따라서 소리도 달라지고 뜻도 달라지네. '바'에 비읍이 붙으면 밥! '바'에 리을이 붙으면 발!"

벌레	거북	등	도막
뱀	바람	바늘	밤
불	우물	구슬	나무
바다	오리	발	물

이런 그림책도 읽어 봐

★ 이 상한 도서관장의 이상한 도서관 윤여림 글·그림 | 천개의바람 | 2019

윤여림 작가의 말놀이 그림책 중 띄어쓰기에 대해 다루고 있는 그림책이에요. 띄어쓰기에 따라 뜻이 전혀 달라지는 재미를 담고 있지요. 띄어쓰기에 따라 뜻이 달라지는 나만의 문장을 만들어 보는 활동으로 놀이를 확장해 보세요.

★ 흉내쟁이 동물들 시미즈 글·그림 | 최경식 옮김 | 주니어RHK | 2024

그림책 표지를 가만히 들여다 보세요. 당근인 줄 알았는데 자세히 보니 토끼랑 개구리네요. 다양한 모양을 흉내 내고 있는 동물 친구들을 만나보세요. 그림책에 등장하는 동물 친구들처럼 직접 몸으로 흉내 내며 읽어요. 그림을 관찰하고 이를 몸으로 표현해 보는 과정을 통해 관찰력, 집중력, 표현력을 기를 수 있어요.

★ 너도 찾았니? 시미즈 글·그림 | 김숙 옮김 | 북뱅크 | 2022

동물 친구들이 음식으로 변신했어요. 오므라이스처럼 생겼지만 자세히 살펴보면 새 친구들이지요. 시미즈 작가의 시리즈 그림책 『또! 너도 찾았니?』, 『다시! 너도 찾았니?』도 함께 읽어 보세요. 그림을 살펴보며 새롭게 합성어를 만들어 이름을 붙여 볼 수 있어요. 빨강, 노랑, 초록 새가 오므라이스처럼 보이니까 빨노초 오므라이스는 어때요? 나만의 이름을 기발하게 만들어 주세요.

★ 우다다다, 달려 마을! 야둥 글 · 마이크 샤오쿠이 그림 | 류희정 옮김 | 한림출판사 | 2021

우다다다 달리다가 쾅 하고 부딪히면 새로운 모습으로 변신해요. 선인장과 생쥐가 달려가다가 부딪히면 고슴도치가 되고, 숟가락과 빗이 부딪히면 포크가 되지요. 합쳐져서 새롭게 만들어진 것들에 대해 합성어를 만들어 주세요. 두 가지가 합쳐지면 어떻게 변신할 것 같은지 추측하며 읽을 수 있어요. 수탉과 부채가 뛰어오다가 부딪히면 무엇이 될까요?

★ 꿀떡을 꿀떡 윤여림 글 · 오승민 그림 | 천개의바람 | 2017

윤여림 작가의 말놀이 그림책 시리즈 중 하나예요. 동음이의어를 주제로 하는 그림책을 읽으며 소리는 같지만 뜻은 다른 단어들에 대해 알아볼 수 있어요. 틀리기 쉬운 말을 다룬 『항아리산 너머 훌쩍 넘어』, 띄어쓰기를 다룬 『이 상한 도서관장의 이상한 도서관』, 속담을 다룬 『말이 씨가 되는 덩더꿍 마을』도 함께 읽어 보며 우리말의 재미를 느껴 보세요.

물꼬

글 안도현
그림 온수
펴낸 곳 바우솔(풀과바람)
출간 2024
주제 논과 밭

 책 소개

이 책은 안도현 시인의 동시 그림책이에요. 할아버지와 함께 사는 어린 손자는 비 오는 날 할아버지가 논으로 '물꼬'를 보러 나가신다는 말에 온종일 그 낯선 단어의 의미를 궁리해요. 처마 밑에서 할아버지를 기다리며 '물꼬'의 뜻을 이리저리 상상하는 아이의 모습이 따뜻하게 그려져 있어요. 간결한 시어를 통해 아이와 어른이 함께 순우리말 어휘를 익히고, 농사와 관련된 지식을 자연스럽게 배울 수 있어요.

이렇게 읽어 주세요

표지 펼쳐 읽기

그림책의 앞뒤 표지는 하나의 연결된 그림으로 되어 있는 경우가 많아요. 그림이 하나로 보이도록 표지 양쪽을 활짝 펼쳐 보세요. 양쪽이 연결된 하나의 그림을 보며 책의 내용을 미리 유추해 볼 수 있어요. 주인공 아이를 관찰하거나 제목인 『물꼬』를 재미있게 발음하며 책에 호기심을 가질 수 있어요.

- 이 친구는 누구일까? 어린아이가 처마 밑에 앉아 물웅덩이를 차고 있어. 지금 비가 오고 있나 봐.
- 친구의 기분이 어때 보여? 왜 여기서 이런 표정을 짓고 있을까?
- 이 친구 옆에 가서 같이 앉으면 어떤 소리가 들려올까? 비가 내리니 춥진 않을까?
- 표지에 쓰여 있는 '물꼬'는 무슨 말일까? 누구 이름일까? ○○를 물꼬야! 하고 부르는 말일까? 도대체 이게 뭘꼬?

빗소리 들으며 읽기

이 책은 비 오는 날 빗소리를 들으며 읽기 좋아요. 창문을 살짝 열어 빗소리를 들으며 읽거나, 빗소리 효과음을 배경음악으로 틀어 활용하세요. 특히 '처마 밑 빗소리' 같은 소리로 배경음악을 함께 들으면 주인공 아이처럼 처마 밑에 앉아 있는 듯한 기분을 느낄 수 있어요.

- 책에 들어간 것처럼 우리도 빗소리를 들으며 읽어 볼까? 어떤 음원을 선택하면 좋을까?
- 실제로 비가 오는 소리를 녹음한 음원을 들어볼까? 천둥번개가 치는 날의 빗소리를 틀어볼까?
- 처마 밑으로 비가 떨어지는 소리를 들으며 읽어 보면 어떨까? 빗소리를 들으니 어떤 기분이야?

텍스트가 없는 장면 그림 읽기

책의 중반부에는 글 없이 물방울이 여러 모양으로 변하는 그림만 나오는 장면이 있어요. 이 장면에서는 아이가 '물꼬'의 뜻을 활발하게 유추하는 모습이 담겨 있어요. 주인공 아이의 기분을 상상하며 효과음이나 혼잣말을 흉내 내며 '물꼬'가 무엇일지 예측하며 읽어 보세요. 상상의 나래를 펼칠 수 있을 거예요.

- 물방울들이 어떻게 변하고 있어? 어떤 모양이 나왔지? 개구리, 새, 당근, 무당벌레!
- (주인공 아이의 표정을 따라 하며) 정말 이 그림 속에 '물꼬'의 정답이 그려져 있을까?
- 여기 있는 물방울 그림 중 정말 '물꼬'와 가장 비슷한 건 무엇일까?

문해력 키우는 상호작용

음운론적 인식

이 책의 핵심 단어인 '물꼬'의 '꼬'를 강조하며 읽어 주세요. '꼬'로 시작하는 단어를 찾아보며 말놀이로 확장할 수도 있어요. 주인공이 '물꼬'의 뜻을 고민하는 과정에서 자연스럽게 '꼬'로 시작하는 다양한 단어들을 떠올려요. 이때 문장을 읽으면서 글자 '꼬'를 손가락으로 짚으며 말소리를 강조해 읽어 주세요. '꼬'라는 글자의 모양과 소리에 익숙해질 수 있어요. '꼬'로 시작하는 또 다른 재미있는 의성어, 의태어도 떠올려 볼 수 있어요.

- (글자 '꼬'를 손으로 짚어 강조하며) 물꼬는 내 머릿속에서 개구리처럼 꼬~륵거리기도 하고, 고양이처럼 꼬리를 치켜 올리기도 했다.
- 또 어떤 '꼬'가 있을까? '물꼬'는 물고기처럼 꼬물꼬물, 배고플 때처럼 꼬르륵 꼬르륵 거리기도 했다.

- ○○이는 '물꼬'라는 말을 들으니 닭처럼 꼬끼오~하는 소리가 들리는 것 같았구나.

어휘력

안도현 시인은 뒷면지에 '물꼬'의 사전적 정의를 적어 두었어요. '물꼬'는 논에 물이 넘어오거나 나가도록 만드는 좁은 길을 뜻해요. 과거에는 비에 의존해 농사를 지었기 때문에 물양을 조절하는 것이 중요했어요. 농부들은 하루에도 몇 번씩 물꼬를 확인했다고 해요. 하지만 농사일을 경험해 본 적 없는 아이들은 이런 설명도 쉽게 와닿지 않을 수 있어요. 물꼬 사진을 찾아 손으로 따라 그려보거나 '물꼬'를 거꾸로 읽으며 말놀이하면 의미를 더 쉽게 이해할 수 있어요.

- 여기 물꼬의 뜻을 작가님이 적어 두셨네. 물꼬는 논에 물이 넘어오거나 나가도록 만든 좁은 길을 말한대.
- 물꼬를 거꾸로 읽으면 '꼬물'이 되네! 물꼬물꼬 꼬물꼬물~ 엄마는 이제 물꼬를 꼬물이라고 불러볼래.
- 물꼬 사진을 한번 볼까? 이렇게 논 한 가운데에 물이 나가는 길이 '물꼬'야. 우리도 그림으로 따라 그려 볼까?
- 모래놀이로 물꼬를 만들어 볼까? 이곳을 논이라고 하고 논 가운데로 물길을 만들어 보자.

이야기 이해력

이야기를 더 깊이 이해하고 감상할 수 있도록 하려면 주인공 어린이의 생각과 감정에 관한 질문을 던져보세요. 인물의 입장이 되어서 생각하면 인물의 행동과 감정에 더 깊이 공감할 수 있고, 이야기의 흐름에 몰입하며 더욱 생동감 있게 읽을 수 있어요.

- 아이는 왜 곧장 할아버지께 '물꼬'의 뜻을 묻지 않았을까? 할아버지와 많은 이야기를 나눠본 적이 없는 걸까? ○○이는 할아버지와 이야기를 나눠본 적 있니? 할아버지께 궁금한 점을 물어본 적 있니?
- 내가 이 친구라면? 지금 할아버지를 따라 물꼬를 보러 간다면 어떤 일이 생길까?
- 할아버지는 왜 어깨가 젖은 채로 돌아오셨을까? 할아버지의 표정이 어때 보여? 피곤해 보이는 느낌이 들었구나. '물꼬'를 살피는 일이 쉽지 않았던 것처럼 보이지?

생각을 키우는 질문

- [ ] 할아버지가 물꼬를 보러 간다는 말을 듣고 어떤 생각이 떠올랐어? '물꼬'라는 단어를 처음 들었을 때 어떤 뜻일 거라고 생각했어?
- [ ] 우리 집 근처에 물꼬를 볼 수 있는 논이 있을까? 한번 직접 찾아보자.
- [ ] 이 책의 글은 시인이 쓴 동시야. 시에는 특별한 리듬과 운율이 담겨 있어. 그래서 시를 읽을 때는 '낭송'한다는 표현을 써.
- [ ] 낭송은 맑고 아름다운 목소리로 노래하듯 읽는다는 뜻이야. 우리 이 시구를 낭송할까? 엄마가 먼저 읽을게 ○○이도 따라 해 볼래?

'물꼬' 미로 찾기

꼬불꼬불한 미로를 지나 물꼬를 찾아보자.

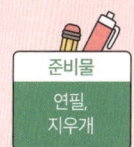
준비물
연필, 지우개

- 주인공 아이가 할아버지가 계신 물꼬의 위치를 찾고 있어요. 아이와 함께 출발점과 길 끝의 도착지에서 '물꼬' 팻말을 확인해요.

    "여기 주인공 친구가 왜 집 밖에 나와 있을까? 맞아! 친구는 직접 물꼬가 무엇인지 보러 나왔대. 우리가 할아버지가 계신 물꼬의 위치를 알려주자. (도착점을 가리키며) 여기가 바로 할아버지가 계신 곳! 물꼬가 있는 곳이지."

- 미로 찾기를 그리며 도착지에 도달해요. 색연필이나 사인펜 대신 연필로 미로의 뚫린 길을 찾아다녀요. 그래야 길을 잘못 들어설 때 지우개로 지우고 다시 길을 찾을 수 있어요.

    "자, 우리 연필로 길을 찾아보자. 혹시나 길이 막히더라도 괜찮아. 지우개로 지우고 다시 길을 찾으면 돼. 먼저 오른쪽으로 출발해 볼까?"

- 도착점에 도착하면 할아버지를 만난 친구의 기분이 어떨지 상상해 볼 수 있어요. 팻말에 '물꼬'라는 글씨를 따라 적으며 마무리해요.

    "드디어 도착! 할아버지를 만난 친구의 마음이 어땠을까? 비 오는 날 물꼬를 보면 어떤 모습일까? 할아버지는 물꼬를 찾아온 친구를 보고 깜짝 놀라셨겠지? 할아버지는 어떤 말씀을 하셨을까?"
    "우리 친구가 다시 물꼬를 또 찾아올 수 있도록 이 팻말에 '물꼬'라고 써 주자. 이 팻말을 본다면 또 물꼬를 찾아올 수 있겠지? ○○이가 한번 써 볼래?"

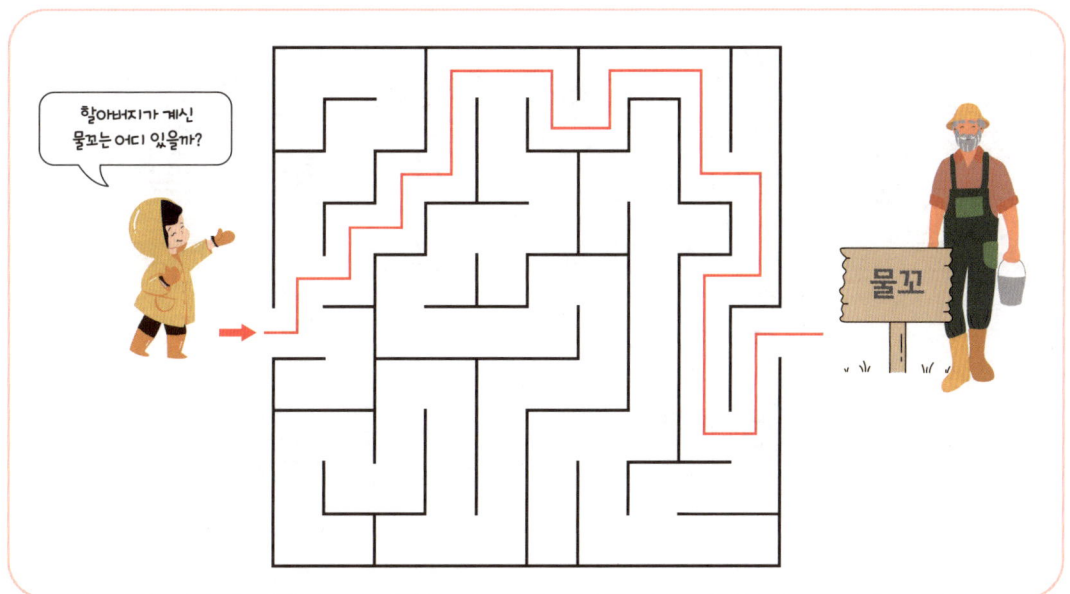

단어 주사위 놀이

주사위 두 개를 던져 '물+꼬'라는 단어가 나오게 해 보자.

- 이 책의 핵심 단어 '물꼬'는 '물'과 '꼬'의 복합어예요. 이 단어를 더 잘 이해할 수 있도록 복합어의 특징을 쉽게 풀어 설명해요.

  "물꼬라는 말은 '물'과 '꼬'가 합쳐진 말이래. '물'은 흐르는 물을 말하고 '꼬'는 길을 의미한대."

- 주사위 도안을 접어 붙여서 두 개의 주사위를 완성해요. 하나는 '물'이 적힌 주사위, 다른 하나는 'ㄱ'으로 시작하는 글자 주사위에요. 두 개를 동시에 던져 '물꼬'라는 단어를 만들어 봐요.

  "이 주사위에 하나는 물, 다른 하나엔 'ㄱ'으로 시작하는 다른 글자들이 적혀 있대. 이 두 주사위를 던져서 누가 먼저 '물꼬'라는 단어를 만들어 내는지 해 볼까?"

- 주사위 두 개를 던지며 나오는 다양한 단어들을 보며 또 다른 단어(물길, 물기, 물결, 물가)의 의미를 함께 알아볼 수 있어요.

  "엄마가 던진 주사위에선 '물'과 '기'가 나왔네. '물기'라는 단어는 무엇을 의미할까? 젖은 수건을 만져보면 알 수 있을 것 같은 느낌이야. 물이 촉촉하게 묻어 있다는 뜻이래."

───── 자르는 선
┈┈┈┈┈ 접는 선

주사위 1

주사위 2

동시 빈칸 채우기

동시의 빈칸에 '물꼬'를 따라 써 보자.

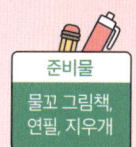
준비물
물꼬 그림책, 연필, 지우개

- 그림책에 제시되었던 글 텍스트를 동시로 읽고 시의 운율과 리듬을 느끼며 동시의 형태에 친숙해져요.
  "이 책에 있는 글은 원래 동시로 쓰여 있었대. 동시로 보면 어떤 느낌이 들어? 책으로 읽을 때와 이렇게 동시로 된 글을 읽을 때, 어떤 점이 다를까?"

- 동시 속 빈칸에 들어갈 '물꼬' 글자를 쓰면서 '물꼬' 단어의 글자 모양을 반복적으로 익혀요.
  "우리 동시 속 빈칸을 한번 채워 보자. 빈칸 동그라미가 두 개씩 있네. 물꼬는 글자 두 개가 합쳐져 있는 단어라 그런가 봐."

- 동시를 모두 채워 넣은 후 단어 '물꼬' 단어가 나올 때마다 엄마와 아이가 음절 수에 따라 손바닥을 두 번씩 마주치며 읽어 보세요.
  "우리 이제 완성된 동시를 읽어 보자. '물꼬'라는 단어가 나올 때마다 우리 같이 손뼉을 쳐볼까? '물꼬'는 글자 두 개가 합쳐져 있으니 손뼉을 두 번씩 치면 되겠다!"

물꼬

안도현

한 달 만에 오는 비라고
할아버지 삽 들고 논에 나가신다.
물 꼬 보러 간다 하신다
나는 혼자 물 꼬 를 생각했다
물 꼬, 물 꼬 자꾸 생각하니까
물 꼬 는 내 머릿속에서
개구리처럼 꼬르륵거리기도 하고
고양이처럼 꼬리를 치켜올리기도 했다
나는 결국 아무것도 알지 못하게 되었다
논에서 돌아오신 할아버지 우의를 입었는데도
양쪽 어깨가 다 젖었다
눈썹에도 빗방울이 대롱대롱 달렸다
나는 물 꼬 에 대해 묻지 않았다
나 혼자 알아내고 말 거야
논에 물 꼬 를 보러 갔더니
비가 백만 원어치나 왔더라
할아버지는 시원하다며 몹시 좋아하셨다
물 꼬, 물 꼬 가 뭐기에
나는 물에도 똥꼬가 있나, 하고
처마 끝 빗줄기를 오래 바라보았다

출처: 물꼬, 안도현, 바우솔(풀과바람), 2024

 • 이런 그림책도 읽어 봐 •

⭐ 모모모모모 밤코 글·그림 | 향 | 2022(리커버판)

농부 아저씨가 벼농사를 지으며 보내는 사계절을 간결한 의태어와 의성어로 담은 그림책이에요. 농부의 한 해 일과를 간결한 말놀이와 현대적인 그림체로 표현했어요. 그림책 속 글자를 돌려 가며 말놀이를 해 보세요. '모모모모모'를 돌리면 '머머머머머'가 돼요. '벼벼벼벼벼'를 뒤집으면 '뚀뚀뚀뚀뚀'가 되고, '욤욤욤욤욤'은 '뭉뭉뭉뭉뭉'으로 변하는 모습을 볼 수 있어요.

⭐ 알레나의 채소밭 소피 비시에르 지음 | 김미정 옮김 | 단추 | 2017

잡초로 뒤덮였던 밭이 알레나 아주머니의 손길로 변화하는 과정을 그린 그림책이에요. 씨앗을 뿌리고 새싹이 돋아난 뒤, 수확한 채소가 시장을 거쳐 식탁에 오르는 과정을 보여줘요. 마트에서 채소를 구입할 때 우리가 먹는 채소가 어디에서 왔는지 살펴보세요. 생산자와 작업장을 찾아보며 채소를 길러 준 분께 감사하는 마음을 가져요.

⭐ 텃밭에서 놀아요 보리 글·느림 그림 | 보리 | 2023

이랑이는 사계절 내내 할머니와 텃밭을 가꾸며 농사를 배워요. 씨앗을 뿌리고, 계절과 날씨에 따라 무럭무럭 자라는 농작물의 모습을 생생하게 담았어요. 책에 제시된 다양한 식물의 이름을 가지고 낱말퀴즈를 할 수 있어요. '명아주', '쇠비름', '달개비', '바랭이' 같은 다양한 풀의 이름을 익히고, 24절기 이름을 문제로 내 볼 수도 있어요. 감자를 '파근파근'하게 쪄 먹는다는 등의 재미있는 의태어 표현도 활용해 보세요.

⭐ 고라니 텃밭 김병하 글·그림 | 사계절 | 2013

김 씨 아저씨의 밭에 고라니가 침입해 농작물을 망쳐 놓았어요. 하지만 새끼를 데리고 온 고라니 가족을 본 아저씨는 결국 고라니를 위한 별도의 텃밭을 만들어줘요. 작가가 직접 겪은 실화를 바탕으로 한 그림책이에요. 뉴스에서 이렇게 고라니가 밭으로 내려온 신문 기사나 사례뉴스 내용문을 찾아 읽어 보세요. 실제 이야기를 접하면 책 속의 내용이 더 현실적으로 다가올 거예요.

⭐ 아그작아그작 쪽 쪽 쪽 츠빗 츠빗 츠빗 유현미 글·그림 | 논장 | 2023

일기장처럼 날짜를 기록해 텃밭의 제철작물과 자연의 변화를 담은 시 그림책이에요. 아름다운 시어와 의성어·의태어를 활용해 한 해의 텃밭 풍경을 감성적으로 묘사하고 있어요. 다양한 의성어·의태어 표현을 찾아 소리 내 보세요. '아그작 아그작'은 당나귀가 양배추를 씹는 소리, '츠빗 츠빗'은 겨울새가 지저귀는 소리예요. 말소리를 동작과 소리로 표현하면 단어의 의미를 더욱 오래 기억할 수 있어요.

우리 가족 말사전

글 감성은
그림 이명환
펴낸 곳 봄개울
출간 2023
주제 소통

 책 소개

이 책은 가족끼리 주고받는 말들을 사전형식으로 소개하는 그림책이에요. 각 단어가 어떤 상황에서 사용되었는지, 가족의 추억과 함께 담아내요. 그림에는 글에 없는 가족들의 모습과 대가족이 함께 살던 주택 공간이 실감 나게 그려져 있어요. 시간이 흘러 성인이 된 아이들이 다시 할아버지 댁을 찾았을 때, 치매로 기억이 흐려진 할아버지는 한쪽 양말만 신은 채 대추나무 아래에서 졸고 계셨어요. 대추가 주렁주렁 열린 나무 아래 가족들이 다시 모이고, 주인공이 대추 열매를 주워 할아버지 손에 올려드리자 할아버지가 활짝 웃으시는 모습으로 이야기가 마무리돼요. 글과 그림을 자세히 볼수록 가족 간 애틋한 정을 느낄 수 있고, 말이 단순한 의사소통 수단이 아니라 가족의 마음을 이어 주는 것임을 깨닫게 해요.

이렇게 읽어 주세요

표지 읽기

표지를 자세히 살펴보면 주인공과 가족들이 제목 글자를 꾸미고 있는 모습이 보여요. 뒤표지에는 본문에 나오지 않는 가족사진도 한 컷 등장해요. 표지에 있는 그림을 보며 어떤 이야기가 펼쳐질지 떠올려 볼 수 있어요.

- 표지를 한번 보자. 어떤 색깔과 그림이 보이니? 여기 어떤 여자아이가 빨간 색연필을 들고 글씨를 쓰고 있어.

그리고 여기 엄마, 아빠도 계시는구나. 이 가족들의 이야기가 궁금하다. 우리 가족은 함께 있을 때 어떤 모습일까?
- 뒤표지에 가족사진이 있네. 이 가족은 사진 찍을 때 '딸기'라고 한 대. 우리는 뭐라고 말하지? '치즈' 하고 말하지.
- 그러고 보니 여기 책등에도 제목이 쓰여 있어. 제목 뒤로는 딸기 그림이 그려져 있네. 그러고 보니 제목 글자도 딸기처럼 빨간색이야. 왜 빨간색으로 표현했을까? ○○이는 가족들이 서로 뜨겁게 사랑하는 마음을 표현한 것 같구나.

공감하며 읽기

이 책에는 아빠가 퇴근하고 집에 돌아온 기쁜 순간부터 할머니 할아버지와 헤어지는 아쉬운 장면까지 가족들이 겪는 다양한 순간이 담겨 있어요. 우리 가족의 경험을 떠올리며 느껴지는 감정을 나눠보세요.
- 아빠가 일을 마치고 오셨나 봐. '라나타나 라나타나' 하니까 아빠가 정말로 나타났네! ○○는 엄마나 아빠가 이렇게 저녁에 퇴근하고 오는 순간 어떤 기분이 들어?
- 함께 살던 가족과 헤어지는 날은 모두 아쉽고 슬펐겠지? 아빠가 출장으로 멀리 가실 때 헤어지는 기분이 어땠어?
- 맛있는 반찬이 없을 때 왜 개구리 반찬이라고 할까? ○○이는 맛있는 반찬이 있는 날은 어떤 생각이 들어? 그럼 맛있는 반찬은 무슨 반찬이라고 하면 좋을까?

그림 읽기

그림을 자세히 보면 쉽게 지나칠법한, 글에 언급되지 않은 많은 이야기가 숨겨져 있어요. 우리가 이야기에 연결하지 못한 그림 읽기를 하며 내용이 있는지 자세히 살펴보세요.
- 이 가족들은 저녁으로 무얼 먹을 것 같아? 그래, 아빠 손에 들려 있는 피자를 다 같이 먹으려나 봐. 할머니 할아버지는 벌써 앞접시를 가지고 오셨네. 누가 가장 신나 보여? 춤추는 아이들을 보니 아이들이 피자를 먹고 싶어 했나 봐.
- 여기 공항 그림이 그려져 있어. 국제선이 그려져 있네. 혹시 남매가 외국에서 공부하다 온 것일까?
- 마지막 장면에 할아버지가 웃고 계시네. 손을 자세히 봐! 손녀딸이 할아버지 손에 올려드린 대추 열매가 보이니?

문해력 키우는 상호작용

음운론적 인식
책 속에는 가족들이 만들어 낸 독특한 단어들이 등장해요. 단어에서 운율이나 리듬이 살아 있는 표현을 찾아보고 반복되는 소리를 놀이처럼 반복해 보세요. 이로써 자연스럽게 음운의 패턴을 익히며 말의 즐거움을 경험할 수 있어요.

- (주문을 외우는 듯한 말소리로) '라나타나 라나타나'. 이 말은 '나타나라 나타나라'를 거꾸로 한 말인 것 같지? 여기에 똑같은 글자가 두 번이나 나오네. 맞아 '나'가 두 번이나 나오는구나!
- (아기를 달래주는 모습을 따라 하며) '띠용~'이 말을 빠르게 해 보면 어떻게 될까? '뚱뚱뚱'이 되겠네. 우리도 따라 해 보자.
- '별일 달일'에서는 '일'이 두 번이나 나오네. 엄마가 '별일?' 하면 ○○이는 '달일~' 하고 대답해 줘. 이번엔 ○○이가 '달일?' 하면 엄마가 '별일~' 하고 대답할게.

어휘력
장면마다 단어로 표현되지 않은 그림들도 특정 단어가 나오지 않은 곳에도 어울리는 단어가 있어요. 그 장면에서 어떤 말을 지어볼 수 있을지 생각해 보세요. 어휘를 창의적으로 만들고 감각적으로 표현하는 방식에 적극적으로 참여할 수 있어요.

- 이 장면에는 특정 단어가 나오지 않았네. 우리가 말을 지어줄까? "할아버지 할머니 보고 싶어요"를 우리만 아는 말로 바꿔준다면?
- (물을 주면 나무가 자라나는 장면에서) 여기 네 개의 그림에서 사계절이 느껴지지? 봄, 여름, 가을, 겨울의 이름을 새로 지어 주자. 봄은 꽃송이, 겨울은 눈송이라고 지어 주고 싶구나.
- 할머니네 다락방 '박쥐 동굴'에서 아이들이 뛸 때 어떤 소리가 났을까? 쿵쿵쿵 쾅쾅쾅. 그럼 아이들이 뛸 때 부르는 이름으로 '쿵쾅이들'이라고 지어줄까?

이야기 이해력
이야기의 마지막 장면에서는 성인이 된 아이들과 백발이 된 할아버지 할머니가 등장해요. 처음과 마지막 장면의 인물들 모습을 비교하며 시간의 흐름에 따라 인물들에게 어떤 변화가 생겼는지 살펴보세요. 가족들의 모습이 달라진 이유를 생각해 보면 이야기의 전체적인 흐름을 이해할 수 있어요.

- 첫 번째 장면과 마지막 장면의 그림을 비교해 보자. 처음 장면에서 아이들은 몇 살쯤 되어 보여? ○○이처럼 6~7살쯤 되어 보이지. 그런데 마지막 장면에서는 키가 아주 큰 어른처럼 보이지? 이제는 몇 살이 되었을까? 성인이 된 아이들이 나오기 전에 왜 국제선 공항 모습이 나왔을까? 아이들은 외국에서 살다 온 것일까? 아니면 해외여행을 다녀온 걸까?
- 엄마 아빠의 머리카락도 조금은 흰머리가 자라났네. 마지막 장면의 엄마 아빠는 몇 세쯤 되었을까?
- 할아버지 할머니의 모습도 달라졌어. 머리카락이 까맣던 할아버지 할머니도 새하얀 흰머리가 가득해졌구나. 이렇게 오랜시간이 흐르는 동안 가족들은 어떤 추억들을 함께 쌓았을까?

생각을 키우는 질문

- ☐ 할머니 할아버지가 살던 이 집은 주소가 어디쯤 될까? 이곳은 어떤 마을일까? 시골일까, 도시일까? 주변에는 무엇이 있을까?
- ☐ 처음에는 할머니 할아버지와 함께 살았는데, 왜 네 식구만 따로 이사하게 되었을까?
- ☐ 할머니 할아버지는 가족이 떠난 후 어떤 기분이었을까? 다른 가족이 이사를 간 후에도 자주 만났을까?
- ☐ 모두가 다시 모인 순간, 가족들은 어떤 감정을 느꼈을까?

나타나라 비밀 단어

색연필로 하트 모양 안에 색을 칠해 어떤 글자가 나오는지 찾아보자.

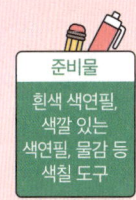

준비물
흰색 색연필, 색깔 있는 색연필, 물감 등 색칠 도구

- 책에서 나온 단어들이 하트모양 안에 옅은 글자로 쓰여 있어요. 어떤 단어들이 숨겨져 있을지 단어를 읽어 보며 뜻을 떠올려 보세요.

  "이 하트 안에 글자가 아주 희미하게 보이지? 하트 모양 안에 책 속에 나온 단어들이 비밀처럼 희미하게 쓰여 있네. 어떤 단어들이 있는지 읽어 보자. '별일달일'은 어떤 뜻이었지?"

- 하트 모양 안의 비밀 글자를 따라 쓴 뒤 하트 모양 안을 옅게 색칠하면 비밀 단어가 잘 드러나게 된다는 점을 이야기해 줘요.

  "이 하트 모양 안에 하얀색 색연필(크레파스)로 글씨를 따라 쓰고 색깔을 칠해 보자. 어떤 하트 모양을 먼저 해 볼까? 가장 작은 모양을 칠해 보자. 가장 작으니까 제일 짧은 말이 나올 것 같구나. 정말 제일 작은 하트 안에는 글자 수가 가장 적게 들어가 있네."

- 드러나는 비밀 글자를 보며 말의 뜻을 회상해 보세요.

  "와 색칠해 보니 '방귀' 글자가 더 선명하게 나오네. 이 말은 언제 쓰는 말이었지? 맞아, 동생이 엄마 뱃속에 있을 때 부르는 말이었지. 다음엔 또 어떤 하트를 고를까?"

사다리 타기 퀴즈

가족과 함께 사다리 타기로 퀴즈를 맞혀 보자.

준비물
연필, 지우개

- 사다리 타기 활동을 설명해 주세요. 가족과 함께하면 좋아요.

  "이 사다리 타기는 어떤 활동일까? 출발지에는 다섯 개의 그림이 있네. 그림을 하나씩 골라서 사다리를 타고 내려가면 퀴즈가 나온대. 퀴즈 아래에 정답을 생각해서 쓰는 거야. 그럼 먼저 ○○이가 골라 보자. 어떤 모양에서 출발할지 선택해 줘! ○○이는 해님을 선택했구나. 그럼 엄마는 별을 고를게. 아빠와 동생들도 함께할 수 있도록 초대해 보자. 아빠와 동생들도 모두 하나씩 선택했어."

- 사다리를 하나씩 타고 도착지를 향해 내려갈 때마다 재미를 더하는 효과음을 내주면서 그려보세요. 활동에 몰입감을 더할 수 있어요.

  "자, 해님 출발합니다. 과연 어디로 도착할까요? (선을 내려갈 때마다) 띠리 띠리 띠로리~ 오! 꼬불꼬불한 물길을 건너요. 드디어 도착했네요."

- 도착한 곳의 문제를 함께 읽고 정답을 맞혀 보세요. 답을 찾지 못하면 누군가 힌트를 주거나, 책을 펼쳐 정답을 찾아보도록 격려해 주세요.

  "해님이 도착한 곳의 정답은 무엇일까? 더 자세히 얘기해 달라고 할 때 어떤 말을 쓴다고 했지? 힌트! 이 말은 엄마가 물어볼 때 쓰는 말이었어. 맞아, '그래서? 그래서?'였지. 네모 칸에 정답을 적으면 돼."

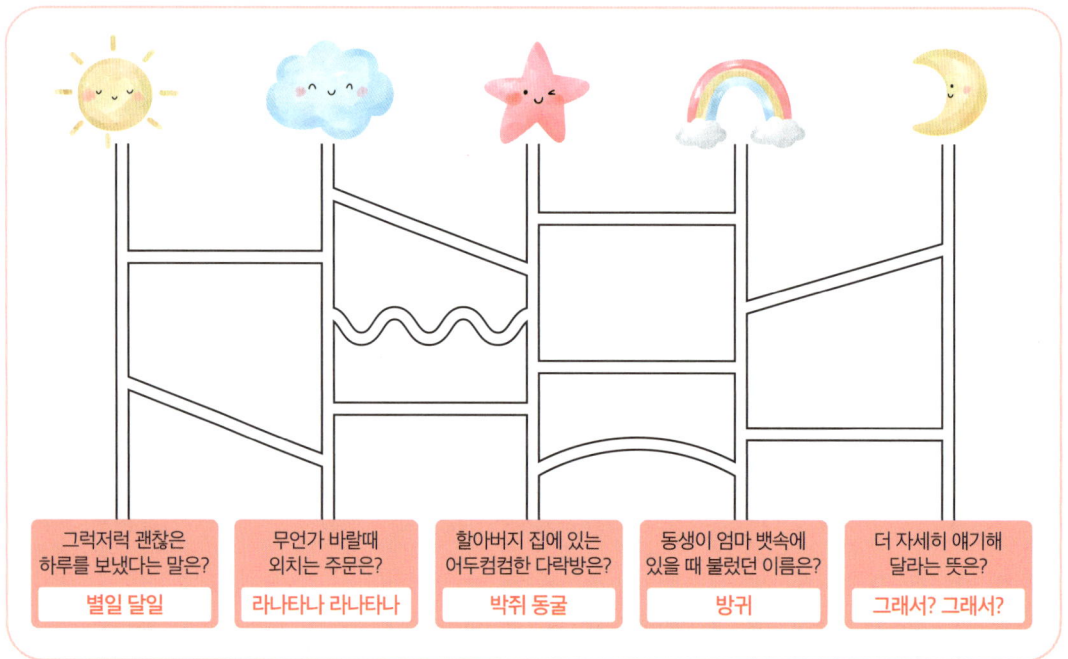

우리 가족 말사전

가족끼리 쓰는 말을 떠올려 말사전을 만들어 보자.

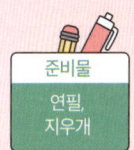
준비물
연필, 지우개

- 우리 가족이 자주 쓰는 말을 떠올려 보세요. 아이와 함께 대화하면서 자연스럽게 우리 가족이 자주 쓰는 말을 떠올리게 도와주세요. 아이가 생각해 내기 어려워하면 엄마 아빠의 경험을 이야기하며 떠올릴 수 있도록 도와요.
  "우리가 맛있는 음식을 먹을 때 어떤 말을 제일 많이 하지? 엄마는 '으음~' 소리가 나오던데. 아빠는 엄지손가락을 펼칠 때가 많았지. 할머니는 우리를 만날 때 어떤 말을 제일 많이 하셨어? ○○이는 할머니가 '밥 먹어라'고 하는 모습이 기억났구나."

- 빈칸을 채워보며 말사전을 작성해 주세요. 글씨를 쓰는 과정에 부담을 느끼지 않도록 엄마가 글자 모양을 쉽게 풀어 설명해 주세요. 그림이나 기호를 함께 적는 방법도 좋아요.
  "맛있는 음식을 먹을 때 '엄지척'이란 말을 만들고 싶구나. 여기 빈칸 채워 볼까? 엄마의 '엄'이랑 똑같은 글자로 시작하네. '어'에 'ㅁ' 받침을 쓰면 '엄'이 되지. ○○이가 엄지척 단어 옆에 엄지 모양을 그려두었구나. 엄지 모양을 보니 더 잘 기억할 수 있겠다."

- 완성된 말사전을 읽어 보며 프린트해서 가족이 잘 볼 수 있는 곳에 두거나, 상황에 맞게 쓰는 연습을 해봐요.
  "드디어 우리 가족만의 말사전이 완성되었어. 이 사전은 엄마가 프린트해서 잘 보이는 곳에 붙여 둘게. 이런 상황이 생기면 함께 말을 외쳐 보자."

1. _____예) 엄지척_____ : 맛있는 음식을 먹었을 때 하는 말
2. _____ : 내가 뱃속에 있었을 때 부르던 말
3. _____ : 힘든 하루를 보냈을 때 하는 말
4. _____ : 새로운 것을 알았을 때 하는 말
5. _____ : 신나는 음악을 틀었을 때 하는 말
6. _____ : 기분이 좋지 않은 날이라는 말
7. _____ : 행운이 있었던 날이라는 말
8. _____ : 사고 싶은 물건이 생겼을 때 하는 말
9. _____ : 할머니가 가장 많이 하는 말
10. _____ : 어딘가 놀러가고 싶을 때 하는 말

이런 그림책도 읽어 봐

⭐ 아빠, 나한테 물어봐 버나드 와버 글·이수지 그림 | 이수지 옮김 | 비룡소 | 2015

아빠와 딸이 함께 산책하며 대화를 나누는 이야기에요. 딸은 온종일 "아빠, 나한테 ~을 물어봐!" 하며 자신의 이야기를 들려주고 싶어 해요. 아빠와 딸이 나누는 다양한 대화 소재와 다정한 소통방식을 보여줘요. 아빠와 서로 궁금한 점을 묻는 '인터뷰 놀이'를 해 보세요. 책 속 질문을 참고하면 더 흥미롭게 이야기를 나눌 수 있어요.

⭐ 이파라파냐무냐무 이지은 글·그림 | 사계절 | 2020

까만 털숭숭이가 '이파라파 냐무냐무'라고 하자, 마시멜롱들은 자기를 잡아먹겠다는 뜻으로 오해해 내쫓으려 해요. 하지만 이 말은 "이빨 아파 너무너무"라는 뜻이었어요. 오해가 풀린 마시멜롱들은 털숭숭이의 이빨 치료를 도와줘요. 이렇게 한글은 소리 나는 그대로 쓰면 원문장과는 다른 글자가 돼요. 소리 나는 대로 쓴 글을 보고 원래의 문장을 맞춰 보는 게임을 해 보세요. 음운 변동을 게임처럼 쉽게 경험하며 한글의 재미를 느낄 수 있어요.

⭐ 개씨와 말씨 오소리 글·그림 | 이야기꽃 | 2023

개씨와 말씨는 만나기로 했지만, 중요한 순간에 연락하지 못해 다른 창문 앞에서 엇갈린 채 서로를 기다려요. 어렵게 만난 둘은 동물 소리로 대화하며 오해를 풀고, 동물 소리로 감정을 표현하며 대화하는 이야기에요. 동물 소리의 의미를 번역해 주는 유머가 돋보이지요. 개와 말이 되어 동물들의 감정표현 소리를 흉내 내보세요. 말소리를 다양한 소리로 전환하며 말의 뉘앙스와 감정을 담아 표현하는 연습이 될 수 있어요.

⭐ 근데 그 얘기 들었어? 밤코 글·그림 | 바둑이하우스 | 2018

새로 이사 온 친구의 생김새를 보고 동물 친구들이 소문을 내기 시작해요. 이야기가 전해질 때마다 내용은 점점 달라지고 결국 처음과 전혀 다른 이야기가 되어버려요. 소문이 잘못 퍼지는 과정과 올바른 소통의 중요성을 자연스럽게 배울 수 있어요. 책을 읽은 뒤 친구나 가족과 함께 '말 전달 놀이'를 해 보세요. 말이 어떻게 변형되는지 경험하며 정확한 소통과 이해의 중요성을 깨달을 수 있어요.

⭐ 잔소리도 어려워 지민희 글·그림 | 걸음동무 | 2024

6살 민준이는 엄마의 잔소리를 잘 듣지 못해요. 빨간 잔소리는 민준이 머릿속으로 들어가려 하지만, 그의 바쁜 생각들 사이를 피해 겨우 도달하지요. 엄마와 아이가 서로의 마음을 헤아리며 더 나은 소통법을 찾는 이야기예요. 다양한 색깔의 잔소리 종이 인형을 만들어 보세요. 색깔별로 다양한 감정을 표현하며 소통의 의미를 시각적으로 경험할 수 있어요. 각 종이 인형에 이름을 붙여 각 잔소리가 전달되는 과정을 떠올리며 상황극을 할 수 있어요.

또드랑 할매와 호랑이

글 오호선
그림 이명애
펴낸 곳 여유당
출간 2024
주제 호랑이

 책 소개

깊은 산골 외딴집에서 또드랑 또드랑 다듬이질하던 할머니 앞에 무서운 호랑이가 나타났어요. 잡아 먹히기 전에 마지막 소원을 빌 기회를 얻은 할머니는 지혜를 발휘해 호랑이를 물리칠 준비를 하지요. 이 책은 옛이야기 '팥죽할멈과 호랑이'를 새롭게 각색한 이야기예요. 옛날 할머니와 아이가 주고받는 대화 형식이 더해진 말놀이를 따라 하다 보면 자연스럽게 음운론적 인식을 키울 수 있어요. 옛이야기의 이야기 구조와 흐름을 이해하며 이야기 이해력도 함께 기를 수 있지요. 할머니의 지혜와 용기, 따뜻한 마음까지 느낄 수 있는 유쾌한 옛이야기 그림책이에요.

이렇게 읽어 주세요

주인공에게 공감하며 읽기

주인공인 또드랑 할매와 호랑이의 감정에 공감하며 읽어요. 또드랑 할매와 호랑이가 겪는 상황과 감정을 아이와 함께 이야기 나누며 타인 공감 능력과 감정 표현 능력을 키울 수 있어요.

- 또드랑 할매 집에 갑자기 커다랗고 털이 북슬북슬한 손이 나타났어. 할매가 '헉' 하고 놀란 것 같아. 만약 ○○라면 어떤 기분이 들었을까?
- 호랑이가 '할매, 오늘은 널 잡아먹겠다'라고 무서운 표정으로 이야기했을 때, 할매가 마지막 소원만 들어주면

유아편 ··· 203

네 밥이 되어도 좋다고 말하면서 예쁜 옷을 지어 입고 예쁘게 죽고 싶다고 했지. 할매가 기막힌 꾀를 냈지? 할매는 어떤 기분이었을까? 무서워하면서도 꾀를 내느라 머리를 열심히 굴리고 있었겠네. ○○이라면 호랑이에게 뭐라고 말했을 것 같아? 다른 꾀를 낼 수도 있었을까? 할매가 '나는 너무 말라서 맛이 없어요'라고 하면 호랑이가 속아 넘어갔을까?

- 호랑이가 할매를 꿀꺽 삼켰다고 생각했는데 갑자기 배 속에서 방망이 두 짝이 또드랑 또드랑 배를 두드렸대. 호랑이는 어떤 기분이었을까? 만약 ○○이가 호랑이라면 어떤 말을 했을 것 같아? '으악, 내 뱃속에서 뭐 하는 거야!'라고 할까?

작가 낭독회 하며 읽기

그림책 작가가 된 것처럼 이야기를 직접 낭독해요. 낭독을 통해 이야기 흐름을 배우고, 감정을 실어 생생하게 읽는 경험을 하며 예비 작가가 되어 보는 경험을 할 수 있어요.

- 오늘은 ○○가 『또드랑 할매와 호랑이』 그림책의 작가가 되어 줘. 『또드랑 할매와 호랑이』를 ○○ 작가님이 직접 낭독해 주실까요? 작가님, 이야기를 시작하기 전에 그림책 소개를 먼저 해요. 첫 장을 넘기며 '옛날옛날에 산골짜기 외딴집에~' 하고 시작해 볼까?

- 호랑이가 '할매 오늘은 널 잡아먹겠다'라고 말할 때는 크고 무서운 목소리로 읽어 볼까?

- 또드랑 할매는 어떤 목소리일까? 느릿느릿 말하면 어때? 할매가 꾀를 낼 때는 어떤 목소리로 읽으면 재미있을까? 조금 능청스럽게 읽어 볼래? 이제 마지막 장면이야. 할매가 불씨한테 '날 좀 도와주렴' 하고 부탁할 때는 간절한 목소리로 읽어야 할까?

- ○○ 작가님, 낭독회가 끝났어요. 작가님은 이 그림책을 읽어 보니 어떤 점이 가장 재미있었나요? 낭독하면서 가장 무서웠던 장면은 뭐였어요?

뒷이야기 꾸미기

그림책의 마지막 장면을 보며 뒷이야기를 상상해요. 자유롭게 상상하며 뒷이야기를 꾸며 보며 이야기 이해력과 상상력을 길러요.

- 호랑이가 불덩이가 되어 죽고 말았어. 또드랑 할매는 호랑이 재를 나무 밑에 뿌려 주면서 언젠가 좋은 모습으로 태어나길 기도했지. ○○이는 어떻게 생각해? 호랑이는 정말 다시 태어났을까? 만약 다시 태어났다면 어떤 동물이 되었을까? 예전처럼 무서운 호랑이일까, 아니면 착한 호랑이일까? 혹시 호랑이가 다른 동물이 되어서 또드랑 할매를 찾아온다면 어떻게 될까?

- 또드랑 할매는 노랑 저고리, 빨강 치마, 분홍 실뭉치랑 까만 구슬을 벽장에 넣어 두었대. 이건 어디에 쓰려고 했을까? 혹시 할매가 호랑이 아닌 다른 동물한테도 잡아먹힐까 봐 대비하려는 걸까? 아니면 예쁜 옷을 만들어서 손녀한테 선물하려는 걸까?
- 마지막 장면에서 할머니가 손녀에게 '이제 네가 이야기할 차례야'라고 말했어. 손녀는 또드랑 할매와 호랑이 이야기를 어떻게 기억했을까? ○○이는 또드랑 할매와 호랑이 이야기를 어떻게 새롭게 꾸며 볼래?

문해력 키우는 상호작용

음운론적 인식

첫소리를 바꿔 말하는 말놀이를 해요. '또드랑 할머니'의 '또드랑'에서 첫소리를 바꿔 보며 음소 단위의 소릿값에 관심을 가질 수 있어요(또드랑 - 꼬드랑, 뽀드랑, 쏘드랑, 쪼드랑).

- 또드랑 할매 이름이 재미있지? '또드랑'에서 첫소리 '또'를 '꼬'로 바꿔 볼까? 그럼 '꼬드랑 할매'가 되네. '또'를 '뽀'로 바꾸면 어때? '뽀드랑 할매', '쏘'로 바꾸면 '쏘드랑 할매', '쪼'로 바꿔 볼래? '쪼드랑 할매'가 되지. 첫소리만 바꿔도 느낌이 달라지네. ○○이가 제일 재미있다고 생각하는 이름은 뭐야?

어휘력

옛이야기 그림책에는 요즘 아이들에게 다소 낯선 옛 물건들이 등장해요. 그림을 보며 옛 물건의 이름과 용도를 함께 이야기해요.

- 옛날에 산골짜기 '외딴집'에 또드랑 할매가 살고 있었대. 외딴집은 어떤 집일까? 외딴집은 마을에서 멀리 떨어진 혼자 있는 집이래. 산속이나 들판에 덩그러니 있는 집을 외딴집이라고 해. ○○이는 외딴집에 혼자 있으면 어떤 기분일 것 같아?
- 또드랑 할머니가 방망이 두 개로 '다듬이질'을 하고 있대. 옛날에는 다리미가 없어서 옷을 다듬이질로 펴고 부드럽게 만들었어. 빳빳한 옷을 부드럽게 만들고 깨끗하게 정리하는 방법이야. 우리도 방망이 두 개로 탁탁 소리 내면서 다듬이질 놀이하자.

이야기 이해력

이 그림책은 액자식 구성(Frame Narrative)으로 이야기 속에 또 다른 이야기가 들어 있는 이중 구조로 되어 있어요. 할머니가 손녀에게 들려주는 이야기가 바깥 이야기, 할머니가 전하는 또드랑 할매와 호랑이 이야기가 안쪽 이야기예요. 이런 구성 방식은 전통적인 옛이야기 느낌을 살리면서 아동 독자가 이야기 속으로 더 몰입할 수 있도록 도와줘요.

- 이 그림책에는 이야기가 두 개 들어 있어. 첫 번째 이야기는 할머니와 손녀의 이야기야. 손녀가 할머니한테 이야기를 듣고 있지. 그럼 할머니가 들려주는 또 다른 이야기는 어떤 이야기일까? 그게 바로 또드랑 할매와 호랑이의 이야기야. 마지막 장면에서 할머니가 손녀에게 이야기를 다 들려주셨어. 손녀는 어떤 표정을 하고 있어? 이야기가 끝났을 때 어떤 기분이었을까?

생각을 키우는 질문

- ☐ 마지막 장면에서 할머니가 손녀에게 "이제 네가 이야기해 보렴" 하고 말씀하셨어. 그다음 손녀는 어떻게 했을까?
- ☐ 또드랑 할매는 산속 외딴집에서 혼자 살고 있어. 혼자 살면 외롭지 않을까? 왜 마을에 이웃들과 함께 살지 않고 산속 외딴집에서 혼자 살고 있을까?
- ☐ 만약 엄마 호랑이에게 배고픈 새끼 호랑이가 있었다면, 그래서 함께 또드랑 할매 집에 왔다면 이야기가 어떻게 펼쳐질까?

거울 글자 만들기

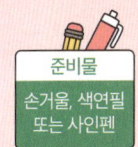

손거울에 비친 글자 모양을 써 보자.

- 그림책에서 호랑이가 낸 소리와 관련된 단어를 찾아요.
  "그림책에서 호랑이가 낸 소리 단어들이 여기 모여 있네. 어떤 글자일 것 같아?"

- 손거울을 이용해 글자 모양을 관찰해요.
  "이 글자들이 거울에 비치면 어떻게 변할까? 손거울을 사용해서 글자가 어떻게 보이는지 살펴보자. 글자 모양이 똑같아 보이니?"

- 거울에 비친 글자를 따라 써요.
  "거울 속 글자 모양을 색연필로 따라 써 보자."

낱말 찾기

올바른 글자를 찾아 동그라미 쳐 보자.

- 제시된 그림을 보고, 어떤 그림인지 떠올리며 이야기 나눠요.

  "호랑이 뱃속에 들어간 방망이 두 개가 장단을 맞추면서 호랑이 배를 마구 두드렸어. 그때 어떤 소리가 났어?"
  "'할매'는 할머니를 뜻하는 말이고, '할배'는 할아버지를 뜻하는 말이야."
  "이 그림은 커다란 눈과 줄무늬가 있는 동물이네. 어떤 동물일까? 호랑이! 호빵이와 호랑이 중 그림에 맞는 단어는 무엇일까?"
  "이 그림 속 음식은 무엇일까? 따뜻한 죽이 보이네. 무슨 죽일까? 판죽이랑 팥죽이 있는데, 이 죽의 이름은 무엇일까?"
  "한국 전통 옷의 윗도리가 보이네. 이걸 뭐라고 할까? '문고리'는 문을 여는 손잡이야."
  "빨간색 옷이 있네. 어떤 옷일까? '처마'는 집의 지붕 끝을 뜻하고, '치마'는 입는 옷이야. 그림에 맞는 단어는 무엇일까?"

- 올바른 단어에 동그라미 치고 소리 내어 읽어요.

  "두 방망이가 호랑이 뱃속을 두들길 때 어떤 소리가 났어? 또드랑 또드랑 소리가 났지. 두 낱말 중에서 '또드랑'을 찾아보자. 두 낱말은 어떤 부분이 다를까? 마지막 글자가 다르지. 왼쪽은 '라'에 /응/ 받침이 붙어 '랑'이 되고, 오른쪽은 '드'에 /윽/ 받침이 붙어 '득'이 되네. 그럼 어떤 낱말이 맞을까? '또드랑' 맞아? 동그라미 쳐 봐."

할머니에게 새 이름이 생겼어요

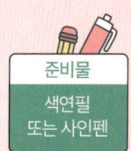
준비물
색연필
또는 사인펜

할머니에게 새로운 이름을 지어 주자.

- 팥죽 할매와 또드랑 할매의 특징을 관찰해요.
  "팥죽 할매는 어떤 음식을 만들었을까? 팥죽 할매는 팥죽을 가지고 있네. 또드랑 할매는 어떤 도구를 들고 있을까? 또드랑 할매는 방망이 두 개를 들고 있어. 방망이를 또드랑 또드랑 두드린다고 해서 '또드랑 할매'라고 한대."

- 할머니가 손에 들고 있는 사물을 빈칸에 그려요.
  "할머니가 어떤 음식을 만들어 주면 좋아? 인절미? 그림 칸에 인절미를 그려보자. 방망이 대신 또 어떤 도구를 들고 있으면 좋을까? 할머니에게 필요한 도구가 있을까? 우산? 비 오는 날에는 우산이 필요하겠네. 우산도 그려보자."

- 할머니의 새로운 이름을 써요.
  "'인절미 할머니'라고 이름 칸에 써 볼래? '우산 할머니' 이름도 써 보자."

이런 그림책도 읽어 봐

☆ **호랭면** 김지안 글·그림 | 미디어창비 | 2023(여름 리커버)

볼로냐 라가치상을 받은 김지안 작가의 여름 그림책이에요. 신비한 얼음을 찾기 위해 구범폭포로 향한 세 친구는 위험에 처한 고양이를 구하게 돼요. 전설의 냉면 폭포를 발견하고 '호랭면'을 만나게 되지요. 전통적인 요소와 현대적 감각을 잘 버무려 책 읽는 재미가 배가 돼요. 스케치북에 호랭면을 그리고 고명 재료의 이름도 함께 써요.

☆ **호랭떡집** 서현 글·그림 | 사계절 | 2023

떡을 좋아하는 호랑이가 떡집을 차렸어요. 첫 주문으로 지옥의 염라 집으로 생일 떡을 배달하게 됐어요. 생일 떡을 먹으려는 요괴들 때문에 큰 소동이 벌어졌어요. 호랑이는 떡을 무사히 배달하고 돌아올 수 있을까요? 그림책에 나오는 떡 이름 맞히기 놀이를 해요. 아이가 떡 이름을 말할 때마다 실제 떡 이름을 한 음절씩 짚으며 음절 인식 능력을 키울 수 있어요.

☆ **마지막 호랑이** 베키 데이비스 글·제니 포 그림 | 김영옥 옮김 | 파랑서재 | 2022

호랑이 아샤는 환경 파괴로 멸종 위기에 처했어요. 살던 숲은 인간의 활동으로 점점 변해가고 결국 아샤는 혼자 남게 돼요. 야생동물 보호의 필요성을 유아의 눈높이에 맞게 잘 전달해요. 환경 파괴로 인한 문제를 어떻게 해결할 수 있을지 이야기하고, 환경 보호 포스터를 그려요.

☆ **왕이 되고 싶었던 호랑이** 제임스 서버 글·윤주희 그림 | 김서정 옮김 | 봄볕 | 2021

초록빛과 주홍빛, 단 두 가지 팬톤 컬러만으로 표현된 그림이 신선해요. 호랑이가 갑자기 동물의 왕이 되겠다고 선언하고 정글의 모든 동물들이 싸움에 휘말리게 돼요. 마침내 모든 동물들이 쓰러지고 혼자 남은 호랑이는 깨닫지요. '다 죽고 없는데 왕이 되면 뭐 하나?' 호랑이가 싸움 대신 정글을 평화롭게 이끄는 또 다른 이야기를 상상하며 그림과 글로 표현해요.

☆ **호랑이 형님** 김일옥 글·최정인 그림 | 하루놀 | 2020

가난한 나무꾼은 호랑이를 만나 위기에 처했을 때 "당신은 제 형님입니다"라고 말하며 목숨을 구해요. 호랑이는 나무꾼의 어머니를 위해 고기를 가져다주며 효심을 보이지만, 어머니가 돌아가신 후 슬픔에 빠져 병이 나요. 나무꾼은 호랑이의 진심에 감동해 그를 형님으로 받아들여요. 호랑이의 효심을 떠올리며 효도 쿠폰을 만들고 부모님을 위해 실천해요.

일곱 마리 눈먼 생쥐

글·그림 에드 영
옮김 최순희
펴낸 곳 시공주니어
출간 1999
주제 다름·장애

 책 소개

일곱 마리 눈먼 생쥐가 무언가 이상한 것을 발견했어요. 빨간 생쥐는 기둥이라고 하고, 초록 생쥐는 뱀이라며 저마다 다른 이야기를 하지요. 코끼리의 일부만을 보고 서로 다른 것을 추측하는 생쥐들은 자신들이 만져본 것이 무엇인지 파악할 수 있을까요? 그림책을 읽을 때 눈이 보이지 않는 시각 장애란 무엇인지 알아보는 시간으로도 활용해 보세요.

이렇게 읽어 주세요

추측하면서 읽기

눈먼 생쥐들이 코끼리의 일부를 만져보고 무엇이라고 말할지 추측하면서 읽어요. 그림책에 나오는 장면을 그대로 맞힌 정답이 아니더라도 비슷한 점이 분명히 있을 거예요. 어떤 점에서 비슷한 점이 있는지 이야기 나눠볼 수 있어요.

- 코끼리 다리를 만져보고 기둥이라고 얘기했네. 그럼 코끼리 코를 만져본 생쥐는 뭐라고 말했을 거 같아?
- 코끼리 상아를 만져보고는 뭐라고 추측했을까? 엄마는 상아를 만져봤다면 나무 막대기라고 말했을 거 같아. 기다랗고 끝이 뾰족하다는 점에서 닮았어.

주인공의 입장 되어 보기

눈먼 생쥐처럼 눈이 보이지 않는다면 어떨 것 같은지 상상해요. 실제로 눈을 감고 일상생활에 도전해 보는 건 어떨까요? 밥을 먹거나, 간식을 먹거나, 놀이할 때 잠시 눈을 감은 뒤 느낀 점을 이야기 나눠요.

- 만약 이렇게 눈먼 생쥐들처럼 앞이 보이지 않는다면 어떨 거 같아? 우리 한 번 눈을 감고 간식을 먹어 볼까? 손끝의 느낌만으로 간식을 찾아서 먹어 보는 거야.
- ○○이가 좋아하는 놀잇감을 찾고 싶은데 눈을 감고 있으니 찾기가 쉽지 않지? 흔들어서 소리를 들어보거나, 손으로 만져서 어떤 모양인지 파악해 보면 좀 더 찾기 쉬울 거야.

시각 장애에 관해 알기

눈먼 생쥐가 주인공으로 등장하는 그림책을 읽으며 시각 장애란 무엇인지 이야기를 나눌 수 있어요. 앞이 보이지 않는 정도가 다를 수 있다는 점, 앞이 보이지 않을 때 어떤 불편함이 있을 수 있는지에 대해 이야기 나눠요.

- 이렇게 눈먼 생쥐처럼 앞이 보이지 않는 걸 시각 장애라고 한 대. 시력을 모두 잃은 경우도 있지만 실루엣만 보이는 정도로 보이는 경우도 있어. 양쪽 눈 모두가 안 보일 수도 있고, 한쪽 눈만 안 보일 수도 있지.
- 앞이 보이지 않을 때는 어떤 불편함이 있을까? 앞이 보이지 않더라도 생활할 수 있도록 돕는 것들에 어떤 것들이 있는지 알아? 횡단보도 앞에 있는 노란색 블록 봤던 거 기억나? 그런걸 시각 장애인 유도 블록이라고 해. 발로 밟으면 오돌토돌한 느낌이 오지? 앞이 보이지 않아도 촉감으로 느낄 수 있도록 만들어진 거야.

문해력 키우는 상호작용

음운론적 인식

성인이 그림책을 읽어 줄 때 '생쥐'라는 단어가 나올 때마다 박수를 치며 읽어요. 그림책의 글 속에서 '생쥐'라는 글자의 생김새에 대해 알아보고 직접 찾아보는 것도 좋아요.

- (표지를 살펴보면서) 『일곱 마리 눈먼 생쥐』라는 그림책 다시 한번 읽어 볼까? 이번에는 '생쥐'라는 단어를 찾으면서 읽는 거야. 엄마가 그림책을 읽어줄 테니까 귀 기울여 잘 듣다가 생쥐라는 단어가 나오면 박수를 쳐봐.
- 생쥐의 '생'은 '새'라는 단어에 'ㅇ' 받침이 들어간 모양이야. '쥐'는 'ㅈ'에 'ㅜ'랑 'ㅣ'가 들어가서 만들어져.

어휘력

'부분'과 '전체'의 의미에 관해 이야기 나눠요. 과일과 같이 아이들이 쉽게 접하는 것들을 활용하여 구체적인 예시를 들어주는 것이 좋아요. 부분과 전체처럼 서로 반대되는 뜻을 가진 단어에는 또 무엇이 있는지 찾아볼 수 있어요.

- 그래서 생쥐들이 얻은 교훈이 뭐래? '부분만 알고서도 아는 척할 수는 있지만 참된 지혜는 전체를 보는 데서 나온다'라네. 생쥐들이 코끼리의 다리, 상아, 귀, 꼬리처럼 일부분만 보고 서로 다른 걸 말했었지? 하지만 하얀 쥐가 코끼리의 전체를 샅샅이 훑어보고 나서는 코끼리라는 걸 알아냈지.
- 사과도 전체를 보면 사과라는 걸 알 수 있지만, 사과의 꼭지, 씨앗, 껍질, 알맹이만 보고서는 무슨 과일인지 알아보기 힘들 수 있는 것처럼 말이야.
- 전체와 부분처럼 서로 반대되는 말은 또 뭐가 있을까? 크다/작다, 많다/적다, 길다/짧다와 같이 서로 반대되는 말을 찾아보자.

이야기 이해력

눈먼 생쥐들이 각각 코끼리의 일부를 만져보고 떠올린 것이 무엇인지 비교하면서 읽어요. 공통점과 차이점을 찾아보며 읽어요.

- 코끼리 귀를 보고 부채라고 했네. 어떤 부분이 비슷한 것 같아? 넓게 펼쳐지고 펄럭이는 게 비슷하다. 그럼 다른 점은? 코끼리 귀는 소리를 들을 수 있는 신체 일부이고, 부채는 바람을 만들 때 사용하는 도구야.

생각을 키우는 질문

- 초록 생쥐가 코끼리 코를 만져보고 왜 뱀이라고 했을까? 코끼리 코랑 뱀이랑 어떤 공통점이 있어?
- 생쥐들은 왜 코끼리를 만져보고도 코끼리인지 몰랐던 거야?
- ○○이도 일부만 보고 다른 물건으로 착각했던 적이 있었어? 엄마는 나뭇가지를 보고 지렁이인 줄 알고 깜짝 놀랐던 적이 있어.

음절 수가 같은 것

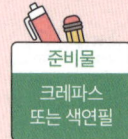

준비물
크레파스 또는 색연필

음절 수를 세어 보고, 음절 수가 같은 단어끼리 같은 색으로 색칠해 보자.

- 생쥐들이 코끼리를 묘사할 때 사용했던 단어들에 집중하며 그림책을 다시 읽어요.
  "생쥐들이 코끼리를 어떻게 묘사했지? 빨간 생쥐는 코끼리 다리를 만져보고는 기둥이라고 했지. 초록 생쥐는 코끼리 코를 만져보고 뭐라고 했어? 뱀이라고 했지."

- 그림책에 나오는 목표 단어들에 집중해 몇 음절인지 확인해요.
  "기둥은 몇 글자야? (손으로 하나씩 가리키면서) 기, 둥. 두 글자네. 그럼 다리는 몇 글자일까?"

- 단어의 음절 수를 하나씩 세어 보고, 몇 개인지 숫자를 적고 색칠해요.
  "기둥은 두 글자였지. 두 개니까 2라고 적어야겠네. 2라고 적고 색칠도 해 주자. 2는 주황색으로 색칠해 보래."

- 그림책에서 단어를 다시 찾아보는 놀이를 통해 한눈에 글자를 식별하는 연습을 해요.
  "우리가 알아봤던 단어 중에 한 글자인 단어는 뭐가 있었지? 뱀, 창, 코, 귀가 있었지. 한 글자 단어가 나오면 우리가 알아봤던 단어인지 비교해 보면서 찾아보자."

1 - 빨강	2 - 주황	3 - 노랑	4 - 초록
기둥	2	다리	2
뱀	1	코	1
창	1	상아	2
낭떠러지	4	머리	2
부채	2	귀	1
밧줄	2	꼬리	2

눈으로, 손으로, 귀로 느껴요

하나의 대상을 시각, 촉각, 청각으로 표현해 보자.

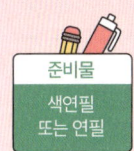

- 시각, 촉각, 청각이란 어휘를 설명하고 세 가지 감각을 통해 탐색하는 방법에 대해 알아봐요.
  "시각은 눈으로 보는 것, 촉각은 손으로 느낄 수 있는 것, 청각은 소리로 들을 수 있는 것을 말해."

- 일상생활에서 쉽게 접할 수 있는 물건들을 눈으로 살펴본 뒤, 눈을 감고 탐색하며 느낀 점을 묘사해요.
  "우리 주변에서 볼 수 있는 물건들을 눈을 감고 촉각과 청각으로만 탐색해 볼까? 물티슈를 손으로 한번 만져보자. 네모난 모양인데 손으로 만지니까 바스락 소리가 난다. 뚜껑은 딸깍하고 열리고 닫히네. 물티슈 느낌은 어때? 축축하고 차가워."

- 눈을 감은 상태에서 먼저 물건을 탐색해 보고 무엇인지 맞히는 놀이로도 확장해요. 다양한 사물들을 시각, 촉각, 청각으로 탐색한 다음, 문장으로 표현해요. 그림책에서 형이 설명한 것처럼 손으로 또는 귀로만 느껴지는 특색을 탐색하면서 무엇인지 맞혀보는 것으로 활동을 시작할 수 있어요. (예: 촉각&청각 → 시각)
  "눈을 꼭 감아 봐. 엄마가 이번에는 다른 물건을 줄게. 먼저 손으로 만져보면서 촉감이 어떤지 느껴 볼까? 부들부들하네. 크기는 조그마하고 구멍이 있어서 손을 넣을 수도 있네. 이건 수면 양말! 딩동댕! 이번엔 눈 떠보고 어떻게 생긴 양말인지도 살펴볼까? 알록달록 분홍색, 노란색 줄무늬가 들어 있네."

물건 \ 감각	시각	촉각	청각
수면양말	예) 알록달록 줄무늬	예) 부들부들	
식빵			
컵			
공			

일곱 마리 눈먼 생쥐가 그린 코끼리

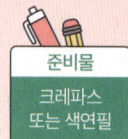

준비물
크레파스 또는 색연필

일곱 마리 눈먼 생쥐가 묘사했던 것처럼 코끼리를 그려 보자.

- 일곱 마리 눈먼 생쥐가 코끼리의 각 부분을 어떻게 묘사했는지 그림책을 다시 보며 확인해요. 아이에게 생소할 수 있는 단어는 조금 더 자세하게 설명해 주세요.

  "코끼리 머리에 올라가 본 생쥐가 뭐라고 했었지? 낭떠러지 같다고 했지. 낭떠러지는 깎아지른 듯한 언덕을 말해. 아래로 갑자기 뚝 떨어지는 것처럼 생긴 땅이야. 잘못 발을 헛디디면 떨어져서 죽을 수도 있는 위험한 곳을 말해."

- 생쥐가 묘사한 코끼리의 일부가 어떤 점이 닮았는지 공통점을 찾으며 읽어요.

  "코끼리 귀랑 부채는 어떤 점이 닮았어? 넓게 펼쳐져 있고, 펄럭펄럭 바람을 일으킬 수 있다는 점이 닮았네."

- 일곱 마리 생쥐가 묘사했던 대로 코끼리를 표현하면 어떤 모습의 코끼리가 완성될지 추측해요.

  "생쥐들이 코끼리를 어떻게 묘사했지? 코끼리 다리는 기둥으로, 코는 뱀, 상아는 창, 머리는 낭떠러지, 부채는 귀, 꼬리는 밧줄이라고 말했지."

- 직접 그림을 그려서 생쥐의 상상 속 코끼리를 만들어요.

  "그럼 우리가 생쥐들이 말했던 것처럼 코끼리를 그려 볼까?"

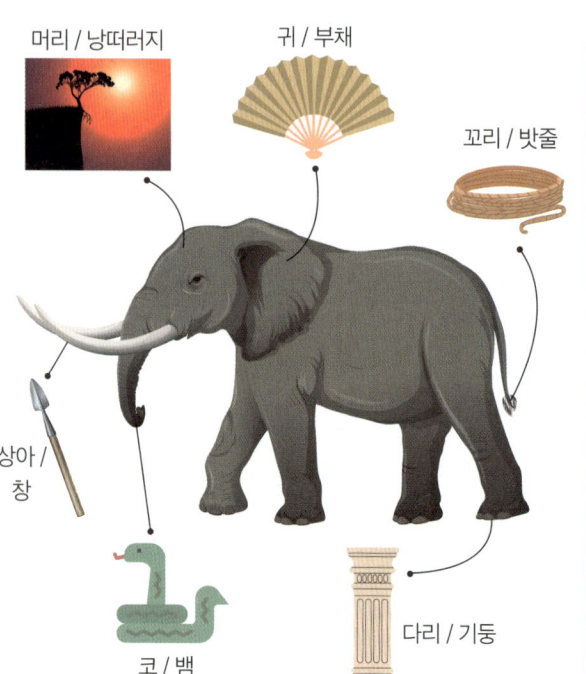

그림 그리는 칸

이런 그림책도 읽어 봐

☆ 위를 봐요! 정진호 지음 | 현암사 | 2014

자동차 사고로 걷지 못하게 된 수지는 베란다에서 걸어 다니는 사람을 구경하는 것이 일상이에요. 우연히 위를 쳐다 본 한 아이와 눈이 마주치지요. 소통이 시작되며 세상이 알록달록해지는 모습을 함께 지켜보세요. 그림책에 등장하는 등장인물들 각자의 입장이 되어 어떤 생각을 하고 있을지 추측하면서 읽어요. 서로의 생각은 다를 수 있지만 모두의 생각은 소중하다는 것에 관해 이야기 나눌 수 있어요.

☆ 노란 길을 지켜 줘 박선영 글·그림 | 노란상상 | 2023

노란 길을 따라 모험을 떠나는 아이들의 시선을 통해 슬픈 현실을 담고 있어요. 시각장애인을 도와주는 유도블록이 끊어지고 망가져 있어 보행을 돕기 어려움을 보여주고 있어요. 그림책을 함께 읽으며 시각장애인의 입장이 되어 유도블록의 필요성에 관해 이야기 나눠보세요.

☆ 눈을 감아 보렴! 빅토리아 페레스 에스크리바 글·클라우디아 라누치 그림 | 조수진 옮김 | 한울림스페셜 | 2016

동생은 앞을 보지 못하는 형을 이해하기가 어려워요. 빛을 밝혀주는 전구를 부드럽고 뜨겁고 조그마한 공이라고 말하거든요. 형은 손으로 느껴지는 대로, 동생은 보이는 대로 사물을 묘사하기 때문에 이러한 차이가 생겨났지요. 같은 사물을 표현하더라도 이를 어떤 관점에서 보는지에 따라 달라질 수 있음을 재치 있게 보여주는 그림책이에요. 하나의 사물을 다양한 관점에서 살펴보는 놀이를 해 보세요.

☆ 수화로 시끌벅적 유쾌하게 라사 잔쵸스카이테 지음 | 라미파 옮김 | 한울림스페셜 | 2019

유리를 사이에 두고도 대화할 수 있는 수화의 매력에 빠진 아이들의 이야기예요. 수화를 사용하게 된 각자만의 사연이 있지만 모두 똑같이 평범하고 유쾌하고 시끌벅적한 아이들의 이야기를 들어보아요. 간단한 수화를 직접 배워보면서 다양한 소통 방법이 있음을 알아보는 건 어떨까요? 틀림이 아니라 다름이라는 것을 알 수 있을 거예요.

☆ 나는 안내견이야 표영민 글·조원희 그림 | 한울림스페셜 | 2022

안내견이 앞으로 함께할 언니를 만났어요. 안내견은 이제부터 언니는 나의 보호자, 나는 언니의 보호자라고 말하지요. 안내견이 마주하는 현실을 잘 담고 있는 그림책을 읽으며 시각장애인의 입장이 되어 볼 수 있어요. 노란 조끼를 입고 있는 안내견은 사람이 가는 곳이라면 어디든 출입할 수 있다는 걸 알리는 포스터를 만들어 봐요. 마트나 음식점이라도 예외는 아니라는 점을 홍보할 수 있어요.

왜 아무도 고슴도치를 쓰다듬어 주지 않을까

글 안드레이 쿠르코프
그림 타니아 고리시니
옮김 송민영
펴낸 곳 템북
출간 2022
주제 자존감

책 소개

고슴도치는 날카로운 가시 때문에 다른 동물들이 다가오지 않아 속상해요. 하지만 고슴도치의 마음을 알아주는 친구를 만나서 위로를 얻어요. 이 책은 우리 모두가 서로 다르다는 것에 대해 생각해 볼 수 있도록 도와요. 다름을 틀림으로 받아들이지 않고, 있는 그대로의 모습을 사랑할 수 있도록 하죠. 더불어 서로를 이해하고 배려하는 마음의 중요성을 전하며 아이들의 자존감을 높여주는 그림책이에요.

이렇게 읽어 주세요

자신의 경험과 연관 짓기

아이에게 고슴도치와 비슷한 순간이 있었는지 생각할 수 있도록 질문해요. 아이가 자신의 감정을 편안하게 표현할 수 있도록 공감하며 경청해요. 그리고 고슴도치의 입장과 기분을 헤아릴 수 있도록 도와요.

- ○○이도 고슴도치처럼 외롭거나 슬펐던 적 있어? 언제 그렇게 느꼈어?
- 그때 마음이 어땠어? 슬펐어? 화가 났어?
- 그런 기분이 들었을 때, 누군가가 ○○을 도와주거나 위로해 준 사람이 있었어?

주변 텍스트 활용하기

그림책의 다양한 주변 텍스트를 살피며 이야기 나눠요. 주변 텍스트를 통해 그림책이 만들어진 과정과 배경에도 관심을 가질 수 있어요. 또한, 작가가 전달하려는 메시지를 생각한 후 책을 다시 읽으면 아이가 이야기에 대해 더 깊이 생각하는 데 도움이 돼요.

- 작가가 이 책을 쓴 이유는 서로 다름을 이해하고 포용하는 것이 중요하다고 이야기하고 싶어서래. 작가는 다른 사람과의 다름으로 인해 외로움을 느끼는 아이들이 자신을 긍정적으로 바라볼 수 있도록 돕고 싶어서 이 책을 썼대. 이 작가는 우크라이나라는 나라에서 자라서 전쟁과 사람들과의 문제들을 직접 겪었어. 그래서 다른 사람을 이해하고 따뜻한 관계를 맺는 것과 약점 때문에 주눅 들지 않고 자존감을 느끼는 것이 중요하다고 생각한대.

교감하며 읽기

그림책에 '쓰다듬다'라는 단어가 나올 때마다 부모와 아이가 서로 쓰다듬며 읽어요. 부모와 따뜻한 교감을 나누면서 책을 읽으면 아이는 '쓰다듬다'라는 표현을 더 깊이, 긍정적으로 기억하고 이해할 수 있어요. 고슴도치를 아무도 쓰다듬어 주지 않았을 때 얼마나 슬펐을지 생각하며 공감할 수 있어요.

- 우리 '쓰다듬다'라는 표현이 나오면 엄마가 ○○이를 쓰다듬을게. 쓰다듬는 느낌은 이렇게 따뜻한 거야. 다시 읽을 때는 ○○이가 엄마를 쓰다듬어 줄래?

문해력 키우는 상호작용

음운론적 인식

'고슴도치'에서 한 글자만 바꿔 새로운 단어를 만들어요. 엉뚱한 단어가 나오면 아이가 웃으며 즐길 수 있어요.

- 우리 '고슴도치'란 이름으로 말놀이를 해 보자. 앞 글자만 바꿔서 다양한 이름을 만들어 보는 거야. 엄마가 먼저 해 볼게. 도슴도치! 기역을 디귿으로 바꿨어. 이번엔 ○○이가 해 봐. 코슴도치! 기역을 키읔으로 바꿨네.

어휘력

애완동물과 야생 동물의 차이점에 관해 이야기해요. 그림책을 읽은 후, 고슴도치와 다른 동물들을 비교하며 애완동물과 야생 동물의 차이점을 설명해요. 구체적인 예시를 들어 설명하면 아이가 새로운 어휘를 배울 수 있어요. 그리고 애완동물이라는 표현 대신 반려동물이라고 사람들이 대체해서 쓰기도 한다고 알려주면 좋아요.

- 애완동물은 우리가 집에서 돌보는 동물이야. 반면에 야생 동물은 자연에서 사는 동물이야.
- 요즘에는 애완동물이라는 표현 대신에 반려동물이라는 표현을 많이 써. 애완동물은 사람이 즐거움을 얻으려고 키우는 동물이란 뜻이야. 반려동물은 사람이 감정적으로 의지하고 가까이 두며 함께 사는 동물이라는 뜻이야. 동물은 즐거움을 얻기 위한 장난감이 아니지? 동물 친구들도 우리와 함께 살아가는 소중한 친구이기 때문에 반려동물이라는 표현을 쓰는 게 더 바람직해.

이야기 이해력

고슴도치가 생쥐를 만나서 왜 더 이상 슬퍼하지 않게 되었는지 이야기를 나눠요.

- 생쥐는 야생 동물이지만 슬퍼하지 않는다고 했어. 사람들이 자기를 무서워해서 가까이 못 오는 거래. 고슴도치가 그 이야기를 듣자마자 어땠까? 맞아, 슬퍼하지 않았어. 왜 더 이상 고슴도치는 슬퍼하지 않았을까? 생쥐라는 친구가 생겨서일까? 자기가 야생 동물이라 사람들이 무서워서 가까이 오지 못한다는 것을 이해한 걸 거야.

생각을 키우는 질문

- ☐ 고슴도치는 다른 동물과 다르지만, 그 동물들과 친구가 될 수 있을까? 왜 그렇게 생각해?
- ☐ 우리 주변에도 고슴도치처럼 혼자 있는 친구가 있을까? 그런 친구에게 어떻게 다가갈 수 있을까?
- ☐ 만약 ○○이가 고슴도치의 친구라면, 어떤 방법으로 위로해 줄 수 있을까?
- ☐ 혹시 네가 다른 사람과 다르다고 느낀 적 있니? 그때 어떤 기분이 들었어?

알맞은 글자 찾기

그림에 알맞은 단어를 골라 보자.

준비물
연필, 지우개

- 책 속에 나온 등장인물(말, 생쥐, 고양이, 강아지, 고슴도치)의 이름을 같이 읽어요. 글자가 적은 단어에서 많은 단어 순서로 단어에 들어간 자음과 모음을 짚어주며 읽어요.

  "(해당 동물이 등장하는 쪽을 펴서) 이 그림에 나온 동물은 뭐지? 맞아, 말이야. 말은 'ㅁ, ㅏ, ㄹ' 이렇게 모여야지 '말'이라고 읽을 수 있네."

- 그림에 알맞은 동물의 이름을 찾아 동그라미를 그려요. 아이가 어려워하면 단어 하나하나 짚어가며 부모가 조금씩 읽으며 힌트를 주면 좋아요. 오답과 정답의 차이에 관심을 가지며 정답을 찾아요.

  "이 중에서 '말'이라고 바르게 적은 글자는 뭘까? 'ㅁ'으로 시작하는 게 뭔지부터 찾아보자. 'ㅁ' 옆에는 'ㅏ'가 들어가야 해."
  "그양이랑 고양이랑 어디가 달라? 그양이는 왜 틀렸을까? 'ㅡ'에 막대 하나가 더 있어야 고양이가 되는 거네."

동물 이름 빙고 게임

동물 이름으로 빙고 게임을 해 보자.

- 앞의 활동과 자연스럽게 연결할 수 있는 확장 활동이에요. 빙고판에 동물 이름을 적는 방법을 설명해요.

  "우리 저번에 동물 이름 맞히기 활동했지? 그때 나왔던 동물 이름들로 빙고 게임을 할 거야. 이 판에 말, 생쥐, 고양이, 강아지, 고슴도치를 무작위로 적을 거야. 가로, 세로, 대각선으로 원하는 위치에 단어를 쓰면 돼. 같은 단어를 또 써도 괜찮아. 칸을 다 채우기만 하면 돼."

- 빙고판을 완성한 후 빙고 게임을 설명해요.

  "엄마가 동물 이름을 말하고, ○○도 그 단어가 있으면 해당 단어에 동그라미를 치면 돼."
  "가로, 세로, 또는 대각선으로 동그라미가 4개가 되면 빙고가 되어서 이기는 거야!"

예) 생쥐

부모 빙고판   아이 빙고판

칭찬 나무 만들기

오늘 내가 잘한 일을 칭찬해 보자.

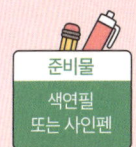
준비물
색연필 또는 사인펜

- 그림책을 보며 고슴도치가 아무도 자신을 쓰다듬어 주지 않아서 슬퍼했던 장면을 이야기해요.
  "고슴도치가 왜 울었지? 아무도 고슴도치를 쓰다듬어 주지 않아서 슬퍼했던 거 기억나?"

- 사람들은 모두 다르다는 것에 관해 이야기 나눠요. 그리고 본인을 포함해서 우리 모두가 제각각 소중한 존재라는 것을 알려줘요.
  "그림책에 나온 동물 친구들은 모두 제각각 다르지? 동물 친구들처럼 우리들도 모두 다 달라. 생김새도 다르고, 성격도 다르고, 좋아하는 것도 다르고, 잘하는 것도 모두 다르지. 서로 다른 것은 틀린 것이 아니야. 서로 다를 뿐이지. 세상에 하나뿐인 우리는 모두가 소중해."
  "○○이도 ○○ 스스로 자신을 사랑하고 소중히 대할 줄 알아야 해. 엄마가 스스로 소중히 생각할 수 있도록 책 속 생쥐처럼 옆에서 도와줄게."

- 아래 나무 그림 예시와 같이 아이가 하루 동안 잘한 일을 칭찬하며 나뭇가지에 나뭇잎을 그리고 그 위에 아이가 한일이나 성취한 것을 써요.
  "○○이는 잘하는 게 정말 많아. 오늘도 많았는걸? 우리 오늘 ○○이가 뭘 잘했는지 나뭇잎을 그려서 써 보자."
  "오늘 너는 친구에게 장난감을 빌려주어서 멋졌어! (나뭇잎을 그린 다음 나뭇잎에 '장난감 빌려줌'이라고 적으며)"

이런 그림책도 읽어 봐

☆ 마음아, 작아지지 마 신혜은 글·김효진 그림 | 시공주니어 | 2010

주인공 부바는 열등감을 느끼지만, 작은 꽃을 통해 자신이 잘하는 것을 찾아 자존감을 회복해요. 이 책은 아이들이 자신을 긍정적으로 받아들이고 성장하는 것을 도와요. "나만의 특별한 능력은 뭐일까?"라는 질문을 아이에게 던지고, 그 능력을 그림으로 그려요. (예: "나는 정말 빠르게 뛰어!"라는 문장을 만들고 함께 그리기)

☆ 주름 때문이야 서영 글·그림 | 다그림책(키다리) | 2023

주름을 숨기려다 결국 자신의 모습을 받아들이고 자존감을 회복하는 이야기예요. 자신을 있는 그대로 사랑하는 것의 중요성을 알려줘요. 주름과 같이 구름, 기름, 여드름, 흐름, 마름과 같은 '름'으로 끝나는 단어들을 찾으며 같은 소릿값을 가진 음절에 관심을 가져요.

☆ 딱 맞는 돌을 찾으면 메리 린 레이 글·펠리치타 살라 그림 | 김세실 옮김 | 피카주니어 | 2025

주인공은 길을 걷다가 다양한 돌을 발견하고, 그 돌들이 자신에게 어떤 의미를 지닐 수 있는지 탐구해요. 이 과정에서 주인공은 '내게 딱 맞는 돌'을 찾아 그것이 곧 자신만의 의미 있는 순간임을 깨닫게 돼요. "너는 어떤 돌이 되고 싶어?"라는 질문을 던지고 아이의 개성과 소중함에 대해 이야기해요.

☆ 네가 얼마나 특별한지 아니? 샐리 로이드 존스 글·젠 코레이스 그림 | 생명의말씀사 | 2018

작은 굴뚝새는 다양한 재주를 가진 친구들과 자신을 비교하면서 점점 자신감을 잃어요. 하지만 자신이 누구와 비교할 필요 없는 특별하고 소중한 존재라는 것을 깨닫게 되지요. "나와 다른 친구는 어떤 점이 다를까?"라는 질문을 던지며 친구들과의 차이점과 자신의 장점을 찾는 활동을 해요. 이를 그림이나 스티커로 표현하고, 나만의 특별함을 찾는 시간을 가져요.

☆ 브로콜리지만 사랑받고 싶어 별다름, 달다름 글·서영 그림 | 키다리 | 2021

브로콜리는 몸에 좋지만, 아이들에게 외면받아 슬퍼해요. 사랑받고 싶어서 여러 가지 변신을 시도하지만 결국 자신의 모습 그대로도 충분히 소중하다는 걸 깨달아요. 이 이야기는 자신을 있는 그대로 받아들이고 사랑하는 법을 알려주지요. 내가 좋아하는 내 모습을 그려요. "브로콜리가 결국 자기 모습을 사랑하게 되었어. ○○이는 너의 어떤 점이 좋아?" 대화하며 아이의 장점을 부모가 적어 주거나 그려줘요.

종이 소년

글 니콜라 디가르드
그림 케라스코에트
옮김 박재연
펴낸 곳 피카주니어
출간 2024
주제 따돌림(용기)

📖 책 소개

종이 소년은 또래 친구들과 달리 피와 살이 없이 종이로 만들어져 있다는 이유로 따돌림 받아요. 버림받은 느낌에 속상해하던 종이 소년은 만약 종이로 이루어진 자기 몸을 접을 수 있다면 다양한 모습으로 변신할 수 있겠다는 생각을 해요. 그러다 문득 슬픈 마음과 외로움을 내려놓고 종이라서 변신할 수 있는 자기 자신을 있는 그대로 사랑하며 앞으로 나아갈 용기를 얻지요. 남들과 달라도 존재 자체로 소중하고 특별하다는 것을 알게 해 주며 창의력을 자극해요.

이렇게 읽어 주세요

종이 소년 만들기

이 그림책의 주인공은 종이로 만들어진 소년이에요. 종이로 만들어져 또래에게 놀림받고 왕따를 당하죠. 표지에 그려져 있는 종이 소년의 모습을 참고해서 종이를 오려 종이 소년을 만들면 이야기에 몰입되고 더 재미있게 읽을 수 있어요. 종이를 오리는 과정에서 아이의 소근육 발달도 자극할 수 있어요.

- 이 책은 종이 소년이 주인공이래. 종이로 종이 소년을 만들어 오려서 종이 소년과 함께 그림책을 읽어 볼까?
- 표지를 보고 흰 종이에 종이 소년 모양을 그려 보자. 먼저 머리가 있고, 팔과 다리가 있어. 눈은 점 두 개로 되어 있네. 그리고 그 밑에는 코가 있는데, 꼭 옆으로 뒤집힌 '디귿' 모양처럼 생겼다. 입은 일(一)자야.

유아편 ··· 225

- 이제 종이 소년 그림을 가위로 오리자. 테두리를 따라서 오리는 거야. 가위를 사용할 때는 어떻게 해야 할까? 늘 손 조심!

표지와 면지 보며 추측하기

앞면지에는 '연약한 영혼들에게'라는 작가의 한마디가 적혀 있어요. '연약한'이란 무슨 뜻일지 이야기 나눠요. 유추하거나 사전을 찾아도 좋아요. 뒷면지에는 종이가 새 모양으로 접혀 새들과 함께 바다 위를 날아가는 그림이 있어요. 표지의 종이 소년이 종이로 만들어져 있기에 새처럼 자유롭게 날아가는 것임을 유추할 수 있어요. 표지와 함께 면지를 살펴보면서 면지의 그림이 무슨 의미를 가지는지 추측해요.

- 앞면지를 보니까 '연약한 영혼들에게'라고 적혀 있네. '연약한'이 무슨 말이지? 앞에 '연' 글자를 빼면 뭐야? '약한'이다. 그럼 연약하다는 건 뭘까? 사전에는 뭐라고 나오는지 찾아볼까?
- 뒷면지에는 뭐가 보여? 새인 것 같은데, 종이로 된 것 같아. 종이로 접은 새인가 봐. 제목이 『종이 소년』이니까 혹시 이 소년이 새로 변신하는 내용일까? 어떤 내용일지 한번 읽어 보자.

이야기 따라 종이 소년 접으며 읽기

이야기 속에서 종이 소년은 다른 아이들처럼 살과 피가 있는 사람의 몸이 되고 싶은 마음을 내려놓고 종이로 된 자기 몸을 늑대, 원숭이, 용 등 다양한 모습으로 접어 보며 변신해요. 책을 읽을 때 흰 종이 한 장을 준비해서 이야기에 따라 접거나 오려 보면 더 재미있게 읽을 수 있어요.

- 종이 소년이 늑대로 변신했어. 여기 흰 종이가 있는데 그림에 나오는 것처럼 늑대 모양으로 접을까? 종이접기처럼 깔끔하게 하기 어려우면 구겨 보자.
- 이번에는 종이 소년이 원숭이로 변신했대. 원숭이 모양으로 종이를 접으려면 기다란 꼬리부터 만들어 볼까?

문해력 키우는 상호작용

음운론적 인식

종이 소년이 주인공인 이 그림책에는 '종이'라는 단어가 반복해서 등장해요. 성인이 그림책을 읽어 줄 때 '종이'라는 단어가 나올 때마다 천천히 강조해서 읽어요. '종이' 단어를 자세히 살펴보며 글자 생김새에 관해서도 이야기 나눠요.

- 이 책은 제목이 '종이 소년'이라서 그런지 '종이'라는 단어가 많이 나온다. 이번에는 다시 그림책을 읽으면서 '종이'라는 단어를 찾아볼까? 엄마가 읽어 줄 때 귀 기울여 잘 듣다가 '종이' 단어가 나오면 같이 '종.이.'라고 읽어 보자.
- 종이의 '종'은 '조'라는 단어에 응(받침) 소리가 들어갔어. 그런데 '이'는 받침이 없이 '이응'과 '이'로 만들어진 글자네. 종소리 할 때 종이야. '이'는 이빨할 때 이. 우리 집에 있는 색종이 상자에도 '종이'라고 적혀 있지?

어휘력

생소한 단어가 나올 때는 아이가 이해하기 쉽게 설명해 주세요. 그림책 속 맥락을 살펴보며 단어의 의미를 이해할 수 있도록 도와주세요. 해당 단어가 일상에서 어떻게 사용되는지 예시 문장을 만들어도 좋아요.

- '낄낄대며' 놀렸대. 낄낄댄다는 건 뭘까? 낄낄거리면 어떤 느낌이 들어? 웃는 것 같기는 한데, 상냥하게 웃는 것 같아? 웃긴 일이 있을 때 낄낄대며 웃는다고 표현하기도 하고, 비웃을 때도 낄낄대고 웃는다고 해. 여기서는 다른 아이들이 종이 소년을 낄낄대며 놀렸다고 하니까 상냥하고 다정하게 웃는 느낌은 아닌 것 같네.
- '약해빠졌다고들' 했대. 약해빠졌다는 건 무슨 말인 것 같아? 약하다는 말 같지만 좀 더 강조한 느낌이야. 이어지는 문장이랑 같이 읽어볼까? '나더러 약해빠졌다고들 해. 세상은 강한 사람만 좋아한다고도 하고.' 강하지 못하다는 말을 약해빠졌다고 한 것 같아.

이야기 이해력

그림을 관찰하며 글에는 나타나지 않은 내용을 유추해요. 글로 드러나지 않은 내용을 파악하는 경험을 통해 이야기 이해력을 높일 수 있어요.

- 종이 소년의 집 앞에 소방차가 왔나 봐. 다른 아이들이 종이 소년한테 소방관이 와서 쫓아낼 거라고 했대. 소방관들은 종이에 불이 붙어서 큰불이 나는 걸 싫어한다고 했다는데, 진짜 소방관들이 종이 소년을 쫓아내러 온 것 같아? 다른 아이들이 한 말 때문에 종이 소년이 걱정돼서 머릿속으로 상상한 건 아닐까?

생각을 키우는 질문

- ☐ 종이 소년의 엄마는 피와 살로 이루어진 사람이래. 그런데 어떻게 사람의 자식인데 종이로 되어 있을까? 혹시 다른 사람들과는 다른 자기 모습을 종이라고 표현한 건 아닐까?
- ☐ '집 문을 쾅 닫고 나와 숨이 턱에 닿도록 달렸어. 마치 내가 누구인지로부터 도망치고 싶은 것처럼.' 누구인지로부터 도망치고 싶다는 건 무슨 말일까? 자기가 종이로 되어 있다는 사실로부터 도망치고 싶었다는 것 같은데, 그게 무슨 뜻 같아?

다른 글자 찾기

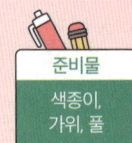

준비물
색종이, 가위, 풀

함께 제시된 단어 중 서로 다른 자음, 모음에 색종이를 오리거나 찢어서 붙여 보자.

- 단어들이 그림책의 어느 부분에서 나왔는지 찾아 읽으며 단어의 뜻을 맥락과 함께 파악해요.
  "살, 사람, 버림, 숨. 이 단어는 그림책에서 나왔던 단어들 같은데? 어디에서 나왔는지 찾아볼까?"

- 같은 색상의 칸에 적힌 말을 읽어 보고 공통점이 무엇일지 말해 보며 추측해요. 자음과 모음의 형태에 중점을 두고 찾을 수 있도록 도와주세요.
  "여기 여러 개의 말이 적혀 있는데 색깔이 다르네. 같은 색깔인 칸에 적힌 말을 읽어 볼까? 왜 같은 색깔일까? 공통점이 있나?"
  "살. 발. 어라? 글자 모양 생긴 게 조금 비슷하지 않아? 무엇 빼고 같아? 시옷! 그리고 비읍! 같은 색깔 칸에 적힌 말들은 서로 글자 모양이 비슷한가보다. 조금씩만 다르네."

- 서로 다른 부분을 찾아서 자음, 모음에 색종이를 오리거나 찢어서 붙여요.
  "빨간색 칸에 적힌 말들에 다른 모양인 자음과 모음은 뭐야? 살은 'ㅅ'으로 시작하는데 발은 'ㅂ'으로 시작하네. 그럼 우리 빨간색 색종이를 찢어서 'ㅅ'이랑 'ㅂ'에 붙여 보자."

의성어, 의태어로 표현한 종이 소년

종이 소년에 적힌 말을 표현해 보자.

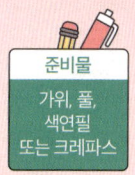
준비물
가위, 풀, 색연필 또는 크레파스

- 종이 소년 얼굴에 적힌 말을 읽고 무슨 의미를 가지는지 이야기 나눠요. 책에서 사용되었던 맥락을 떠올리면서 어휘의 의미를 짚어볼 수 있어요.

  "종이 소년 얼굴에 무슨 말이 적혀 있어. 뭐라고 알려주는 걸까? 꾸깃꾸깃. 이거 책에서 본 단어인데 어떤 상황에서 나왔지? 다른 어떤 상황에서 '꾸깃꾸깃'이라는 말을 쓸 수 있을까?"

- 종이 소년 얼굴에 적힌 말을 종이로 표현한다면 종이 소년에게 어떻게 표현할 수 있을지 이야기 나누며 각 의미를 자유롭게 표현해요. 종이 소년을 오려도 보고 구겨도 보고 접는 등 다양한 방법을 사용해서 자유롭게 표현해 볼 수 있도록 도와주세요. 어휘력 신장뿐 아니라 표현력 증진, 소근육 발달에도 도움이 돼요.

  "종이에 적힌 말을 이 소년에게 표현해 보자. 먼저, '꾸깃꾸깃'은 어떻게 표현하고 싶어? ○○이가 보여준 것처럼 종이를 구겨서 공처럼 만들어 볼 수 있겠다."
  "푸릇푸릇은? 이건 모양을 만든다기보다는 색깔로 표현하는 게 더 잘 나타낼 수 있을 것 같아. 무슨 색연필로 종이 소년을 색칠할까? 무슨 색을 쓰면 어울릴 것 같아? 초록색이나 파란색 좋다."

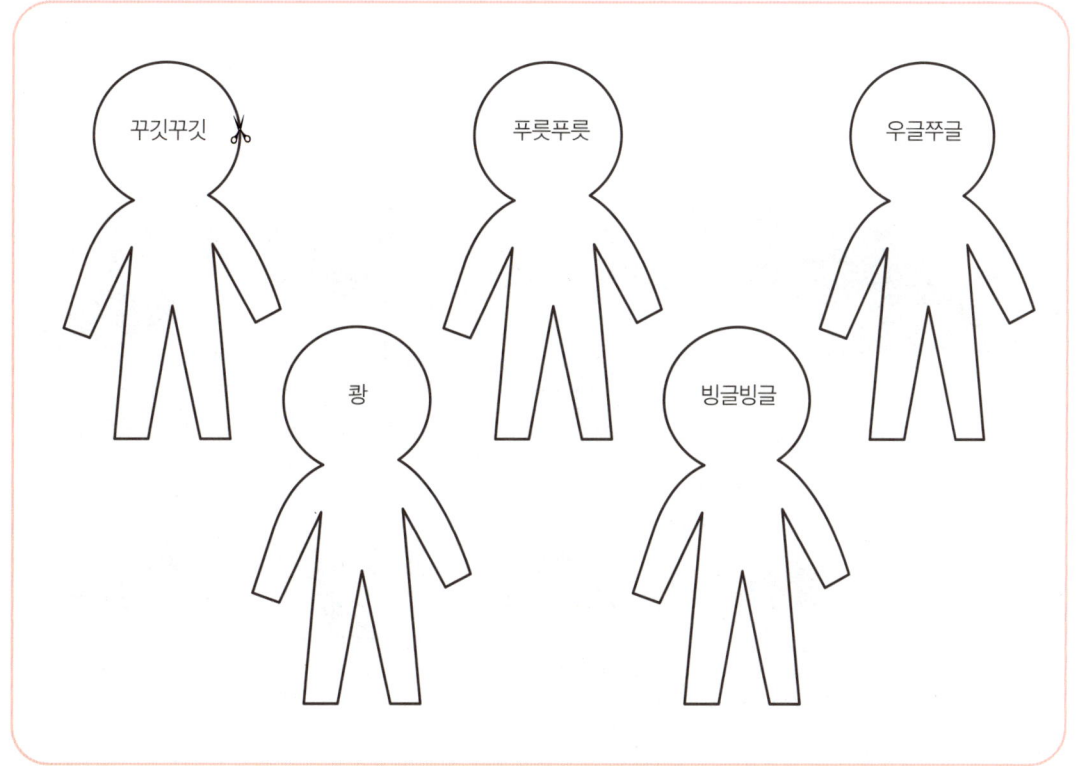

비행기에 접어 날리는 마음

버림받은 마음을 담은 색종이를 접어 종이비행기를 날려 보자.

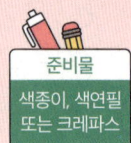

준비물
색종이, 색연필
또는 크레파스

- 그림책에서 나온 '버림받다'라는 말의 의미를 살펴요.
  "종이 소년은 친구들에게 버림받은 기분이 들었대. 버림받는 게 뭘까? '버리다'라는 말과 관련이 있는 것 같지?"

- 버림받은 기분에 관해 이야기를 나눠요.
  "버림받은 기분은 그럼 어떤 기분일까? 버려진다고 생각하면 어때? 그만큼 굉장히 외롭고 속상할 것 같아."

- 버림받은 기분이 든 적이 있는지, 어떨 때 버림받은 기분이 들 것 같은지 이야기해요. 없다면, 외롭고 슬픈 기분이 들 때로 물어도 좋아요. 그때 기분을 색종이에 그림으로 그리거나 글로 써요.
  "○○이도 버림받은 기분이 든 적이 있어? 아니면 어떤 상황일 때 외롭고 슬픈 기분이 들 것 같아? 색종이에 슬픈 기분이 들었을 때를 생각해서 그림을 그리자. 쓰고 싶은 말을 써도 돼."

- 색종이를 비행기처럼 접어서 날려요.
  "우울한 기분이 담긴 색종이를 비행기처럼 접자. 접어서 날릴 거야. 슬픈 기분이 날아가서 사라진다고 생각해 보자!"

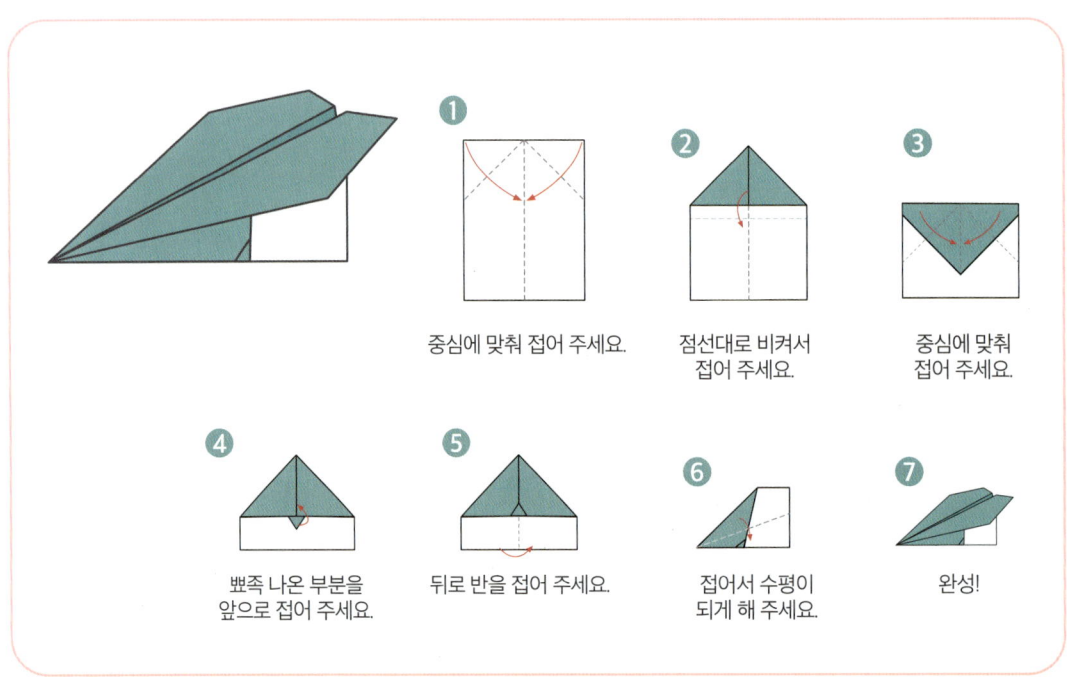

이런 그림책도 읽어 봐

☆ **그래서 뭐?** 소니아 쿠데르 글·그레구아르 마비레 그림 | 이다랑 옮김 | 제이픽 | 2024

친구를 놀리고 괴롭히는 바질에게 '그래서 뭐?'라고 반응하는 당찬 주인공 폴린의 모습을 통해 문제 상황을 피하거나 상처받지 않고 해결하는 능력을 보여줘요. 반복되는 '그래서 뭐?'가 나올 때마다 함께 소리 내어 읽거나 몸짓으로 표현하며 읽어도 좋아요. '그/래/서/뭐' 이렇게 끊어 읽으면 음운론적 인식을 기를 수도 있어요.

☆ **우리 학교에 여우가 있어** 올리비에 뒤팽, 롤라 뒤팽 글·로낭 바델 그림 | 명혜권 옮김 | 한솔수북 | 2023

학교에서 계속 괴롭히는 여우 때문에 힘들어하던 주인공은 끙끙 앓다가 엄마에게 괴롭힘을 당하고 있다는 사실을 털어놓아 문제를 해결해요. 학교폭력을 멈추는 방법은 도움을 요청하는 방법이라는 것을 알려 줘요. 괴롭힘을 당하는 주인공의 입장이 된다면 어떻게 말하고 반응할 것인지 이야기 나눠요.

☆ **보이지 않는 아이** 트루디 루드위그 글·패트리스 바톤 그림 | 천미나 옮김 | 책과콩나무 | 2013

선생님도, 친구들도 브라이언을 투명인간처럼 대하지만, 전학생 저스틴은 브라이언에게 손을 내밀어줘요. 외면받는 친구를 향해 따스한 관심을 가질 수 있게 해요. 다른 친구들처럼 컬러가 아닌 회색으로 등장하는 브라이언이 저스틴을 만나고 나서는 컬러로 표현돼요. 투명인간처럼 그려지는 브라이언이 언제부터 조금씩 색칠되어 표현되는지 주의 깊게 살펴보며 읽어요.

☆ **멋진 콩** 조리 존 글·피트 오즈월드 그림 | 김경희 옮김 | 길벗어린이 | 2022

이 그림책을 통해서 친구들에게 무시 당하지 않고 멋쟁이가 되는 방법은 사실 외모를 꾸미는 것이 아니라, 친구들을 배려하는 마음과 친절한 행동이라는 것을 알 수 있어요. 그림책에 나오는 문장마다 '콩'을 붙이는 말놀이를 해요. '옷이 안 어울렸다콩', '콧물이 뿜어져 나왔다콩' 등 '콩'으로 어미를 바꿔 읽어요.

☆ **친절한 행동** 재클린 우드슨 글·E. B. 루이스 그림 | 김선희 옮김 | 북극곰 | 2022

전학생 마야의 낡은 코트, 해진 옷, 날씨와 어울리지 않는 신발을 보고 친구들은 아무도 마야와 놀지 않았어요. 결국 누군가의 친절을 경험하지 못하고 학교를 떠난 마야를 보며 따돌림 문제와 친구를 대하는 태도에 대해 생각하게 해요. 그림책으로 들어가 마야를 교실에서 만난다면 어떤 친절한 행동과 상냥한 말을 해 줄지 이야기 나누며, 마야에게 누군가 친절하게 대했다면 이야기 뒷부분은 어떻게 바뀌었을지 상상해도 좋아요.

감정 호텔

글·그림 리디아 브란코비치
옮김 장미란
펴낸 곳 책읽는곰
출간 2024
주제 감정

 책 소개

감정 호텔에는 슬픔, 분노, 불안, 평화 등 다양한 감정들이 찾아와요. 감정 호텔의 지배인은 감정의 특성에 따라 알맞은 방을 내어 주지요. 하지만 그 어떤 감정이라도 호텔 지배인은 따뜻하게 맞으며 이야기를 들어 줘요. 아이들이 감정을 인식하고 감정의 특성을 이해하며 다룰 수 있도록 돕는 그림책이에요. 감정의 특성을 나타내는 삽화와 표현을 자세히 살펴보면 이야기를 깊이 즐길 수 있어요.

이렇게 읽어 주세요

자신의 경험과 연관 짓기

이 그림책은 내면에 다양한 감정이 오가는 것에 대해 감정을 의인화하여 감정 호텔에 감정들이 머무는 것으로 표현했어요. 이야기 흐름에 따라 슬픔, 분노, 평화, 불안, 감사 등 다양한 감정이 등장할 때마다 아이가 어떨 때 이러한 감정을 느꼈는지 경험과 연관지어 이야기 나눠요.

- 감정 호텔에 슬픔이라는 감정 손님이 찾아오면 욕실에 물이 흘러넘친대. 왜 물이 흘러넘칠까? 눈물이 엄청 많이 나서 그런걸까? ○○는 눈물이 흘러넘치도록 슬펐던 적 있었어?

- 분노라는 감정 손님이 찾아오면 감정 호텔 벽이 흔들릴 정도로 소리를 질러 댄대. 분노에게 가장 큰 방을 내어 준다는 게 그래서인가 보다. ○○도 분노 손님처럼 화나는 감정을 느낀 적이 있어? 어떨 때 이렇게 소리 지르고

싶을 만큼 화가 났어?

언어/비언어적 표현을 활용하며 읽기

책에 등장하는 감정들에 어울리는 목소리와 크기로 읽으면 더 재미있게 읽을 수 있어요. 언어적인 표현뿐만 아니라 눈빛이나 손짓, 몸짓 등 비언어적인 표현도 활용하며 읽어요.

- 이 방은 슬픔 손님이 묵는 방이야. 이 페이지에 적힌 글들은 슬픈 목소리로 읽을까? 우는 시늉을 하면서 읽어도 재미있겠다. 슬플 때는 목소리 크기가 어때? 작고 힘없지. 슬픔 손님이 된 것처럼 읽어 보자.
- 이 방에는 평화 손님이 묵는대. 여기 적힌 글은 평화로운 목소리로 읽는 거 어때? 나긋나긋한 목소리로 읽어도 좋겠다. 표정도 편안하게 지을까?

말의 뜻 유추하기

'감정을 보살피는 것', '감정을 재촉한다는 것', '감정은 온갖 크기와 모습으로 찾아온다는 것', '잘 보이지 않는 감정' 등 감정의 특성을 묘사하는 말의 뜻을 유추해요. 그림책에서 앞뒤 문장을 읽으며 맥락 속에서 의미를 파악할 수도 있어요.

- 감정을 보살핀다는 건 무슨 뜻일까? 보살피는 게 뭐야? 쓰다듬는 것처럼 챙겨주고 아껴주는 걸 말하지. 그런데 감정은 눈에 보이지도 않고 손에 잡히지도 않는데 어떻게 보살필 수 있을까? 아하, 감정을 소중하게 여긴다는 말인가 봐.
- 감정들을 재촉해서는 안 된대. 재촉한다는 건 뭘까? 재촉한다는 말을 들어본 적 있어? 재촉한다는 건, 빨리 어떤 행동을 하라고 하는 걸 말해. 그런데 감정을 재촉하면 안 된다니 무슨 말이지? 뒤에 나오는 문장을 볼까? 감정들은 다들 오고 싶을 때 오고 떠나고 싶을 때 떠난대. 아하, 떠나라고 재촉하지 않는다는 거네.

문해력 키우는 상호작용

음운론적 인식

이 그림책에는 '감정'이라는 말이 반복해서 등장해요. 그림책을 다시 읽을 때는 '감정'이라는 단어가 몇 번 나오는지 세어 보거나, 감정이라는 글자가 나올 때마다 작은 목소리로 읽어요. 감정 글자가 나올 때는 소리 내지 않고 읽는 시늉만 하기도 하며 음운론적 인식을 높여요.

- 감정이라는 말이 엄청 많이 나온다. 감정이라는 단어가 몇 번이나 나오는지 세어 볼까?
- 감정 단어가 나올 때마다 소리 내지 않고 입 모양으로만 읽는 거 어때? '(감.정.) 호텔에서 지내면 지루할 틈이 없어요.'

어휘력

생소한 단어(죄책감, 우울감, 수치심 등)가 나오면 아이가 이해하기 쉬운 말로 설명해 주세요. 일상생활에서 해당 단어가 쓰일 수 있는 상황을 예시로 들며 함께 문장을 만들어도 좋아요.

- 분노가 죄책감, 우울감, 수치심이라는 감정들로 변하기도 한 대. 죄책감이 뭔지 알아? 뭔가 잘못한 느낌을 받을 때 죄책감이 느껴진다고 해.
- 예를 들어서 누나가 뛰어다니다가 거실에 놓인 꽃병을 깨트렸는데 엄마한테는 동생이 놀다가 깨트렸다고 거짓말하는 상황을 상상해 봐. 그래서 동생이 엄마한테 혼나고 억울해서 울어. 이때 누나는 죄책감을 느낄 수 있겠지?
- 또 어떤 상황에서 죄책감이 느껴진다고 할 수 있을까? 상상해서 문장을 만들어 볼까?

이야기 이해력

그림책을 한 번 읽은 다음에는 삽화를 관찰하며 이야기해요. 글에 나와 있지 않은 내용도 그림 속에서 찾아볼 수 있어서 이야기 이해력을 기를 수 있어요.

- 사랑과 기쁨이라는 감정 손님이 오면 만족감, 안도감, 희망, 감사라는 감정 친구들이 찾아온대. 그림에 여러 감정 친구들이 있는데 여기서 누가 사랑일까? 얼굴이 하트 모양인 걸 보니 이 친구가 사랑인가 봐!

생각을 키우는 질문

- ☐ 감정 호텔의 지배인은 무슨 감정을 가지고 있을까? 혹시 이 감정 호텔의 지배인이 모든 감정을 가지고 있는 건 아닐까?
- ☐ 슬픔 감정 손님이 찾아오면 아래층까지 물이 샐 정도로 우나 봐. ○○가 감정 지배인이라면 슬픔 감정 손님을 어떻게 도와줄 수 있을까?
- ☐ 지금 ○○이 마음에는 어떤 감정 손님이 묵고 있어? 왜 그 감정이 있다고 생각해?

감정 끝말잇기

감정을 나타내는 말의 마지막 글자로 시작해서 끝말잇기를 해 보자.

- 끝말잇기 예시를 통해 끝말잇기 하는 방법을 알아보아요.

    "끝말잇기가 무엇인지 들어봤어? 뭔지 알아? 단어의 마지막 소리랑 같은 소리로 시작하는 단어를 계속 이어서 말하는 거야. 예를 들어서 '바나나'라는 단어가 있으면 무슨 글자로 끝나? '나'로 끝나지. 그럼 어떤 글자로 이을까? '나'로 잇는 거야. 바나나 – 나비 이런 식으로 이어 나가는 거지."

    "여기 끝말잇기 예시가 있어. 슬픔이라는 단어는 무슨 글자로 끝나? 픔. 근데 픔으로 시작하는 단어를 찾기는 어려워서 '슬프다'라고 바꿔서 적혀 있어. 그럼 무슨 글자로 끝나? '다!' '다'로 잇는 거야. '다'로 시작하는 말은? 다람쥐. 이런 식으로 끝말을 이어서 말하는 게 끝말잇기야."

- 주어진 단어를 사용해서 끝말잇기를 하며 빈칸을 채워요.

    "그림책에서 나온 감정과 관련된 단어들이 여기 적혀 있네. 감정 어휘들로 끝말잇기를 해볼까?"

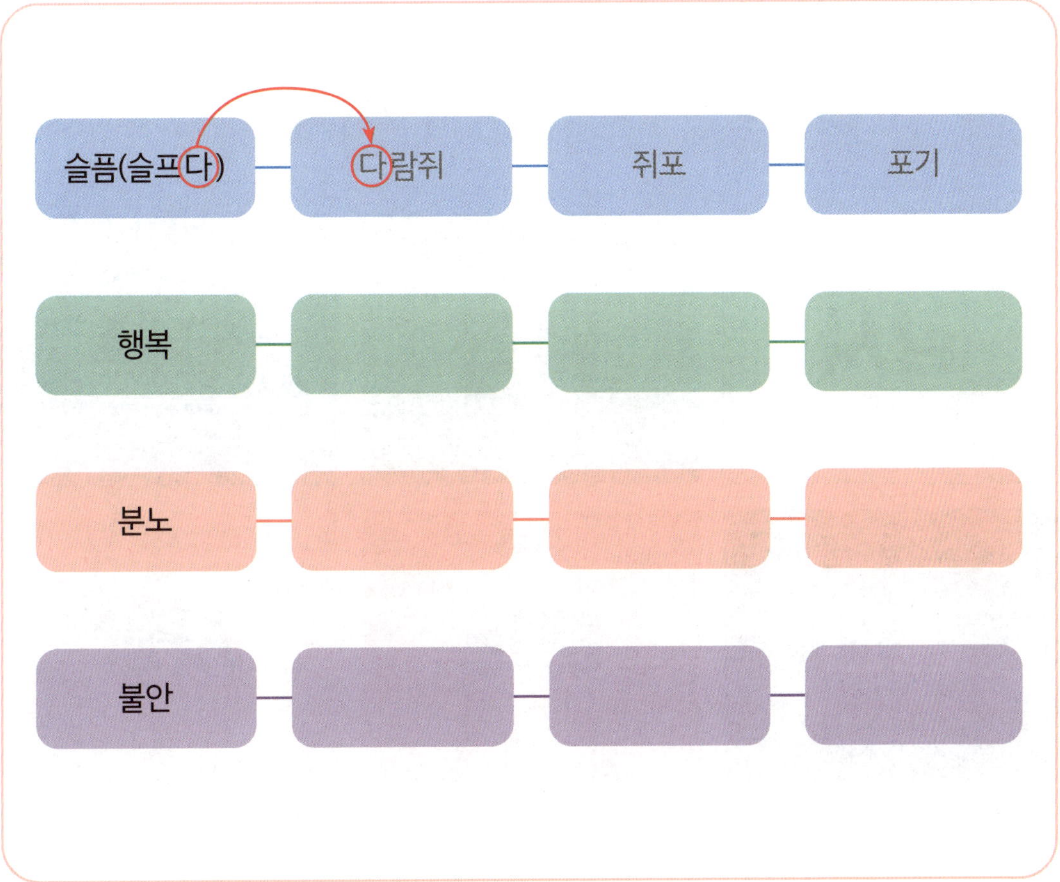

슬픔(슬프다)	다람쥐	쥐포	포기
행복			
분노			
불안			

감정 퀴즈

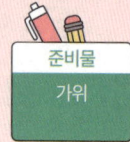
준비물
가위

감정 카드를 오려서 뒤집고, 그중 한 장을 뽑아 상대방이 어떤 감정인지 맞힐 수 있도록 설명해 보자.

- 카드 안에 적힌 감정을 읽고 어떤 감정이었는지 이야기 나눠요.
  "여기 카드마다 감정이 적혀 있어. 감사는 어떤 감정이었지? 그림책에서 감정 호텔에 감사가 찾아오면 호텔 지배인이 어땠다고 했는지 기억나?"

- 가위를 이용해서 감정 카드를 잘라요. 가위를 사용할 때는 안전에 유의하도록 지도해 주세요.
  "이제 감정 카드를 잘라서 놀이해 볼 거야. 가위를 사용할 때는 늘 손을 다치지 않도록 조심해야 해."

- 감정 카드를 뒤집어 놓고 가위바위보를 해서 이긴 사람이 먼저 감정 카드를 한 장 뽑아 감정에 대해 말로 설명해요. 이때 감정의 이름을 밝히지 않고 설명할 수 있도록 도와주세요.
  "이 감정이 찾아오면 눈물이 나. 눈이 촉촉해지고 입술은 축 내려가."

- 감정 퀴즈를 낼 때, 음을 붙여서 노래처럼 퀴즈를 내도 좋아요.
  "이 감정은요~ (짝짝 손뼉 치며) 화가 많고요~ (짝짝) 이 감정은요~ (짝짝) 소리도 지르고요~ (짝짝) 이 감정은요~ (짝짝) 우울감으로 바뀌기도 하지요~ (짝짝) 이 감정은 바로 분! 노!"

감사	평화	슬픔
불안	분노	사랑

감정 호텔에 온 손님들

어느 방에 묵는 손님일지 방과 손님을 연결해 보자.

- 그림책의 후반부에 감정 호텔의 여러 방이 한꺼번에 나온 장면을 보며 감정 손님들이 어느 방에 있는지 추측하면서 읽어요.

    "여기 호텔 방들이 보인다. 여기 가운데 푹신한 케이크 같은 침대가 놓인 넓은 방에는 어떤 감정 손님이 묵고 있는 것 같아? 벽이 흔들릴 정도로 소리를 질러댄다는 분노 손님이 묵는 방이네."

- 호텔 방 그림을 보고 각 호텔 방에 묵을 것 같은 감정 손님들이 누구인지 찾아서 연결해 봐요.

    "이 파란 방에는 누가 묵을까? 여기 보니까 욕조가 있어. 아까 앞에서 읽었던 거 기억나? 눈물이 엄청 많은 슬픔 손님이 찾아오면 욕조가 있는 방으로 안내해 줬지. 눈물이 너무 많아서 흘러넘칠까 봐 욕조가 필요했을 것 같아."

- 호텔 방에 분류한 감정 손님들을 보며 이야기를 나눠요. 아이가 아는 다른 감정을 떠올리며 접착식 메모지에 그림과 글로 표현해 본 뒤, 새로운 호텔 방을 꾸미며 호텔 방에 메모지를 붙이는 활동으로 확장할 수 있어요.

    "부끄러움이라는 감정 손님이 온다면 어떤 방을 안내해 주고 싶어? 부끄러워질 때 빨개지는 얼굴을 가릴 수 있는 큰 커튼이 있는 방? 다른 감정 손님들과 마주치는 걸 낯설어하면 다른 방들과 떨어진 방을 줘도 좋겠다."

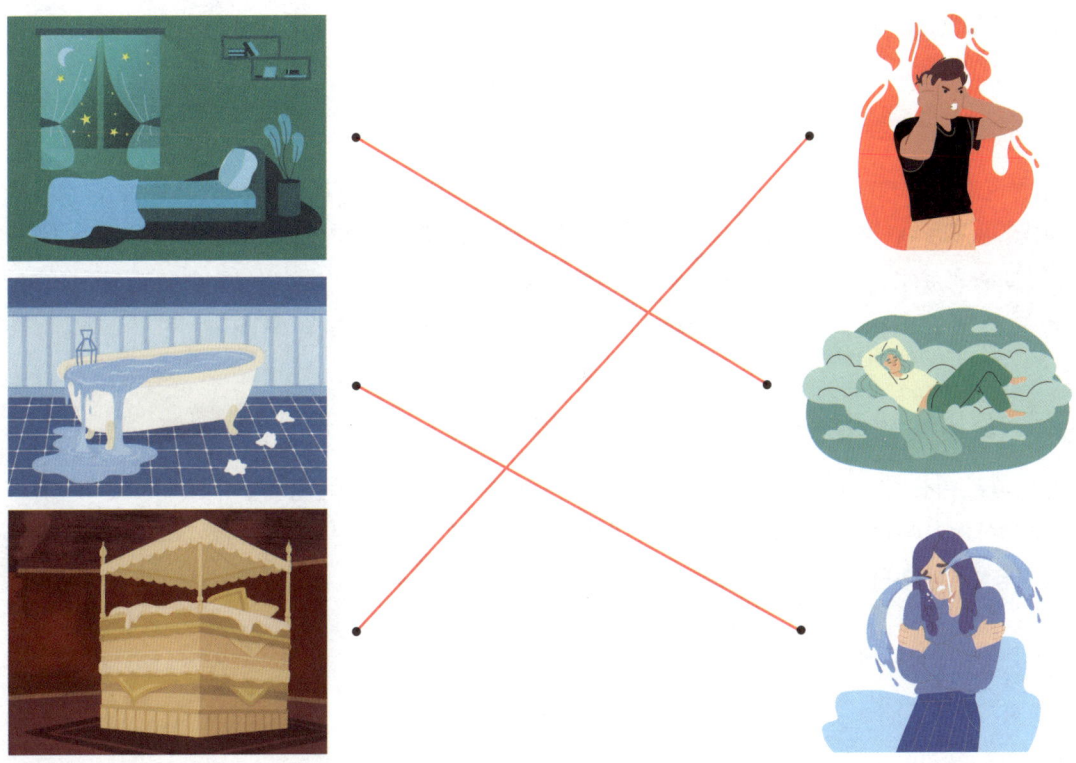

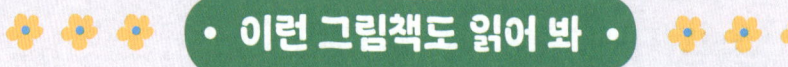

☆ 오늘은 회색빛 로라 도크릴 글·로렌 차일드 그림 | 김지은 옮김 | 웅진주니어 | 2024

어느 날 주인공은 회색빛 기분을 경험해요. 이 그림책은 회색빛 감정, 즉 외롭고 울적한 마음도 있다는 것을 알려 주면서 모든 감정을 수용할 수 있도록 도와줘요. 감정에 색을 입혀 ○○빛이라고 이름을 붙이는 놀이를 해요. '보라색 꽃을 보고 기분이 좋아 행복한 날에는 보랏빛'. 이렇게 상황을 상상하며 이름을 붙여도 재미있어요.

☆ 네 기분은 어떤 색깔이니? 최숙희 글·그림 | 책읽는곰 | 2023

이 그림책은 감정에 어울리는 색을 입히고 어울리는 비유를 통해 감정을 소개해요. 무지개처럼 다채롭게 변하는 감정의 특성을 이해할 수 있어요. '풍선처럼 두둥실 떠 오르는 주황'처럼 그림책에 반복되는 비유 표현인 '~처럼 ~하는 __(색깔)'을 사용해서 기분을 표현하며 어휘력을 높이고 상상의 나래를 펼쳐요.

☆ 이상해? 안 이상해! 장수정 글·그림 | 킨더랜드 | 2024

매일 이상한 일만 일어나는 것 같고 모든 것이 다 자기 탓인 것처럼 느껴져 울적한 기분이 들 때, 안 이상하다고 말해 주는 친구 덕분에 우울한 감정을 다루는 내용이에요. 삽화 속에 '안 이상해!' 글자를 찾아보세요. 액자 옆에, 꽃잎 위에, 빗방울 틈에 쓰여 있는 '안 이상해!' 글자를 찾아보며 관찰력과 음운론적 인식을 키울 수 있어요.

☆ 감정 서커스 리디아 브란코비치 글·그림 | 장미란 옮김 | 책읽는곰 | 2025

『감정 호텔』 저자 리디아 브란코비치의 다른 감정 시리즈예요. 때로는 점잖기도 하고 때로는 요동치기도 하며 제멋대로인 부정적인 감정을 서커스에 비유하며 감정의 다양한 측면을 이해하기 쉽고 재미있게 풀었어요. 그림책에 나오는 부정적인 감정을 몸으로 표현하는 놀이를 해요. 어휘력과 이야기 이해력을 기를 수 있고, 피하고만 싶은 부정적인 감정을 억누르기보다는 자세히 마주하며 인정하는 태도를 형성할 수 있어요.

☆ 기분을 말해 봐! 앤서니 브라운 글·그림 | 홍연미 옮김 | 웅진주니어 | 2011

행복, 슬픔, 자신감, 부끄러움 등 다양한 상황에서 느끼는 여러 감정을 재미있는 삽화와 비유 표현으로 흥미롭게 나타냈어요. 그림책에 나온 표현 '폴짝폴짝 뛸 만큼 행복해', '숨고 싶을 만큼 부끄러워'처럼 '~만큼'이라는 표현을 사용해서 나타내는 놀이를 해요.

짜장면 왔습니다!

글·그림 진수경
감수 이정희
펴낸 곳 책읽는곰
출간 2017
주제 다문화

책 소개

친숙한 음식 짜장면이 우리나라에 오기까지의 역사를 한국 화교인 아꿍의 일대기를 통해 보여주는 그림책이에요. 짜장면의 역사뿐만 아니라 우리나라에서 여전히 이방인으로서 살아가는 화교의 삶, 근면한 생활력, 가족 간의 사랑을 그리고 있지요. 주인공 가족의 따스한 이야기를 통해 다양한 문화와 민족에 대한 이해력을 키울 수 있어요. 그림책의 앞뒤 면지에 나와 있는 웹툰도 활용해 보세요. 각각의 컷에 적힌 글자와 그림을 활용하면 맥락을 보다 더 쉽게 이해할 수 있고, 이야기 이해력과 어휘력을 기르기에도 좋아요.

이렇게 읽어 주세요

웹툰 컷 활용하기

맨 앞장과 맨 뒷장에 그림책 속 이야기의 전후 내용이 웹툰 컷으로 표현되어 있어요. 그림책을 읽기 전에는 웹툰 컷에 나온 이야기가 어떻게 전개될지 예상해 보고, 이야기의 흐름과 연결 지어요. 그림책을 여러 번 읽고 나서는 이야기를 머릿속으로 정리해 보며 웹툰 컷으로 그려보는 독후활동을 하는 것도 추천해요. 몇 개의 그림으로 줄거리를 표현할 수도 있고, 글씨를 쓸 수 있다면 등장인물 옆에 말풍선을 그려 그 안에 대사를 적어볼 수도 있어요.

- 그림책의 맨 앞 장을 보니까 여러 칸에 그림이 그려져 있네. 말풍선도 있는데 꼭 만화 같다. 무슨 내용인 걸까?

이야기가 이어지려나? 어떨지 같이 그림책을 쭉 읽어 보자.
- 맨 뒷장에도 앞 장에서 본 것 같은 만화가 있어. 그런데 내용은 다르다. 아하, 쭉 이어지는 내용이었어!
- 그림책에서 읽은 이야기를 머릿속으로 다시 떠올려 보자. 우리 네 개의 네모난 칸을 만들어서 그림으로 그려 볼까? 등장인물 옆에 말풍선을 그려서 거기 말을 적어도 좋겠다.

그림 속 글자 읽기

그림 속 글자를 읽는 경험은 그림책을 주도적으로 해석하게 되므로 이를 통해 아이들의 읽기 동기를 높일 수 있어요. 성인이 읽어 주는 것을 수동적으로 듣는 것에서 그치지 않고, 그림을 관찰하면서 그 안에 어떤 글자가 적혀 있는지 살펴볼 수 있도록 해 주세요. 성인이 먼저 그림 속 글자들이 무엇을 나타내는지 짚어가며 읽는 시범을 보여주세요. 그림 속 간판과 같은 환경인쇄물뿐만 아니라 말풍선 속 글자를 읽는 경험을 통해 이야기 읽기에 관심을 보이도록 도울 수 있어요.

- (아꿍 가족이 배를 타고 들어오는 장면을 보면서) 아꿍 가족은 중국의 산둥 지역에서 조선의 인천으로 넘어왔대. 여기 배를 보니까 적혀 있는 글자가 한글은 아닌 것 같은데, 어느 나라 말일까? 중국에서 온 배니까 중국어가 쓰여 있는 것 같아. 한자네!
- (화교 마을의 가게들이 그려진 장면을 보면서) 아꿍네가 화교 마을에 이발소를 차렸대. 간판을 보니까 뭐라고 적혀 있는 것 같아? 이거 알파벳이다. 영어로 쓰여 있어. 그리고 창문에는 한자로 뭐라고 적혀 있네. 이때는 제물포 화교 마을에 중국 사람들과 서양 사람들이 뒤섞여 살았다고 했잖아. 그래서 간판이 한자랑 영어로 되어 있나 봐!
- (화린관 가게 내부 그림을 보면서) 메뉴판이 있네. 어라? 이제 한국말로 쓰여 있어. 면에 춘장을 섞고 캐러멜을 넣어서 한국인 손님이 많아졌다고 했잖아. 그래서 이제 메뉴판도 한글로 적어 놓았나 보다. 짜장면, 간짜장, 우동, 짬뽕… 140은 뭘까? 140원이라는 건가 봐. 그 시절 짜장면은 140원이었다니!

뒤표지 사진으로 내용 예측하기

앞표지에는 『짜장면 왔습니다!』라는 제목과 함께 요리사 그림이 그려져 있지만, 뒤표지에는 흑백사진들과 가족사진들이 나와 있어요. 짜장면만 다루는 내용이 아니라는 것을 알 수 있는데, 아이와 함께 이런 부분에 관해서도 이야기 나누며 어떤 내용이 펼쳐질 것 같은지 추측해요.

- 뒤표지를 보니까 사진들이 엄청 많네. 흑백사진들도 많은데 이게 다 뭘까? 앞표지에서는 짜장면이랑 요리사만 나와서 짜장면 요리하는 내용인 줄 알았는데 아닐 수도 있겠다.
- 흑백사진 중에 이 사진 좀 봐. 달력에 숫자를 보니까 날짜인가 봐. 1965년 2월이라고 적혀 있어. 아, 엄청 옛날

에 찍은 사진이라 흑백사진이구나. 그때는 지금처럼 컬러사진기가 많이 없어서 사진들이 흑백사진이었어.
- 그런데 옆에 컬러사진도 있다. 이건 최근에 찍은 사진인가 봐. 가족끼리 찍은 사진처럼 보이기도 하고. 흠, 짜장면과 가족이라 무슨 내용일 것 같아?

문해력 키우는 상호작용

음운론적 인식

의태어에 주목하며 읽어요. 의태어의 뜻에 관해서도 설명해 줄 수 있어요.
- 성큼성큼 걸음을 옮겼대. 성큼성큼 걷는다는 건 어떻게 걷는 거야? 성큼성큼은 걸음을 크게 해서 빠르게 걸을 때 모습을 표현하는 의태어야. 의태어는 모양이나 행동을 표현하는 재미있는 흉내말이지.
- 배달할 일이 있으면 번개처럼 후다닥 다녀왔대. 후다닥 다녀온다니 어떤 모습일 것 같아? 급하고 빠르게 가는 모습이 떠오른다.

어휘력

그림책을 읽을 때 '마적, 들끓다, 화교, 차림새, 요지경' 등 익숙하지 않은 어휘들이 나올 때 무슨 뜻을 가진 말일지 함께 추측하며 읽어요. 앞뒤 문장 맥락을 파악하며 말의 뜻을 파악하거나, 책의 뒷부분에 나오는 설명글을 읽으며 단어의 의미를 알아볼 수 있어요. 혹은 사전에서 직접 단어를 찾아보면서 의미를 알아가는 것도 좋아요.
- 마적 떼가 들끓어 먹고살기가 무척 힘들었대. 마적이 뭘까? 먹고살기가 힘들었다는 걸 보니까 마적 떼가 좋은 건 아닌 것 같은데. 사전에서 찾아볼까? 들끓는다는 건 무슨 말일까? 만약에 개미 떼가 들끓었다고 하면? 으악, 무지 많이 있는 느낌이지? 마적 떼가 들끓었다는 건 마적 떼가 엄청나게 많았다는 뜻이야.
- 화교 마을은 외국에 나온 중국 사람들이 모여 사는 마을이었대.

이야기 이해력

이 그림책은 나린의 어머니가 자신의 외할아버지인 아꿍의 이야기를 나린에게 들려주는 이야기로 이루어져 있어요. 그래서 "~했대. ~라고 했어." 등 이야기를 전달하는 식으로 내용이 서술되고 있지요. 반복되는 문장 구조를 통해 왜 서술어가 전달하는 식으로 이루어져 있는지 이야기를 나누며 읽어요.

- 첫 장을 보니까 나린이의 엄마께서 '벌써 백 년도 더 된 이야기'라고 하시네. 뭐가 백 년도 더 된 이야기라는 걸까?

- (그림책을 읽으면서) 읽다 보니까 문장들이 다 비슷한 말로 끝난다. 무슨 글자로 끝나? "~했대", "~했어"라고 끝나네. 어떨 때 이런 말을 써? 누군가의 이야기를 전달할 때 "그랬대"라고 표현하곤 해. 아하, 이거 나린이 엄마의 외할아버지 이야기라고 했지. 그래서 전달하는 식으로 말하는 거네.

생각을 키우는 질문

- (웹툰 컷을 보며) 네모난 그림마다 왼쪽 맨 위에 숫자가 있어. 이건 뭘까? 아하, 이 순서대로 읽는 건가 봐. 그럼 1번, 2번, 3번, 4번 순서대로니까 왼쪽 네모난 그림부터 오른쪽으로, 그리고 그 아래로, 이 순서대로 읽으면 되겠다.

- 짜장면 백 그릇을 화린관이랑 반씩 나누어 만든대. 화린관은 아직 나오지 않았는데, 어디인 것 같아? 짜장면을 만든다고 하는 걸 보니까 아무래도 중국집인가 봐. 정말 그런지 뒤 내용도 읽어 보자.

면의 변신

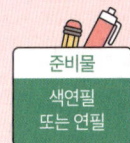

글자카드를 꾸미고 '면, 변, 먼, 멸'이 들어가는 낱말을 써 보자.

- 그림책에서 '면'을 찾아보며 반복 읽기를 해요. '면'이 나올 때마다 손가락을 길게 뻗어 면을 표현해도 재미있어요.
  "우리 이번엔 글자 '면'을 찾으면서 읽어 보자. '면'이 나오면 손가락을 면처럼 길게 뻗는 거 어때?"

- 글자카드를 만들어 보며 '면, 변, 먼, 멸'의 글자 모양과 소리 차이에 관해 이야기 나눠요.
  "글자카드에 '면, 변, 먼, 멸'이 적혀 있다. 그림책에서 봤던 글자들이지? 글자 안이 비어 있어서 따라 쓰거나 색칠할 수도 있네. ○○는 글자카드를 어떻게 꾸며 보고 싶어?"
  "'면'이랑 '변'은 뭐가 달라? 'ㅁ'과 'ㅂ'이 다르구나. 자음만 바꾼 거네! '면'이랑 '먼'은? 모음 'ㅕ'를 'ㅓ'로 바꾼 거야. '멸'은 '면'이랑 어떤 모양이 달라? 받침이 바뀌었어. 무엇으로 바뀌었어? 'ㄴ'이 'ㄹ'로 바뀌었네. 자음이랑 모음이 하나씩만 바뀌어도 완전히 다른 말이 되는구나."

- '면, 변, 먼, 멸'이 들어가는 말을 이야기 나누고 글자카드에 적어 주세요.
  "'변'이 들어가는 말은 무엇이 있을까? '변신'할 때 '변'이 들어가. '먼'은? 우리 저번에 읽었던 옛이야기 그림책에서 '아주 먼 옛날' 할 때, 먼저라고 말할 때도 '먼'이 들어가고, 먼지 할 때도 '먼'이 들어가네. '멸'이 들어가는 말도 생각해 볼까? '멸치'에 '멸'이 들어간다."

면	예) 짜 장 면
변	
먼	
멸	

면을 이어 붙이면

'밀가루 면(麵)'으로 끝나는 말이 적힌 글자카드를 면처럼 길게 이어 붙여 보자.

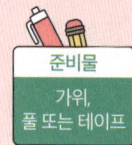
준비물
가위,
풀 또는 테이프

- 책의 내용을 떠올리며 '밀가루 면(麵)'에 대해 이야기 나눠요.
  "면장을 국수에 얹어 내는 음식인 '자지앙미엔'을 짜장면이라고 부르기 시작했대. 여기서 '면'이란 무엇일까? 밀가루나 곡물 가루로 만든 반죽을 길게 만든 것을 '면'이라고 한 대."

- '면'으로 끝나는 말들에 대해 이야기 나눠요.
  "'면'이 들어가는 다른 음식도 알아볼까? 글자카드를 보니까 여기에 라면, 비빔면, 쫄면처럼 면이 들어가는 음식이 적혀 있어. 그런데 우리가 평소에 쓰는 말에도 '면'이라는 글자가 들어가기도 해. '그렇다면', '왜냐하면'에도 면이 들어가지? 하지만 음식에 들어가는 '면'과 같은 '면'은 아니야."

- 글자카드를 하나씩 오려 보면서 음식 '면'을 나타내는 것들을 구분해 읽어요.
  "카드를 보니까 다 '면'이라는 글자가 들어 있네. 여기에는 한자 '밀가루 면'을 나타내는 글자도 있고, 그렇지 않은 글자도 있어. 어떤 게 음식 '면'을 나타내는지 읽어 볼까?"

- 글자가 보이는 면이 위로 오도록 모든 카드를 펼쳐 놓고 '밀가루 면'이 적혀 있는 글자카드를 골라 이음새 부분에 풀칠하거나 테이프를 붙여 면처럼 길게 이어 붙여요.
  "진한 선으로 표시된 부분을 따라 오려 보자. 오리면서 어떤 글자가 적혀 있는지 살펴볼 수 있겠다. 가위를 사용하니까 조심해."
  "한자 '밀가루 면'의 의미를 담은 글자카드만 모아서 이어 붙이는 거야. 글자카드를 면처럼 길게 이어 붙여 보자."

비빔면	풀칠	라면	풀칠	소면	풀칠	완탕면	풀칠
메밀면	풀칠	쫄면	풀칠	볶음면	풀칠	그렇다면	풀칠
왜냐하면	풀칠	반면	풀칠	이러면	풀칠	저러면	풀칠

짜장면의 여행

짜장면이 어떻게 우리나라에 왔는지 그림을 오려 순서대로 붙여 보자.

- 그림책의 삽화를 훑어보며 화교에 대해 이야기 나눠요.
  "짜장면이 어떻게 들어왔는지 그림을 다시 훑어보면서 살펴볼까? 처음에 중국의 산둥 지역에 있는 사람들이 가뭄과 홍수 때문에 조선 땅으로 넘어왔대. 그리고 화교라고 부르는 외국에 나온 중국 사람들이 모여 사는 마을로 왔대."

- 삽화를 훑어보면서 화교를 통해 한국에 들어온 짜장면의 역사를 살펴요.
  "처음에는 아궁네 가족이 '자지앙미엔'을 만들어 먹었다고 했어. 이 그림에 나온 까만 국수가 자지앙미엔인 것 같지? 그런데 지금의 짜장면이랑은? 맞아. 다르다고 했어. 처음에는 첨면장을 넣었다고 했는데, 짜장면은 뒷장을 넘겨서 확인해 볼까?"

- 그림을 보고 어떤 내용을 담은 장면인지 맞혀요.
  "여기 그림 네 개가 있어. 우리 방금 그림책에서 훑어봤는데 이 그림을 보고 어떤 내용인지 이야기해 보자. 먼저 이 그림을 보니 큰 배가 있네? 맞아, 조선 땅으로 넘어오는 중국 사람들이 탄 배였어."

- 그림을 오려 순서대로 웹툰 컷에 붙여요.
  "그림을 오려서 여기 붙여 보자. 이 그림은 '자지앙미엔'을 만드는 그림이니까 좀 뒤 순서일 것 같아. 아, 이 그림은 배 타고 넘어온 그림이니까 이게 가장 첫 번째로 오면 되겠다."

출처: 짜장면이 왔습니다!, 진수경, 책읽는곰, 2017

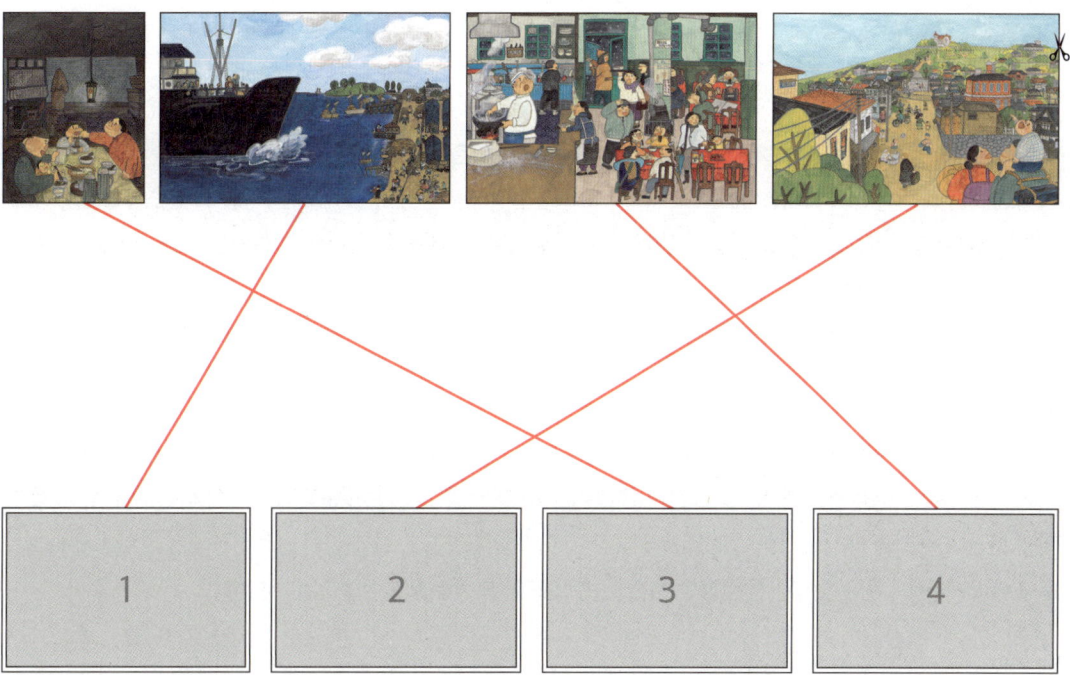

이런 그림책도 읽어 봐

☆ 코끼리 똥으로 종이를 만든 나라는? 마르티나 바트슈투버 글·그림 | 임정은 옮김 | 시공주니어 | 2009

코끼리 똥으로 종이를 만들고, 소를 귀하게 모시는 나라, 북극곰 감옥이 있는 나라. 독특한 특성을 가진 세계의 여러 나라를 대표하는 동물들을 소개해요. 동물들의 생활 습성뿐만 아니라, 나라별 다양한 문화를 알 수 있는 흥미로운 내용으로 구성되어 있어요. 그림책을 다 읽고 나서 나라별 동물 특징 퀴즈를 내볼 수 있어요.

☆ 낙타가 도서관을 지고 다니는 나라는? 마르티나 바트슈투버 글·그림 | 임정은 옮김 | 시공주니어 | 2011

『코끼리 똥으로 종이를 만든 나라는?』에 이어 출간된 시리즈예요. 나라별 다른 기후, 특성에 맞춰 살아가는 동물들의 생존법을 보며 다양한 환경과 문화에 대한 이해력을 높여요. 지도에 표시된 기호 표시와 설명을 보고 각 기호가 어떤 의미를 가지는지 이야기 나누며 읽어도 재미있어요. 기호가 담고 있는 의미를 파악하며 이야기 이해력과 더불어 사고력이 자라나요.

☆ 내 이름은 제동크 한지아 글·그림 | 바우솔 | 2020

얼룩말 아빠와 당나귀 엄마 사이에서 태어난 제동크를 통해 아이들이 '다름'을 이해할 수 있도록 풀어냈어요. 다른 것은 틀린 것이 아니며, 달라도 행복할 수 있다는 것을 보여줘요. 얼룩말(zebra)과 당나귀(donkey)를 합친 말로 제동크(zedonk)를 만든 것처럼, 두 단어를 합성해서 새로운 합성어를 만들어 어휘력을 길러요.

☆ 살색은 다 달라요 캐런 카츠 글·그림 | 신형건 옮김 | 보물창고 | 2011

그림책의 주인공 레나는 친구들의 살색에서 자신이 좋아하는 음식, 추억, 그 친구의 매력을 떠올리며 특별하게 여겨요. 다문화·다인종 시대를 살아가는 우리 아이들이 서로를 존중하는 태도를 기를 수 있도록 도와주세요. '진한 초콜릿빛 갈색, 잘 익은 복숭앗빛 황갈색' 등 그림책 속 표현처럼 자신의 살색을 음식으로 비유해 표현하는 말놀이를 해도 좋아요.

☆ 찬다 삼촌 윤재인 글·오승민 그림 | 느림보 | 2012

아빠와 둘이 사는 주인공 가족을 네팔에서 온 이주노동자 찬다 삼촌이 도우며 서로 부족한 부분을 채워 주는 이야기예요. 결손 가정과 이주 노동자의 이야기를 통해 다문화 시대 가정과 이웃을 편견 없이 바라볼 수 있게 해요. 찬다 삼촌의 이름을 따서 고양이에게 알록달록 찬다, 콧수염 찬다라고 이름 붙이는 주인공처럼 그림책에 나오는 동물이나 사물에 '찬다'를 넣어서 이름을 지어요. 특성을 살린 이름을 붙여주면 재미있어요.

신기한 씨앗 가게

글·그림 미야니시 타츠야
옮김 김수희
펴낸 곳 미래아이(미래M&B)
출간 2016
주제 씨앗

 책 소개

어느 날, 꼬마 돼지는 신기한 씨앗을 파는 너구리 아저씨의 가게를 발견해요. 너구리 아저씨가 꼬마 돼지에게 신기한 씨앗을 건네요. 꼬마 돼지가 하얗고 차가운 씨앗을 심자, 너구리 아저씨가 이상한 주문을 외우기 시작해요. 그러자 놀랍게도 눈사람 열매가 주렁주렁 맺히죠. 꼬마 돼지가 다양한 색과 모양의 씨앗들을 심을 때마다 신기한 열매들이 열려요. 돼지는 배고픈 늑대에게 쫓기게 되지만 다행히 씨앗들의 도움을 받아 늑대한테서 탈출할 수 있게 돼요.

이렇게 읽어 주세요

표지 활용하기

책 표지를 보며 무슨 내용일지 아이와 함께 추측하고 말해요.

- (앞표지 제목을 읽어 주며) 제목이 『신기한 씨앗 가게』야. 신기한 씨앗 가게 주인이 이 꼬마 돼지인 걸까? 돼지 표정이 어때 보여? 왜 웃고 있지? 신나는 일이 있나 봐. 손에 통을 들고 있어. 저 안에는 뭐가 있을 것 같아? 모양이랑 색깔이 다양하네.
- (뒤표지를 보며) 여기 동그란 열매가 달린 나무가 있네? 무슨 나무일까? 어떤 동물이 나무에 기대서 동그란 열매 냄새를 맡고 있나? 먹으려고 하는 걸까? 아까 돼지가 들고 있던 똑같은 통이 있어. 저건 뭘까?

의성어와 의태어 몸으로 표현하기

책에 나온 둥실둥실 씨앗, 울퉁불퉁 씨앗, 쑥쑥, 쿵쿵, 데굴데굴과 같은 의성어나 의태어가 나올 때마다 손과 몸을 써 표현해요.

- 이 둥실둥실 씨앗은 어떻게 자라날까? (손으로 둥글게 말아서 위로 올려보내는 흉내를 내며) 둥~실 둥~실 이렇게 위로 쑥쑥 자라나려나!
- 돼지가 데굴데굴 굴러서 늑대한테서 도망쳤어. 우리도 데굴데굴 구르면서 도망가 볼까? (침대나 바닥에 누워서 구르며) 데구루루 데굴데굴!

추측하며 읽기

책 도입 부분에 신기한 씨앗가게 주인인 너구리 아저씨가 꼬마 돼지에게 다양한 씨앗을 보여주며 땅에 심는 장면을 읽을 때 씨앗 모양과 이름만으로 어떤 열매가 나올지 아이에게 물어봐서 추측하고 상상하며 읽어요.

- 하얗고 차가운 씨앗이래. 모양은 하얗고 동그랗네. 어떤 열매가 나올 것 같아? 눈송이? 하얀 공? 하얗고 차가운 게 뭐가 있을까?
- 이번에는 고리 모양 씨앗이야. 갈색 고리네. 갈색인데 고리 모양인 건 또 뭐가 있을까? 먹는 걸까 물건일까?

문해력 키우는 상호작용

음운론적 인식

씨앗이라는 단어를 사용해서 ㅅ과 ㅆ의 소릿값이 다르다는 것을 알 수 있어요. 스케치북에 '시앗', '씨앗'을 쓰고 '시'와 '씨'의 발음세기를 다르게 해서 읽어요. ㅅ 자음이 한 개일 때와 ㅅ 자음이 두 개일 때 소리가 달라진다는 점에 주목하며 읽어요. 다른 자음과 쌍자음(ㄱ/ㄲ, ㄷ/ㄸ, ㅂ/ㅃ, ㅈ/ㅉ)에 대해 이야기하며 쌍자음 소리 활동을 더 확장할 수도 있어요.

- '시'에는 시옷이 하나야. 그럼 '시'앗이야. 근데 시옷이 두 개가 되면 소리가 더 세져. 이렇게 '씨'앗이야. 시옷이 두 개가 되니까 힘이 더 세서 그래. 어떻게 적어야 '씨앗'이라는 소리를 바르게 적은 거야? 그렇지 시옷이 두 개 있는 '씨앗'이라고 적은 글자가 맞아.

어휘력

그림책을 읽을 때 등장인물이나 식물이 어떻게 움직이고 자라는지 주의를 기울이며 읽어요. 의태어를 맞히는 게임을 하면서 읽는 것도 좋아요. 움직임을 몸짓으로 흉내 내는 다양한 의태어를 생각하며 읽어요.

- 꼬마 돼지가 굴러가고 있네. 돼지가 어떤 모양으로 굴러가는 것 같아?
- 나무가 자라고 있네. 나무가 어떻게 자라는 것 같아? 엄마는 '쑥쑥' 자라는 거 같아. 아니면 무럭무럭?

이야기 이해력

씨앗의 모양과 색깔을 보고 어떤 열매가 될지 추측해요. 늑대로부터 달아나기 위해서 어떤 씨앗이 필요하고 가장 유용할지 상상하며 읽어요.

- 너구리 아저씨가 어려울 때 울퉁불퉁한 씨앗을 심으라고 했어. 왜 울퉁불퉁 씨앗을 심으라고 한 걸까? 울퉁불퉁 씨앗에서는 어떤 열매가 나올 것 같아?
- 늑대한테서 도망치기 위해 ○○이는 어떤 씨앗을 심고 싶어?

생각을 키우는 질문

- [ ] 너구리 아저씨가 되어서 씨앗을 팔 수 있다면 어떤 씨앗을 팔고 싶어?
- [ ] 늑대에게 쫓기고 있을 때, 어떤 씨앗을 심어야 빨리 도망갈 수 있을까?
- [ ] 꼭 하나만 가질 수 있다면 어떤 신기한 씨앗을 갖고 싶어?

씨앗 주문 외우기

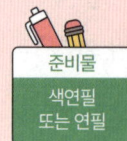

씨앗이 쑥쑥 자라게 씨앗 주문을 불러 보자.

- 꼬마 돼지가 씨앗이 자라나도록 주문을 외웠던 책 장면을 펼쳐요. "수리수리 마수리 얍!" 주문을 마법사가 된 것처럼 외쳐요.

    "(아이와 재미있게 몇 번 부르며) '씨씨씨! 앗앗앗! 신통방통 씨앗! 씨앗!'"
    "○○아 우리도 우리만의 씨앗 주문을 노래로 만들어 보자. 나중에 씨앗을 심고 이 주문 불러주도록 잘 기록해 놓자."

- 나만의 새로운 주문을 만들어요. 다양한 의성어, 의태어를 떠올려 보고, 주문에 어울리는 의성어, 의태어를 골라요. 빈칸에 적어서 새로운 씨앗 주문을 만들어요.

    "우리는 신통방통 말고 뭐라고 하면 좋을까?"
    "싱글벙글 씨앗! 씨앗? 아니면 꿀렁꿀렁 씨앗! 씨앗?"
    "어떤 열매가 될지 기대되니까 콩닥콩닥? 대롱대롱? 주렁주렁?"
    "맛있는 과일 열매를 맺으려나. 그러면 아삭아삭?"
    "○○이는 씨앗이 어떤 열매를 맺을지 궁금해서 심장이 콩닥콩닥해? 그럼 우리 콩닥콩닥 씨앗 주문을 만들까?"

씨씨씨! 앗앗앗! _____주문 쓰는 칸_____ 씨앗! 씨앗!

씨앗 이름 만들기

준비물
색연필
또는 연필

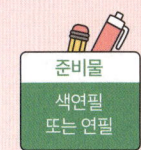

그림책에 나온 씨앗들의 이름을 새롭게 다시 지어 보자.

- 너구리 아저씨가 꼬마 돼지에게 울퉁불퉁한 씨앗을 줬던 그림책 장면을 다시 펼쳐서 읽어요. 씨앗 그림을 보면서 아이가 씨앗 이름을 새롭게 지어요.

  "너구리 아저씨가 위험할 때 준 씨앗 이름이 뭐였지? 맞아, 울퉁불퉁한 씨앗! 우리 울퉁불퉁한 씨앗 말고 이 씨앗을 또 뭐라고 부를 수 있을까? 울룩불룩한 씨앗?"

- 그림을 보며 다양하고 새로운 씨앗 이름을 만들 수 있도록 유도해요. 새로 만든 씨앗 이름도 함께 적어요.

  "이 하얗고 차가운 씨앗은 눈사람 열매로 자랐었지? 이름을 어떻게 지으면 좋을까? 눈송이 씨앗?"

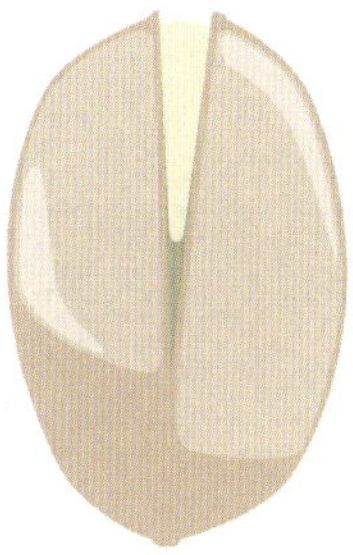 씨앗	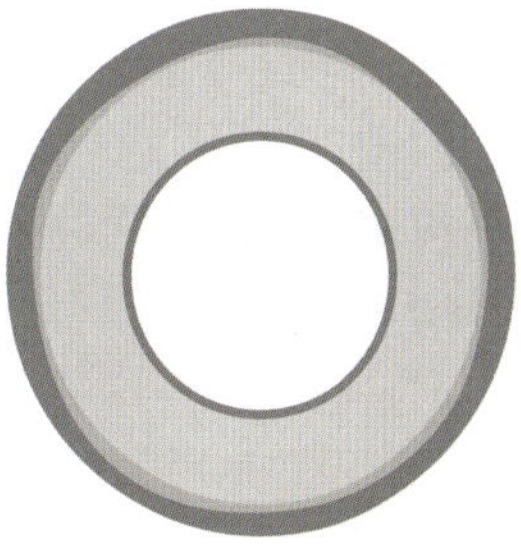 씨앗
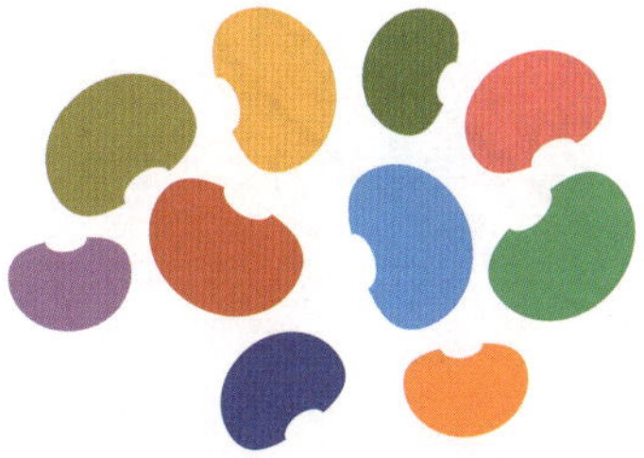 씨앗	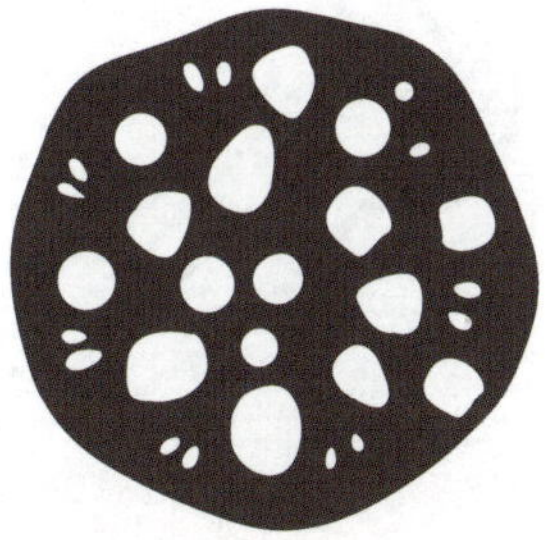 씨앗

내 씨앗의 이름 짓기

나는 지금 어떤 씨앗 같은지 표현해 보자.

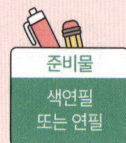

- 책에 나온 씨앗과 열매를 이야기하며 씨앗이 열매로 자라나는 과정을 설명해요.
    "책에서 차갑고 하얀 씨앗을 땅속에 심어서 어떻게 됐지? 그래 눈사람 열매가 됐어."
    "고리 모양의 작은 씨앗은 나중에 어떻게 됐지? 맞아, 도넛 열매가 나왔지."
    "씨앗만 보면 나중에 어떤 열매가 될지 잘 모르지만, 잘 돌봐 주면 이렇게 아름답고 멋있는 열매로 자라네."

- 나는 어떤 씨앗인 것 같은지 이야기해요.
    "○○이가 씨앗이라면 어떤 씨앗인 것 같아?"
    "○○이는 나중에 어떤 열매로 자라날 것 같아? ○○이는 어떤 열매가 되고 싶어?"

- 아이가 가진 장점을 생각하며 이야기를 나누어요. 아이의 장점을 부각할 수 있는 씨앗 이름을 지어 주면 좋아요.
    "작은 것에도 감사할 줄 아는 ○○이는 무엇이든 이겨낼 수 있는 큰 힘을 가지고 있어. ○○이는 작은 것에도 감사할 줄 아니까, '고마워 힘이 나' 열매가 되고 싶은 씨앗이라고 할까?"

- 씨앗을 꾸미고 씨앗의 이름을 적어 주세요. 나중에 어떤 열매가 되는 씨앗인지도 함께 적어요.

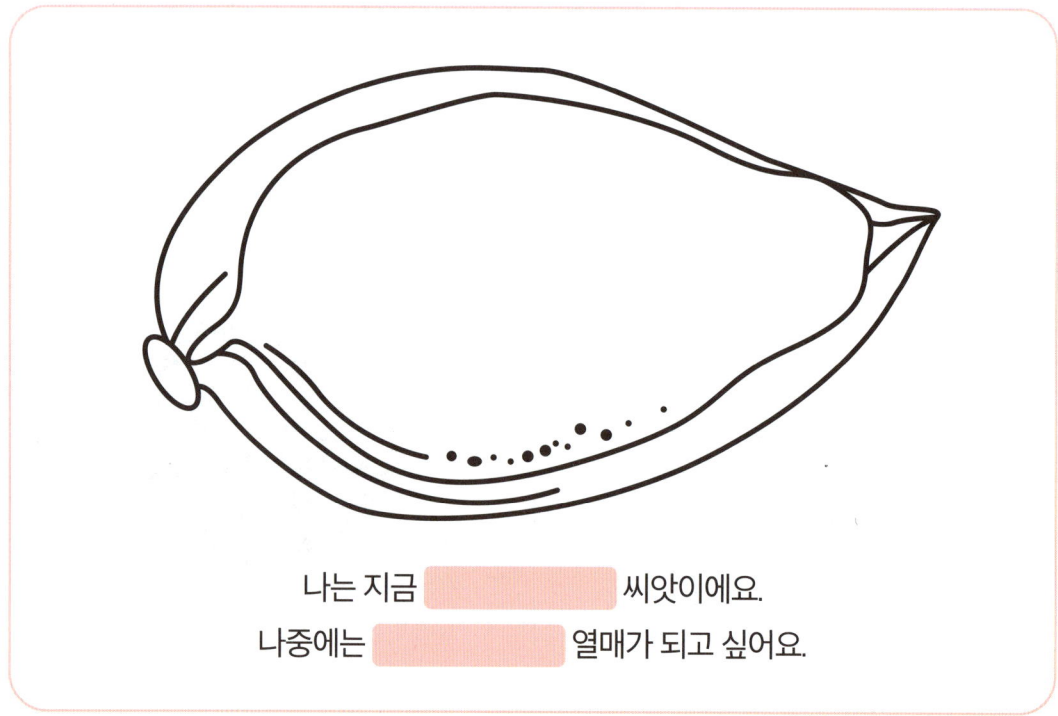

이런 그림책도 읽어 봐

☆ 씨앗은 무엇이 되고 싶을까? 김순한 글·김인경 그림 | 길벗어린이 | 2001

이 책은 작은 씨앗 한 알이 싹이 트고 자라 어여쁜 꽃으로 피기까지의 과정을 그리고 있어요. 씨앗의 관점에서 이야기를 풀어나가기 때문에 씨앗의 고군분투를 한마음으로 응원하게 돼요. 씨앗이 성장하는 과정을 순서에 따라 정리하면서 읽어요. 씨앗에서 싹, 꽃 그리고 열매로 변화는 과정을 그림으로 표현해 볼 수 있어요.

☆ 아주 작은 씨앗이 자라서 황보연 글·이제호 그림 | 웅진주니어 | 2007

작은 씨앗은 처음에는 아주 작은 존재였지만, 시간이 지나면서 뿌리를 내리고 다른 나무와 경쟁도 해요. 아주 작은 씨앗이 자라서 아름다운 꽃과 나무가 되었다가 다시 흙으로 돌아가는 이야기를 담고 있어요. 아이에게 어떤 씨앗을 키워보고 싶은지 함께 이야기 나누며 읽어요.

☆ 씨앗의 여행 마티아 프리망 글·그림 | 유지연 옮김 | 책놀이쥬 | 2019

씨앗이 바람과 물을 따라 여행하며 다양한 장소에서 자라는 과정을 그리고 있어요. 자연의 순환과 씨앗의 여정을 통해 성장과 변화에 대해 생각하는 시간을 가질 수 있어요. 씨앗을 직접 심어 보고 관찰하면서 관찰일지를 적어요. "오늘 씨앗에 물을 줬어요. 뿌리가 자라나요"와 같은 문장을 간단히 쓰고 그림도 그려요.

☆ 너는 어떤 씨앗이니? 최숙희 글·그림 | 책읽는곰 | 2013

주인공은 다양한 씨앗을 만나며 자신이 어떤 씨앗인지 고민해요. 결국 자신의 씨앗을 찾게 돼요. 이 책은 개개인의 특별함을 이해하고 자신감을 키우는 메시지를 전해줘요. 표지에 나온 여자아이 머리에 피어난 꽃들을 관찰하면서 어떤 씨앗에서 핀 꽃인지 알아봐요.

☆ 대단한 참외씨 임수정 글·전미화 그림 | 한울림어린이 | 2019

참외씨는 맛있는 참외가 되기 위해 흙으로 들어가고 싶어요. 하지만 바람, 고양이, 새, 생쥐들의 방해가 도사리고 있지요. 그럼에도 포기하지 않고 씩씩하게 자라나 결국 달콤한 참외로 변해요. '나는야, 대단한 참외씨. 으쌰, 으쌰! 차갑고 아파도 끄떡없어요.'라는 문장이 반복적으로 나와요. 이 문장이 나오면 아이가 직접 양팔을 힘차게 들어 올리며 씩씩한 말투로 재미있게 읽으면 이야기에 더 몰입할 수 있어요.

100마리 고양이네

글·그림 후루사와 다쓰오
옮김 황세정
펴낸 곳 주니어김영사
출간 2024
주제 인성(예의·존중·공감·협력)

 책 소개

100마리 고양이 가족의 시끌벅적한 하루가 펼쳐져요. 아침에 일어나 씻고, 옷을 갈아입고, 전철과 기차를 타고 할머니 댁에 가서 신나는 하루를 보내요. 100마리 고양이들이 자기만의 방식으로 하루를 보내는 모습을 관찰하며 집중력과 관찰력을 키울 수 있어요. 페이지마다 숨은그림찾기 미션을 수행하며 시각적 변별력을 기를 수 있어요. 고양이 가족의 대화 속에서 자연스럽게 어휘력을 확장하고, 고양이들의 행동을 따라 말하며 음운론적 인식도 길러요. 따뜻한 가족의 모습을 보며 공감과 협력의 소중함을 배울 수 있을 거예요.

이렇게 읽어 주세요

숨은그림찾기

페이지 가득 숨어 있는 고양이들이 많아요. 작은 부분까지 꼼꼼하게 관찰하며 숨은 고양이들을 찾아보세요. 주의력과 시각적 탐색 능력이 발달하고 관찰하는 즐거움을 느낄 수 있어요.

- 이 그림책에는 고양이가 몇 마리 있을까? 제목이 100마리니까 정말 100마리가 있을까? 하나씩 찾아볼래?
- 식당에서 몰래 감자칩을 먹고 있는 고양이도 있네. 이름이 뭘까? 기억이 안 나면 앞면지를 다시 넘겨보자(앞면지에 고양이들의 이름이 나와 있어요). 이 고양이 이름은 '칩'이네. 감자칩을 아주 좋아하나 봐.
- 역에 도착한 장면에서는 송이가 할머니께 드릴 꽃을 들고 있대. 송이는 어디에 숨었을까?

- 목욕탕 장면에서는 고양이가 아닌 작은 동물도 두 마리 보여. 동그란 얼굴에 작은 귀, 짧은 팔다리, 볼이 통통한 모습이 햄스터 같아. 비누를 들고 있는 햄스터는 해바라기 티셔츠를 입고 있네. 탕 주변 창가에 푯말을 보니 '해바라기 비누 가게'라고 적혀 있어. 혹시 해바라기 비누 가게에서 일하는 햄스터일까?

내가 좋아하는 고양이 정하기

각각의 고양이를 살펴보고 아이가 가장 좋아하는 고양이를 골라보게 해요. 이 과정에서 자신의 선택과 그 이유를 설명하는 경험을 통해 표현력을 기를 수 있어요.

- 가장 마음에 드는 고양이를 골라 볼까? 어떤 고양이가 제일 좋아? 어떤 점이 좋아? 만약에 우리 집에 데려올 수 있다면 어떤 고양이를 데려오고 싶어? 고양이마다 성격도 다 다를 것 같아. 덜렁이는 뭔가 장난꾸러기 같네. 물구나무서기를 하면서 폴짝 뛰고 있어. 꼼꼼이는 친구들이 다치면 꼼꼼하게 도와줄 것 같아. 구급상자와 반창고를 들고 있네. 준비를 아주 철저하게 하는 고양이인가 봐. 포토는 사진 찍는 걸 좋아하나 봐. 카메라를 들고 다녀. 보석이는 보석을 좋아하나 보네. 진주 목걸이를 목에 걸고 있어. 쿨쿨이는 낮잠을 자고 있고.
- ○○이가 고른 고양이가 다른 페이지에도 나올까? 같이 찾아보자! 상황마다 다른 모습으로 등장하네.

큰 수 세기

페이지마다 100마리 고양이들이 등장해요. 각 장면에서 고양이들을 한 마리씩 세어 보며 큰 수 개념을 배울 수 있어요. 단순히 눈으로 세는 것뿐만 아니라 몇 마리씩 그룹을 나누어 세어 보면 수 감각이 발달하고 수학적 사고력을 키우는 놀이로 확장할 수 있어요. 큰 수 100과 관련된 다양한 그림책도 함께 읽어 보면 좋아요. 『임금님이 돌아오기 100초 전』, 『100층짜리 집』, 『병아리 100마리』를 추천해요.

- 정말 100마리 고양이가 있을까? 우리 같이 세어 볼까? 고양이들이 너무 많아서 다 못 셀 것 같아. 어떻게 하면 더 쉽게 셀 수 있을까? 한 마리, 두 마리, 세 마리... 벌써 열 마리야. 10마리씩 묶어서 세면 더 쉽게 셀 수 있어. 10마리가 1그룹, 10마리가 또 1그룹, 10개 그룹이면 100마리네. 이렇게 하면 큰 수도 쉽게 셀 수 있어.

문해력 키우는 상호작용

음운론적 인식

모음을 바꿔 말하는 말놀이를 하며 모음의 소릿값에 관심을 가져요. 비슷한 구조의 단어들을 비교하며 모음이 바뀔 때 소릿값이 어떻게 달라지는지 경험할 수 있어요.
- 고양이들이 '쑥쑥 자라냥' 역에 도착했네. '쑥쑥'에서 모음 ㅜ를 ㅗ로 바꾸면 어떤 소리가 날까? '쏙쏙'이 됐어. 이번엔 '쏙쏙'에서 모음 ㅗ를 ㅣ로 바꾸면? '씩씩'이 됐네. '씩씩'에서 모음 ㅣ를 ㅡ로 바꾸면? '쓱쓱!' 쓱쓱 하면 어떤 느낌이 들어? 고양이들이 털을 '쓱쓱' 닦고 있는 것 같지? ○○이는 어떤 단어가 제일 마음에 들어?

어휘력

그림책에 등장하는 100마리의 고양이를 세며 자연스럽게 수 개념과 수 관련 어휘를 배울 수 있어요.
- 고양이들을 한 마리씩 세어 볼까? 하나, 둘, 셋... (손가락으로 가리키며 세기)
- 이번에는 일, 이, 삼, 사로 세어 볼래? (한자어 숫자 활용)
- 고양이를 한 마리씩 세면 너무 많아서 헷갈릴 수도 있어. 10마리씩 묶어서 세면 더 쉽겠지? 열 마리, 스무 마리, 서른 마리...
- 이번에는 숫자로 세어 볼까? 십, 이십, 삼십... 오십 다음에는 몇이 올지 알겠어? (10의 배수) 마지막에 백까지 세면 성공! 100마리 고양이가 모두 모였네.

이야기 이해력

고양이들이 어디에서 무엇을 하고 있는지 그림을 자세히 관찰해요. 이야기 속 정보를 정리하며 읽으면 이야기의 흐름을 더 쉽게 이해할 수 있어요.
- 식당에서는 고양이들이 무엇을 하고 있을까? 몰래 감자칩을 먹고 있는 고양이도 있고, 혼자 주먹밥을 먹기도 하네. 책 보며 밥 먹는 고양이도 있어. 밥을 안 먹고 식탁 밑에 숨어 있는 고양이도 보이네. 식사 시간이 끝나고 디저트를 먹는 시간인가 봐. 할머니가 직접 만들어 준 커다란 생크림 케이크를 한 조각씩 나눠 먹고 있어.

생각을 키우는 질문

- ☐ 100마리 고양이들은 모두 나이가 같을까? 어떤 고양이는 형이고, 어떤 고양이는 동생일 수도 있을까? 고양이들도 서로 나이를 알 수 있을까?
- ☐ 100마리 고양이네처럼 우리 가족도 100명이라면 어떨 것 같아? 100명이 한집에 살면 밥 먹을 때 어떻게 해야 할까? 가족이 100명이면 좋은 점은 뭐가 있을까?
- ☐ 100마리 고양이가 아니라 100마리 강아지가 있다면 어떻게 지낼까? 100마리 코끼리가 있다면? 코끼리는 크고 무거운데 집이 버틸 수 있을까?

고양이 가족 이름 짓기

고양이 가족을 그리고 이름을 지어 보자.

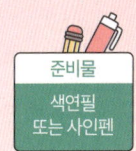
준비물
색연필 또는 사인펜

- 그림책을 다시 읽으며, 마음에 드는 고양이의 모습과 이름을 자세히 관찰해요.

  "이 책에는 아기 고양이 98마리와 엄마 고양이, 아빠 고양이까지 총 100마리의 고양이가 나왔지. ○○이는 어떤 고양이가 제일 마음에 들었어? 제일 마음에 드는 고양이를 자세히 관찰해 보자. 이름은 뭘까?"

- 고양이 가족을 그리고, 특징이 잘 드러나는 이름을 지어요.

  "아기 고양이를 그렸네. 밝게 잘 웃어서 고양이 이름이 '웃음이'구나."

  "아빠 고양이는 어때? 왜 '조심이'라고 지었어? 그림책에서 본 '소심이'랑 비슷한 이름이네. '소심이'랑 '조심이'는 이름에서 어떤 부분이 다를까? 제일 앞에 오는 소리가 달라. '소'는 시옷의 /ㅅ/ 소리, '조'는 지읒의 /ㅈ/ 소리로 시작하지. 그래서 '소심이'와 '조심이'는 첫소리가 달라."

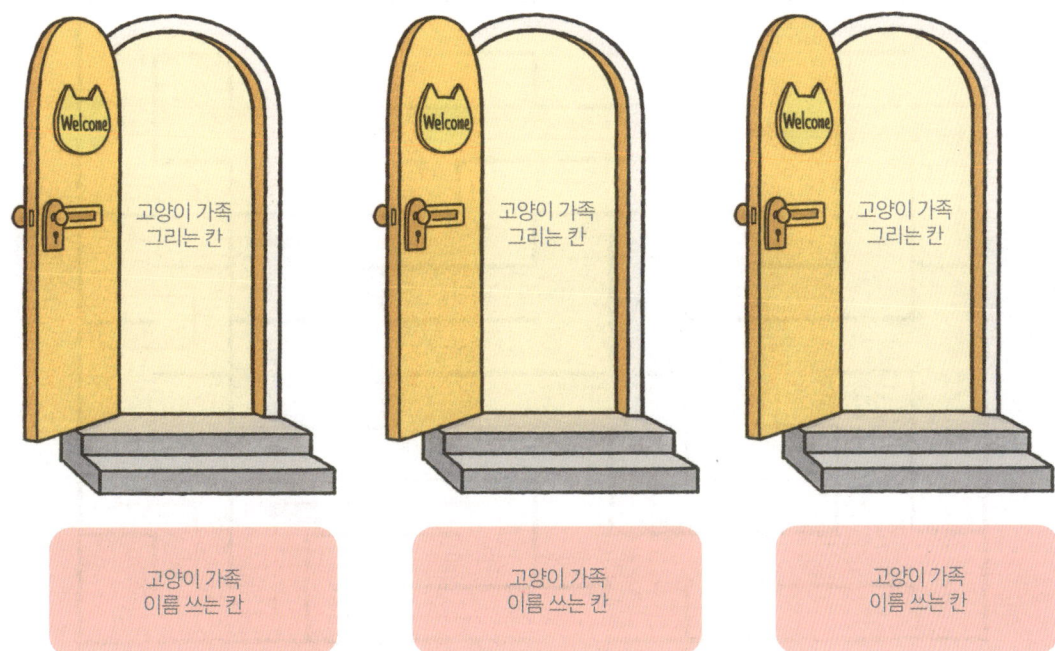

우리와 두리의 미로 찾기

준비물
연필, 지우개

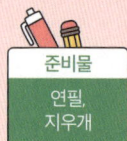

우리와 두리가 엄마 아빠를 찾아갈 수 있도록 길을 찾아주자.

- 미로를 탐색해요.

  "우리와 두리는 어디에 있을까? 엄마, 아빠는 어디에 있어? 우리와 두리가 엄마, 아빠가 있는 곳까지 가려면 어떤 길로 가야 할까? 미로에는 여러 갈래의 길이 있어. 어느 길이 맞을까? 손가락으로 먼저 따라가 보자."

- 미로 길에서 출구를 찾아요.

  "이 길로 가면 막히네. 다른 길을 찾아볼까? 길을 잘못 들었을 때는 지우개로 지우고 다시 하면 돼."

- 미로 길을 따라가며 이야기 나눠요.

  "우리와 두리가 점점 엄마, 아빠에게 가까워지고 있어. 마지막 길을 찾았어! 이제 엄마, 아빠를 만났네. 우리와 두리는 어떤 기분일 것 같아?"

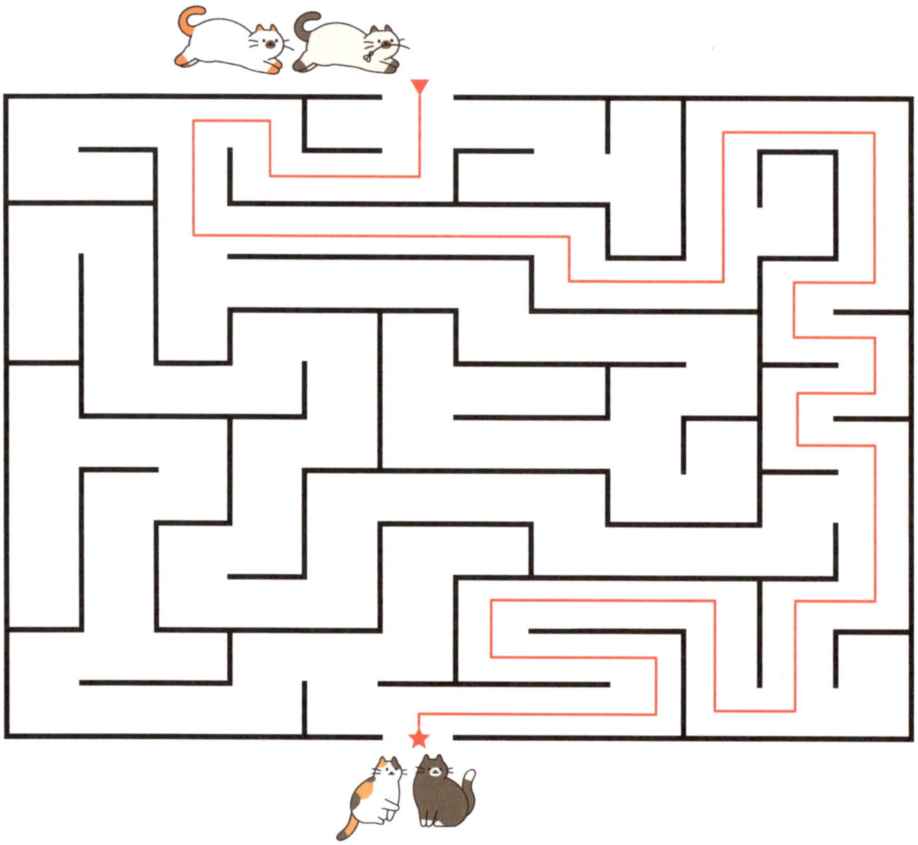

100마리 고양이 집 점 잇기

점을 이어 100마리 고양이 집을 완성해 보자.

준비물
색연필 또는 크레파스

- 점을 관찰하며 이야기 나눠요.
  "이 점들을 연결하면 어떤 모양이 나올까? 100마리 고양이들의 집이 완성된대. 점을 손가락으로 먼저 짚어보자. 어디까지 이어질까? 지붕은 어디 있을까? 문은 어디 있을까?"

- 점을 이어 그림을 완성해요.
  "점들을 연결해 보자. 선이 점점 길어지고 있어. 점을 이어서 지붕이 만들어졌네. 현관문도 생겼어! 창문도 생겼네. 창문은 모두 몇 개일까?"

- 완성된 그림에 색칠하며 이야기 나눠요.
  "100마리 고양이들이 사는 집을 꾸며 볼래? 고양이 집은 무슨 색이면 좋을까? 고양이가 창문에서 밖을 보고 있으면 귀엽겠다."

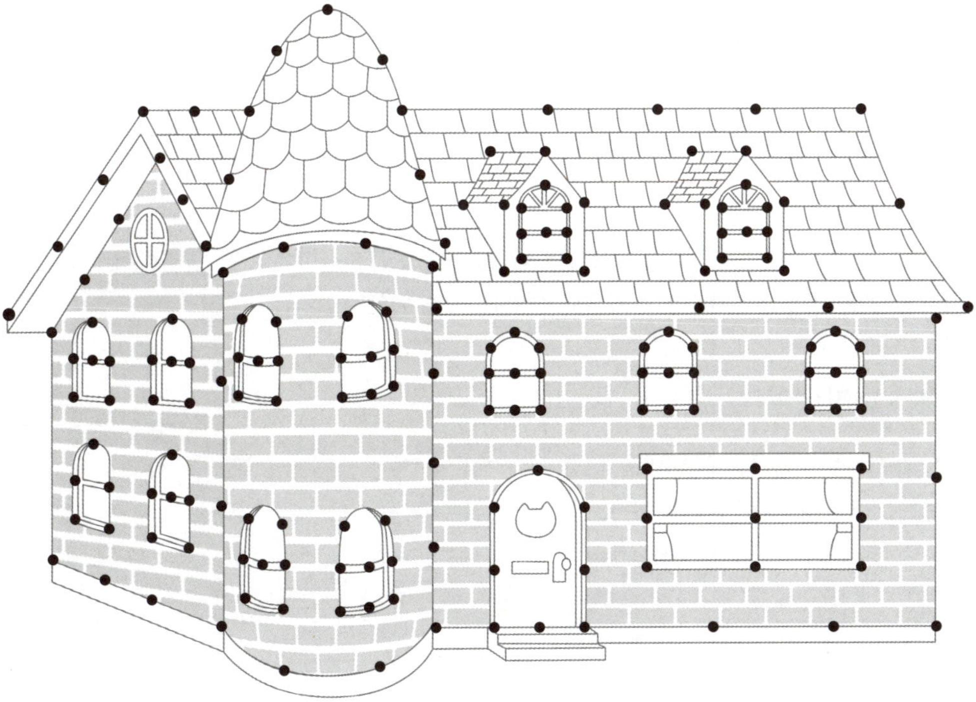

이런 그림책도 읽어 봐

☆ 왜 인사해야 돼? 엘리센다 로카 글·크리스티나 로산토스 그림 | 김정하 옮김 | 노란상상 | 2015

마르틴과 노라는 인사를 하지 않다가 점점 투명 인간이 되어 버렸어요. '왜 인사해야 돼?'라는 질문은 아이가 스스로 의미를 깨닫도록 도와줘요. 인사는 단순한 습관이 아니라 사람과 사람을 연결하는 따뜻한 시작임을 자연스럽게 알 수 있어요. 상황별 인사말 카드를 만들고 역할극 놀이를 하며 인사의 중요성과 따뜻함을 배워요.

☆ 너도 맞고, 나도 맞아! 안소민 글·그림 | 비룡소 | 2021

같은 현상도 보는 사람에 따라 다르게 보일 수 있어요. 플랩을 여닫으며 질문하고 답을 찾아가는 과정에서 서로 다른 생각을 이해하고 존중하는 법을 배울 수 있어요. '크리스마스는 추워', '크리스마스는 더워'처럼 상황에 따라 다르게 표현될 수 있는 단어를 찾아 이야기해요..

☆ 까만 양 이야기 김유강 글·그림 | 오올 | 2024

까만 양은 다른 양들과 다르다는 이유로 혼자 지냈어요. 하지만 어려운 상황에서 자신의 특별한 장점을 발견해요. '다름'은 나쁜 것이 아니라 서로를 더 풍요롭게 만들어 준다는 것을 알려주는 그림책이에요. 나와 친구의 다른 점과 비슷한 점을 찾아 벤 다이어그램으로 표현해요.

☆ 정정당당 무당벌레 올림픽 하위도 판헤네흐턴 글·그림 | 최진영 옮김 | 책속물고기 | 2024

무당벌레 올림픽에서는 이기고 지는 것보다 정정당당하게 최선을 다하는 것이 더 중요해요. 무당벌레 선수들은 꾸준히 노력하고 협력하며 서로를 격려해요. 미니 올림픽 놀이를 하며 공정한 경쟁과 협력의 중요성을 배울 수 있어요. 직접 글자를 써서 규칙판을 만들고, 서로 응원하는 플래카드를 만들어요.

☆ 사자가 작아졌어! 정성훈 글·그림 | 비룡소 | 2015

사자가 낮잠에서 깨어나 보니 세상이 너무 커졌어요. 사실은 사자가 작아진 것이었어요. 작은 사자는 가젤에게 도움을 받지만, 가젤은 사자가 자신의 엄마를 잡아먹었다는 사실을 기억해요. 진정한 사과와 용서, 공감은 무엇일까요? '미안해' 대신 '내가 너를 속상하게 했구나'처럼 다양한 사과와 공감의 표현을 찾아 문장으로 만들어요.

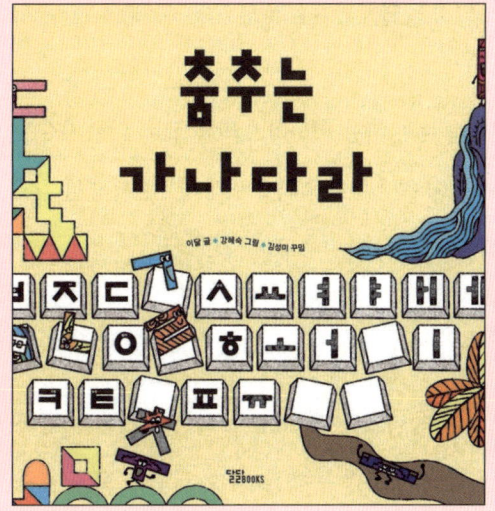

춤추는 가나다라

글 이달
그림 강혜숙
꾸밈 김성미
펴낸 곳 달달북스
출간 2023
주제 한글

📖 책 소개

자음 나라에 살고 있는 호기심 많은 기역은 조용히 혼자 있는 걸 좋아하는 자음 친구들 때문에 어딘가에 있을 함께 놀 친구들을 찾아 여행을 떠나요. 길을 걷던 기역은 길쭉길쭉한 모음 친구들이 춤을 추며 노래하는 소리를 듣게 되지요. 기역이 모음 친구들과 손을 잡고 춤을 추니 다양한 소리가 나요. 한바탕 신나게 놀이한 기역은 모음 친구들을 이끌고 자음 나라로 향해요. 자음과 모음이 만나 다양한 소리가 만들어지는 그림책을 읽으며 재미있게 한글을 배울 수 있어요.

이렇게 읽어 주세요

자음과 모음의 모양과 소리에 관심 갖기

기역이 몸을 움직이면서 자음 친구와 비슷한 모양이 되도록 만드는 장면을 보면서 자음의 모양과 소리에 관심을 가져요. 모음 친구들이 하는 말이 적힌 말풍선을 읽어 줄 때는 모음의 모양과 소릿값을 연결 지으며 읽을 수 있도록 하나씩 손으로 가리키며 읽어 주는 것이 좋아요. 적재적소에서 자음과 모음의 소릿값에 대해 명시적으로 알려주는 것은 아이들의 음운론적 인식 발달에 도움을 줘요.

- 기역이 자음 친구들이랑 놀고 싶어서 자음 친구들의 모습을 따라 하면서 비슷하게 보이게 만들고 있네. 기역이 멋지게 물구나무를 섰더니 어떤 모양이 됐어? 니은이 됐네. /그/ 소리 나는 기역을 뒤집었더니 /느/ 소리가

나는 니은이 됐어. 기역이 막대기를 들어서 입 앞에 가져다 대니까 키읔이 되기도 하네. /그/ 소리에서 /크/ 소리가 된다.
- 모음 친구들이 춤을 추며 노래를 부르고 있네. (손으로 하나씩 가리키면서) '아'는 아아아 소리를 내고, '오'는 오오오 소리를 내고, '우'는 우우우 소리를 내네. (ㅑ를 손으로 가리키면서) 그럼 이 친구는 뭐라고 노래 부르면서 춤을 추고 있을까? 'ㅏ'에 막대 하나가 더 생기면 'ㅑ'가 돼. '야' 소리가 나지.

자음과 모음 조합하기

기역이 모음 친구들과 손을 잡고 춤을 추는 장면을 읽으며 자음과 모음의 조합에 따른 소릿값의 변화에 관심을 가지며 읽어요. 손으로 하나씩 가리키면서 발음을 또박또박 말해요. 음소 단위로 쪼개어 자음과 모음의 각자 소리에 대해서도 알려주세요. 색종이로 자음을 만들거나, 한글 블록을 활용하여 자음을 바꿔가면서 함께 읽어 보는 것도 좋아요.

- 기역이 아, 야, 어, 여, 오, 요, 우, 유. 으. 이 친구들이랑 차례대로 손을 잡고 춤을 추네. '기역'이랑 '아'가 손을 잡고 춤을 추니 '가' 소리가 돼. 그럼 '기역'이 '야랑 손을 잡으면 무슨 소리가 될까? /그/ 야/ 갸/!
- 이번엔 그럼 우리 기역 말고 다른 자음 친구를 가지고 와 볼까? (한글 블록을 보여주면서) 이건 무슨 소리 나는 자음이지? 니은! /느/ 소리가 나. 니은을 하나씩 옮겨보면서 어떤 소리가 되나 살펴볼까? 나, 냐, 너, 녀, 노, 뇨, 누, 뉴, 느, 니.

블록으로 단어 만들어 보며 읽기

자음과 모음을 조합하여 단어가 만들어진 가장 마지막 장면을 보면서 한글 블록으로 글자들을 만들어요. 한글 블록이 없다면 색종이로 자음과 모음을 만들어 보는 것부터 시작해 볼 수 있어요.

- 자음과 모음 친구들의 춤과 노래가 계속되자 세상의 모든 소리와 말들이 태어났대. 어떤 단어들이 생겼지? (단어들을 하나씩 가리키면서) 토끼, 왕관, 수박, 차, 무지개, 리본, 돼지. 글자에 그림들이 그려진 그림 글자네. 멋지다! 여기에서 ○○가 만들어 보고 싶은 단어 있어? 우리 블록으로 단어를 만들어 보자. 수박을 만들려면 어떤 블록들이 필요할까? '시옷'이랑 'ㅜ' 찾았다. 시옷이랑 우를 합하면 수박의 '수'가 돼. 그럼 박은? 비읍이랑 ㅏ, 그리고 이응이 모여서 '박'이 되지.

문해력 키우는 상호작용

음운론적 인식

모음 친구들이 저마다 한마디씩 떠드는 장면을 읽으면서 모음의 소릿값에 대해 알아볼 수 있어요. 아이와 그림책을 반복해서 읽어 본 뒤에는 자음과 모음이 나올 때마다 손으로 가리키며 어떤 소리가 나는 친구인지 퀴즈를 내고 맞히는 놀이를 할 수 있어요.

- 모음 친구들이 저마다 한마디씩 하면서 떠들고 있네. 어떤 춤을 출지 신이 났나 봐. '아'는 '아! 좋아'. '야'는 '야! 재밌겠다!'. '어'는 '어! 신나!'
- 여러 번 읽어 봐서 이제 ○○도 모음 친구들 이름 잘 알지? ○○가 모음 친구가 돼서 소리쳐 봐. (아이가 소리치면) 아! (엄마가 그다음 말을 이어서 읽어 주면서) 좋아! 야! 재밌겠다! 어! 신나! 여! 가자!
- 이번엔 엄마랑 자음이랑 모음 소리 말하기 놀이해 볼래? ○○가 아는 소리를 찾아보자. 기역은 /그/! ㅏ는 '아'!

어휘력

그림책을 읽을 때 접하는 단어를 활용하여 새롭게 문장을 만들어 보면 단어의 뜻을 유추할 수 있어요. 그림책에 나온 단어에서 시작해서 상호작용을 하면서 꼬리에 꼬리를 물고 나오게 되는 새로운 단어들도 쉽고 재미있게 익힐 수 있어요.

- 세상에는 아무리 노력해도 안 되는 일들이 있대. 그럴 땐 포기해야 할까? 포기를 모르는 기역은 친구들을 찾기 위해 도전하나 봐. 포기를 모르는 기역이라니. '포기'는 무슨 뜻이야? 배추를 셀 때도 한 포기, 두 포기 이렇게 새지? 하지만 여기에서 나온 포기는 배추를 세는 포기랑은 달라. "포기하기엔 아직 일러. 우리에게는 희망이 있어"라고 말할 때처럼 사용할 수 있어.
- 그럼 희망이 있다는 건 무슨 뜻이지? 희망은 좋은 일을 기대하는 마음을 말해. 장래희망이라는 말 들어본 적 있어? 장래희망은 앞으로 무언가 되고 싶고, 하고 싶은 걸 말해. 엄마 어릴 때 장래희망은 선생님이 되는 거였어.

이야기 이해력

그림책의 내용이 어떤 내용인지 전반적으로 요약해 보도록 권할 수 있어요. 아이가 어려워한다면 그림책의 장면을 차례로 훑어보며 간단한 문장으로 묘사해 주세요.

- 이 그림책 무슨 내용이었어? 순서대로 다시 살펴보면서 한 장면을 한 문장으로 요약해서 이야기해 볼까? 기역

은 자음 친구들이랑 같이 놀고 싶었대. 그런데 자음 친구들은 조용히 혼자 있는 걸 좋아한대. 그래서 기역이 새로운 친구들을 찾아 나섰어. 기역은 그래서 모음 친구들을 만났지. 모음 친구들이랑 손 붙잡고 춤을 추니깐 새로운 소리가 만들어졌어. 기역은 모음 친구들이랑 같이 자음 나라로 갔어. 덕분에 세상의 모든 소리랑 말들이 태어날 수 있었대.

생각을 키우는 질문

- ☐ • (앞면지를 보면서) 이거 무슨 그림이야? 키보드 같다. 키보드인데 글자들이 없네. 글자 모양이랑 비슷해 보이기도 하고? 여기 끝이 뾰족한 부분은 시옷 같다. 또 어떤 부분이 글자처럼 생겼어?
- ☐ • 여기는 기역이 살고 있는 자음 나라래. 자음 친구들은 자음 나라에서 뭘 하며 살고 있을까?
- ☐ • 기역이 친구들을 찾아서 여행을 떠나지 않았다면 어떻게 됐을까? 이 세상에 모음이 없고 자음만 있었다면 어떻게 됐을 것 같아?

낱말을 찾아라

그림과 낱말을 올바르게 연결해 보자.

- 그림책의 맨 마지막 장면의 그림 글자와 그림을 함께 관찰하며 글자의 모양에 관심을 가져요.
  "글자 안에 그림이 그려져 있네. 그림 글자들이야. 어떤 그림 글자들이 있는지 한번 살펴볼까? '토끼' 글자에는 깡충깡충 토끼 귀가 달렸네. 티읕에 토끼 얼굴도 있어. '수박' 글자의 시옷에는 수박 줄무늬가 그려져 있네."

- 그림과 그림 글자를 바르게 연결해요. 그림 글자 속 그림을 관찰하며 찾으면 도움이 돼요.
  "그림이랑 그림 글자랑 바르게 연결하래. 왕관 그림 글자는 어디 있지? 이응에 왕관이 달려 있어."

- 그림 글자와 글자를 찾아 바르게 연결해요. 그림 글자의 모양과 글자의 모양에 관심을 기울이며 짝지어요.
  "이번에는 글자랑 그림 글자를 연결해 볼까? 번개라는 낱말은 어디에 있지? 번개는 /브/ 소리가 나는 비읍으로 시작해. 여기 있네. 번개."

- 그림과 그림 글자는 종이 또는 손으로 가리고 글자의 모양을 보며 어떤 단어인지 추측해요.
  "이번엔 그림 글자랑 그림들은 모두 가리고 글자만 보고 무슨 단어였는지 말해 볼까? 헷갈리면 그림책을 살짝 펼쳐서 보자."

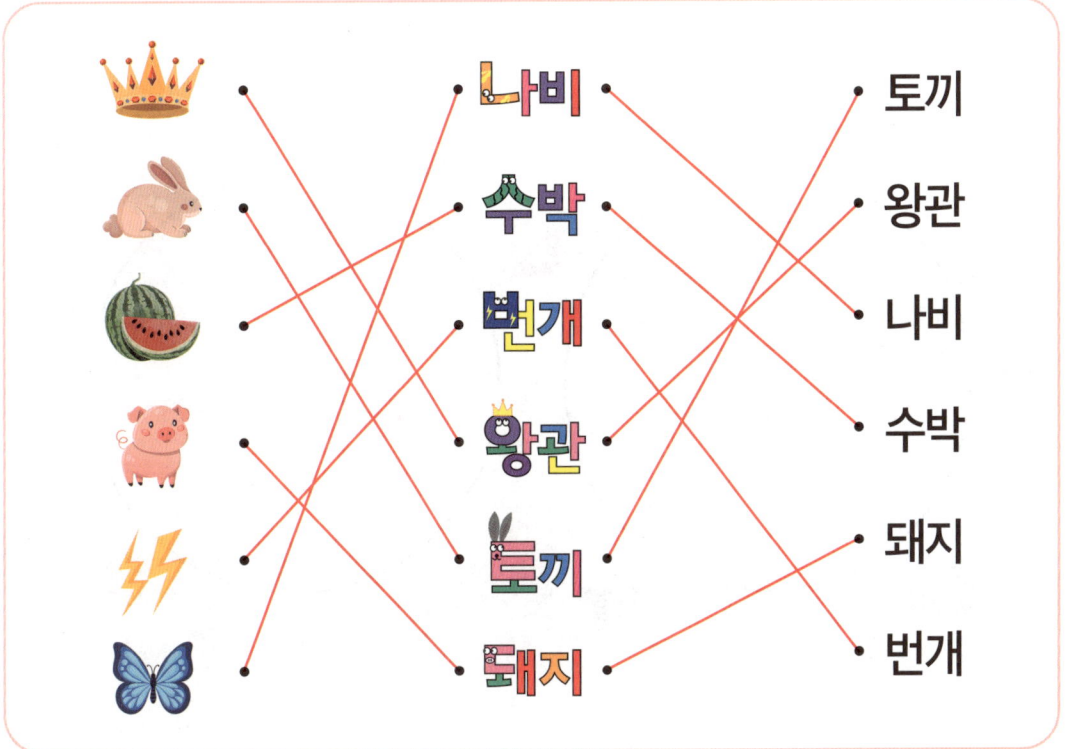

자음 나라 vs 모음 나라

자음과 모음을 구분해 보자.

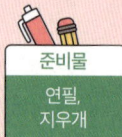
준비물
연필, 지우개

- 그림책을 읽으며 자음과 모음의 특징에 관해 이야기 나눠요.
  "자음들은 모두 검은색으로 그려져 있네? 자음은 어떤 모양들이 있나 살펴볼까? 주인공 기역, 기역이 물구나무서면 니은, 니은에 막대 하나 더 생기면 디귿."

- 그림책을 읽으며 자음, 모음에는 어떤 것들이 있는지 살펴보며 이름과 소릿값에 대해 알아요.
  "모음은 모두 길쭉한 막대기 모양이네? 무슨 소리 나는 모음들이었는지 하나씩 읽어볼까? 아, 야, 어, 여, 오, 요, 우, 유, 으, 이."

- 뒤섞여 있는 자음과 모음들을 자음과 모음으로 나누어 칸 안에 적어요.
  "(자음과 모음들을 가리키면서) 여기에는 자음이랑 모음이 모두 뒤섞여 있어. 여기에서 자음만 찾아서 자음 나라에 적고, 모음만 찾아서 모음 나라에 적어볼까?"

- 칸 안에 적은 자음과 모음의 이름과 소리에 대해 다시 한번 이야기 나눠요.
  "자음이랑 모음 모두 찾았네. 자음이랑 모음 이름들을 말해 보자."

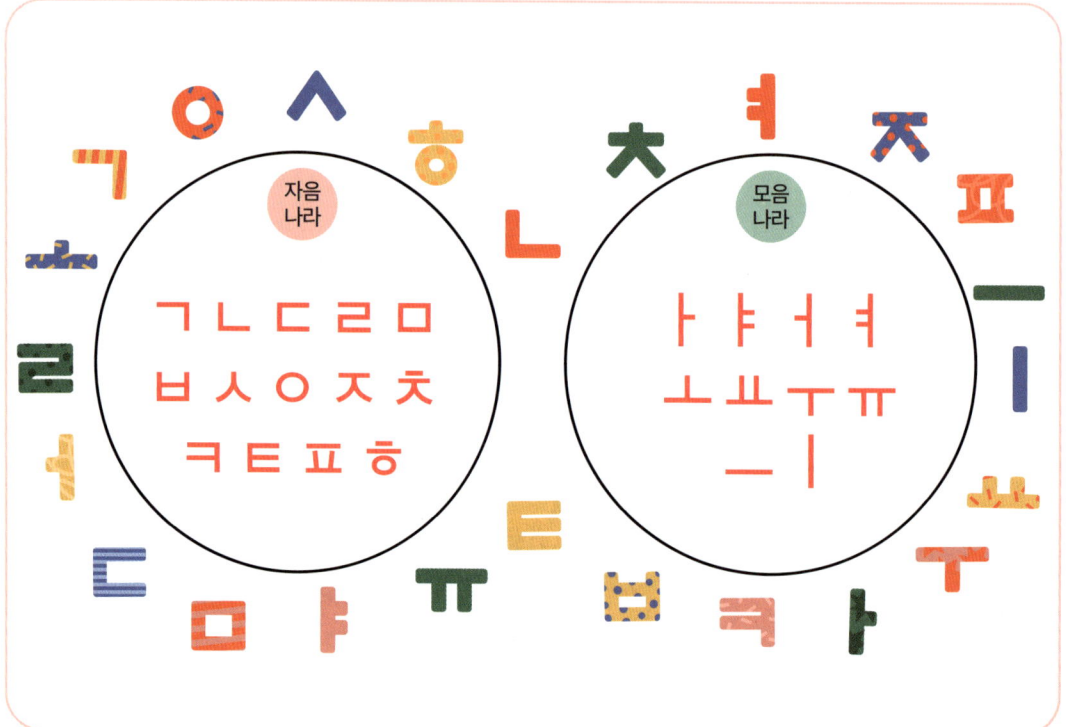

색종이 모음 놀이

색종이로 모음들을 만들어서 기역과 조합해 보자.

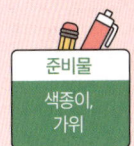

- 그림책에서 자음과 모음이 만나 새로운 소리를 만드는 장면에 대해 살펴보며 이야기를 이해했는지 확인해요.

  "기역이 모음 친구들을 만나서 같이 춤을 췄던 부분이다. 기역이 모음 친구들이랑 차례로 춤췄더니 새로운 소리들이 생겼네. 어떤 소리가 되는지 한번 볼까?"

- 색종이로 모음을 만들어요. 'ㅏ, ㅑ, ㅣ'만 만들어서 모음을 돌려가면서 다양한 모음을 만들어 보는 것도 좋아요.

  "색종이로 모음을 먼저 만들어 보래. 모음들이 어떻게 생겼는지 한번 볼까? 막대 모양 'ㅣ'에 막대 하나가 삐죽 나오면 'ㅏ'가 되고, 'ㅏ'에 막대가 하나 더 나오면 'ㅑ'가 되네. 그럼 이번엔 모음을 돌려가면서 어떻게 소리가 바뀌는지 볼까? 'ㅏ'를 뒤집으면 'ㅓ', 'ㅓ'를 뒤집으면 'ㅜ'. 이번엔 'ㅑ'도 뒤집어 보면서 어떤 소리가 되는지 보자."

- 제시된 ㄱ에 모음을 다양하게 조합하면서 소리가 어떻게 변화하는지 파악해요.

  "우리가 만든 색종이 모음을 ㄱ에 조합해서 어떤 소리가 되는지 확인해 보자. 'ㄱ'에 'ㅏ'를 더하면 '가', 'ㄱ'에 'ㅑ'를 더하면 '갸'."

- 글자를 소리 내어 읽어요. 새로 만든 소리로 시작하는 단어를 떠올려 보는 것도 좋아요.

  "이번에는 우리가 만들 글자로 시작하는 단어들을 떠올려 볼까? '가'로 시작하는 건 뭐가 있지? 가지! 가방! 가위! 가로 시작하는 단어가 많네."

이런 그림책도 읽어 봐

☆ **자음의 탄생** 진정숙 글·김지영 그림 | 올리 | 2022

그림책 작가 김지영의 또 다른 그림책이에요. 자음의 형성 원리에 대해 재미있게 알 수 있어요. 그림책 작가들의 시리즈로 『노는 게 좋은 ㅡ·ㅣ』도 추천해요. 독후활동으로 한글 블록으로 자음 역할놀이를 해요. 그림책에 나오는 것처럼 비슷한 소리와 형태를 가진 자음끼리 모아서 작은 마을을 만들어 볼 수 있어요.

☆ **받침구조대** 곽미영 글·지은 그림 | 만만한책방 | 2023

도움이 필요한 곳이라면 어디든 받침구조대가 출동해요. 아기를 '안'고 서 있느라 힘든 캥거루에게 'ㅈ'이 출동해서 '앉'을 수 있게 도와주지요. 그림책을 읽으며 받침에 따라 달라지는 단어들에 관심을 가질 수 있어요. 그림책에 소개된 것처럼 받침이 달라지면 뜻이 달라지는 단어들을 떠올리고 적어 보기도 해요.

☆ **한글 몬스터** 이정은 글·그림 | 북멘토 | 2025

한글 모양처럼 생긴 몬스터들과 함께라면 한글의 재미에 퐁당 빠질 수 있어요. 'ㄹ' 괴물은 룰루랄라, 'ㅎ' 괴물은 흔들흔들. 각각의 자음 소리로 시작하는 의성어, 의태어도 함께 담고 있어 즐거움이 배가 돼요. 한글 몬스터의 소리와 행동에 관심을 기울이며 음운론적 인식의 향상도 도와요. 같은 소리로 시작하는 의성어, 의태어를 떠올리며 읽으면 좋아요.

☆ **너의 특별한 점** 이달 글·이고은 그림 | 달달북스 | 2021

그림책의 글 작가 이달이 지은 그림책이에요. 우리가 첫 숨을 내쉬면 첫 숨이 특별한 점이 된다는 이야기를 담고 있어요. 다의어이면서 한글자로 이루어진 점, 숨, 꿈이라는 단어로 이야기를 엮어내고 있어요. 점, 숨, 꿈이 갖고 있는 중의적인 의미를 그림으로 표현해 보면서 읽어요.

☆ **호랑이 생일날이렷다** 강혜숙 글·그림 | 우리학교 | 2022

그림책의 그림 작가 강혜숙 작가가 그리고 쓴 그림책이에요. 우리나라의 민화와 민담 속에 등장하는 호랑이 이야기를 담고 있어요. 그림책 작가의 그림처럼 형광펜으로 형광빛이 도는 그림을 그려서 호랑이를 표현해 보는 것도 재미있어요. 호랑이 그림을 그리고 나만의 호랑이 이야기를 만들어요.

놀부와 ㅇㄹㄹ펭귄

글·그림 김혜영
펴낸 곳 이루리북스
출간 2023
주제 패러디 그림책

책 소개

옛이야기 『흥부와 놀부』, 『알리바바와 40인의 도적』을 절묘하게 섞어 재해석한 패러디 그림책*이에요. 놀부는 신문을 보다가 자신이 내쫓은 흥부가 갑자기 신흥 부자가 되었다는 소식을 접했어요. 욕심 많은 놀부는 흥부를 찾아가 펭귄들의 보물 동굴 암호를 알아내 자신만 알아볼 수 있도록 초성 암호를 적어둬요. 그런데 보물 동굴에서 보물을 훔쳐 나가려는 순간, 주문이 기억나지 않았어요. 기억력이 나쁜 놀부는 배에 써둔 초성 암호를 보며 '오로라 펭귄', '울랄라 펭귄', '우르르 펭귄' 같은 엉뚱한 주문만 외치다가 결국 동굴에 갇히고 말아요. 놀부의 초성 암호를 따라 하며 재미있게 언어 놀이를 즐길 수 있는 그림책이에요.

* 패러디 그림책: 기존에 잘 알려진 이야기(전래동화, 신화 등)를 새로운 시각으로 재해석하여 유머와 풍자를 추가해 색다른 재미를 주는 그림책

이렇게 읽어 주세요

신문 그림 자세히 읽기

이 책에는 '꿀꿀 일보'라는 신문 그림이 자주 등장해요. 놀부가 읽는 꿀꿀 일보 그림에는 다양한 옛이야기들이 각색되어 기사로 등장해요. 깨알같이 작은 글씨로 된 신문 기사를 자세히 읽다 보면 다양한 패러디 요소를 발견할 수 있어요. 이런 과정을 통해 신문에서 많은 정보를 얻을 수 있다는 것을 알게 되어 실생활 신문읽기로 관심을 이어갈 수 있는 좋은 계기가 될 수 있어요.

- 여기 놀부가 신문을 보고 있네. 무슨 중요한 소식을 읽고 있을까? 제목을 한번 읽어 볼까?
- 와, 여기 '늑대도 그냥 간 막내 돼지의 그 벽돌집'이 분양 중이래! '늑대와 벽돌집' 하면 떠오르는 이야기가 있니?
- 빨간 망토가 제과점을 열었다는 소식이 있어. 줄 서서 먹는 빵집이라는데, 어떤 빵을 팔고 있을까?

초성 주문 따라 하기

이 책의 하이라이트는 놀부가 보물을 얻고 나가려던 찰나, 초성 암호를 잊어버려 엉뚱한 주문을 외치는 장면이에요. 놀부가 틀린 주문을 외칠 때마다 그런 놀부를 따라 하듯이 과장되고 우스운 목소리로 읽으면 아이들은 책의 매력에 더 빠져들 거예요.

- 놀부가 엉뚱한 주문을 외쳐버렸구나. 우리도 놀부처럼 동굴에 갇혔다고 생각하고 같이 크게 따라 외쳐 보자.
- (위엄 있는 표정과 목소리로) 오~~로라 펭귄~~~
- (작고 귀여운 목소리로 아기 사자 흉내를 내며) 으르렁 으르렁 으르렁 펭귄~~~
- (신나는 목소리를 내며) 울랄라 펭귄 울라 울라 울라숑~~

비판적 사고하며 질문하기

패러디 그림책은 원작의 통념이나 윤리 문제를 다시 고민하게 하는 기능이 있어요. 원래 『흥부와 놀부』 이야기에서는 착한 흥부가 보상받고, 욕심 많은 놀부는 벌을 받는 권선징악 구조지요. 하지만 『놀부와 ㅇㄹㄹ 펭귄』에서는 놀부보다 나쁜 도둑 펭귄들, 펭귄의 돈으로 부자가 된 흥부, 욕심은 많지만 엉뚱하고 웃긴 놀부 같은 입체적인 인물들이 나와요. 이야기를 읽으며 도덕적 기준에 관한 여러 질문을 던져요. 기존의 윤리 문제를 비판적으로 사고하는 기회를 만들 수 있어요.

- 다시 생각해 보면, 흥부도 완전히 착한 건 아닐 수도 있지 않을까? 펭귄들의 돈으로 흥부 월드를 만들었잖아.
- ○○이는 흥부나 놀부보다 펭귄들이 더 나쁘다고 느꼈구나. 처음부터 도둑질해서 보물을 모은 건 펭귄들이지.
- 흥부가 놀부에게 펭귄들의 동굴 암호를 알려준 건 정당한 걸까? 펭귄들도 어찌 보면 피해본 것 아닐까?

문해력 키우는 상호작용

음운론적 인식

초성 글자를 활용해 단어를 맞추는 놀이를 해 보세요. 놀부가 헷갈렸던 초성 암호를 보며 또 다른 초성 암호를 만들 수도 있어요. 초성을 바꿔보고 다양한 단어를 떠올리며 재미있고 자연스러운 맥락에서 음운 변별력을 키울 수 있어요.

- 놀부 배에 'ㅇㄹㄹ ㅍㄱ'라고 적혀 있었지. 만약에 주문이 'ㄸㄹㄹ ㅍㄱ'이었다면 어떤 소리를 냈을까?
- 이번에는 마지막 글자만 바꿔볼까? 'ㅇㄹㄹ ㅍㅅ'라고 적혀 있다면 놀부는 어떤 주문을 만들었을까?
- 이번엔 ○○이가 새로운 초성 암호를 만들어 볼래? 엄마가 어떤 암호인지 맞혀볼게.

어휘력

꿀꿀 일보 신문에는 주로 기사문에서 쓰이는 생소한 단어들이 등장해요. 일상적으로 잘 쓰지 않는 생소한 단어들을 찾아보고 단어의 정확한 의미를 이해하고 관련된 유의어를 찾아보며 어휘력을 키워요.

- 꿀꿀 일보 기사에 나오는 말 중에 처음 들어보거나 어려운 단어가 있니?
- '분양'이라는 말이 나왔네. 이 말은 어떤 것을 여러 사람에게 나누어 주지만, 대가를 받고 주는 것을 의미해. 비슷한 말로 '판매', '공급' 같은 표현이 있어.
- ○○이는 흥부가 썼다는 '자서전'이라는 말이 궁금하구나. 이 말은 자기 자신이 직접 자신의 이야기를 일기처럼 썼다는 뜻이야. '수기'라는 말도 비슷한 의미의 단어야.

이야기 이해력

책을 다 읽은 후 등장인물의 역할을 나누어 역할극 놀이를 해 보세요. 흥부, 놀부, 펭귄 등 다양한 캐릭터가 되어 대화하고 행동하며 인물들의 감정을 직접 경험해 볼 수 있어요. 인물들의 선택과 행동을 깊이 이해하며 이야기 전반의 흐름을 더 생생하게 느낄 수 있어요.

- 우리 각자 역할을 하나씩 맡아 등장인물이 되어 보자. 먼저, 놀부가 흥부에게 암호를 묻는 장면부터 해 보자.
  (놀부가 된 사람이) "흥부야! 너 어떻게 그렇게 갑자기 부자가 됐니?"
- 이번에는 어떤 장면을 해 볼까? 그래, 놀부가 초성 암호를 틀리게 외치는 장면을 연기해 보자. 놀부는 갑자기 창의력이 반짝반짝 빛나는 것을 느꼈어요.

생각을 키우는 질문

- 놀부가 초성 암호를 외우는 효과적인 방법이 있을까?
- 놀부가 초성 암호를 제대로 외웠다면 어떻게 되었을까? 다시 흥부를 괴롭게 하지는 않았을까?
- 펭귄들이 보물 동굴에서 놀부를 만난다면 어떻게 했을까?

초성부터 인물까지, 선 긋기

제시된 초성을 보고 맞는 이름을 찾아 그림까지 선을 이어 보자.

- 등장인물을 회상하며 각 인물의 생김새를 자세히 관찰할 수 있는 질문을 던져보세요. 가장 오른쪽에 그려져 있는 그림을 참고하여 생김새를 자세히 들여다봐요. 세 마리 펭귄의 인상착의를 구분하고 비슷하게 생긴 흥부와 놀부의 차이도 변별해 볼 수 있어요.

    "우리 책 속에서 어떤 등장인물들이 나왔는지 떠올려 보자. 펭귄은 전부 몇 마리였지? 세 마리의 얼굴이 모두 비슷한데 놀부는 어떻게 생겼었지? 구분할 수 있을까?"

    "흥부와 놀부의 모습을 어떻게 구별할 수 있을까? 그림책으로 돌아가 다시 한번 살펴보자. 맞아 놀부는 갓을 썼고 흥부는 머리에 띠를 두르고 있었지. 펭귄 세 마리는 어떻게 다르게 생겼지?"

- 제시된 초성 상자를 보고 이름을 예측할 수 있도록 글자의 각 음소 소리값을 들려주어 이름을 예측하도록 도와요.

    "노란색 상자에 'ㄴ, ㅂ'이 적혀 있네. 'ㄴ, ㅂ'의 소리를 들려줄게. 이 글자는 '나비' 할 때 들어가는 글자와 똑같구나. 그럼 어떤 이름이 완성될까?"

    "이 친구는 욕심이 많고, 동굴에서 틀린 암호를 외쳤던 인물이야. 누굴까?"

- 이번에는 아이와 함께 또 다른 초성 퀴즈를 만들어 보세요. 단순한 맞히기 활동을 넘어 재미있게 글자를 탐색해 볼 수 있어요.

    "이제는 우리가 이름으로 새로운 초성 퀴즈를 만들어 볼까? 누구 이름으로 문제를 내볼까?"

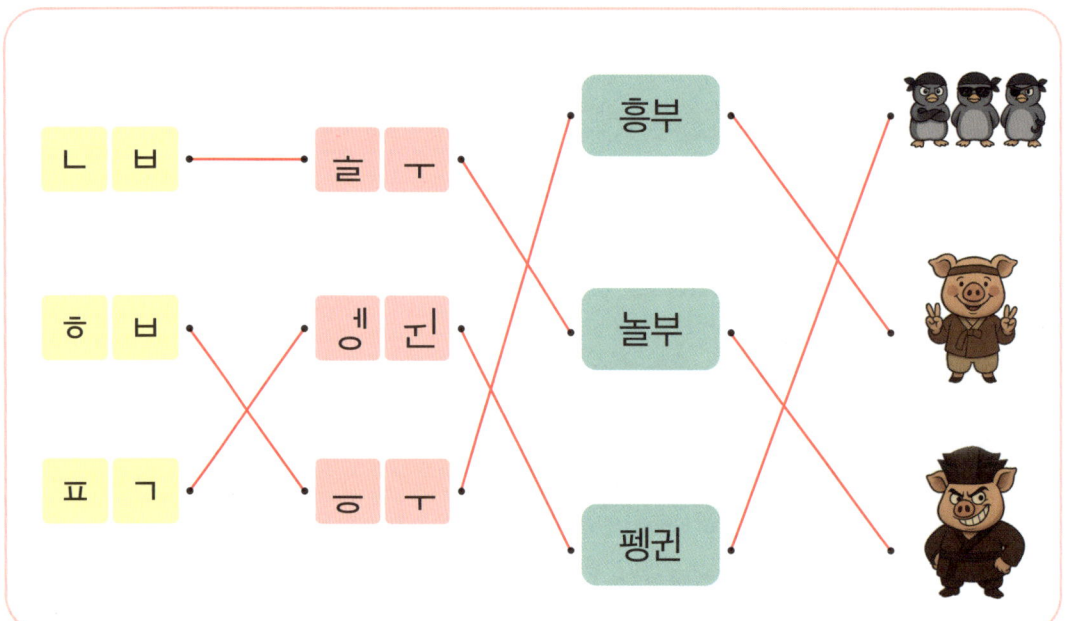

OX 퀴즈

책 내용을 기억하며 OX 퀴즈를 맞혀 보자.

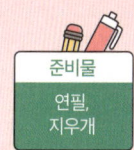

- OX 퀴즈 문제를 읽으며 이야기를 회상해 보세요. 아이들이 스스로 제시된 문장을 정확히 읽거나 이해하기 어려울 땐, 엄마가 옆에서 문장의 내용을 풀어서 설명해 주세요. 내용이 헷갈린다면 다시 책을 펼쳐 살펴보고 단서를 찾으면 쉽게 문제를 맞힐 수 있을 거예요.

  "놀부가 배에 쓴 초성 암호는 'ㅇㄹㄹ ㅍㅅ'다? 맞아? 어디가 틀렸지? 다시 한번 책을 펼쳐 보자."

- 정답을 고르며 제시문에서 틀린 문장을 바르게 고쳐볼 수 있어요.

  "놀부는 처음부터 착했다? 아닌 것 같지? 그걸 어떻게 알 수 있을까? 맞아, 처음부터 놀부는 자기가 흥부를 예전에 빈털터리로 쫓아낸 적이 있었다고 말했잖아. 그럼 이 문장을 맞게 하려면 어디를 어떻게 고쳐야 할까?"

- 새로운 OX 퀴즈 문제를 내 볼 수 있어요.

  "이번에는 우리끼리 새로운 OX 퀴즈를 만들어 볼까? 책을 다시 살펴보고 서로 번갈아 문제를 내보자. '흥부 월드에는 야자수가 있다.' 정답은 O야?"

놀부가 배에 써둔 초성 암호는 "ㅇㄹㄹ ㅍㅅ"다. 	놀부는 처음부터 착했다. 
흥부는 놀부에게 따뜻한 대접을 받았었다. 	놀부는 기억력은 나빴지만 창의력은 좋았다. 
흥부는 놀부의 생일선물로 대왕 치킨을 가져왔다. 	흥부는 원래 욕심이 많았다. 

꿀꿀 일보 틀린 그림 찾기

꿀꿀 일보 신문에서 틀린 그림을 찾아보자.

- 틀린 신문 그림을 보고 흥미를 끌어낼 질문을 던져 달라진 제목 글자를 먼저 찾아요.
  "이거 봐! 놀부가 보고 있는 신문인데 뭔가 이상하지 않아? 어? 정말 ○○이가 말한 것처럼 제목이 다르게 쓰여 있어. 우리 신문을 하나씩 비교하면서 어디가 다르게 바뀌었는지 찾아볼까?"

- 아이가 어려워하면 힌트를 주면서 자연스럽게 이어갈 수 있도록 도와주세요.
  "힌트 줄까? 왼쪽 위를 살펴봐. 그런데 또 어딘가 이상한 것 같은데. 가장 큰 그림이 달라 보여. 흥부가 아니라 놀부의 사진이 들어가 있네."

- 우리가 실제로 보는 신문도 때로는 틀릴 수 있다는 점을 이야기 나눠보세요. 정보를 비판적으로 수용해야 한다는 점을 생각해 볼 수 있어요.
  "여기 '빠르고 다 틀린' 신문이라는 표현이 있네. 정말 이 신문은 틀린 신문이었어. 그런데 우리가 보는 신문에도 때로는 틀린 글자나 사실과 달라진 이야기가 나올 수 있지 않을까? 신문을 볼 때는 그것이 정말 사실을 써 놓은 것인지 확인하며 보는 게 가장 중요해."

 · 이런 그림책도 읽어 봐 ·

☆ 슈퍼 거북 유설화 글·그림 | 책읽는곰 | 2018(뮤지컬 리커버판)

이솝우화 『토끼와 거북이』를 패러디한 그림책이에요. 원작과는 달리 토끼가 거북이를 이긴 이야기예요. 토끼를 이긴 '슈퍼 거북'은 명성을 유지하려 밤낮없이 연습하지만, 지나친 피로로 경주에서 방심해 낮잠을 자다 결국 패배해요. 거북이는 경기에서 졌지만, 다시 느긋한 본모습으로 돌아가는 것이 더 중요하다는 걸 깨닫지요. 슈퍼 거북이가 늘 매고 있는 '빠르게 살자' 머리띠를 바꾸는 활동을 해 보세요. '빠르게 살자' 대신 '바르게 살자', '느리게 살자' 같은 이 책의 교훈을 담은 문구를 만들어 볼 수 있어요.

☆ 콩떡콩떡 줄넘기 이현영 글·그림 | 토끼섬 | 2024

'떡 하나 주면 안 잡아먹지'로 유명한 전래동화 『해님달님』을 패러디한 작품이에요. 호호는 숲에서 줄넘기하다 찹쌀떡을 먹어요. 배고픈 호랑이가 다가와 "떡 하나 주면 안 잡아먹지!"라고 해요. 호호는 떡을 내주지만, 여전히 배고픈 호랑이를 위해 줄넘기를 내주며 '떡 줄넘기'를 뛰어 보라고 제안해 위기를 극복해요. 줄넘기를 연습하며 '무지개떡 줄넘기' 같은 새로운 줄넘기 이름을 만들어 보세요.

☆ 아기돼지 세 자매 프레데릭 스테르 글·그림 | 최윤정 옮김 | 파랑새어린이 | 2018

『아기 돼지 삼 형제』를 패러디한 그림책으로, 주인공이 세 자매로 바뀌었어요. 언니들은 늑대에게 잡아먹히지만, 막내 돼지는 늑대로 변신해 늑대를 가두고 신랑감들의 관심을 받게 돼요. 열린 결말을 활용해 후속 이야기를 만들어 보세요. 막내 돼지는 신랑을 찾았을까요? 이후 어떤 일이 벌어질지 상상해 볼 수 있어요.

☆ 백설기 공주 박소영 글·그림 | 책읽는곰 | 2024

『백설공주』를 한국적으로 재해석한 그림책으로, 백설기 공주가 주인공이에요. 케이크 왕비는 공주를 없애려다 스스로 넘어지는 바람에 뭉개져 사라지고, 공주는 미용실에서 메이크업을 받아 어여쁜 무지개떡이 되어 디저트 왕국의 왕비로 사랑받지요. 등장인물들의 감정을 살려 역할극을 해 보며 이야기를 더욱 깊이 이해할 수 있어요.

☆ 이상한 나라의 흰토끼 부인 질 바슐레 글·그림 | 나선희 옮김 | 책빛 | 2024

『이상한 나라의 앨리스』에 등장하는 흰 시계 토끼의 부인을 주인공으로 한 패러디 그림책이에요. 원작에서 조연이었던 시계 토끼를 모티브로 그의 부인과 6명의 자녀가 중심인물이 되어 가족들과 함께 새로운 시각에서 이야기를 풀어가요. 늘 바쁜 남편 토끼로 혼자 외롭게 아이들을 키우는 흰토끼 부인에게 위로의 편지를 써 보세요. 위로의 말을 전하거나 궁금한 점을 질문하며 활동해요. 주인공에게 말을 걸며 상상력을 확장해 봐요.

경고!
이 책을 읽지 마세요

지음 다비드 순딘
옮김 이유진
펴낸 곳 비룡소
출간 2022
주제 책

 책 소개

이 책은 스웨덴의 한 유명 코미디언이 만든 독특한 그림책이에요. 이 책은 스스로 '절대로 읽히고 싶지 않은' 책이라고 소개하지만, 사실은 첫 장면부터 마지막 장면까지 사람들의 참여를 계속해서 유도하고 있어요. 책 속의 글자들은 갑자기 커지거나 작아지기도 하고, 맞춤법을 일부러 틀리거나 글자가 사라지고 빙글빙글 돌기도 해요. 이렇게 기발한 장난들로 가득한 전개 덕분에 아이들이 자연스레 글자에 더 관심을 가지게 되는 그림책이에요.

― 이렇게 읽어 주세요 ―

제목 의도 유추하기

처음부터 이 책은 '이 책을 읽지 말라'는 메시지로 말을 건네고 있어요. 그런데 금기된 사항은 왠지 더 해 보고 싶기 마련이죠? 이 책은 바로 그런 점을 활용하여 독자들의 관심을 끌어내요. 아이와 함께 그림책 표지를 보고 제목의 의도를 유추해 보세요.

- 이 책의 제목을 함께 읽어 볼까? 이 책은 왜 읽지 말라는 경고하고 있을까? 혹시 너무 재미있어서 그런 것은 아닐까?
- 표지에 또 어떤 이야기가 쓰여 있는지 살펴보자. 제목 밑에 '멈추세요!'라고 쓰여 있어. 멈추라니까 더 읽고 싶

지 않니?
- (앞표지와 뒤표지를 동시에 펼쳐 보며) 여기 뒤표지에도 경고 글이 쓰여 있네. 함께 이 경고 글을 읽어 볼까?

그림 읽기

이 책은 청록색과 다홍색 단 두 가지 색으로만 그려져 있어요. 대비되는 단순한 두 색상 덕분에 오히려 책에 더욱 눈길이 가지요. 글과 그림의 참신한 구성을 살펴보고 그림책의 그림과 글이 어우러지는 구성을 주의 깊게 살펴보세요.

- 이 책을 한번 훑어보자. 책에는 단 두 가지 색깔만 쓰고 있대. (책장을 넘기며) 왜 이 두 가지 색깔만 썼을까?
- 이 그림책에서 어떤 이야기가 펼쳐지고 있을 것 같아?
- 그림을 훑어보니까 어때? 인상 깊었던 장면이 있었니?

저자 알아보기

책을 읽기 전/후로 저자를 알아보는 시간을 가지면 책에 더 많은 관심과 흥미를 갖게 돼요. 먼저 앞면지에 있는 짧은 작가 소개 글을 읽으며 이야기를 나누고, 본문을 다 읽은 뒤에는 뒷면지의 저자 및 출판정보도 함께 읽어요.

- 그림책을 읽기 전: (앞면지의 작가 소개 글 보면서) 여기 이 책을 만든 작가를 소개하는 글이 적혀 있어. 스웨덴에서 가장 사랑받는 코미디언이래. 이분은 여자일까? 남자일까? 코미디언이자 TV쇼 진행자라면 우리나라의 유재석 아저씨 같은 분인가 봐.
- 그림책을 읽은 후: (뒷면지를 보면서) 뒷면지에 쓰여 있는 글을 자세히 보니 이 책의 앞에 작가의 초상화가 그려져 있다고 쓰여 있네. 정말 이쪽 타이틀 페이지(표제지)에 작가 아저씨 얼굴이 그려져 있어. 바로 이분이 이 책을 만든 저자야. 이분의 초상화를 프레드릭 셰른스트룀이라는 분이 그렸대. 아마도 작가님의 친한 친구인가 봐.

문해력 키우는 상호작용

음운론적 인식

이 책에는 작가가 의도적으로 틀리게 적은 글자가 나오는 장면이 있어요. 맞춤법을 틀리게 적은 글자를 있는 그대로 더듬더듬 읽어 주세요. 아이들은 엄마가 틀린 글자를 읽는 소리를 의아하고도 재미있게 여기며 글자에 더 관심을 가지게 돼요.
- (본문 그대로 읽으며) 어…. 강아지 나라헤서 크레스파스 파디카 얼렸습니다. 크레스파스라고? 그래요, 크레스파스.
- (크레스파스를 손가락으로 가르치며) 여기 뭔가 이상하지 않니? 틀린 글자가 있는 것 같아? 엄마가 다시 읽어볼게. 크레스파스 어느 부분이 틀렸어? 맞아, 크레파스 사이에 '스'라는 소리를 더 넣어버렸네. (손으로 '스'를 가리면서) 이렇게 '스'라는 글자를 빼야 바르게 적은 거지.
- 파디카? 여기는 어느 부분이 이상한 것 같아? 파티가? 그렇지 '파티가'라고 말해야 하지. 여기 '카'에 들어 있는 'ㅡ'을 빼서 '디'에 넣어 주면 '파티가'가 되겠다.

어휘력

빈칸이 뚫려 새롭게 이야기를 지어야 하는 장면에 '밴조'라는 외국어 단어가 나와요. 아마 어른도 아이도 처음 들어보는 단어일 거예요. 작가는 이 단어에 각주를 달아 단어의 뜻을 설명했어요. 이렇게 본문에 새로운 용어를 쓸 때 단어 옆에 기호를(*) 달아 설명하는 방법이 있다는 것을 알려 줄 수 있어요. 조금 어려운 말로 '각주'라고 한다는 설명을 덧붙여 주면 텍스트에서 어휘를 나타내는 새로운 방식을 배울 수 있어요. 각주의 설명을 토대로 악기를 떠올려보고 실제로 검색해 본다면 '밴조'라는 악기를 정확히 인식하는 기회가 될 수 있어요.

- 여기 '밴조'라는 말은 무슨 뜻일까? 단어 옆에 별표(*)가 달려 있네. 이 별표는 이 단어를 밑에서 따로 설명하겠다는 뜻이야. 이렇게 새로운 말을 설명하는 방법을 '각주'를 단다고 해.
- 각주에 달린 설명을 한번 읽어 볼까? '밴조'는 미국에서 쓰이는 기타 같은 악기를 말한대.
- 그럼 우리 함께 '밴조'를 검색해 보면 어떨까? 여기 봐, 정말 기타같이 생겼네. 그런데 몸통 부분은 동그란 탬버린같이 생겼구나. 이 악기는 아프리카에서부터 시작된 악기이고, 이후에 미국의 오래된 전통 악기가 되었대.

이야기 이해력

이 책은 잠을 이루지 못하는 아이와 어른으로 시작해요. 하지만 이 둘은 글에서만 등장하고 그림에는 한 번도 나오지 않기 때문에 등장인물로 다시 떠올리기 어려워요. 책을 다 읽고 난 후, 이야기의 초반부를 다시 떠올리며 글로만 등장했던 아이와 어른을 그림으로 그려보는 활동을 해 보세요. 이야기의 흐름을 다시 떠올리고 창의력을 기를 수 있어요.

- 그런데 이 책에 원래 누가 누가 나왔지? 우리 첫 페이지로 돌아가 누구의 이야기였는지 다시 떠올려 볼까?
- 맞다! 이 이야기는 잠들지 못한 한 아이와 어른의 이야기로 시작했었네. 그런데 왜 이 사람들은 그림으로는 나

오지 않았지?

- 우리가 한번 아이와 어른의 모습을 상상해서 그림으로 그려볼까? 그러고 보니 엄마랑 ○○이가 잠이 안 와서 같이 그림책을 읽었던 날과 비슷하게 그리면 되겠네!

생각을 키우는 질문

- ☐
- ☐ 이 책을 다른 사람에게 읽어 준다면 누구에게 읽어 주고 싶니? 왜 그 사람이 떠올랐어?
- ☐ 이렇게 읽고 싶지 않은 책을 더 재미있게 읽는 방법이 있을까? 역할을 나누어 읽어 보면 어떨까?
- ☐ 이 책에 또 다른 등장인물이 나온다면 누가 나오면 좋겠니?
- ☐

뛰어다니는 말

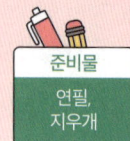

제멋대로 뛰어다니는 말을 문장의 흐름대로 순서를 찾아보자.

- 문장 속 단어들이 순서 없이 흩어져 있던 장면이에요. <보기 문장>을 따라 읽어 보고 원래 문장이 될 수 있도록 말 옆에 순서대로 번호를 적어 문장을 따라 읽고 기억해요. 그림책에서 같은 장면을 찾아 읽어도 좋아요.

    "이 장면 기억나? 문장 속 말들이 모두 마음대로 뛰어다니던 장면이 나왔네. 원래 이 말들은 하나의 문장이었대. 우리 보기 문장부터 한번 읽어 볼까?"

    "이 말들의 순서가 모두 섞여 있어서 정말 읽기가 어려웠지? 우리가 이 보기 문장처럼 단어들의 순서를 올바르게 찾아주자."

- 첫 번째 단어를 시작으로 순서대로 문장의 순서를 찾아주세요.

    "첫 번째 말은 '책 속의'였어. 다음으로 와야 할 말은 어떤 것일까?"

    "보기 문장을 보며 다음 단어로 올 말의 순서도를 찾아 동그라미 안에 숫자로 적어 보자."

- 완성된 순서대로 따라가며 문장을 순서에 맞게 읽어 보아요. 문장을 읽다가 모르는 표현이 있다면 단어를 찾아 함께 이야기 나눠요.

    "자, 이제 우리가 적은 번호 순서를 따라 순서대로 문장을 읽어 보자. 혹시 이 중에 어려운 말이 있었니? '뜬금없이'라는 말은 어떤 뜻일까? '뜬금없다'라는 말은 갑작스럽고 엉뚱하다는 뜻이래."

280 ··· 세상에서 가장 쉬운 문해력 수업

잃어버린 'ㅏ'를 찾아줘

'ㅜ'를 'ㅏ'로 바꾼 표현을 찾아 선을 그어 보자.

- 'ㅏ'가 'ㅜ'로 모음이 바뀐 글자를 되돌리며 문자 인식과 읽기 이해력을 키우는 활동이에요. 단순히 글자를 바꿔 적는 것이 아니라, 문맥 속에서 의미를 유추하고 수정하는 과정을 경험하게 돼요. 그림책에서 해당 장면을 찾아 펼쳐 보며 이 활동으로도 연계하면 좋아요.

   "이 장면에서 악어가 한 마리 나타나더니 갑자기 'ㅏ'가 'ㅜ'로 모두 바뀌었지?"
   "이렇게 변해버린 글을 읽으니 무슨 이야기인지 도무지 알 수 없었지? 우리가 다시 원래대로 바꿔 보자."

- 바뀐 글자를 찾으며 이야기를 나눠보세요. 바르게 적었을 때 어떤 표현이 되는지 추측하며 읽어요.

   "후누도? '후누'의 'ㅜ'를 'ㅏ'로 바꾸면 '하나'가 되겠다! 그렇다면 이 단어는 원래 '하나도'가 되겠구나."
   "'모두 조심후세요' 여기서 이상한 글자는 어디 있니? 후의 'ㅜ'를 'ㅏ'로 바꾸면? '조심하세요'가 되겠구나."

- 바르게 적었을 때 어떤 표현이 되는지 찾아보며 선을 그어요.

   "우리 이제 원래의 단어를 찾아 선을 그어 보자. '운 재밌두고'는 '안 재밌다고'랑 이어 주면 되겠네."

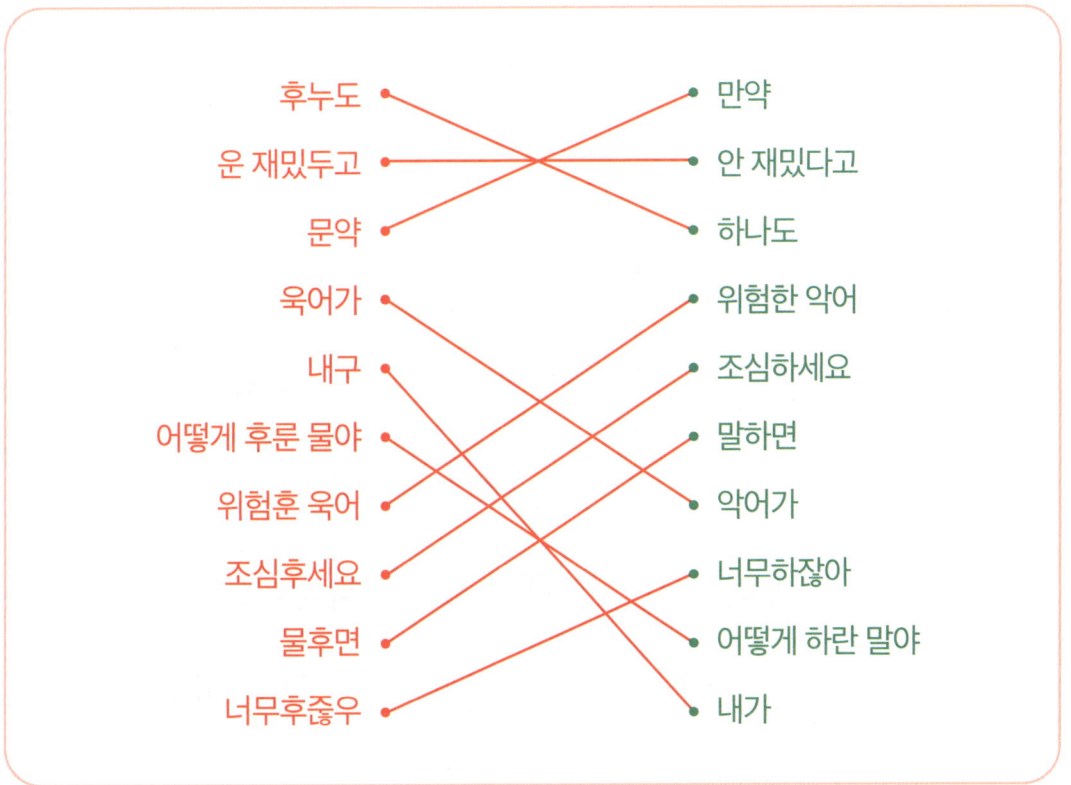

사라진 이야기를 찾아줘

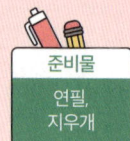

사라진 단어들의 자리를 채워 새로운 이야기를 만들어 보자.

- 그림책 장면 중 말들이 사라져 버린 장면을 찾아보며 이야기 나눠요.
  "이 장면에서 갑자기 단어들이 사라지기 시작했지! 단어들이 사라지기 전엔 원래 어떤 이야기가 있었을 것 같아?"
  "우리가 사라져 버린 단어들을 새롭게 넣어서 이야기를 만들어 볼까? 주인공을 누구라고 하면 좋을까? 어디에서 일어난 일이라고 하면 좋을까?"

- 빈칸으로 남겨진 자리를 손가락으로 가리키며 엄마가 먼저 이야기를 만들어요.
  "엄마가 먼저 한번 이야기를 만들어 볼게. '옛날 옛적 우리 동네에 뛰어난 가수가 살고 있었습니다.' ○○도 엄마를 따라 이야기를 만들어 볼래? ○○이는 어느 곳에 누가 살고 있다고 정하고 싶니?"

- 빈칸이 모두 채워지면 완성된 이야기를 함께 읽어요.
  "우리 이렇게 새로운 이야기를 완성했어! 함께 읽어 보자."
  "다음엔 또 어떤 이야기를 만들 수 있을까? 새로운 단어들을 떠올려 보자."

옛날 옛적, _____에 뛰어난 _____가 살고 있었습니다.

_____는 _____하러 _____에 가야만 했지요.

그곳으로 가는 길에 _____는데

그때 _____는 초록빛 악기를 _____어요.

_____는 _____해 보았어요.

그런데 여기서 ___냄새가 조금 나지 않나요?

알고 보니 ___는 _____가 아니라 _____였던 거예요.

☆ 책 속으로 조미자 글·그림 | 핑거 | 2022

주인공 '별'이는 '용기의 날개'라는 책으로 들어가 모험을 떠나요. 그림으로만 진행되던 이야기가 또 다른 책으로 들어갈 때만 소제목과 대화가 등장하는 독특한 구성이에요. "만약 별이처럼 책으로 들어간다면 어떤 주인공을 만나고 싶어?" 책을 통해 아이들이 상상력을 펼치고 자신만의 이야기를 만들어 볼 수 있어요.

☆ 책 먹는 법 맥리오드 부부 지음 | 김지은 옮김 | 자유의길 | 2024

세 명의 아이가 책을 읽다가 차례로 책 속에 갇히고, 모험을 거쳐 현실로 돌아와요. 이는 책에 몰입하는 경험을 상징적으로 보여줘요. 아이들이 읽던 제목이 없는 빨강, 파랑, 노랑 책에 제목이 없으니 이야기를 읽고 직접 어울리는 제목을 지어 보세요. 집에 있는 책 중 비슷한 색의 빨강, 파랑, 노랑 책을 찾아보는 놀이와 역할극도 해 볼 수 있어요.

☆ 또 읽어 주세요! 에밀리 그래빗 글·그림 | 김효영 옮김 | 비룡소 | 2019

아기용은 엄마용에게 같은 책을 반복해서 읽어달라고 해요. 피곤한 엄마는 내용을 바꿔 읽다가 잠이 들고, 화가 난 아기용은 코에서 김을 뿜으며 혼자 책을 읽어요. 실수로 책을 뒤집자 주인공들이 쏟아지고, 그림책이 불에 타 책 뒤표지까지 구멍이 나요. 아기용이 읽던 책 내용이 바뀔 때마다 달라진 부분을 찾아보며 읽어 볼 수 있어요.

☆ 그래, 책이야! 레인 스미스 지음 | 김경연 옮김 | 문학동네 | 2011

전자기기에는 익숙하지만, 책은 읽어본 적 없는 동키가 몽키의 종이책을 빌려 읽고 전자기기와는 완전히 다른 새로운 독서를 경험하게 돼요. "아! 이게 바로 책이구나!" 하며 책의 매력을 깨닫게 되죠. 벤다이어그램을 그려 종이책과 전자책의 공통점과 차이점을 비교해 보세요. "종이책과 전자책은 어떤 점이 같을까? 다를까?" 질문하며 서로의 읽기 경험을 공유해 보세요.

☆ 이 작은 책을 펼쳐 봐 제시 클라우스마이어 글 | 이수지 그림 | 이상희 옮김 | 비룡소 | 2013

책장을 넘길 때마다 점점 더 작은 책이 등장하고, 마지막에는 손바닥 크기의 작은 책까지 나와요. 책을 덮으면 반대로 커다란 책들이 하나씩 순서대로 덮이며 돌아오게 돼요. 마치 액자식 플롯처럼 구성된 그림책이에요. 이 책의 구성을 따라 크기가 작아지는 종이를 겹쳐 '책 속의 책'을 만들어 보세요.

학교 처음 가는 날

글 김하루
그림 배현주
펴낸 곳 국민서관
출간 2012
주제 입학

 책 소개

초등학교에 처음 가는 날, 호야는 기대와 걱정이 가득해요. 새로운 친구와 선생님을 만날 생각에 두근거리지만 낯선 환경이 두렵기도 하지요. 하지만 친구들과 함께하며 점점 학교가 익숙하고 재미있는 곳이라는 걸 깨닫게 돼요. 호야의 감정 변화를 따라가며 아이들은 자신의 경험과 감정을 자연스럽게 연결할 수 있어요. 취학 직전, 초등학교에 대한 긍정적인 경험을 쌓으며 이야기 이해력과 감정 조절력을 키울 수 있는 그림책이에요.

이렇게 읽어 주세요

'처음' 경험과 연결하기

아이가 경험한 '처음' 순간들을 떠올리며 이야기를 나눠요. 학교에 처음 가는 날은 아이에게 설렘과 긴장감이 가득한 순간이에요. 그림책 속 주인공이 느끼는 감정을 공감하며, 아이가 경험했던 '처음'의 순간들과 연결하면 이야기 내용에 더욱 몰입할 수 있어요. 아이가 경험을 떠올리기 어려워한다면, 먼저 부모님이 경험한 '처음' 순간들에 관해 이야기 나누는 것도 좋아요.

- 호야는 학교에 처음 가는 날 떨린다고 했어. ○○이는 '처음' 해본 일 중에 기억나는 게 있어? 처음 유치원에 갔을 때 어땠어? 선생님이랑 친구들을 처음 만났을 때 기분이 어땠어? 처음에는 어색하고 조금 무서울 수도 있지

만 나중에는 점점 익숙해졌지?
- 호야는 학교에 가는 게 걱정된다고 했어. ○○이도 '처음'이라서 걱정됐던 일 있었어? 처음 자전거를 탈 때 어땠어? 넘어질까 봐 걱정되기도 했어? 그런데 연습하다 보니까 점점 익숙해지고 재미있어 졌지?
- 처음 해 보는 일은 설레기도 하지만 조금 무서울 수도 있어. 그런데 시간이 지나면 점점 익숙해지고 재미있어 질 거야. 엄마도 어릴 때 처음 앞에 나가서 발표할 때 너무 떨렸는데, 몇 번 해 보니까 점점 자신감이 생겼어. ○○이도 '처음' 해 보는 일이 생길 때마다 호야처럼 용기를 내 보자!

내 얼굴 막대인형과 함께 읽기

자기 얼굴을 그린 막대 인형을 만들어 그림책과 함께 읽어요. 아이가 호야의 감정을 대입하며 표현하는 경험을 통해 감정 표현 능력과 이야기 이해력을 키울 수 있어요. 감정을 시각적으로 표현하는 경험은 곧 학교에 입학할 아이가 맞이할 감정을 미리 경험하고 대비할 수 있도록 도와줘요.

- ○○이 얼굴을 그리고, 나무젓가락에 붙여 막대 인형을 만들어 보자. ○○이 평소 얼굴, 웃는 얼굴, 놀란 얼굴, 슬픈 얼굴도 각각 그려 볼까?
- 이제 호야가 느끼는 감정을 막대 인형으로 표현하면서 읽어 보자. 호야가 처음 학교에 갈 때 어떤 표정이었을까? 아침에 일어났을 때는 어떤 기분이었을까? 새로운 친구를 만났을 때는? 처음에는 부끄러워하다가 곧 기쁜 표정으로 바뀌었지.

초등학교 입학에 관해 알아보기

유아기 아이들은 초등학교에 대해 막연한 기대감과 궁금증을 가질 수 있어요. 그림책 속에 등장하는 학교 공간, 수업, 친구 관계 등을 살펴보며 아이가 초등학교 생활을 미리 탐색할 수 있도록 도와주세요. 아이가 입학할 초등학교의 홈페이지에 들어가 아이와 함께 살펴보는 것도 좋은 방법이에요.

- 초등학교에 처음 가면 '입학식'이라는 특별한 날이 있어. ○○이가 유치원에 처음 갔을 때도 입학식 했었지? 입학식 날에는 선생님과 반 친구들도 처음 만나게 돼. ○○이도 곧 학교 입학식이 있을 거야. 입학식 날 어떤 기분이 들 것 같아? 설레기도 하고 조금 긴장될 수도 있겠다.
- 호야가 가는 학교의 교실을 살펴보자. 책상, 의자, 칠판이 보이네. 복도에는 신발장이 있어. 유치원에도 실내화를 신었지? 어디에 보관했어?
- 선생님은 어떤 모습일까? 활짝 웃으며 친구들을 맞이하고 계시네. ○○이가 초등학교에 가면 선생님께 가장 먼저 어떤 인사를 하고 싶어? "안녕하세요. 저는 ○○입니다!"라고 자신 있게 말할 수 있을까?

문해력 키우는 상호작용

음운론적 인식

그림책에서 'O자로 시작하는/끝나는 말 찾기' 놀이를 하며, 같은 음절로 시작하거나 끝나는 단어를 찾아보세요. 같은 첫소리/끝소리를 가진 단어를 찾으며 자연스럽게 음운론적 인식 능력을 기를 수 있어요.

- 그림책에서 '이'로 시작하는 단어를 찾아보자. 호야가 입학식 전날 밤 무서워서 쏙 들어간 '이불'이 있네. '이불'도 '이'로 시작해. 학교 앞 '이화슈퍼'도 '이'로 시작해. '이름표'에도 '이'가 있지. 1학년 3반 친구 중에 '이정훈'도 보이네.
- '님'으로 끝나는 단어를 찾아볼래? 여기 '선생님'이 있네. '왕자님'도 있어. 두 단어 모두 '님'자로 끝나네.

어휘력

'나만의 학교 준비 리스트'를 만들어요. 학교에 입학하기 전에 준비해야 할 물건과 마음가짐에 관해 이야기 나누며 학교생활에 대한 기대감을 키울 수 있어요.

- 호야는 학교에 가기 전에 어떤 준비를 했을까? 우리도 학교에 갈 때 꼭 챙겨야 할 물건들을 떠올려 보자! 어떤 물건을 많이 사용할까? 공부할 때 필요한 건 뭐가 있을까? 학교 갈 때 꼭 챙겨야 할 것을 목록으로 만들어 보자. 가방, 연필, 공책, 실내화, 또 뭐가 있을까? 그림으로 표현해도 좋아. ○○이는 어떤 걸 가장 먼저 챙기고 싶어?

이야기 이해력

학교 가는 첫날, 호야가 느끼는 감정을 공감하며 이야기를 나눠요. 호야의 표정과 행동을 관찰하며 감정을 유추하고 아이가 공감할 수 있도록 질문을 던져보세요.

- 호야가 처음 학교에 가기 전에 어떤 표정을 짓고 있었어? 울기도 하고 엄마 품에 꼭 안기기도 했지. 긴장해서 눈을 동그랗게 뜨기도 했어. 어떤 기분이었을까? 걱정이 많고 조금 무섭기도 했나 봐. 입학식장에 가고 교실에 들어가서 선생님과 친구들을 만난 후에는 호야 표정이 어떻게 변했을까? 처음보다는 더 편안해진 것 같지? 새로운 친구들을 만나고 선생님과 함께하면서 호야도 점점 즐거워졌나 봐.

생각을 키우는 질문

- ☐ 입학식 다음 날부터 호야는 학교에 씩씩하게 갔을까? 학교에 있는 동안 엄마 생각이 났을까? 만약 그랬다면 어떻게 참고 공부했을까?
- ☐ 호야는 학교 가기 전에 가방에 어떤 물건을 챙겼을까?
- ☐ 만약 호야가 학교 안에서 교실을 찾다가 길을 잃었다면 어떻게 하면 좋을까?

글자 계단 놀이

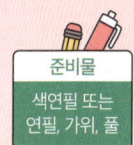

글자 계단을 밟으며 올라가 초등학교에 도착해 보자.

- 한 글자/두 글자/세 글자/네 글자/다섯 글자로 된 단어를 각각 써요.
  "한 글자로 된 단어는 뭐가 있을까? 나, 눈, 코, 입, 별… 두 글자로 된 단어는 학교, 머리, 어깨, 무릎… 세 글자로 된 단어는 입학식, 지우개, 다람쥐… 네 글자로 된 단어는 털북숭이, 기차여행, 비눗방울… 다섯 글자로 된 단어는 처음 가는 날, 아이스크림."

- 글자 표를 선을 따라 가위로 오리고, 계단 접기를 해요. 초등학교 입학식장 도안을 색칠하고 꾸민 뒤 가위로 오려요.
  "초등학교를 멋지게 꾸며 볼래? ○○이가 입학할 초등학교는 어떤 모습일까? ○○이가 가고 싶은 초등학교를 꾸며도 좋아. 다 꾸민 뒤에는 선을 따라 가위로 오릴 거야."

- 글자 계단 놀이를 해요.
  "땅에서부터 가위바위보를 하고 이긴 사람이 한 칸씩 올라가는 거야. 자기가 밟은 계단의 글자를 정확하게 읽으면 한 칸 더 올라갈 수 있고, 틀리면 다시 자기 차례가 올 때까지 제자리에 멈추는 거야. 꼭대기에 있는 초등학교까지 올라가면 성공!"

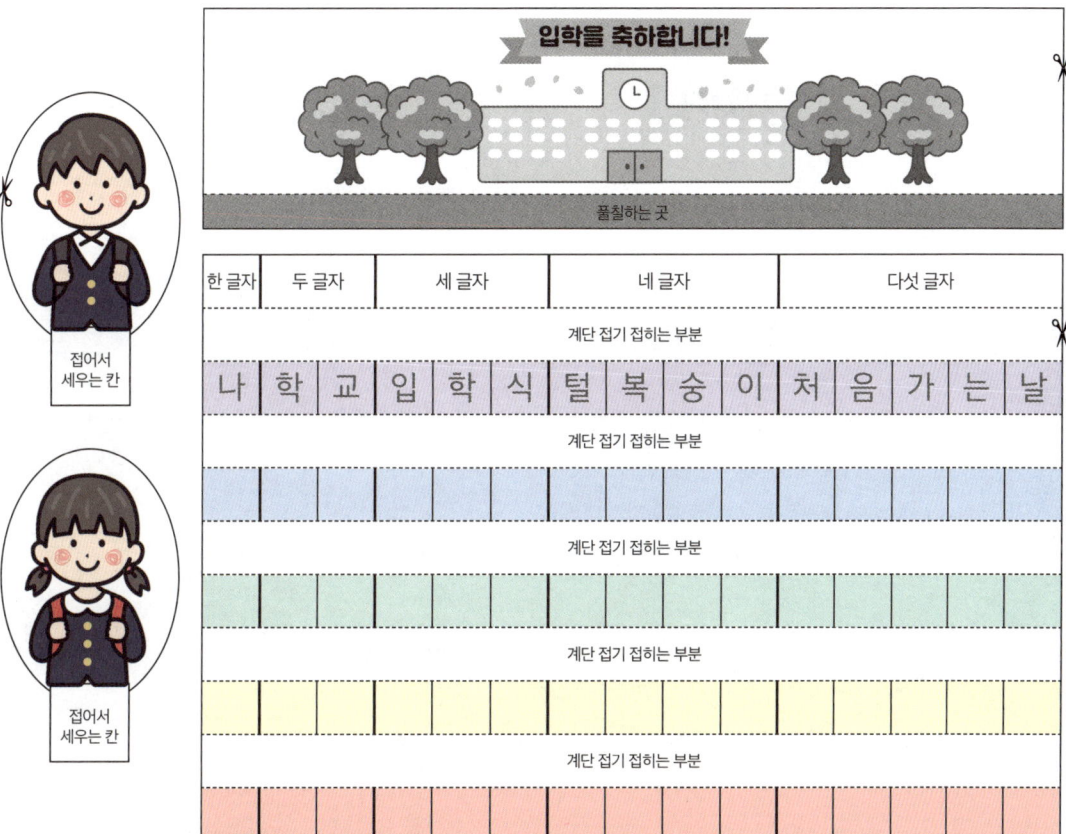

같은 점과 다른 점 찾기

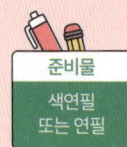

유치원과 초등학교의 같은 점과 다른 점을 찾아보고 그림이나 글로 표현해 보자.

- 유치원과 초등학교의 같은 점과 다른 점을 찾아 이야기 나눠요.
  "유치원에서는 어떤 놀이를 했어? 그림책을 보니까 초등학교에서는 뭐가 다른 것 같아? 유치원과 초등학교의 같은 점은 무엇이 있을까? 유치원에도 있고 초등학교에도 있는 건 뭐가 있을까? 점심시간이 있네. 그런데 초등학교 점심시간은 어떤 점이 다를까?"

- 벤 다이어그램 안에 같은 점과 다른 점을 그림이나 글로 표현해요.
  "유치원에서 제일 좋아했던 놀잇감을 그림으로 그려 볼까? 초등학교에 가면 어떤 활동을 하게 될까? 상상해서 그려 보자. 그림책에 나온 것처럼 호야네 교실에는 책상과 의자가 한 사람씩 따로 놓여 있네. 유치원과 초등학교의 같은 점은 두 원이 겹치는 가운데 부분에 그리자. 같은 점은 뭐가 있을까? 점심시간, 놀이 시간, 친구가 있는 것, 선생님이 있는 것 등"

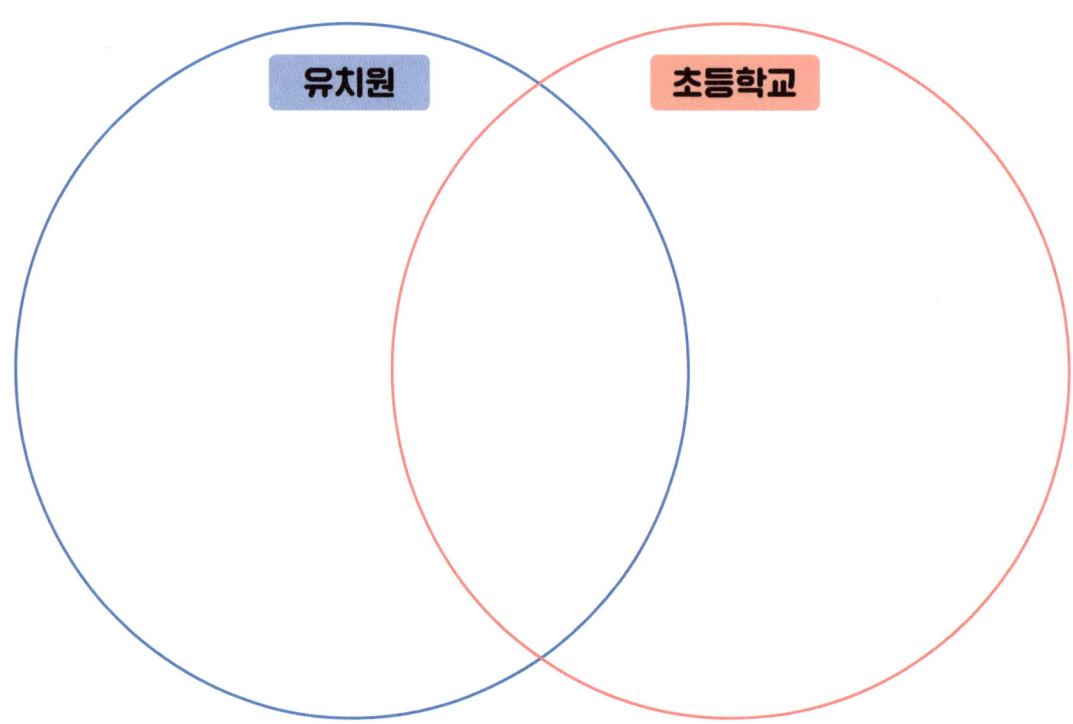

마법 카드 만들기

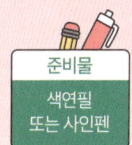

호야가 학교에서 힘낼 수 있도록 마법 카드를 만들어 보자.

- 호야를 위한 6가지 카드 틀을 살펴봐요.
  "주인공 호야에게 만들어 줄 수 있는 카드가 6가지 있대. 용기를 주는 카드, 친구 잘 사귀는 카드, 밥 잘 먹는 카드, 공부 잘하는 카드, 체육 잘하는 카드, 비장의 카드. 이제 우리가 호야를 응원하는 마법 카드를 하나씩 만들어 보자."

- 카드에 호야를 응원하는 그림을 그려요.
  "용기를 주는 카드 – 호야가 용감하게 손을 번쩍 들고 발표하는 모습은 어떨까?"
  "친구 잘 사귀는 카드 – 친구와 손잡고 있는 호야를 그릴까?"
  "밥 잘 먹는 카드 – 밥을 냠냠 맛있게 먹는 호야를 그리자."
  "공부 잘하는 카드 – 교과서를 펼치고 열심히 공부하는 호야를 그릴까?"
  "체육 잘하는 카드 – 체육 시간에 점프하는 호야를 그릴까?"
  "비장의 카드 – 호야가 무슨 일이든 척척 해내는 멋진 모습은 어떨까?"

- 제시된 문구를 활용해 응원의 말을 써요.
  "호야가 힘낼 수 있도록 짧은 응원의 말을 적어 보자. 여기 나와 있는 문구들을 엄마가 읽어 줄게. 마음에 드는 응원의 말을 골라서 따라 써 보자."

응원 문구

힘내! 호야는 용감한 친구야.

반갑게 인사해 봐!
호야는 멋진 친구야.

맛있게 냠냠!
호야는 건강한 친구야.

차근차근 집중하면 돼!
호야는 똑똑한 친구야.

몸을 쑥쑥! 힘차게 뛰어봐.
호야는 씩씩한 친구야.

호야는 뭐든 할 수 있어!
넌 정말 특별한 친구야.

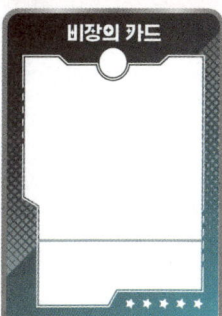

• 이런 그림책도 읽어 봐 •

☆ 하나, 둘, 셋 학교 가자! 마리안느 뒤비크 글·그림 | 임나무 옮김 | 고래뱃속 | 2020

빨간 모자에 노란 책가방을 멘 폼이 동물 친구들의 초등학교로 모험을 떠나요. 생쥐들의 교실에서는 첫 등교 날을 경험하고, 토끼들과 함께 읽기와 수학을 배워요. 개구리와 그림을 그리고, 늑대와 책을 넘기며 이야기의 세계로 빠져들지요. '체육→쉬는 시간→점심'처럼 학교 활동 단어 카드를 만들고 순서 맞추는 놀이를 해요.

☆ 학교 가기 조마조마 고상한 그림책 연구소 글·홍미혜 그림 | 상상의집 | 2022(개정판)

초등학교에 가는 게 두려운가요? 서연이는 떨리는 마음을 '조마조마'라는 특별한 망아지로 표현해요. 첫 등교 날, 낯선 환경에서도 주머니에 넣어 간 조마조마와 함께 용기를 내고 적응하는 법을 배워요. 나만의 조마조마 망아지를 그리고 이름을 지으며 특별한 방법으로 두려움을 극복해요.

☆ 학교가 즐거울 수밖에 없는 12가지 이유 노은주 글·그림 | 단비어린이 | 2020

찬이는 동생 새미에게 초등학교의 힘든 점을 잔뜩 늘어놓아요. 하지만 새미는 오빠의 학교생활을 떠올리며 학교가 생각보다 재미있고 신나는 곳임을 깨달아요. 초등학교가 즐거운 12가지 이유를 찾아 적어요. 유치원이 즐거운 12가지 이유도 함께 적어 공통점과 차이점을 비교해요.

☆ 괜찮아, 우리 모두 처음이야! 이주희 글·그림 | 개암나무 | 2020

도윤이는 학교에 가는 것이 두려워요. 낯선 환경에서 길을 잃거나 무서운 선생님을 만나지 않을까 걱정이 가득해요. 하지만 시간이 지나며 도윤이는 점점 학교에 익숙해지고 친구들과 함께하는 즐거움을 발견하게 돼요. '처음'이란 단어를 듣고 떠오르는 경험을 이야기하며 그림책을 읽어요.

☆ 우리는 1학년 1반 현주 글·그림 | 웃는돌고래 | 2017

현이의 반 친구들은 모두 개성이 넘쳐요. 하루 종일 음식을 먹는 친구, 책만 보는 친구, 방귀를 뀌는 친구 등 어른들은 골칫덩이라고 생각할 수도 있지만, 현이의 눈에는 모두 특별하고 소중한 친구들이에요. 우리 반 친구들의 '친구 장점 카드'를 만들고 친구의 특징을 그림으로 표현하며 멋진 별명도 써요.

내 친구 ㅇㅅㅎ

글·그림 김지영
펴낸 곳 사계절
출간 2023
주제 우정

📖 책 소개

새로운 친구를 사귀는 일은 늘 두근두근 설레고 살짝 떨리는 순간이지요. 주인공은 또다시 이사를 하고 새로운 학교에서 처음 만나는 친구들과 함께하게 되었어요. 걱정과 기대 속에서 친구들을 만나며 여러 감정을 경험하고 점점 어울려 가요. 글자 놀이를 활용한 창의적인 이야기를 따라가며 자연스럽게 어휘력과 음운론적 인식을 키울 수 있어요. 초등학교에서 경험하는 다양한 감정을 글자로 표현하며 이야기 이해력과 기초 쓰기 능력도 함께 길러요. 새 학기를 맞이하는 아이들에게 따뜻한 응원과 용기를 전하는 그림책이에요.

〰️ 이렇게 읽어 주세요 〰️

앞/뒤 표지 탐색하기

앞표지와 뒤표지를 보며 이야기의 내용을 예측하는 과정은 유아기에 발달하는 예측하기 능력과 관찰력을 키우는 데 효과적이에요. 특히 이 책의 제목은 자음으로만 적혀 있어 아이가 글자를 직접 유추하며 상상력을 마음껏 발휘할 기회를 제공해요. 표지 속 그림과 글자 블록, 기계 장치 등을 활용하여 아이가 적극적으로 이야기의 실마리를 찾아갈 수 있도록 다양한 단서를 살펴보며 이야기 나눠요.

- 제목이 『내 친구 ㅇㅅㅎ』라고 쓰여 있네. 이게 무슨 뜻일까? ㅇㅅㅎ이 들어가는 단어일까? 친구 이름일까? 다른 단어일 수도 있겠다.

- 제목 옆의 그림을 보면 누가 보여? 아이랑 기계 같은 것도 보여. 저긴 공장인가? 공장에서 기계가 움직이고 있는 것 같아. 블록을 옮기는 것 같은데 여기에 웃는 표정 이모티콘 블록도 있고, 해님이 새겨진 블록도 있네.
- 뒤표지를 보니까 주인공을 닮은 로봇이 왼쪽에 있어. 앞표지랑 반대네. 앞표지와 뒤표지를 나란히 놓고 보니 서로 대칭처럼 보여. 기계가 돌아가면서 글자 블록들이 계속 이동하는 것처럼 보이네. 그럼 뒤표지에 나온 어색해, 인사해, 이상해, 요상해 블록이 ㅇㅅㅎ로 완성되는 걸까? 어떤 단어가 만들어질지 책을 읽으면서 확인해 보자.

수수께끼 말놀이하며 읽기

제목부터 자음 초성으로만 적혀 있어 아이가 글자를 유추하고 조합하는 과정에서 자연스럽게 언어적 사고력을 키울 수 있어요. 자음 초성만 보고 단어를 추측하고 맞혀 보는 과정에서 재미있게 음운론적 인식 능력을 기를 수 있어요.

- 그림책 제목이 『내 친구 ㅇㅅㅎ』이래. 이게 무슨 단어일까? '이성현?' '이상한'도 될 수 있겠네. 우리 아까 엘리베이터에서 7층 아저씨를 만나서 인사했지. '인사해'도 될 수 있겠다. 그림책을 읽으면서 확인해 보자.
- 이번에는 ㅇㅅㅎ에서 자음끼리 순서를 바꿔 볼까? ㅅㅇㅎ은 어떤 단어가 될까? 수영해? 서울호? 좋아. 엄마가 힌트를 줄게. 누군가 기분이 안 좋을 때, 마음이 섭섭한 느낌이 들면 뭐라고 할까? '서운해'. 글자의 순서를 바꾸는 것만으로도 뜻이 다른 단어가 됐네.
- ㅈㅇㅎ을 맞춰볼래? 너무 시끄러울 때 친구한테 뭐라고 말하면 좋을까? '조용해'가 되네. 필요하고 꼭 해야 하는 걸 우리는 뭐라고 할까? '중요해'. 정답! '중요해'도 ㅈㅇㅎ이 들어가는 단어야. 글자 세 개로도 이렇게 많은 단어를 만들 수 있네.

글자 블록 활용해 읽기

그림책에 등장하는 글자를 블록으로 만들어 직접 조합해 보는 과정에서 한글을 감각적으로 경험할 수 있어 한글의 구조를 이해하는 데 도움이 될 거예요. 자음과 모음 블록을 하나씩 조합하며 단어를 직접 만들면 한글의 원리를 재미있게 배울 수 있어요. 색종이나 자석 글자, 손 글씨를 활용해도 좋아요.

- 여기 초성 ㅇㅅㅎ이 있어. 어떤 단어일까? 글자 블록으로 직접 만들면서 확인해 보자. 먼저 자음 블록을 놓을까? 'ㅇ'을 먼저 놓고, 오른쪽에는 모음 블록 중에 어떤 걸 넣으면 좋을까? 'ㅣ' 블록을 놓으니까 어떤 글자가 됐니? '이'가 되었네.
- 그럼 ㅅ을 놓고, '사' 글자가 되려면 모음 블록 중에 뭐가 필요해? 모음 'ㅏ'블록이 필요하지. 마지막 글자 'ㅎ'을 놓고 그 옆에 모음 'ㅐ'를 놓으니 '해'가 되었어. ○○이가 이, 사, 해. 단어를 만들었네.

문해력 키우는 상호작용

음운론적 인식

그림책 속 다양한 단어에서 받침소리 빼기 놀이를 하면 음소 단위에 관심을 가질 수 있어요. 받침이 있는 단어의 종성을 뺀 소리를 말하며 단어의 소리가 어떻게 달라지는지 경험할 수 있도록 도와주세요.

- '유심히'의 '심'에서 '음(받침ㅁ)' 소리를 빼면 어떤 소리가 남을까? '유시히'가 되네. '인사해'의 '인'에서 '은(받침ㄴ)' 소리를 빼면 어떤 소리가 남을까? '이사해'가 되지. 새로운 단어로 바뀌었네.

어휘력

그림책에 나온 ㅇㅅㅎ(이사해, 인사해, 어색해 등) 단어들을 활용해 문장을 만들어요. 이런 경험은 문장 구조를 이해하고 어휘력을 확장하는 데 도움이 돼요.

- '이사해'로 문장을 만들자. '우리 가족이 새집으로 이사해', '내 친구가 다음 달에 이사해.'
- '인사해'를 활용해서 문장을 만들어 볼까? '아침에 선생님께 인사해요', '새로운 친구를 만나면 먼저 인사해.'
- '어색해'로 문장을 만들어 볼래? '새로운 교실에 가니 처음 만난 친구들과 어색해.'

이야기 이해력

그림책에서 단서를 찾아가며 ㅇㅅㅎ 단어의 의미를 유추해요. 그림과 배경 장면에서 단어의 힌트를 찾아보고 맥락 속에서 단어의 의미를 추측하는 경험은 이야기 이해력을 높이는 데 도움이 돼요.

- 주인공 아이가 안경을 끼고 재미있는 친구가 있는지 찾고 있어. 그 장면엔 '유심히'라고 쓰여 있어. 이게 어떤 의미일까? 아이 표정을 보면 안경을 손으로 잡고 뭔가를 집중해서 보고 있는 것 같아. '유심히'는 자세히 본다는 뜻인가 봐. 우리도 뭔가를 찾을 때 눈을 동그랗게 뜨고 잘 보려고 하지? 숨은그림찾기할 때처럼.

생각을 키우는 질문

- ☐ 주인공 이름은 왜 '외계인'일까?
- ☐ '훌쩍'이는 왜 울고 있을까? 처음에는 훌쩍이가 뒤돌아 앉은 채로 울고 있는데, 마지막 장면에서는 앞을 보고 앉아 울고 있어. 왜 앉은 자세가 바뀌었을까?
- ☐ 로봇팔이 또 어떤 단어를 만들어 주면 좋겠어?

ㅇㅅㅎ 글자 패턴 찾기

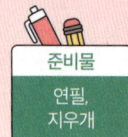

ㅇㅅㅎ 글자 패턴을 찾아보자.

- 글자 패턴을 함께 찾아요.
  "이 글자들 속에는 어떤 단어가 반복되는 것 같아? 손가락으로 짚으며 한 단어씩 읽어 보자! 이, 상, 해, 이, 상, 해, 이, 상, 해, 다음에는 어떤 글자가 올까?"

- 찾은 글자를 빈칸에 적어요.
  "'이상해'라는 글자가 반복되는구나. 빈칸에 적어 보자."
  "요, 상, 해, 요, 상, 해, 요… 다음에는 어떤 글자가 올까? 상! 맞아. '요상해'가 반복되네. 다음에는 어떤 글자가 올까?"

- ㅇㅅㅎ로 새로운 패턴을 만들어 보는 활동으로도 확장할 수 있어요.
  "그림책에 나왔던 ㅇㅅㅎ 단어로 새로운 패턴을 만들어 볼까? 글자 패턴은 같은 글자가 반복해서 나타나는 거야. 어떤 글자 패턴을 만들고 싶어?"

친구 이름 맞히기

빈칸을 채우고 친구들의 이름을 맞혀보자.

- 친구 이름의 빈칸에 어떤 글자가 들어갈지 이야기 나눠요.
  "이 친구의 이름에는 어떤 글자가 빠졌을까? 이름을 소리 내어 읽어 보자. 첫 글자가 '오', 마지막 글자가 '어'라고 해. 가운데에 어떤 글자가 들어가야 할까?"

- 빈칸에 빠진 글자를 적어요.
  "로봇O 친구는 마지막 빈칸에 '팔'이 들어가는구나. '팔'을 써서 로봇팔 이름을 완성해 줄래? '팔' 글자 쓰기가 힘들면 그림책에서 이 글자를 찾아서 따라 써 보자."

- 나만의 새로운 친구 이름을 만들어요.
  "우리가 새로운 친구 이름을 만들어 볼까? 로봇팔 친구의 이름 빈칸에 '발'을 넣으면 이름이 어떻게 바뀔까?"

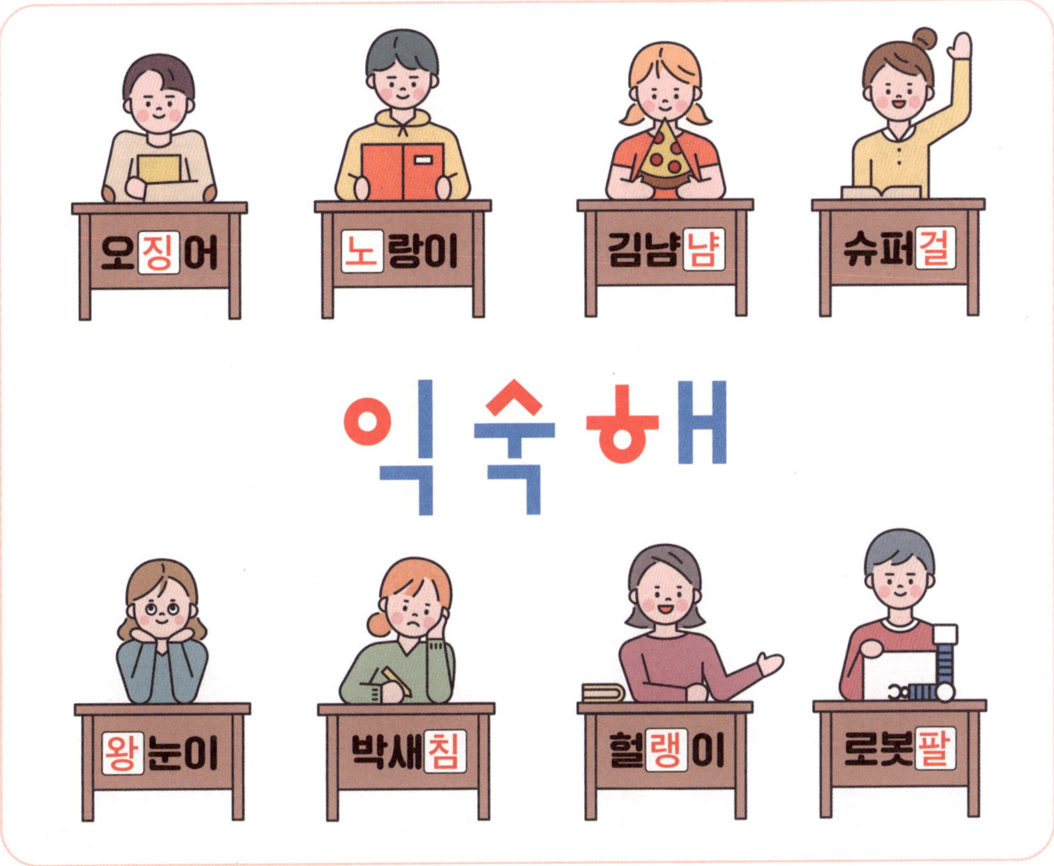

오징어   노랑이   김남냠   슈퍼걸

익숙해

왕눈이   박새침   헐랭이   로봇팔

우정 쪽지 쓰기

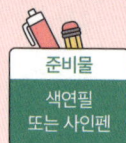

준비물
색연필 또는 사인펜

로봇 친구가 만든 단어를 골라서 친구에게 우정 쪽지를 써 보자.

- 로봇 친구가 만든 단어를 읽어봐요.

    "로봇 친구가 새로운 단어를 만들었대. 같이 읽어 보자. 사랑해, 고마워, 미안해, 좋아해…"

- 내가 친구에게 해 주고 싶은 말을 골라요.

    "○○이는 친구한테 어떤 말을 해 주고 싶어? 오늘 유치원에서 친구랑 재미있게 놀았던 순간을 떠올려 볼까? 이 단어 중에서 친구한테 꼭 해 주고 싶은 말을 골라볼래? '멋있어'는 언제 쓰는 말일까? 친구가 그림을 잘 그렸을 때, 친구가 달리기를 빨리했을 때, 친구가 멋진 옷을 입었을 때? 맞아!"

- 우정 쪽지 칸에 메시지를 써요.

    "○○이는 '사랑해'랑 '고마워'라는 단어를 골랐구나. '□□야, 고마워'라고 쓰고 싶은데 글자 쓰기가 어려우면, 엄마가 친구 이름을 써 줄게. ○○이가 '고마워'를 직접 써 볼래?"

296 ⋯ 세상에서 가장 쉬운 문해력 수업

 • 이런 그림책도 읽어 봐 •

☆ 내 마음 네 마음 이준기 글·김성아 그림 | 교육과실천 | 2024

아래에서 위로 펼치는 폴더블(Foldable) 형태의 그림책이에요. 이 책은 같은 상황을 두 아이의 서로 다른 시각에서 표현하며 친구 관계에서 중요한 소통과 공감을 배울 수 있게 도와줘요. 색종이와 테이프로 폴더블 노트를 만들고, 위/아래에 같은 상황에서 나와 친구의 서로 다른 마음을 그림과 글로 표현해요. 나와 친구의 서로 다른 생각에 공감하고 이해하게 될 거예요.

☆ 10마리 토끼 친구들 바네사 이에 글·그림 | 양진희 옮김 | 블루래빗 | 2024

숲을 지나 학교에 가는 10마리 토끼 친구들이 하나씩 사라지고 있어요. 어떤 비밀이 숨어 있을까요? 독특하고 아름다운 콜라주 기법의 일러스트를 감상하며 문해력과 심미적 감각을 함께 키울 수 있어요. 사이드 플랩을 넘기며 각 장면에서 일어나는 변화를 주의 깊게 살펴봐요. 토끼가 한 마리씩 사라지는 장면을 보고 그 이유를 상상하고 예측하며 이야기 이해력을 키워요.

☆ 몹시 큰 초대장 박서영 글·그림 | 모든요일그림책 | 2024

소년은 매주 마을로 내려가 작은 초대장을 전봇대에 붙이고 파티를 열어요. 하지만 항상 혼자 파티를 열게 돼요. 마지막 초대장에 큰 용기를 담아 전봇대에 붙인 그날 밤, 뜻밖의 손님들이 찾아와 서로의 마음을 나누게 돼요. 나는 누구에게 작은 초대장을 보내고 싶은지 생각하고, 나만의 초대장을 만들어 집 안 곳곳에 붙여요. 자기 생각을 그림과 글로 표현하며 쓰기의 기능을 이해할 수 있어요.

☆ 오, 나의 친구 마르코 스칼치오네 글·그림 | 이현경 옮김 | 블루래빗 | 2024

무당벌레 카밀라와 금잔화 카렌의 진정한 우정에 대한 이야기예요. 어느 날 갑자기 카렌이 사라지자 카밀라는 그리움을 느끼며 길을 떠나고 새로운 친구들을 만나요. 하지만 카렌과 나눈 우정의 추억은 잊을 수 없어요. 계절의 흐름을 따라 우정의 깊이를 이해하고, 시간이 지나도 변하지 않는 우정을 느낄 수 있어요. 그림을 자세히 관찰하며 계절의 흐름과 자연 변화의 순서를 이해해요.

☆ 빨간 양말과 아기 고양이 이채영 글·그림 | 인디펍 | 2024

아이가 쓰레기통에서 빨간 양말 한 짝을 찾았어요. 아기 고양이는 이 양말을 친구로 삼아요. '쓸모없는 것이 없다'는 메시지를 통해 모든 것이 누군가에게는 특별한 의미를 가질 수 있다는 이야기를 전해요. 'ㅇㅇ양말과 아기 고양이' 또는 '빨간 ㅇㅇ과 아기 고양이'처럼 제목을 바꾸고, 새로운 이야기를 만들어요.

무례한 친구가 생겼어요

글 크리스티나 퍼니발
그림 케이티 드와이어
옮김 이은경
펴낸 곳 리틀포레스트
출간 2024
주제 사회성(예의)

책 소개

건강한 우정을 형성하기 위해서는 친한 친구와도 지켜야 할 예의가 있다는 것을 알려주는 그림책이에요. 다정하고 친절하며 용감하고 씩씩한 주인공 지니는 전학 간 새로운 학교에서 무례한 친구를 만나요. 친구 사이에 지켜야 하는 경계선을 넘고 지니를 괴롭히고 못살게 구는 친구에게 화내지 않고 단호하게 자기 생각을 전달하는 지니를 보면서 올바른 친구 관계를 형성하는 방법을 배울 수 있어요. 그림책을 읽으면서 주인공의 상황이라면 친구에게 솔직하게 의견을 이야기하되, 서로를 존중하며 대화하려면 어떻게 말해야 할지 이야기 나누며 이야기 이해력과 사회성, 그리고 사고력을 기를 수 있어요.

이렇게 읽어 주세요

제목 의미 파악하기

제목에 나타난 '무례한'이라는 말의 뜻이 무엇인지 이야기 나누어 볼 수 있어요. 무례하다는 말은 무엇인지, 어떨 때 무례하다는 말을 쓸 수 있는지 등 말의 뜻과 함께 사용 맥락에 관해서 이야기 나눠요.

- '무례한'이 무슨 뜻인지 알아? 무례하다는 말을 들어봤어? 무례하다는 말은 예의가 없을 때 해. 예의는 들어봤지? ○○가 어른들에게 인사하면 어른들께서 예의 바르다고 칭찬해 주잖아. 그럼 무례하다는 건 다른 사람에 대한 태도가 좋지 않다는 뜻이겠다.

- 어떤 상황에서 무례하다고 할 수 있을까? 한 어린이가 길을 걷다가 할머니를 툭! 하고 쳤는데 죄송하다는 말도 없이 쌩~ 가면 그 어린이의 행동을 무례하다고 할 수 있을 것 같아.

표지 그림과 주변 텍스트 활용하기

표지의 그림과 말풍선을 통해 내용을 예상해 볼 수 있어요. 작게 적힌 문장 '건강한 우정을 위한 경계를 설정하는 방법'을 읽고 이것이 무엇을 뜻하는지 이야기해요. 그림책 띠지에 적힌 "관계에 어려움을 겪는 아이들에게 이 책의 효과는 100%입니다"라는 말의 의미에 관해서도 이야기 나눌 수 있어요.

- 이 책은 무슨 내용일까? 표지 그림을 보니까 찡그린 사람 두 명이 있어. 둘이 싸운 것처럼 한 명은 팔짱을 끼고 심술이 난 표정이고, 다른 한 명은 눈썹을 치켜올린 상태로 손을 내밀고 있어. 그 옆에 말풍선이 있네. "이제 그만!"이라고 하는 걸 보니까 한 친구가 불편하게 했나 봐.
- '건강한 우정을 위한 경계를 설정하는 방법'이라는 작은 제목이 있어. 건강한 우정은 뭐라고 생각해? 친구랑 싸우지 않는 것? 싸우지 않는 방법을 위한 책일까? 아니면 친구랑 사이좋게 지내는 방법을 알려주는 내용일까?
- 띠지에 적힌 말은 무슨 뜻일까? 관계에 어려움을 겪는 아이들에게 이 책의 효과는 100%래. 관계에 어려움을 갖는다는 건 무슨 말 같아? 친구 사이에 어려움은 뭐야? 친구랑 싸울 때? 친구랑 어떻게 놀아야 할지 모르겠을 때? 효과가 100%라는 말은 또 무슨 뜻일까?

경험과 책 내용 연결하기

주인공 지니는 친한 친구의 무례한 말과 행동으로 인해 속상한 일을 겪어요. 친하다는 이유로 친구가 무례하게 행동해서 속상한 적이 있었는지, 그럴 때 어떻게 반응했는지 아이의 경험을 나누며 그림책을 읽어요.

- ○○도 친구 때문에 속상했던 적이 있었어? 어떨 때 속상했어? 유치원에서 ○○가 가지고 놀던 장난감을 반 친구가 말도 안하고 가져갔을 때 기분이 안 좋았구나.
- 친구가 무례하게 행동했던 적도 있었어? 그때 ○○은 어떻게 했어? 선생님께 말씀드리거나 친구한테 ○○이 마음을 이야기했어?
- (그림책을 읽은 후) 나중에 ○○이한테 친구가 무례한 행동을 한다면 ○○이는 어떻게 하고 싶어? 주인공 지니처럼 친구에게 솔직한 마음을 이야기할 거야? 만약에 ○○이 장난감을 또 말없이 가져가면 친구에게 뭐라고 말할 거야?

문해력 키우는 상호작용

음운론적 인식

그림책에 나오는 단어에서 받침을 빼고 읽는 놀이를 해요. 받침소리를 뺄 때 음소를 인식할 수 있고, 단어의 소리가 어떻게 달라지는지 경험할 수 있어요. 같은 받침소리를 가진 단어도 찾아보면서 받침소리 음소 인식을 기를 수 있어요.

- '공평히'에서 '응(받침ㅇ)' 소리를 모두 빼면 어떤 소리가 남을까? '고펴히'가 되지. '응(받침)' 소리가 있는 다른 단어가 있는지 찾아볼까? '행동'이라는 말에도 같은 받침소리가 들어간다. 여기서 '응(받침)' 소리를 모두 빼면 어떤 소리가 남아? '해도'가 되네.

어휘력

익숙하지 않은 단어가 나올 때마다 천천히 여러 번 읽고 단어의 뜻에 대해 함께 이야기해요. 단어만 보는 것이 아니라 앞뒤 맥락을 함께 읽으며 맥락 속에서 단어의 의미를 유추하고 그림을 보며 의미를 파악할 수 있도록 도와주세요.

- '공평'이라는 말을 들어봤어? 친구들을 공평히 대하려고 노력했대. 그림을 보니까 한 친구가 다른 친구에게 웃으면서 인형을 건네주네. 공평하게 한 번씩 가지고 놀았나 봐. 그럼 공평하다는 건 무슨 말 같아?

이야기 이해력

등장인물의 입장이 되어 어떤 생각을 하고 있을지, 어떤 감정을 느낄 것 같은지 추측하면서 읽어요.

- 친구의 거친 말과 행동 때문에 지니는 마음이 상했대. 만약에 지니 입장이 된다면 기분이 어떨 것 같아? 이 친구처럼 누가 ○○를 세게 밀치고 찡그린 표정으로 미운 말을 하면 마음이 어때?

생각을 키우는 질문

- ☐
- ☐ (바둑판으로 알까기 놀이하는 두 친구의 그림을 보며) 여기 두 친구가 재미있는 놀이를 하네. 이게 뭔지 알아? 네모난 칸들이 그려져 있고, 그 위에 흰색이랑 검은색 동그라미가 여러 개 있지. 이건 바둑판이야. 그런데 지금 바둑 말고 돌들로 알까기를 하는 것 같다.
- ☐ (한 친구가 미끄럼틀 타려고 올라가는 친구의 팔을 잡는 그림을 보며) 여자아이가 미끄럼틀을 타려고 사다리를 올라가는데 남자아이가 팔을 잡았어. 여자아이 표정이 어떤 것 같아? 놀란 것 같지. 한 손만 사다리에 있어서 위험해 보여. 남자아이는 왜 여자아이 팔을 잡았을까? 미끄럼틀을 타고 싶었나 봐. 미끄럼틀 타고 싶어도 올라가는 친구를 이렇게 잡으면 위험하고 친구도 기분 나쁠 것 같아.
- ☐

'무'의 의미

'없다'는 뜻을 가진 '무'가 들어간 말을 알맞은 그림과 연결해 보자.

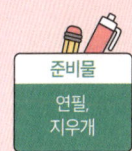
준비물
연필, 지우개

- '무례'를 라는 단어가 어떤 한자로 구성되어 있는지 알아보아요.
    "'무례하다'에서 '무례'는 한자로 이루어져 있어. 없을 무(無), 예도 예(禮)를 쓰지. 예의가 없다는 뜻이야."

- '없을 무'가 들어간 말에는 무엇이 있을지 이야기를 나눠요.
    "○○가 아는 말 중에 '없다'라는 뜻의 '무'가 들어간 말은 무엇이 있어? ○○가 좋아하는 주스에도 '무설탕'이라고 적혀 있지."

- '없을 무(無)'가 들어 있는 단어들을 살펴보고 알맞은 그림과 연결해요.
    "여기 '없을 무'가 들어가는 단어들이 있네. 그리고 옆에 그림들이 있어. 알맞은 단어와 그림을 연결해 보자. 무표정은 무슨 뜻 같아? 표정이 없다는 말이지. 그림 보니까 웃지도 찡그리지도 않은 사람 얼굴이 있어. 이게 무표정이구나!"

| 무례 | 무표정 | 무설탕 | 무지방 |

무설탕 주스는 설탕이 없어서 달지 않아요.

예의가 없는 무례한 친구는 다른 사람을 속상하게 해요.

무표정은 표정이 없어서 무뚝뚝해 보여요.

무지방 우유는 지방이 없어서 맛이 깔끔해요.

우정 열차

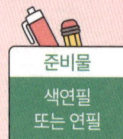

우정 열차의 글자 칸에 '우'로 시작하는 말과 '정'으로 끝나는 말을 적어 보자.

- 그림책의 소제목에 들어 있는 '우정' 단어를 살펴보며 '우'와 '정' 글자가 어떤 자모음으로 이루어져 있는지 이야기 나눠요.

  "그림책 표지에 적혀 있는 '우정'은 어떤 글자로 이루어져 있어? '이응'이랑 '우'. '우리' 할 때 '우'야. '정'은 '지읒'이랑 '어'랑 '이응'으로 만들어져 있지. '정말' 할 때 '정'이다.

- '우'로 시작하는 말과 '정'으로 끝나는 말을 찾는 말놀이를 해요. 아이가 생각하기 어려워하면 어른이 먼저 말해 주세요. 우로 시작하는 말, 정으로 끝나는 말 등 '우', '정'이 들어가는 말을 이어 말하며 글자와 친숙해져요.

  "'우'로 시작하는 말은 뭐가 있을까? 우유, 우박, 우산. '정'으로 끝나는 말은 무엇이 있을까? '정'으로 끝나려면 단어 마지막 글자가 '정'이어야 해. '화목한 가정'할 때 '가정'도 '정'으로 끝난다. 또 뭐가 있지? '긍정적인 성격'할 때 '긍정'도 '정'으로 끝나네. 밤 열두 시를 '자정'이라고 하는데, 이것도 '정'으로 끝나!"

- 우정 열차 빈칸에 '우'로 시작하는 말과 '정'으로 끝나는 말을 적어요.

  "여기 우정열차 앞 열차를 보니 칸마다 '우'가 적혀 있고, 뒤 열차에는 칸마다 '정' 글자가 적혀 있어. '우'로 시작하는 말과 '정'으로 끝나는 말을 적는 건가 봐!"

- 활동 이후 음가를 붙여 '우~자로 시작하는 말은?' 혹은 '정~자로 끝나는 말은?' 노래 부르며 말놀이하면 글자에 대한 흥미를 높일 수 있어요.

  "우우우 자로 시작하는 말은~ 우정, 우유, 우박, 우산, 우비, 우리들~"

육하원칙

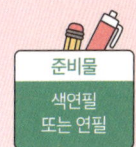
준비물
색연필
또는 연필

누가, 언제, 어디서, 무엇을, 어떻게, 왜 한 건지 말해 보자.

- 육하원칙(누가/언제/어디서/무엇을/어떻게/왜)을 보면서 육하원칙에는 어떤 것이 있으며 각각 어떤 의미를 갖는지 이야기 나눠요.

  "여기 주황색 칸에 어떤 말들이 적혀 있어? 누가/언제/어디서/무엇을/어떻게/왜. 이 여섯 가지를 모아서 '육하원칙'이라고 불러. 육하원칙은 문장을 만드는 말들이야. 하나씩 살펴보자. '누가'는 무얼 나타낼까? 말 그대로 어떤 사람이 그 문장의 주인공인지 알려주는 말이야."

- 삽화가 어떤 내용을 담고 있는지 살펴요.

  "그림책에서 나온 지니의 상황이 여기 그림에 나와 있다. 첫 번째 그림은 어떤 상황이었어? 지니가 교실에 들어오는 친구를 위해 교실 문을 열어 주는 장면이야."

- 삽화의 내용을 설명할 때 육하원칙 요소를 사용해서 말하고 문장으로 적어요. 사용할 수 있는 육하원칙 요소를 짚어 보면서 문장을 구성하는 요소를 생각해 볼 수 있어요.

  "육하원칙 말들을 사용해서 그림의 내용을 설명해 볼까? 두 번째 그림은 육하원칙 중에 '누가, 무엇을, 어떻게'라는 말들로 설명할 수 있나 봐. 우선 누가 보여? 지니가 보이네. 그리고 지니가 무얼 하고 있어? 친구를 안아주고 있어."

- 완성한 문장을 그림 옆 빈칸에 적어요. 아이가 스스로 적기 어려워하면 어른이 대신 적어 주거나 적는 것을 도와주세요.

  "육하원칙 말 세 개를 사용해서 완성한 문장을 적어 보자. 누가? 지니가. 무엇을? 친구를. 어떻게? 안아줘요. '지니가 친구를 안아줘요.'"

• 이런 그림책도 읽어 봐 •

⭐ 이 선을 넘지 말아 줄래? 백혜영 글·그림 | 한울림어린이 | 2022

분홍색 새는 자기가 좋아하는 지렁이를 당연히 하늘색 새도 좋아할 줄 알고 가져가지만, 하늘색 새는 지렁이를 싫어하면서도 분홍색 새에게 어떻게 말할지 몰라서 선을 만들어요. 친구 사이뿐만 아니라 가족과 다른 사람들과의 사이에서 지켜야 할 선에 대해 알려 줘요. 삽화에 여러 가지 형태로 등장하는 선들을 살펴보며 선의 의미에 관해 이야기 나눠요. 그림을 자세히 관찰하고 그림을 통해 맥락을 파악할 수 있게 도와주세요.

⭐ 흥, 내 맘이야! 클레어 헬렌 웰시 글·올리비에 탈레크 그림 | 노은정 옮김 | 비룡소 | 2019

아이들이 일상에서 겪을 만한 친구들과의 갈등 상황을 제시하여 친구 사이에 지켜야 할 예의를 알려주는 그림책이에요. 그림책에 나오는 등장인물들의 역할을 번갈아 맡아 대사를 실감 나게 읽어 보면 좋아요. 만약 내가 등장인물들의 입장이 된다면 어떻게 해볼지 이야기 나누며 아이들의 적극적인 읽기를 도와요.

⭐ 그건 내 거야! 아누스카 아예푸스 글·그림 | 신수진 옮김 | 비룡소 | 2020

나무에 열린 크고 맛있게 생긴 열매를 코끼리들은 '그건 내 거야!'라고 외치며 서로 밀치고 나무 위로 달려가지만 결국 따지 못하고 생쥐들은 힘을 모아 열매를 따고 옮겨요. 협동, 양보, 나눔 등 다른 사람을 대하는 사회성을 배울 수 있어요. 마구마구, 야금야금, 쿵쿵, 주렁주렁, 우르르 등 다양한 의성어와 의태어의 의미를 알아보고 몸짓으로 나타내요.

⭐ 우리 같이 앉을래? 셜리 패런토 글·데이비드 워커 그림 | 이상희 옮김 | 비룡소 | 2021

의자도 넷, 작은 곰 네 마리. 그런데 갑자기 큰 갈색곰이 나타났어요. 큰 갈색곰을 위해 작은 곰 넷은 서로 양보하며 문제를 해결해요. 작은 곰과 큰 곰의 입장을 각각 생각해 보며 상대방을 위해서 어떤 행동을 하고 싶은지 이야기 나눠요. 사회성뿐만 아니라 타인 조망 수용 능력, 문제해결력 등 사고력을 기를 수 있어요.

⭐ 친구의 전설 이지은 글·그림 | 웅진주니어 | 2023(개정판)

동네 이웃에 겁을 주며 말썽 피우던 호랑이에게 꼬리 꽃이 붙어 다정한 우정을 쌓고 호랑이가 따스하게 변화하는 이야기를 담았어요. 이웃과 잘 어울리지 못하는 호랑이에게 꼬리 꽃이 되어 어떤 말을 해 주고 싶은지 이야기 나누면 이야기 이해력과 더불어 사회성을 키울 수 있어요..

세상에서 가장 쉬운 영어회화 수업

왕초보 워크북

음성편

차례

1장
만 4세를 위한 문해 활동

- 무엇이든 할 수 있는 손 손 손 06
- 피아노 09
- 고구마구마 14
- 곰돌이 팬티 18
- 덜컹덜컹 개미 기차 23
- 초방이 옷을 사러 갔어요 27
- 뺑도둑 30
- 구름은 어떻게 구름이 될까? 33
- 날씨 상점 37
- 나뭇잎 손님과 애벌레 미용사 40

- 오늘도 꿈사탕 가게 43
- 달을 지키는 곰 46
- 저 고양이를 보라, 냥? 53
- 여름 낚시 56
- "내 이름이 뭐라고?" 59
- 거꾸로 토끼끼도 65
- 싫어는 아주아주 힘이 세! 68
- 겨울 이불 71
- 우리 할아버지 74
- 다시 살아난 초록섬 80

2장

만 5세를 위한 문예 활동

- 느낌표 84
- 내가 말할 차례야 87
- 아빠 해마 이야기 90
- 개똥벌레가 똥똥똥 95
- 물고 98
- 우리 가족 말사전 102
- 또드랑 할매와 호랑이 105
- 임금 머리 눈만 생쥐 108
- 왜 아무도 고슴도치를 쓰다듬어 주지 않을까? 111
- 종이 소년 114

- 감정 호텔 118
- 쨍잔면이 왔습니다! 122
- 신기한 씨앗 가게 128
- 100마리 고양이네 131
- 춤추는 가나다라 134
- 놀부와 ㅇㄹㄹ 뺑권 137
- 경고! 이 책을 읽지 마세요 140
- 학교 처음 가는 날 143
- 내친구 ㅇㅅㅎ 147
- 무례한 친구가 생겼어요 150

1장

준비물
색연필 또는 크레파스, 클레이

클레이로 한글 만들기

그림책에 나온 손가락 글자를 만들고 그려 보자.

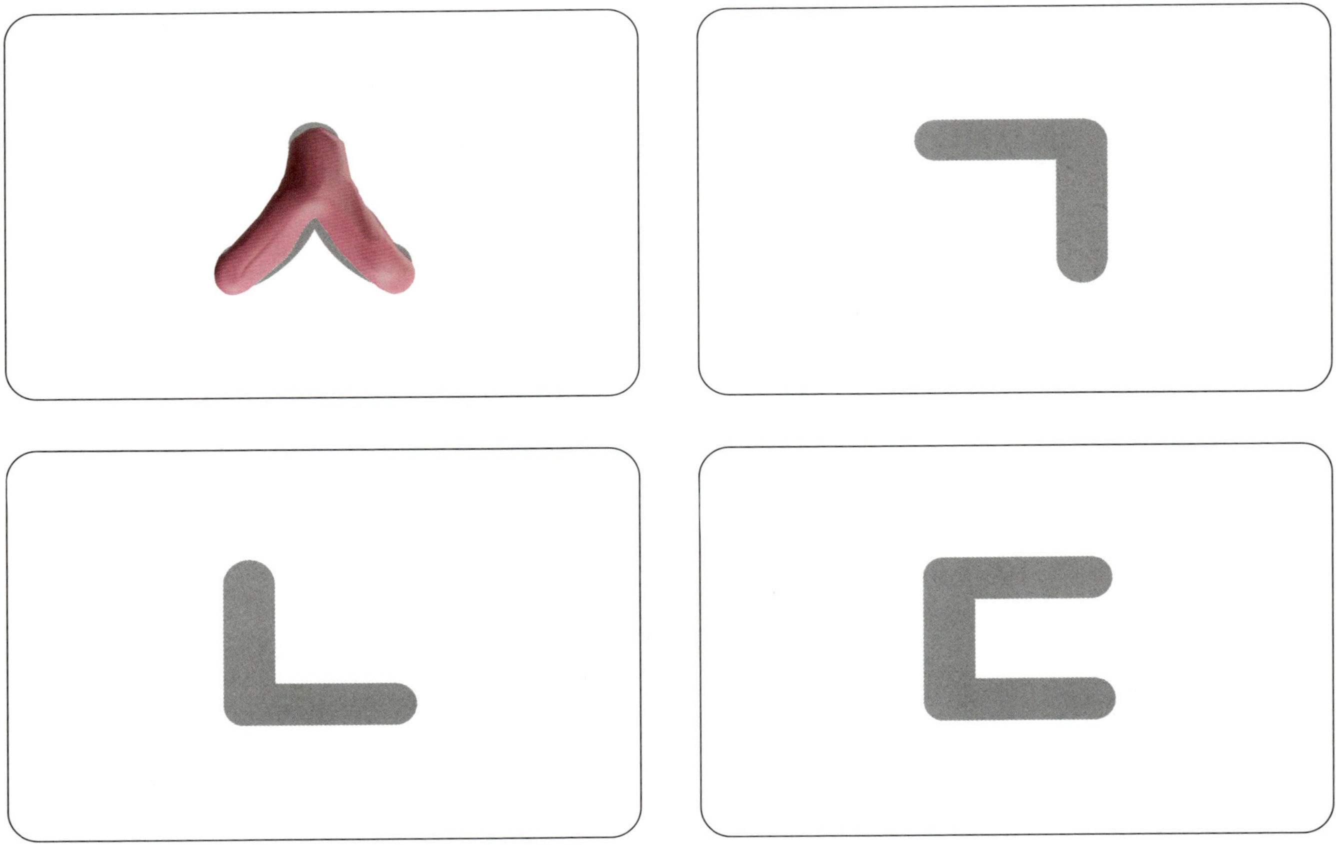

내가 만든 손가락 한글

준비물
스마트폰
아이패드,
색연필

손가락으로 한글을 만들고 사진 찍어 보자.

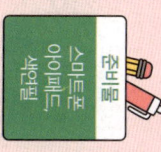

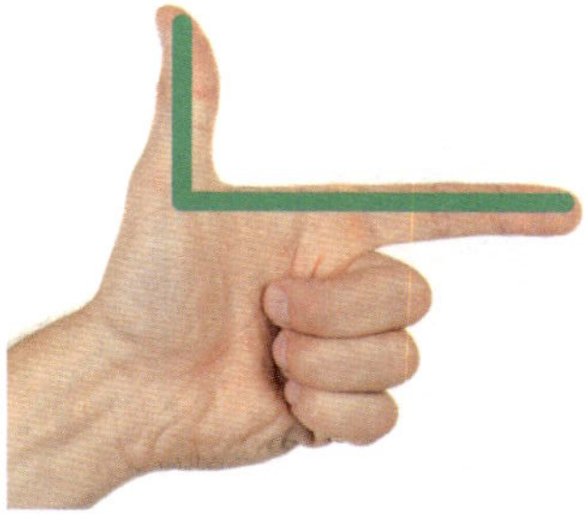

손가락 글자 따라 써 보기

손가락 또는 손 모양을 보고 어떤 글자인지 맞혀 보자.

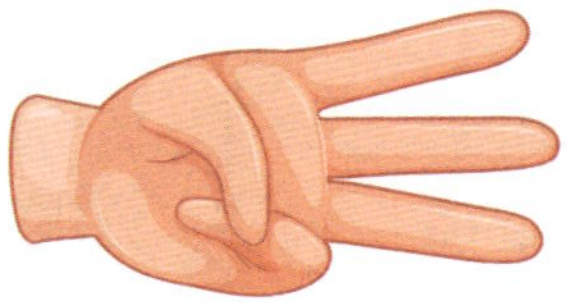

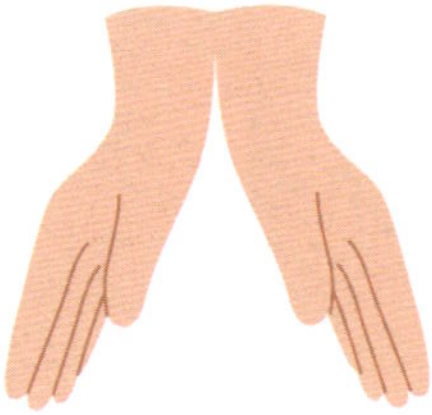

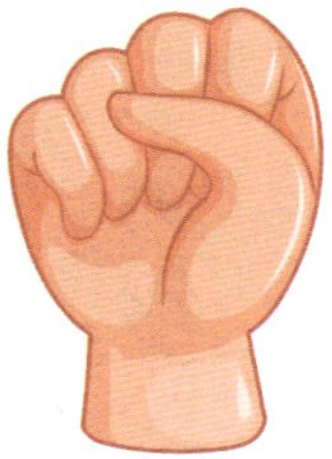

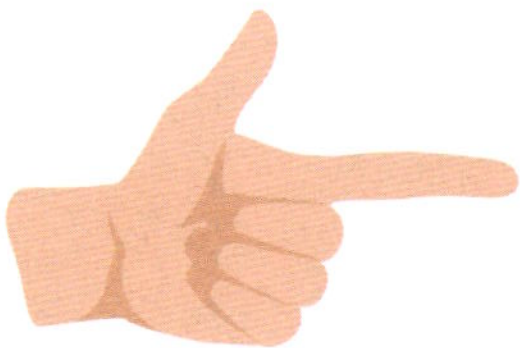

숨은 단어 '피아노' 찾기

글자들 사이 가로, 세로, 대각선에 숨겨진 '피아노'를 찾아 선으로 연결해 보자.

피	피	뇨	뵤	프	피
아	아	아	이	아	아
너	노	노	수	나	노

• 단어 '피아노'는 모두 몇 개인가요? ( )개

준비물: 가위, 풀, 색연필

창작 카드로 이야기 꾸미기

이야기 창작 카드를 활용해서 새로운 이야기를 만들어 보자.

등장인물 카드	사물 카드	템포 그래피 카드	
엄마	창문	**쿵쾅쿵쾅**	쿵쾅쿵쾅
지휘자	시계	**똑계똑계**	똑계똑계
할아버지	피아노	**째깍째깍**	째깍째깍
친구	기타	**샤랄라랄라**	사랑랄라
강아지	악보	**멍가 멍가**	멍가 멍가

무지개 제이름 찾기

흩어진 제이름들의 순서를 찾아보자.

레 도 미 솔 파 라 도 시

※ 힌트 : 무지개색을 따라가 봐!

문장 띄어쓰기

준비물: 연필, 지우개

빈칸을 채워 띄어쓰기 문장으로 완성해 보자.

고구마는둥글구마 … 고

고구마는길쭉하구마 … 길 는

참다르게생겼구마 … 젓 다

못생겨도맛나구마 … 구 도

모두모두속이빛나구마! … 모 두 빛

고구마 이름 짓기

준비물
연필, 지우개, 가위

다양한 고구마 모양에 어울리는 고구마 이름을 지어 보자.

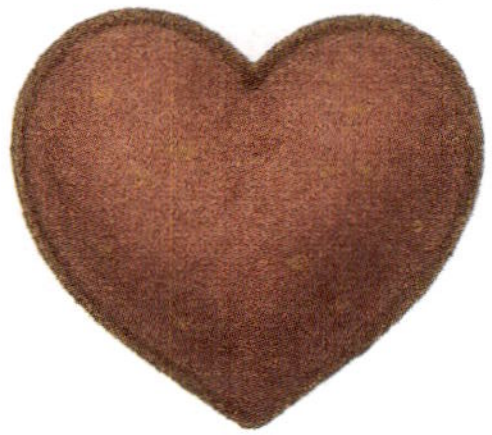

_______ 구마

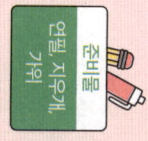

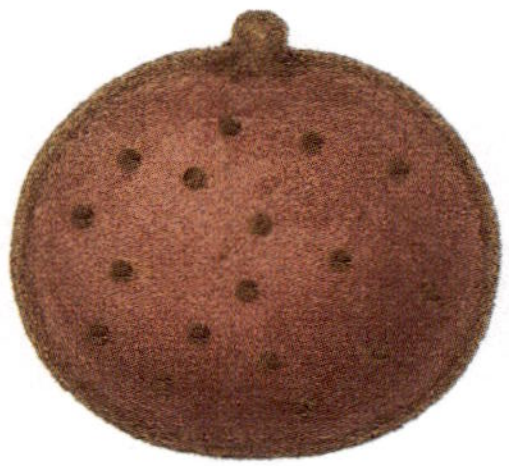

_______ 구마

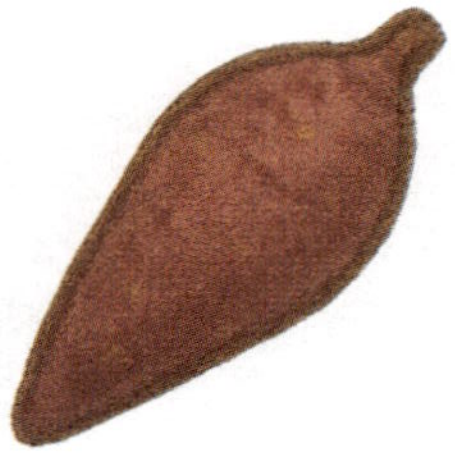

_______ 구마

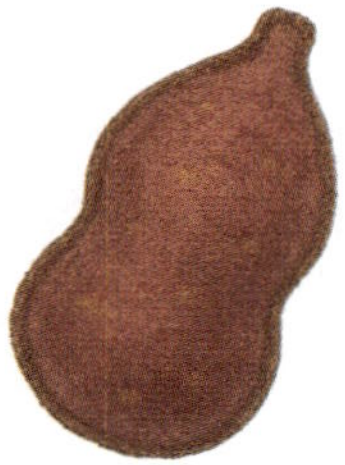

_______ 구마

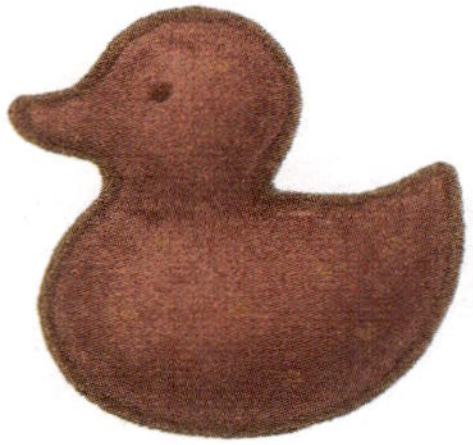

_______ 구마

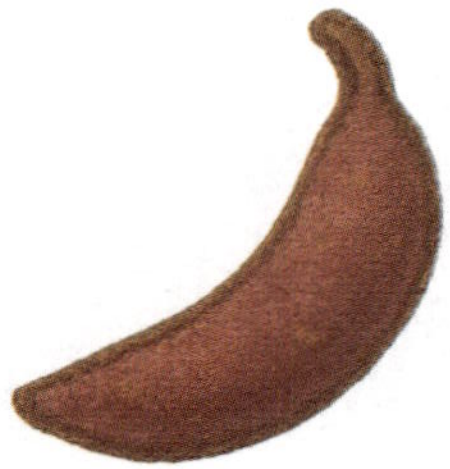

_______ 구마

고구마 삼행시

'고구마'로 삼행시를 지어 보자.

고:

구:

마:

팬티를 잃어버린 동물 친구들

동물 친구들의 팬티를 찾아 선으로 연결해 보자.

 • •  • •  나비 팬티

• • • •  고양이 팬티

• • • •  돼지 팬티

팬티 띠지 만들기

곰돌이에게 새로운 팬티를 만들어 선물해 보자.

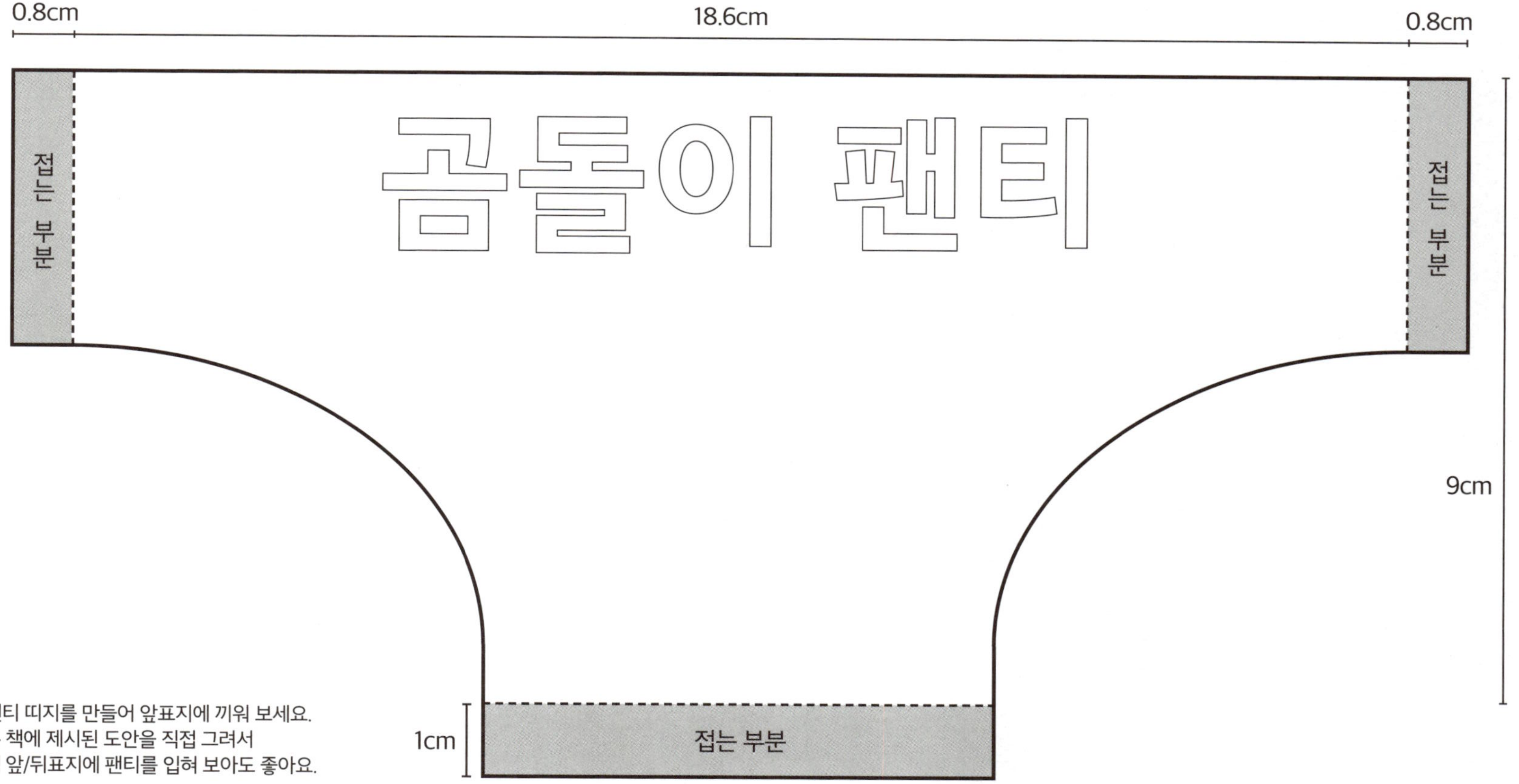

곰돌이 팬티

- 0.8cm
- 18.6cm
- 0.8cm
- 1cm
- 9cm
- 접는 부분

※ 팬티 띠지를 만들어 앞표지에 끼워 보세요.
본 책에 제시된 도안을 직접 그려서 책 앞/뒤표지에 팬티를 입혀 보아도 좋아요.

받침 글자 짝꿍 찾기

동물 이름 카드의 받침 짝꿍을 찾아주자.

곰돌이

생쥐

돼지

나비

고양이

토끼

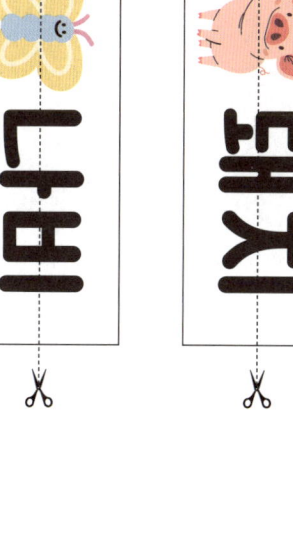
문어

얼룩말

준비물
가위

개미역 이름 찾기

준비물
연필, 지우개

그림책에 나온 개미역의 이름을 찾아서 동그라미 쳐 보자.

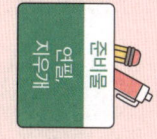

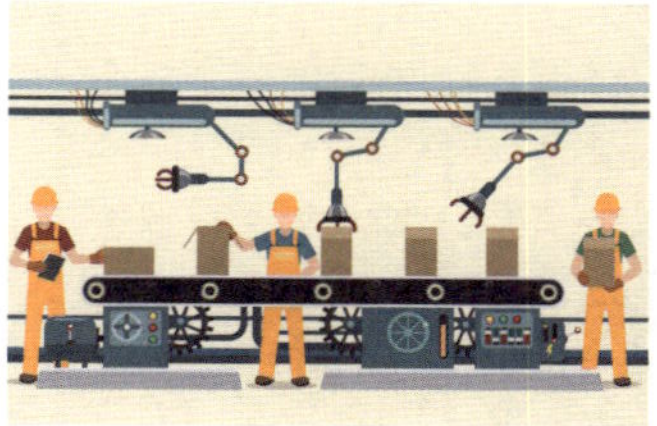		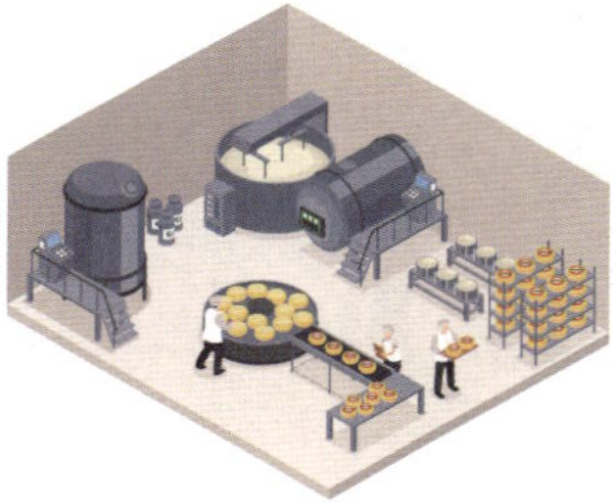		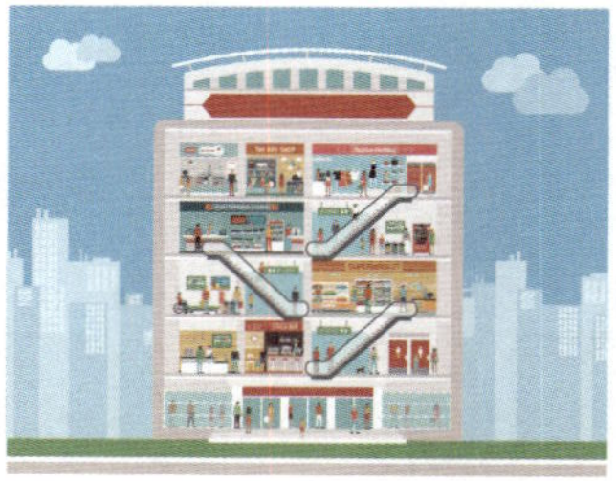		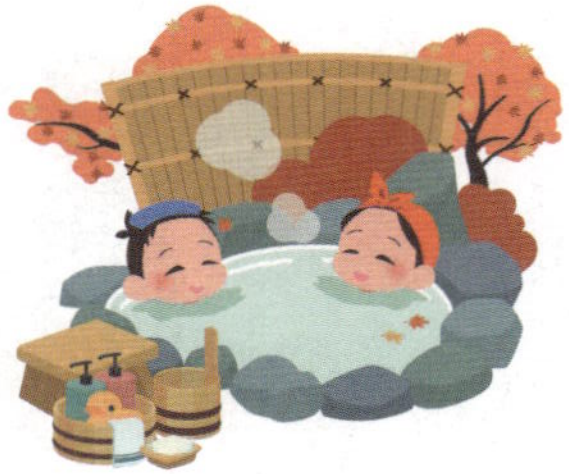	
공장	농장	제과실	제조실	백화전	백화점	온천	온돌
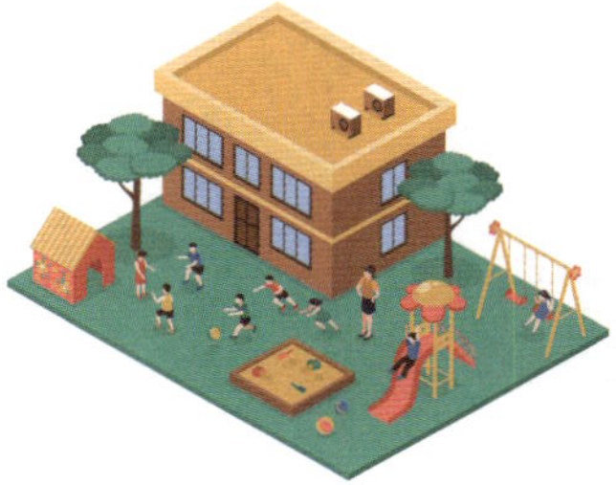		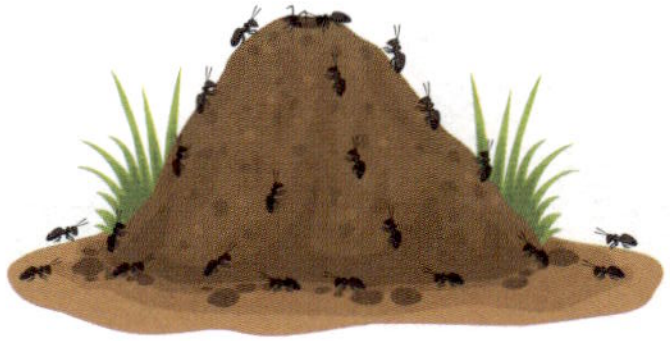		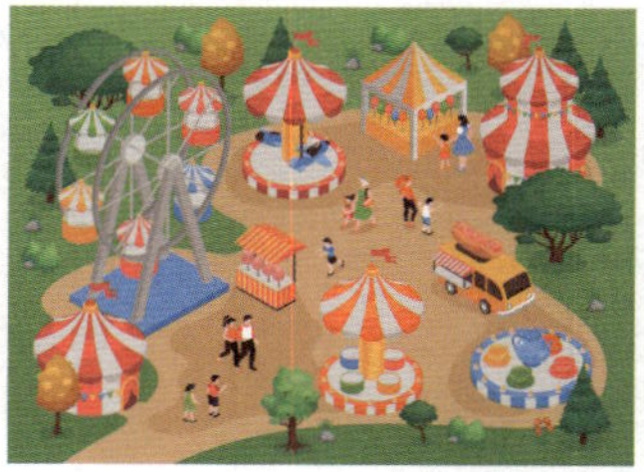		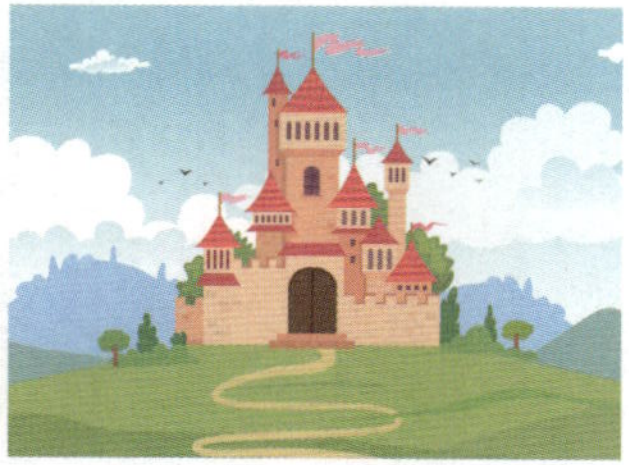	
유치원	동물원	거미산	개미산	놀이동산	놀이동상	동전	궁전

준비물: 색연필 또는 사인펜, 연필, 지우개

내가 만드는 개미 기차 노선도

그림을 그려 나만의 개미 기차 노선도를 만들어 보자.

개미 종이 인형 만들기

개미 친구들을 그리고 이름을 지어 보자.

아리홀

아리코

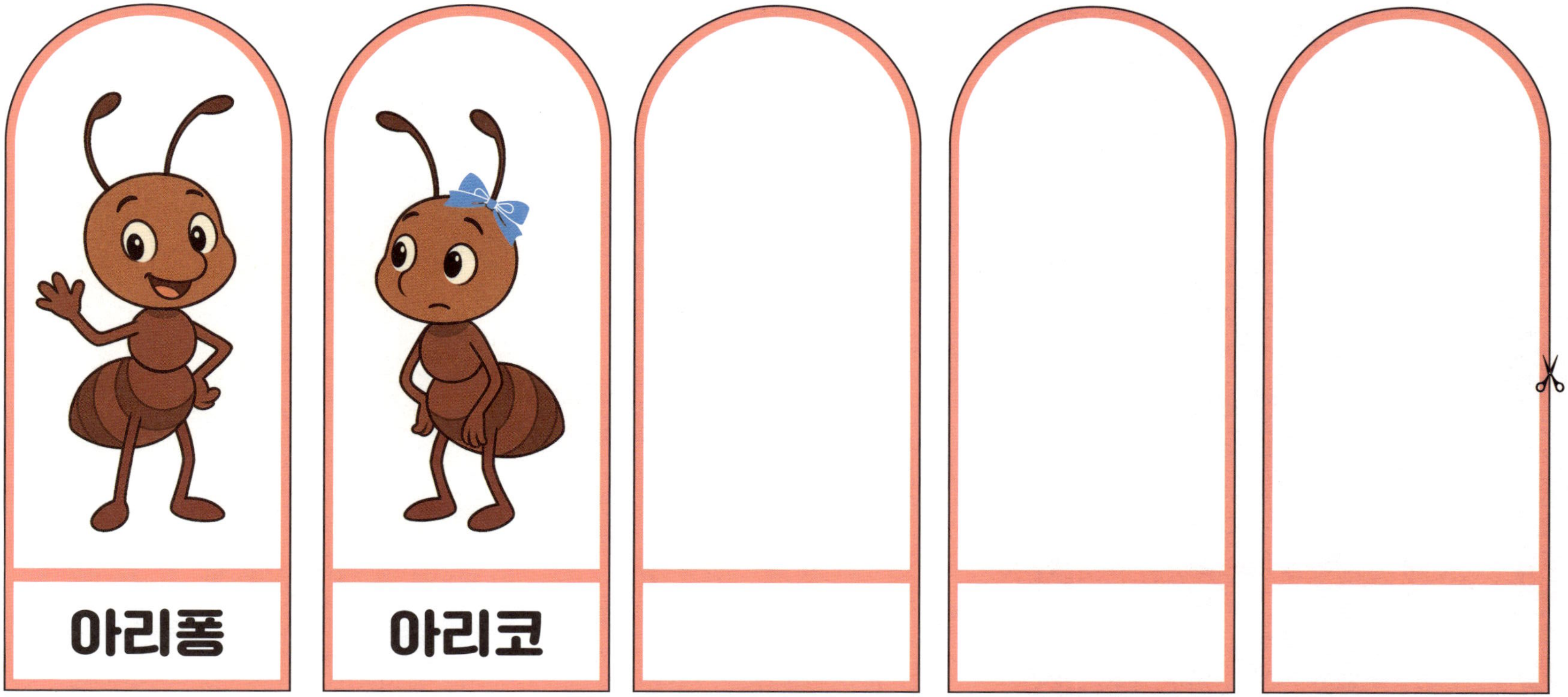

글자 옷 입히기

준비물
크레파스 또는 색연필

글자에 옷을 입히고 꾸며 보자.

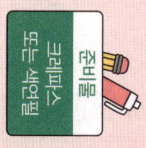

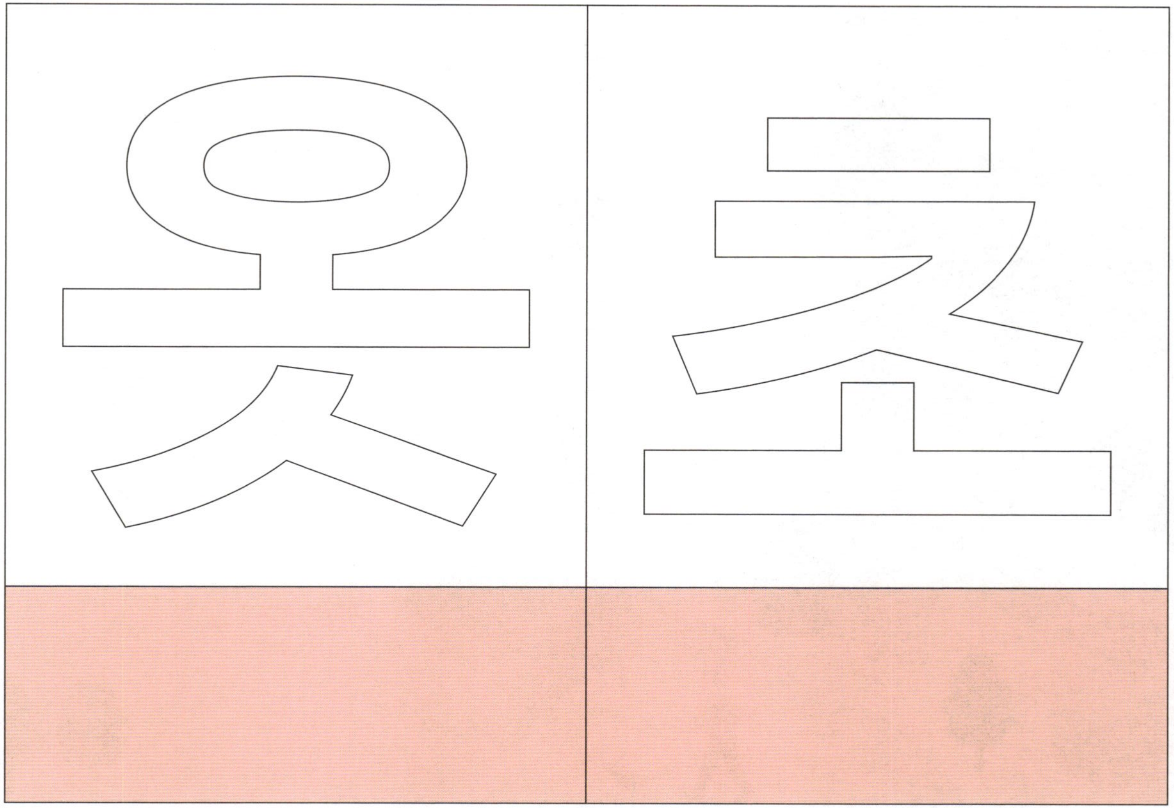

초밥이 집으로 가요

준비물
연필, 지우개

초밥이 집으로 가는 길을 알려 주자.

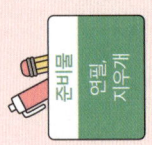

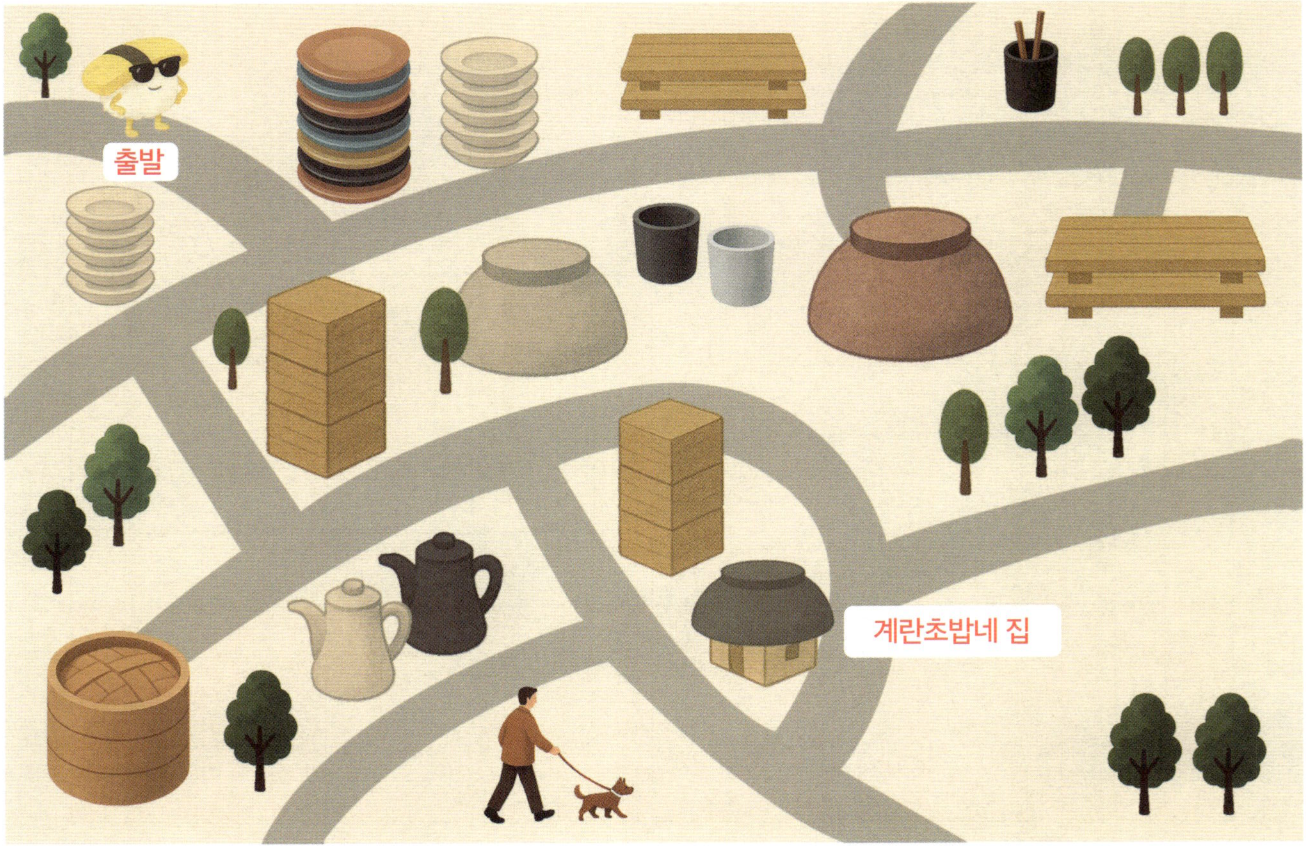

무엇이 무엇을 하러 갔을까

누가 무얼 하러 갔는지 알맞은 말에 동그라미 쳐 보자.

초밥이 (옷 / 머리)(을 / 를)(사러 / 깎으러) 갔어요.

연필이 (머리 / 목욕)(을 / 를)(깎으러 / 하러) 갔어요.

만두가 (가방 / 목욕)(을 / 를)(사러 / 하러) 갔어요.

소시지가 (침대 / 자동차)(을 / 를)(깎으러 / 사러) 갔어요.

반복되는 글자를 찾아라

빵 이름에서 반복되는 글자를 찾아 동그라미 치고, 글자의 개수를 적어 보자.

| 라: 개 | 자: 개 | 소: 개 | 수: 개 | 토: 개 | 크: 개 | 쿠: 개 | 크: 개 | 빵: 개 |

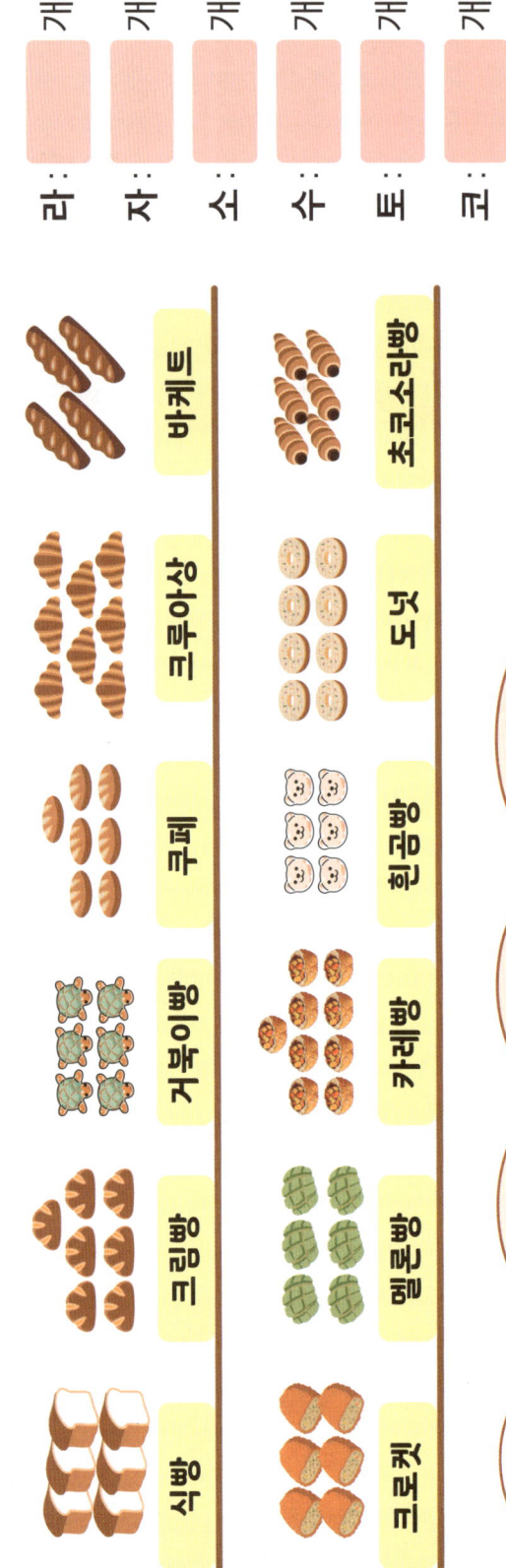
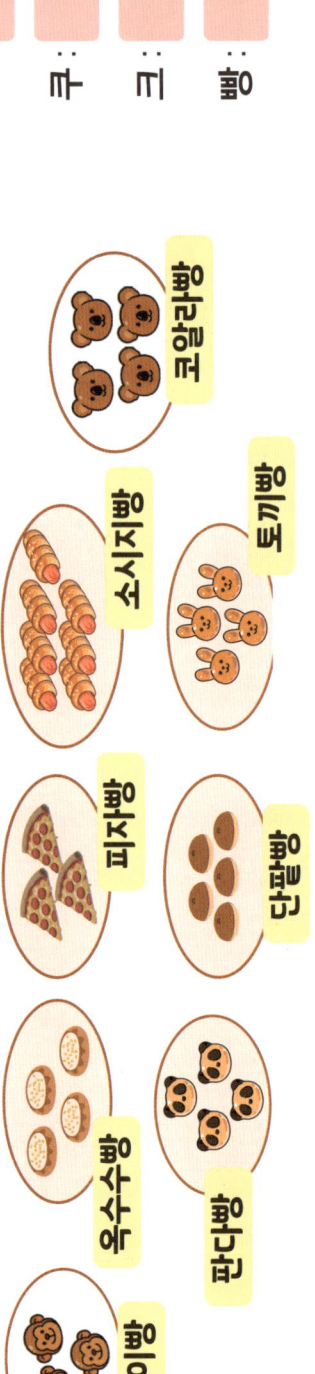

빵 이름 찾기

뒤죽박죽 섞인 빵 이름을 보고 순서에 맞춰 한 글자씩 써 보자.

피자빵			
자	피	빵	

토끼빵			
빵	토	끼	

곰돌이빵			
돌	빵	곰	이

바게트빵			
게	트	바	빵

크루아상			
크	아	루	상

소시지빵			
소	빵	시	지

옥수수빵			
옥	빵	수	수

거북이빵			
이	거	북	빵

세상에서 가장 맛있는 빵

준비물
색연필 또는 사인펜

손님들에게 줄 세상에서 가장 맛있는 빵을 상상하고 그려 보자.

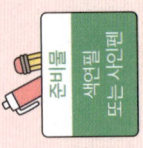

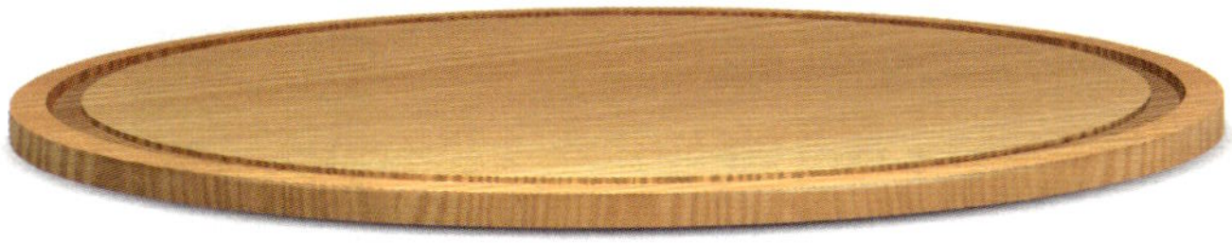

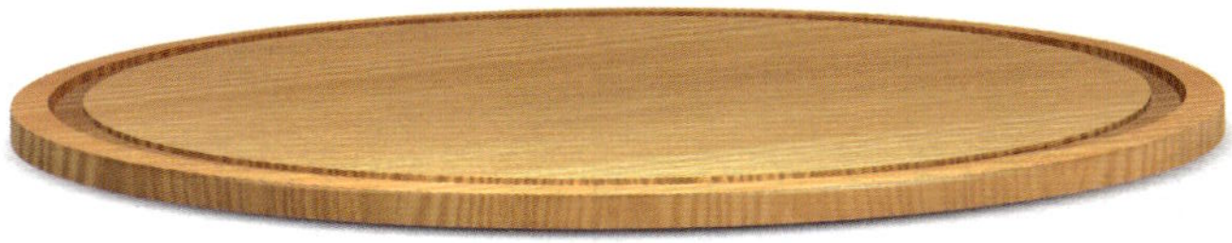

다양한 구름 모양 만들기

다양한 모양의 구름을 만들어 보자.

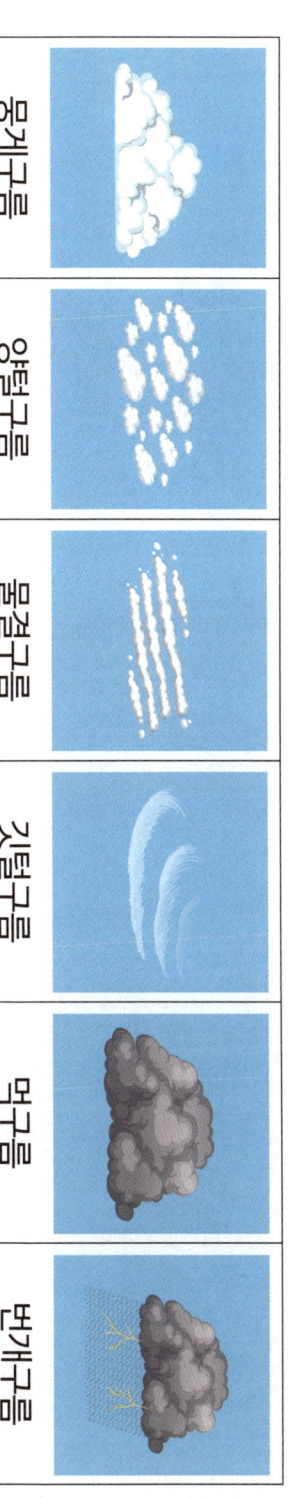

뭉게구름 / 양떼구름 / 물결구름 / 깃털구름 / 먹구름 / 번개구름

준비물
클레이, 생활 속 모두 사인펜

준비물: 색연필 또는 사인펜

구름 속 물방울의 기온 맞히기

구름 속 물방울의 기온이 어떻게 변했는지 맞혀 보자.

더운 구름

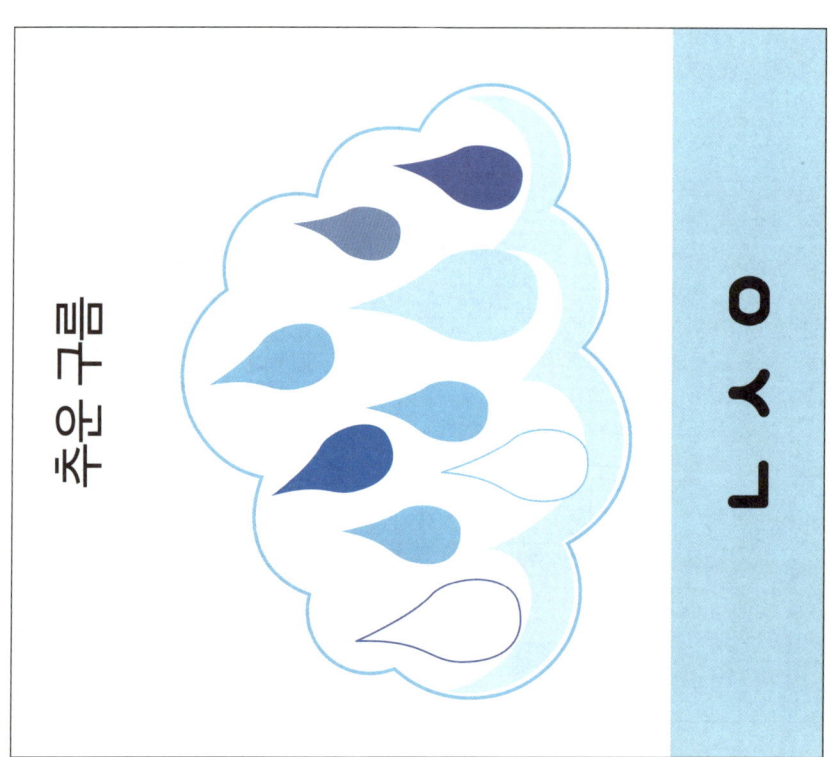

추운 구름

오늘의 구름 모양 찾기

준비물
색연필 또는 사인펜, 칼, 가위

오늘 구름 모양을 살펴본 뒤, 그림으로 그리고 이름을 지어 보자.

오늘 ◯◯가 본 구름 모양은?

※ 네모 점선은 엄마가 칼로 오려 내 작은 창이 되도록 만들어 주세요.

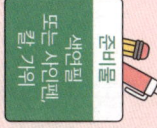

마법 모자

나만의 마법 모자를 만들어 보자.

준비물
다양한 미술 재료
(예: 반짝이 풀,
펠트지, 습자지,
색종이, 모루 등)

비누 언덕 마을의 상점

나만의 멋진 상점을 상상해서 건물과 간판을 꾸며 보자.

준비물
크레파스 또는 색연필

같은 소리 풍선

같은 소리로 시작하는 낱말들을 찾아 풍선에 적어 보자.

ㄱ

ㄴ

ㄷ

준비물: 색연필 또는 사인펜

멋진 나뭇잎 머리

나만의 나뭇잎 머리를 상상하고 그림과 이름으로 표현해 보자.

머리	머리
머리	머리

40

나뭇잎 사진첩

준비물
연필, 지우개

나뭇잎 사진을 관찰하고, 같은 모양 나뭇잎을 찾아서 이름을 적어 보자.

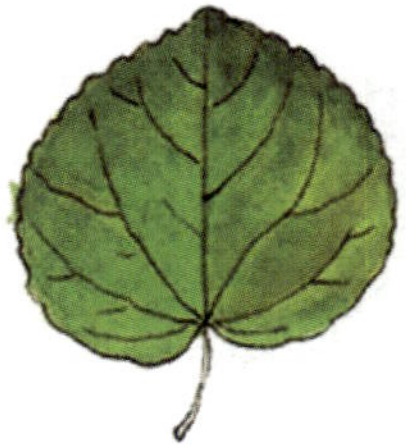 나무	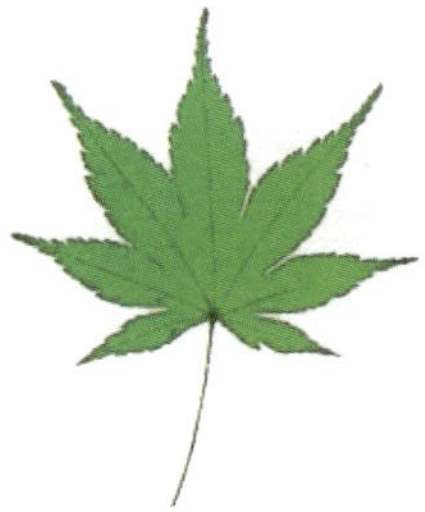 나무	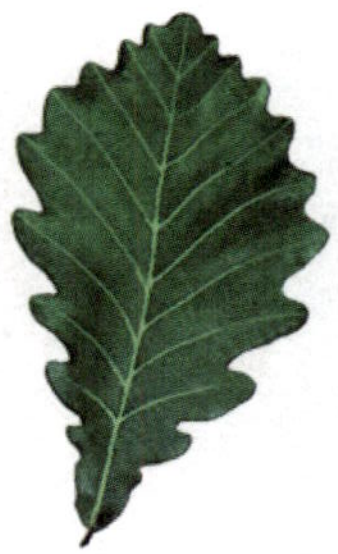 나무	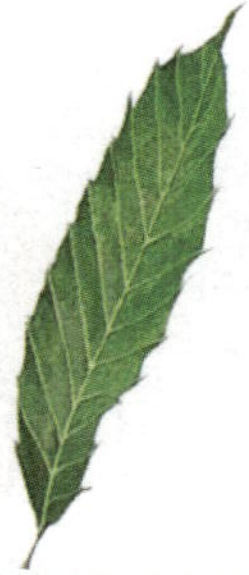 나무
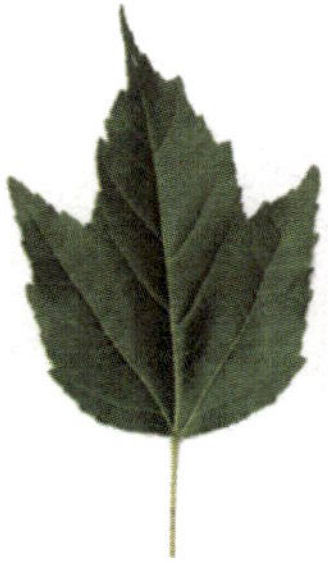 나무	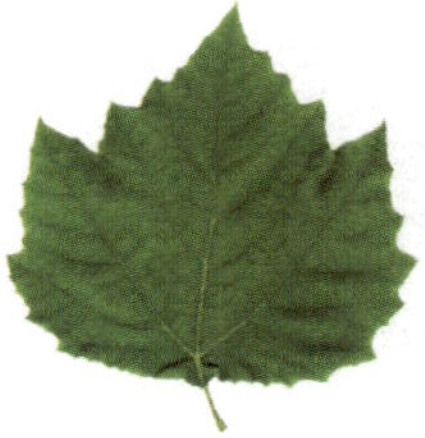 나무	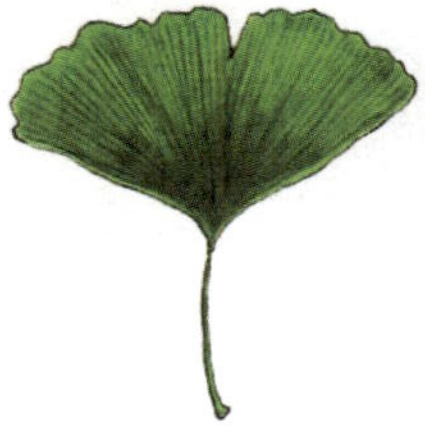 나무	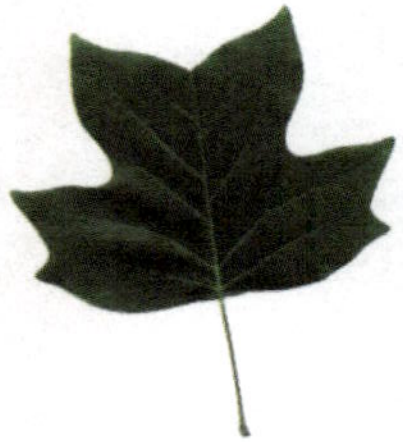 나무

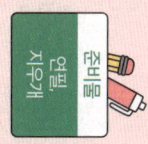

준비물: 색연필 또는 사인펜

같은 글자 나뭇잎을 모아라

'야'는 빨간색, '음'은 파란색으로 동그라미 쳐 보자.

42

준비물
연필, 지우개

펭펭을 만나러 가는 길

모구모구가 펭펭을 만나러 가는 길을 따라가며 '꿈사탕 가게' 글자를 하나씩 찾아주자.

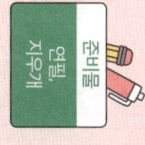

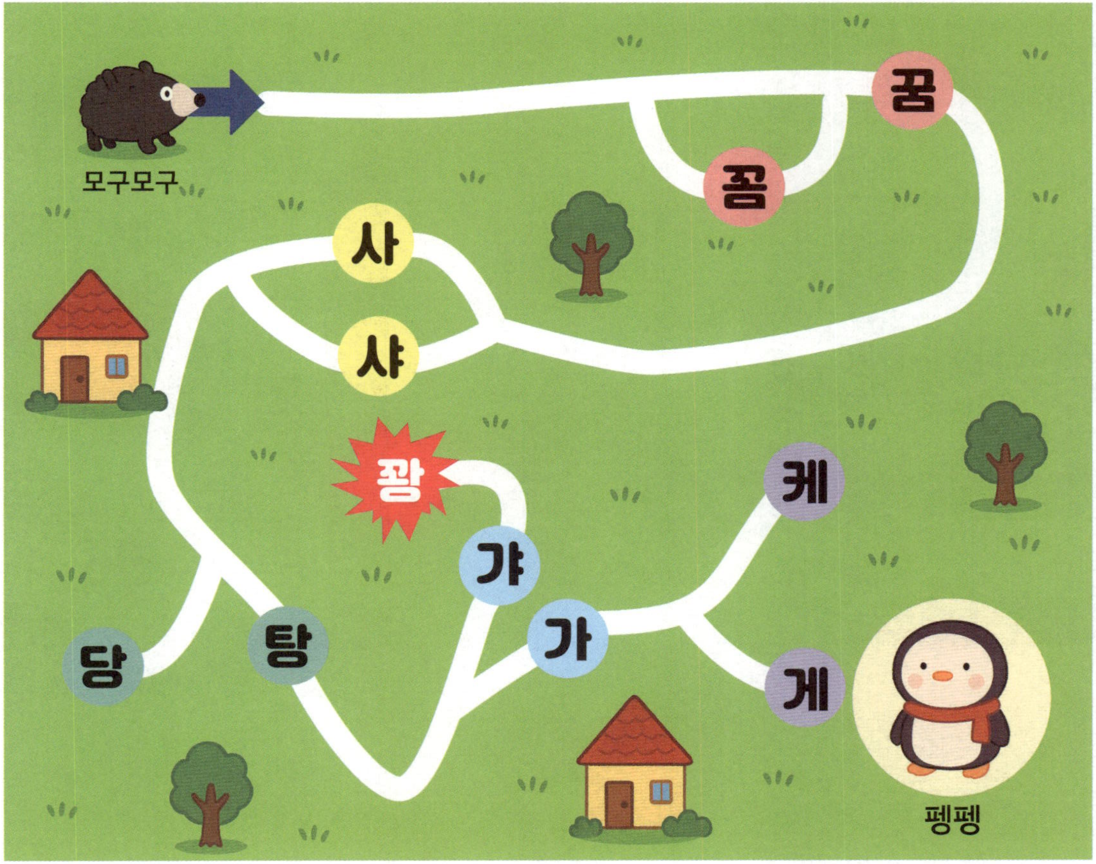

준비물
색연필 또는 사인펜

꿈사탕으로 글자 만들기

꿈사탕을 그려 넣어 꿈사탕 글자를 만들어 보자.

나만의 꿈사탕 만들기

준비물
색연필
또는 사인펜

나만의 꿈사탕을 그리고, 멋진 이름을 지어 주자.

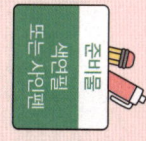

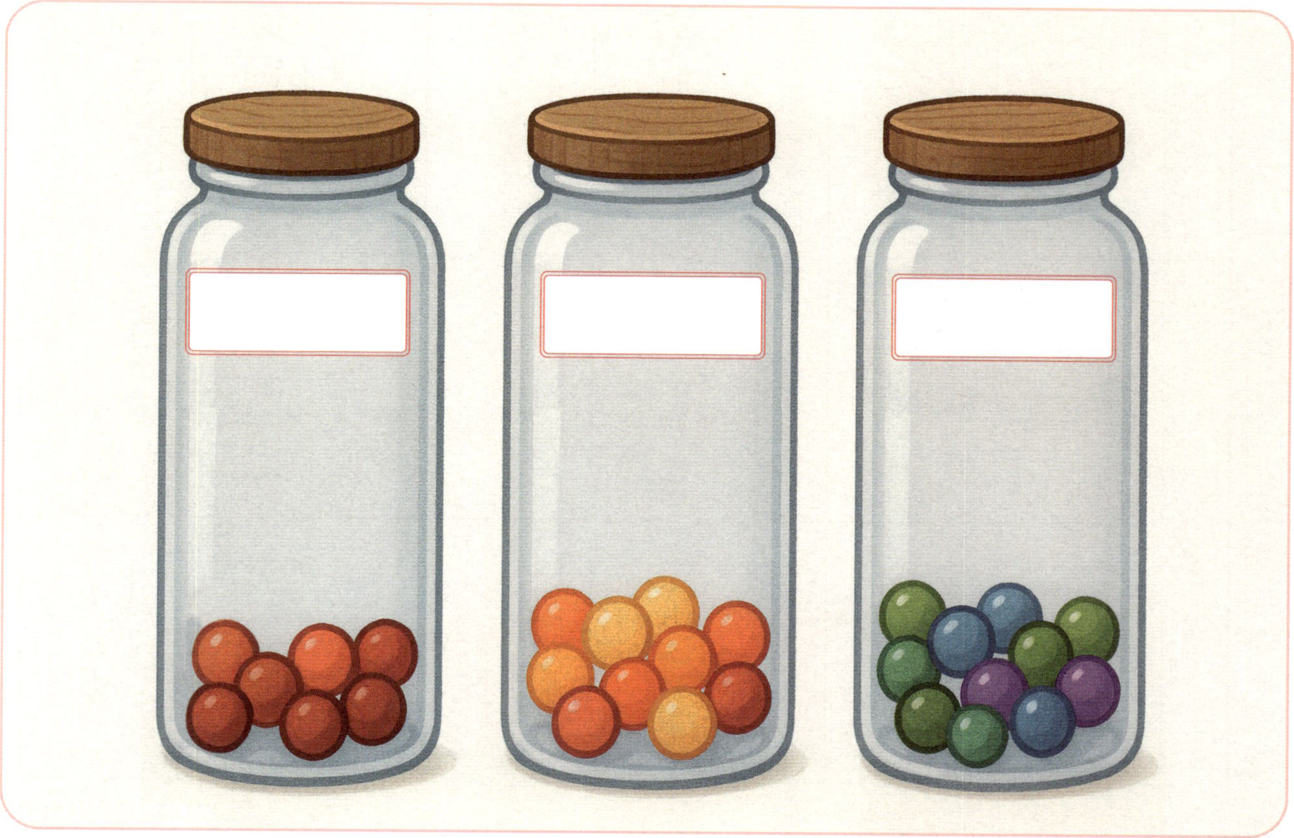

달 주사위 던져 글자 만들기

준비물

색연필 또는 사인펜, 가위, 풀

주사위를 던져서 글자 '달'을 만들어 보자.

아이용 '달' 글자판

달	달	달
달	달	달
달	달	달

46

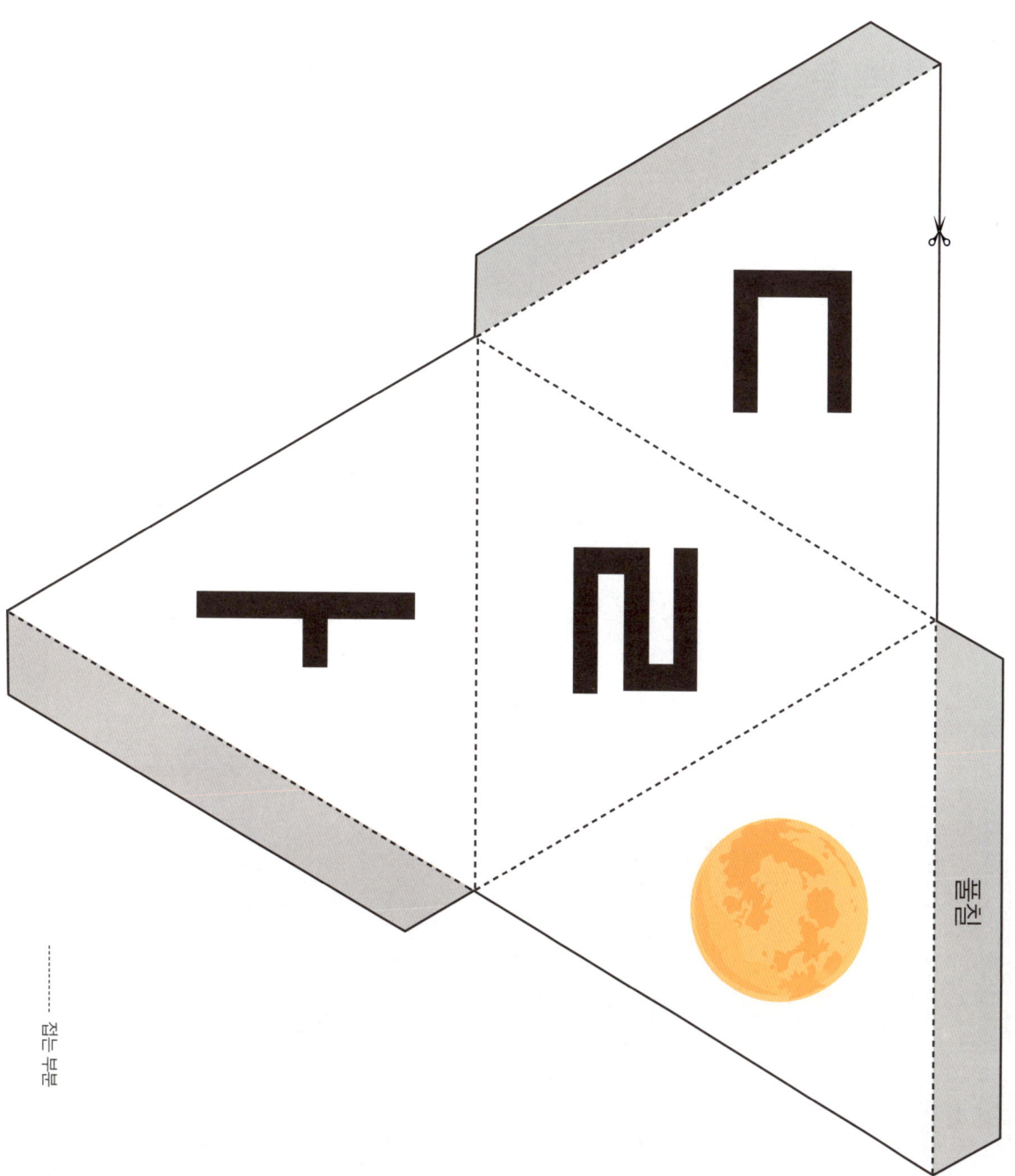

달 주사위 던져 글자 만들기

준비물
색연필
또는 사인펜,
가위, 풀

주사위를 던져서 글자 '달'을 만들어 보자.

달	달	달
달	달	달
달	달	달

부모용 '달' 글자판

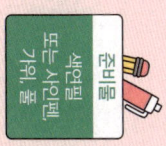

준비물
색연필 또는 사인펜

지킴이 메달 만들기

나만의 지킴이 메달을 그려 보자.

"( )를 지키는 ○○"

달 메모리 카드 게임

준비물
가위

달 그림에 알맞은 단어 카드를 찾아보자.

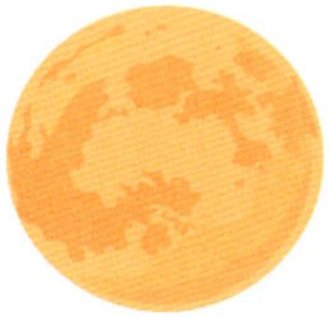	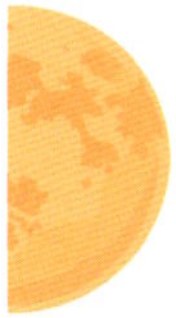	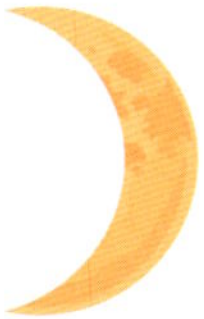	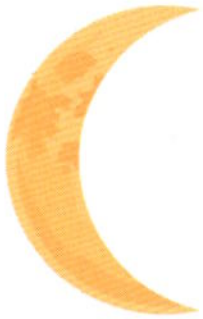
보름달	반달	초승달	그믐달
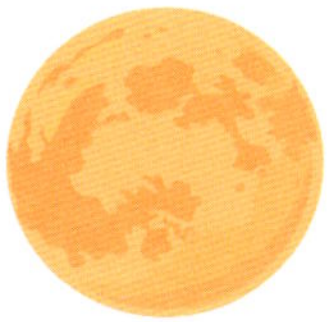	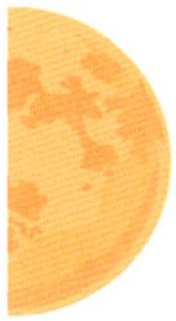	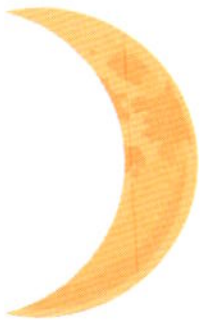	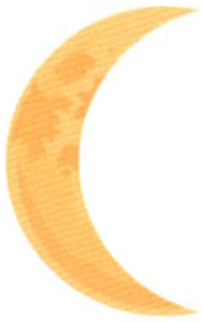
보름달	반달	초승달	그믐달

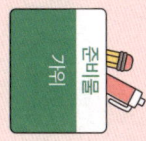

책 표지 채우기

준비물
색연필 등의
색칠 도구,
연필, 지우개

초성만 남은 그림책
표지의 제목을 쓰고
색깔을 채워 완성해
보자.

ㅈ ㄱ ㅇ ㅇ ㄹ ㅂㄹ, ㅁ?

잠깐,
내가 주인공인데….

준비물: 연필, 지우개

새로운 이야기 만들기

그림책 장면을 다른 이야기로 만들어 보자.

강아지 밸런스 게임

두 가지 선택지 중 원하는 것을 선택해 보자.

내가 더 좋아하는 동물은?
강아지 VS 고양이

한 마리만 키울 수 있다면?
야옹 우는 강아지 VS 멍멍 짖는 고양이

대박이가 공격받는다면?
뱀 VS 아빠

내 이름을 바꿔야 한다면?
대박이 VS 까까

대박이의 성격을 바꾼다면?
책의 냄새를 잘 맡는 강아지 VS 책 밖으로 나가버리는 강아지

대박이에게 선물을 준다면?
옷 VS 놀이터

55

준비물
색연필 또는 사인펜

제목 글자 낚시

그림책의 제목 글자를 찾아 적어 보자.

고양이의 낚시

고양이가 낚은 바다 생물의 그림과 글자를 서로 연결해 주자.

문어 ·

미역 ·

조개 ·

꽃게 ·

오징어 ·

신나는 물고기 파티

준비물
색연필 또는 사인펜

먹고 싶은 물고기를 그리고 이름을 써 보자.

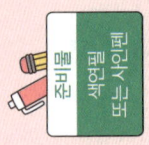

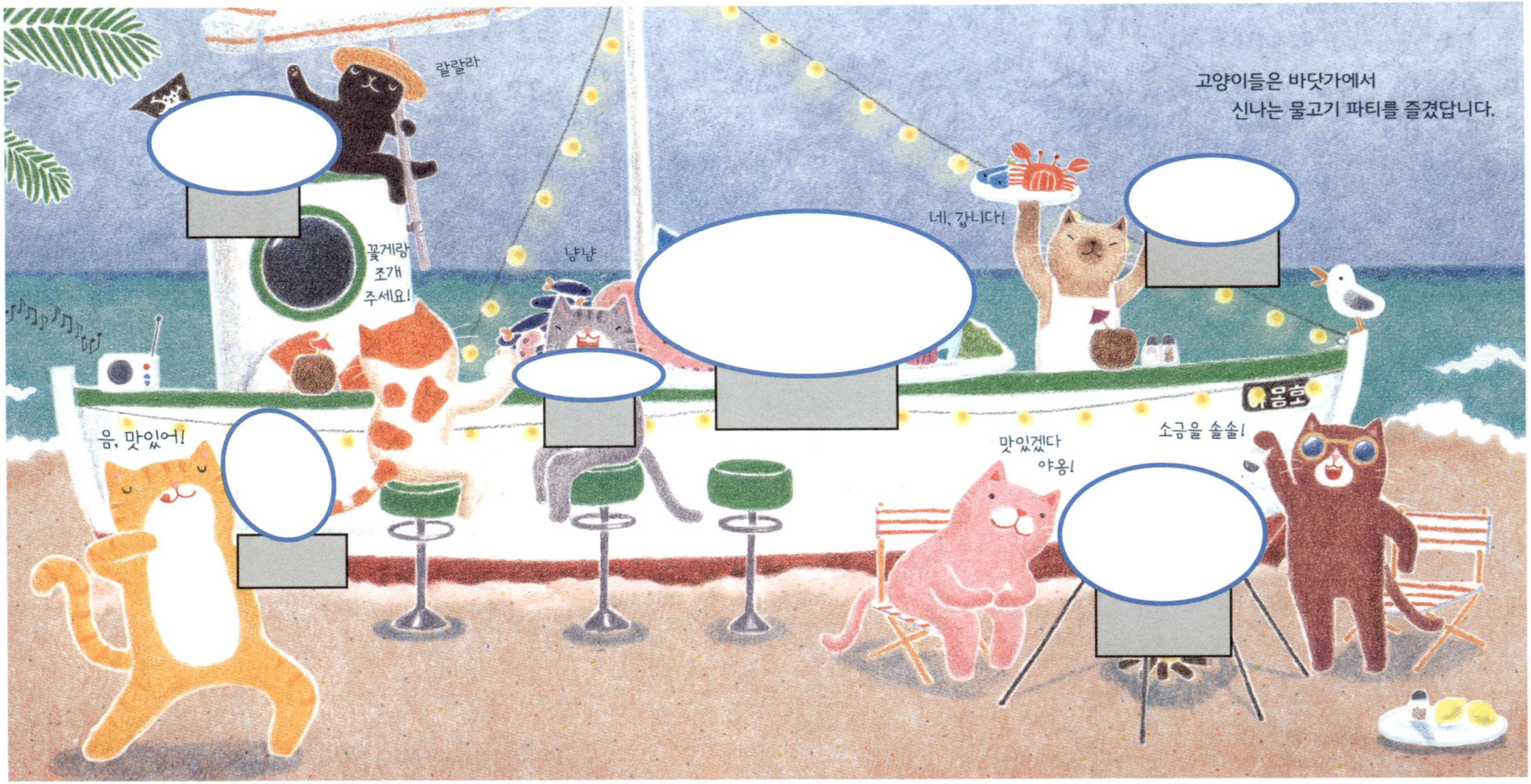

야/하 글자카드 게임

글자카드를 꾸미고 '야'와 '하'를 구별해 보자.

야	야	야	야
하	하	하	하

야	야	야	야
하	하	하	하

------ 접는 선

'소'로 끝나는 곳

'소'로 끝나는 곳은 뭐가 있는지 생각해 보자.

- 관리소 •
- 보건소 •
- 이발소 •
- 물품 관리소 •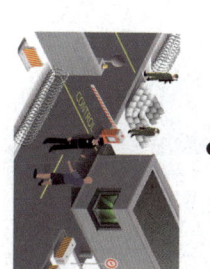
- 경로소 •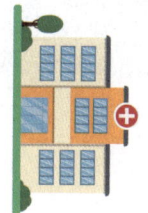

동물이 사는 곳

어디에 사는 동물인지 분류해 보자.

준비물: 가위, 풀

하늘

땅

바다

〈동물들이 사는 곳〉
- 하늘: 초록색 글자
- 땅: 갈색 글자
- 바다: 파란색 글자

블롭피쉬

지얀가래상어

코카푸

푸른발부비새

빗겟지렁이

총알고둥

뱀장어수리

애기이리망둘

송장식육상어

총비벌레

몽카페이스뱀장어

아힐하말벌

달걀프라이해파리

거꾸로 읽기

문장을 거꾸로 읽으면서 한 칸에 하나씩 써 보자.

"냉아! 나랑 거꾸로 읽기 놀이를 해 볼래?"

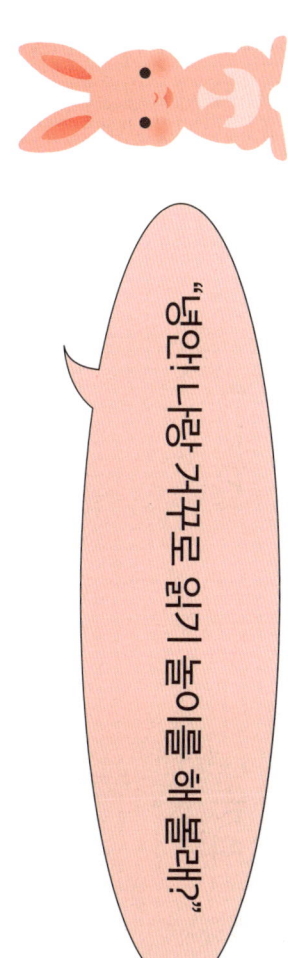

고치다 손 다치고

낫장이 장난

아 좋다 좋아

음식이 많이 식음

토마토 거꾸로 토마토

거꾸로 읽어도 똑같은 소리를 가진 단어를 찾아서 동그라미를 쳐 보자.

준비물: 연필, 지우개

코끼리 사진사 컴퓨터

우항우 토마토 다람쥐

옥수수 복불복 별똥별

기러기 오디오 애호박

생고생 고양이

바나나 털모자 차동차 일주일 피아노

강아지

개미 해설사

준비물
색연필 또는 사인펜

그림책에 나오는 개미가 되어 끼토의 이야기를 적어 보자.

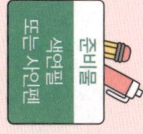

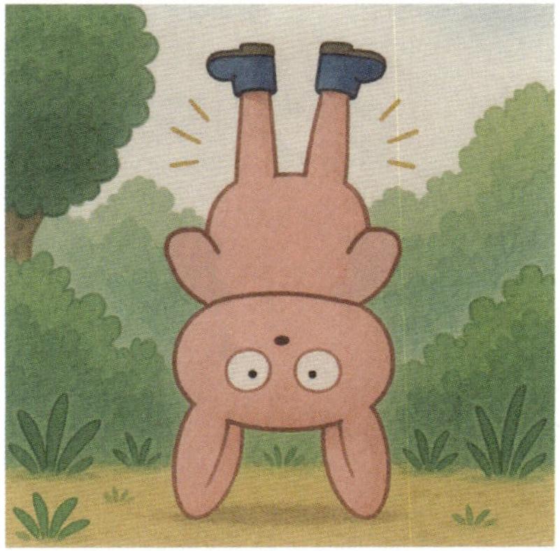

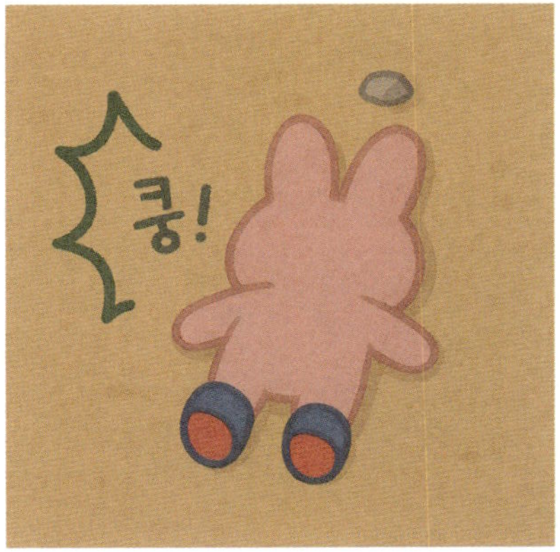

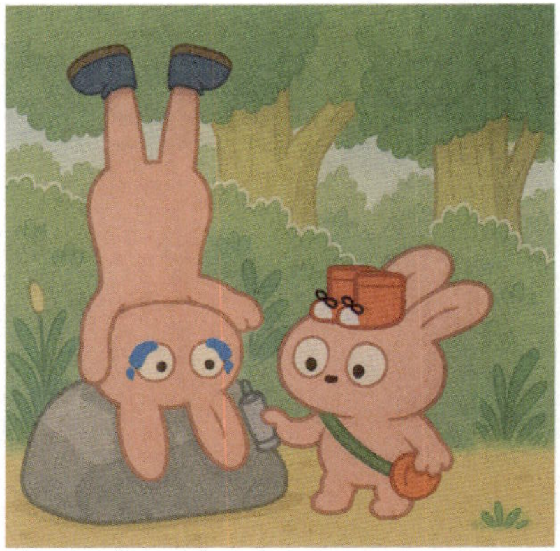

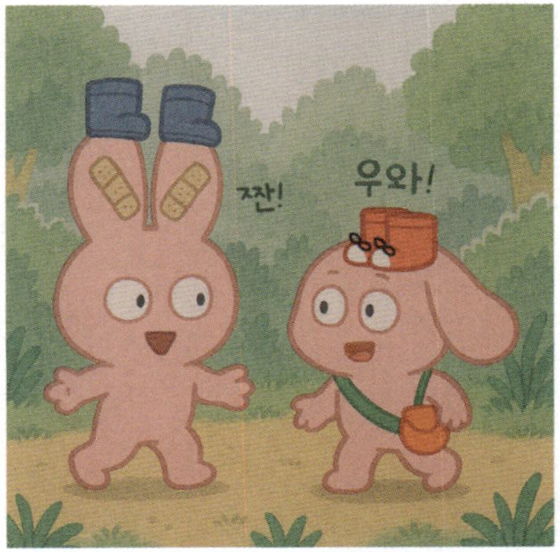

'싫어'의 변신

준비물
연필, 지우개

'싫어!'의 의미가 들어간 다양한 말을 소리 나는 대로 적힌 글자와 연결해 보자.

싫겠지? •　　　　　•　시를데

싫다고! •　　　　　•　실커든

싫은데? •　　　　　•　시러

싫어! •　　　　　•　실타고

고운 말, 미운 말

고운 말이 적힌 말풍선은 초록색, 미운 말이 적힌 말풍선은 빨간색으로 색칠해 보자.

- 너랑 안 놀아
- 고마워
- 덤벼이야
- 사랑해
- 너 때문이야
- 짜증나

만약에 모두가 싫다고 한다면?

만약 울리버에게 싫다고 했다면 그의 마음이 어땠을지 울리버의 표정을 표현해 보자.

만약에 모두가 싫다고 했다면, 울리버는

우리나라의 겨울 간식

준비물
색연필 또는 사인펜

먹고 싶은 겨울 간식을 상상해서 그려 보자.

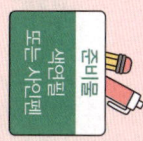

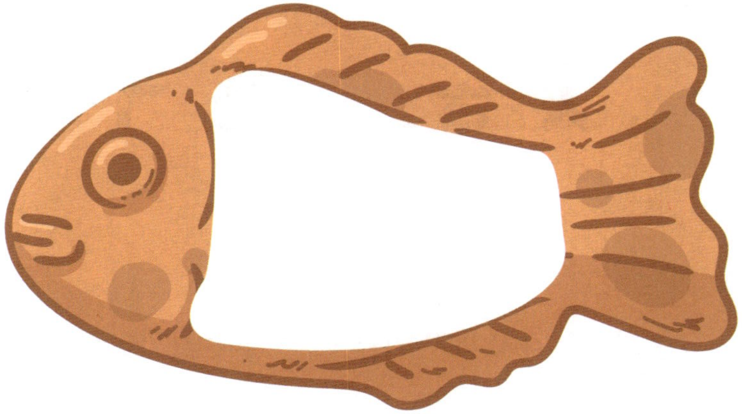

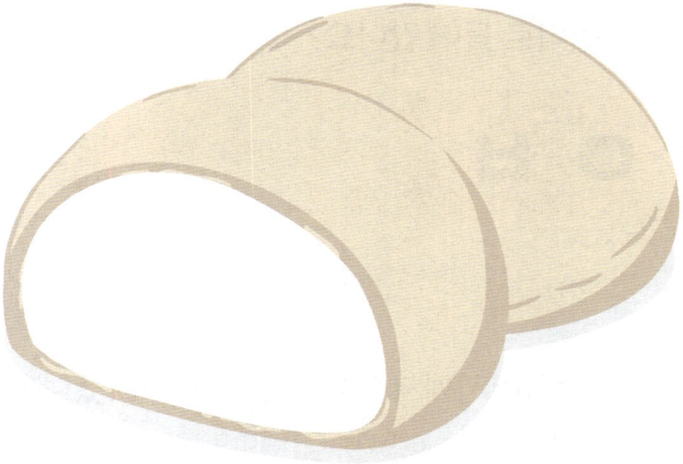

책 속 이야기 퀴즈 맞히기

책 속 이야기를 생각해 보며 퀴즈를 맞혀 보자.

1. 아이는 어디로 들어 갔나요?

ㅇ ㅂ ㅇ

2. 할머니, 할아버지께서 아이를 뭐라고 부르셨나요?

ㄱ ㅇ ㅈ ㄱ

3. 아이가 곰한테서 산 간식은 무엇인가요?

ㄴ ㄱ ㅁ   ㅅ ㅎ

4. 동화 속 수수께끼의 정답은 무엇일까요?

ㅍ ㄷ

72

내가 만드는 겨울 이불

준비물
크레파스 또는 색연필

빈 겨울 이불에 내가 가고 싶은 장소를 그려 보자.

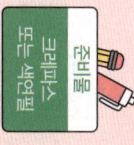

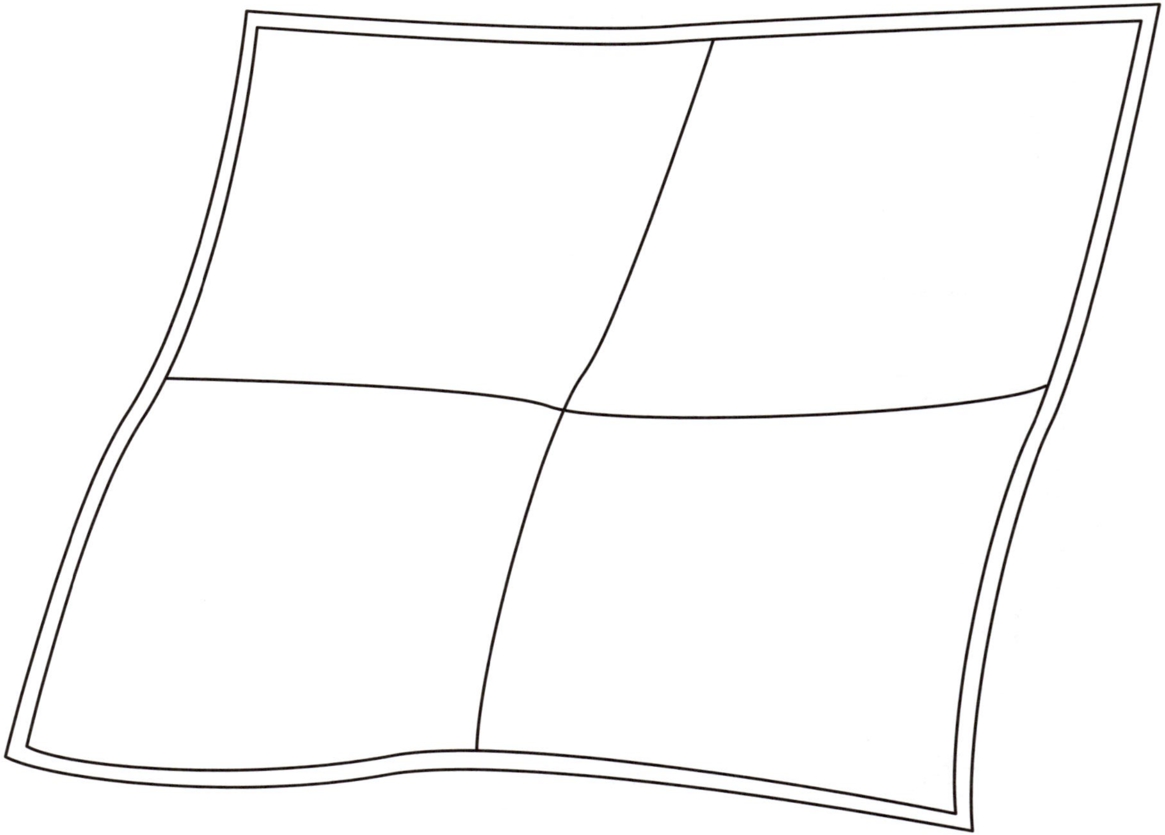

준비물 가위, 풀

할아버지의 모자

'응' 속에 담긴 할아버지의 모자를 꾸며 보자.

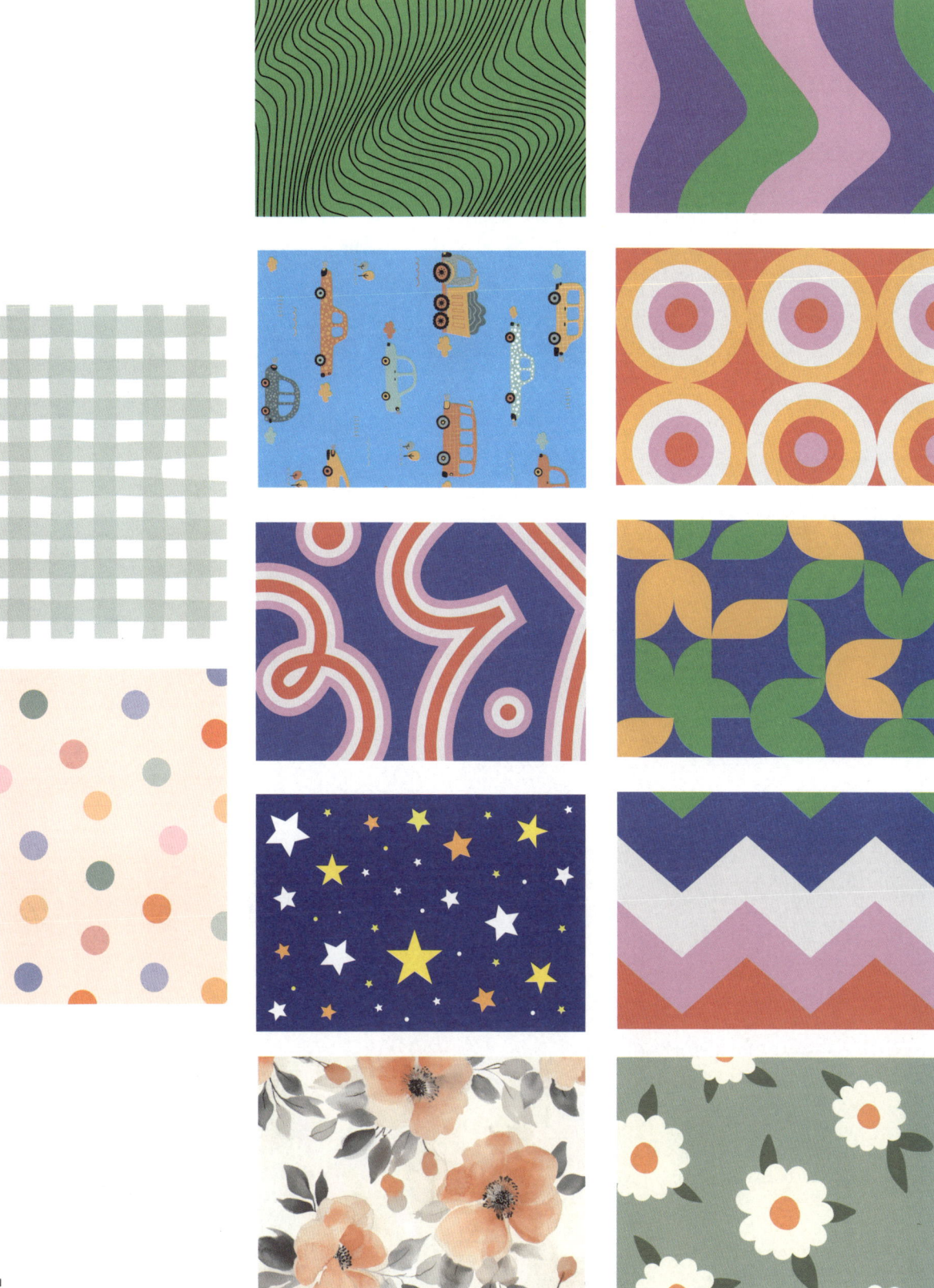

반대되는 말까리! 스피드 카드 게임

반대되는 말끼리 카드를 모아 보자.

할아버지	할머니	아버지	어머니
조부	조모	아빠	엄마
크다	조그맣다	까칠한	포근한

준비물
가위

할아버지를 소개합니다

그림 속 할아버지를 나타내는 말을 찾아서 소개해 보자.

우리 할아버지는 ▭ 주름이 많아.

우리 할아버지는 새 자동차처럼 ▭ 빛이 나.

우리 할아버지는 상냥하고 ▭ 해서 꼭 안아주고 싶어.

우리 할아버지는 늘 ▭ 웃지.

- 포근
- 활짝
- 쪼글쪼글
- 반짝반짝

여러 뜻을 가진 나머지

'나머지'의 세 가지 뜻과 어울리는 그림을 연결해 보자.

준비물: 연필, 지우개

나머지

1. 어떤 한도에 차고 남은 부분

2. 어떤 일을 하다가 마치지 못한 부분

3. 어떤 일의 결과

· 오늘 못 끝낸 나머지 숙제는 내일 할게요.

· 나는 너무 놀란 나머지 입을 다물지 못했어요.

· 이 돈으로 먼저 책을 사고 나머지로는 색연필을 사렴.

지구야 사랑해 ♡

글자판에서 '지구야 사랑해♡' 글자를 찾아 초록색으로 색칠해 보자.

ㄴ	ㄷ	ㅁ	ㅂ	ㅊ	ㅋ	ㅌ
ㅓ	ㅡ	ㅣ	ㄱ	ㅏ	ㅇ	ㅛ
ㅈ	ㅠ	ㄱ	ㅕ	ㅜ	ㅋ	ㅏ
ㅅ	ㄴ	ㄷ	ㅁ	ㅂ	ㅊ	♡
ㅌ	ㅏ	ㅓ	ㅕ	ㅛ	ㅎ	ㅜ
ㅣ	ㅋ	ㄹ	ㅓ	ㅇ	ㅎ	ㅠ
ㅁ	ㅂ	ㅊ	ㅏ	ㅓ	ㄴ	ㄷ
				ㅕ		ㅛ

준비물
초록 색연필 또는 크레파스

지구가 아픈 이유

그림을 보고 지구가 아픈 이유를 연결해 보자.

2장

준비물: 연필, 지우개

문장부호의 알맞은 자리

빈칸에 문장부호를 넣어 보자.

친구야, 안녕? 만나서 반가워! 다음에 또 만나자.

.	마침표는 말이 끝나는 맨 마지막에 적어요.
?	물음표는 무언가를 물어보는 말의 끝에 적어요.
,	쉼표는 말하는 중간에 쉬어가는 부분이 있거나, 앞뒤의 말을 구분하기 위해 적어요.
!	느낌표는 감탄을 하거나, 무언가를 강조하는 말의 끝에 적어요.

안녕☐   만나서 반가워☐

엄마☐ 안아줘요   사랑해☐

고마워☐   괜찮아☐

문장부호 그림

문장부호로 그림을 그려 보자.

쉼표	물음표	느낌표	마침표
,	?	!	.

준비물
크레파스 또는 색연필

느낌말 끝말잇기

준비물 색연필 또는 연필

느낌표가 한 말로 시작해서 끝말잇기를 해 보자.

같이 놀자!

나랑 같이 끝말잇기 하자!

나만의 롤집 마이크 그리기

기분을 표현할 수 있는 마이크를 그려 보자.

연결선을 이용해 해결책 찾기

갈등을 해결하는 표현을 찾아서 짝을 맞춰 보자.

 미워하고 싶을 때 • • 서로 다를 수 있어요

 때리고 싶을 때 • • 다른 표현을 생각해 봐요

 서운할 때 • • 솔직하게 내 감정을 말해요

 무시하고 싶을 때 • • 숨을 깊이 쉬고 말로 표현해요

 화가 날 때 • • 친구 입장에서 생각해요

내 기쁨을 말로 표현하기

속상한 기쁨을 말로 표현하는 연습을 해 보자.

준비물: 색연필 또는 연필, 지우개

미로에서 '해'를 찾아라

'해' 글자만 따라가면서 미로를 탈출해 보자.

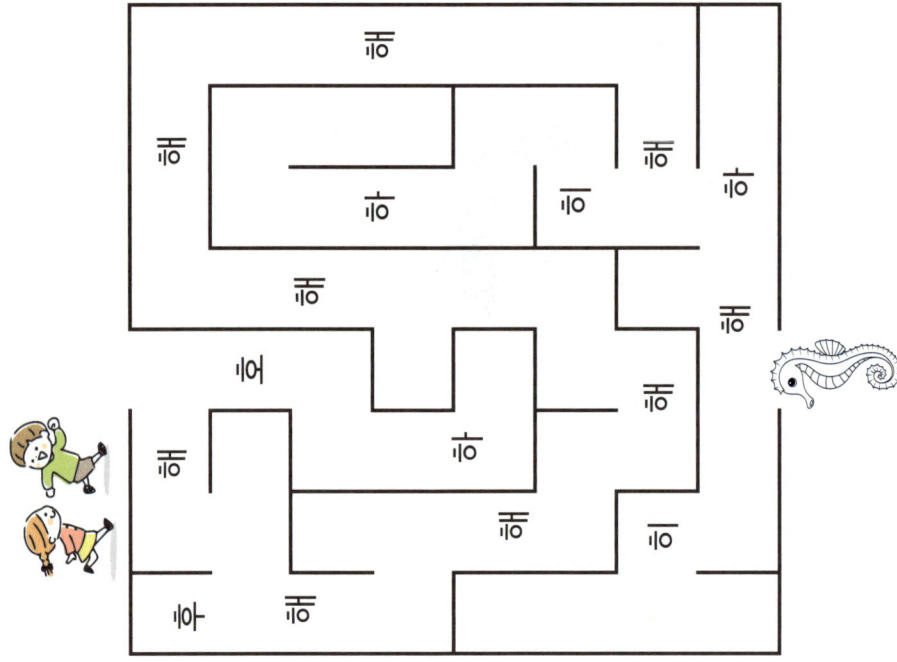

물고기 이름 빨리 말하기

물고기 이름을 빨리 말해 보자.

준비물: 가위

해마	가시고기	눈볼대피쉬
쏨뱅이돔	아피라티	카투스
돔쏠치	실고기	불혜드

91

해마 가족 이야기 만들기

해마 가족 종이인형을 색칠하고 오려서 새로운 이야기를 만들어 보자.

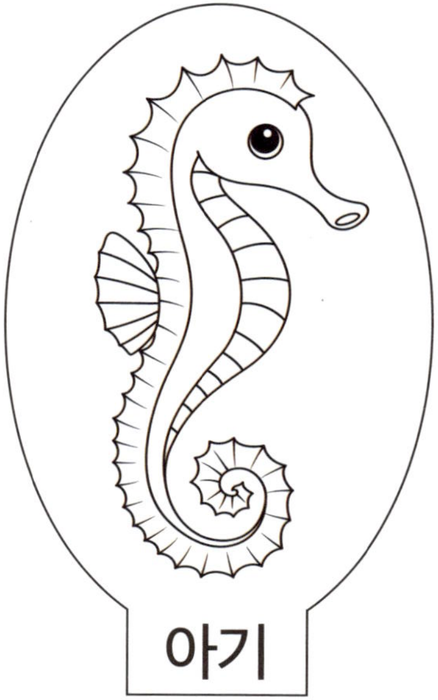

아기

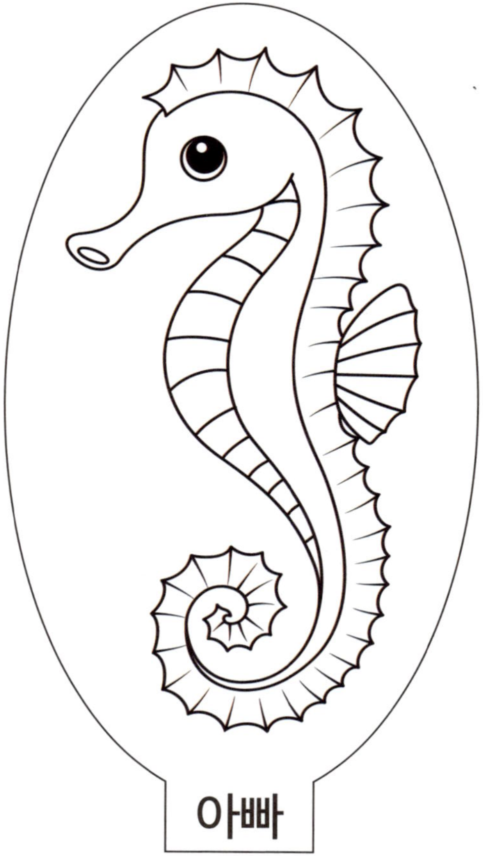

아빠

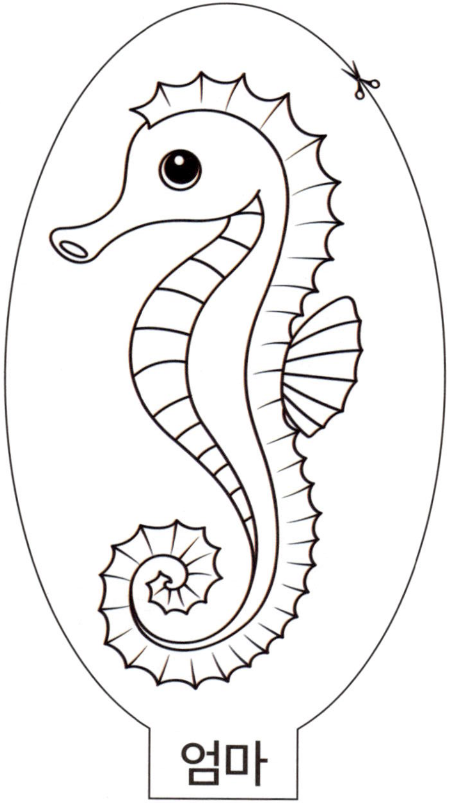

엄마

합성어 나누기

합성어를 두 가지 단어로 나눠서 동그라미 쳐 보자.

개똥벌레	거북등	바람꽃
두꺼비씨름	바늘밥	봄우물
물구슬	나무바다	오리밤

내가 만든 새로운 합성어

준비물
문학 새로 쓰는 공책

낱말들로 나만의 새로운 합성어를 만들고, 그림과 글로 표현해 보자.

개똥, 벌레, 거북, 등, 바람, 꽃, 두꺼비, 씨름, 바늘, 밤, 봄, 우물, 물, 구슬, 나무, 바다, 오리, 발

그림	
새로운 합성어	

같은 소리 찾기

같은 소리가 나는 자음을 찾아 같은 색으로 색칠해 보자.

바다	들	뺨	불꽃놀이
머리	구름	반딧불	가득
물	구슬	바늘	이
들	남	뺨	달맞이꽃

'물꼬' 미로 찾기

꼬불꼬불한 미로를 지나 물꼬를 찾아보자.

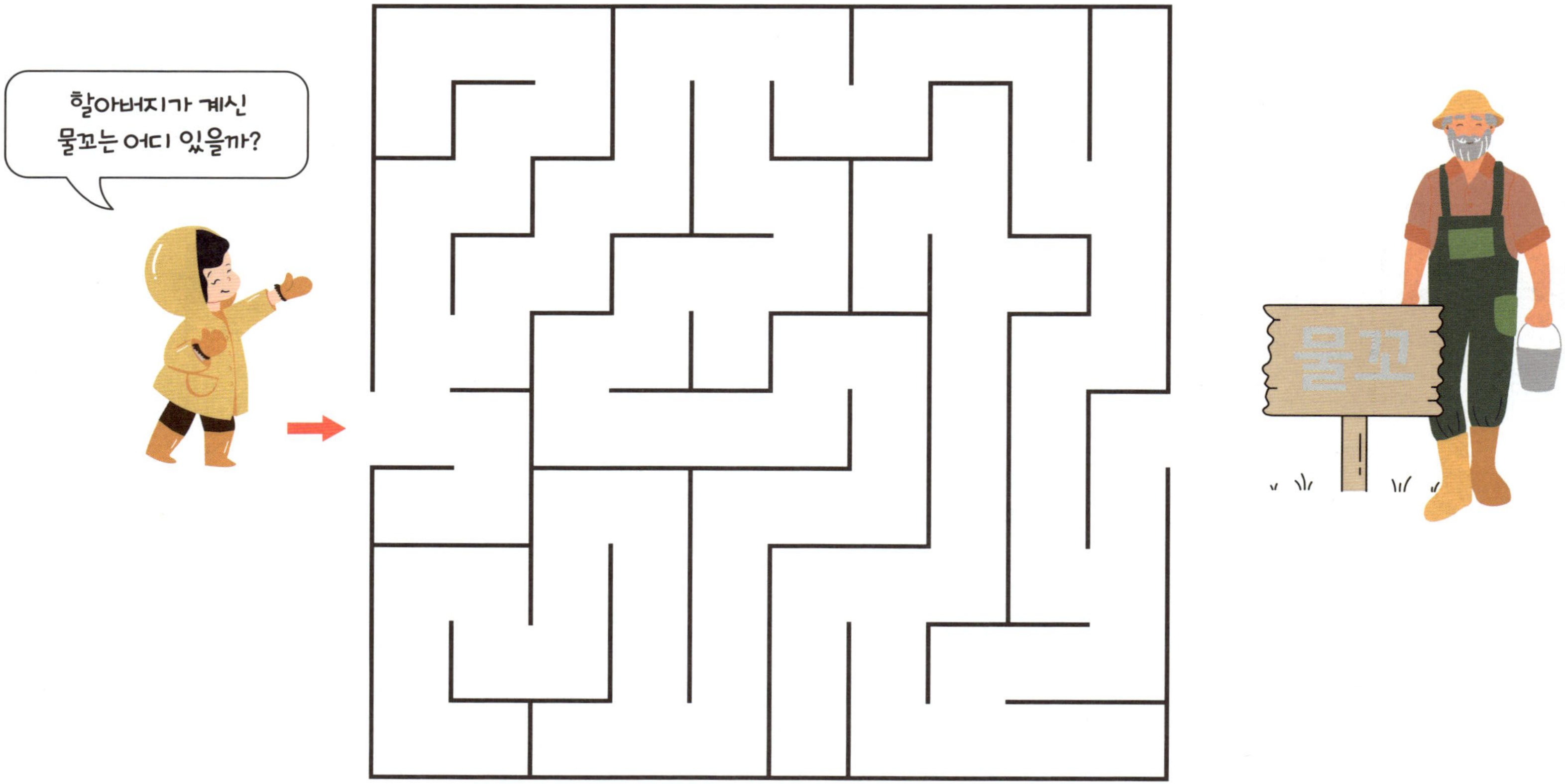

물꼬는 어디 있을까?
형아랑 가려고 하는데.

단어 주사위 놀이

주사위 두 개를 던져 '풀+꼬'라는 단어가 나오게 해 보자.

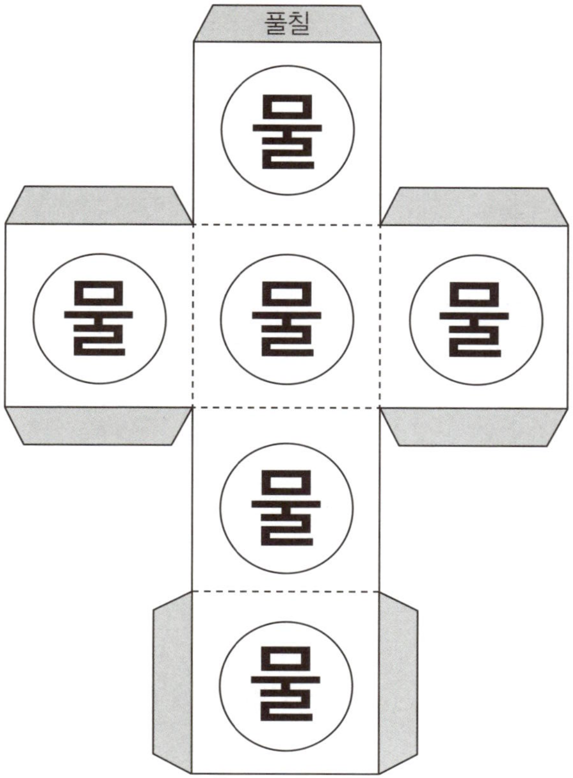

주사위 1

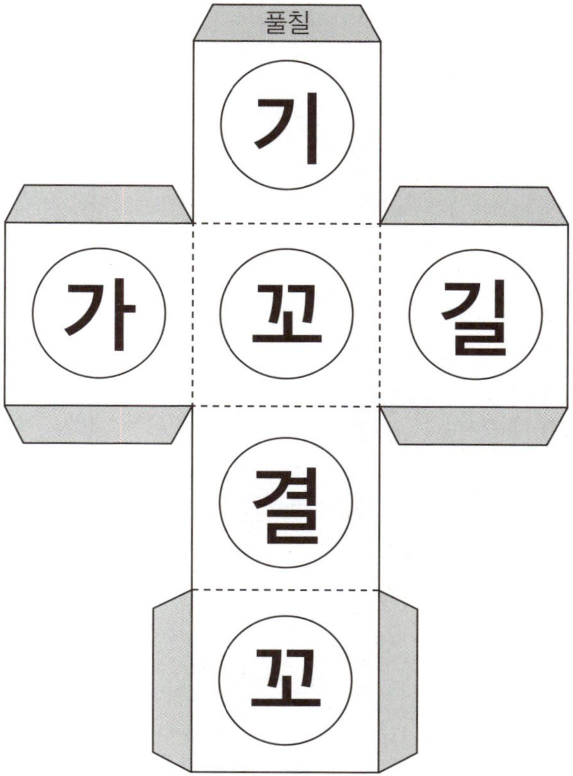

	물		
풀	물	물	물
	물		

끝점

주사위 2

	가		
꼬	결	꼬	기
	길		

끝점

― 자르는 선
┄ 접는 선

99

동시 빈칸 채우기

동시의 빈칸에 '꼬꼬'를 따라 써 보자.

꼬꼬

안도현

한 달 만에 오는 바람이
할아버지 섬 들고 논에 나가신다.

나는 혼자
보러 간다 하신다
자꾸 생각하니까
논을 생각했다

할아버지 섬 들고 논에 나가신다.
나는 결국 아무것도 알지 못하게 되었다
논에서 돌아오신 할아버지 우의를 입었는데도
양쪽 어깨가 다 젖었다
논섶에도 빗방울이 대롱대롱 달렸다
나는
에 대해 묻지 않았다
나 혼자 알아내고 말 거야

논에
를 보러 갔더니
비가 백만 원어치나 왔다
할아버지는 시원하다며 몹시 좋아하셨다
나는 물에도 옹기가 있나, 하고
치마 끝 빗줄기를 오래 바라보았다

개구리처럼 꼬물거리기도 하고
나는 혼자
눈 내 머릿속에서

나타나 비밀 단어

준비물: 흰색 색연필, 색깔 있는 색연필, 물감 등 색칠 도구

색연필로 하트 모양 안에 색을 칠해 어떤 글자가 나오는지 찾아보자.

- 우리 집에 귀신이 산다니까
- 뽀글이네 가자
- 라나타나 라나타나
- 지니가 있잖아
- 할아버지의 아기
- 베일드일
- 떠용떠용
- 박쥐동굴
- 개구리 반찬
- 방귀
- 그래서? 그래서?

사다리 타기 퀴즈

가족과 함께 사다리 타기로 퀴즈를 맞혀 보자.

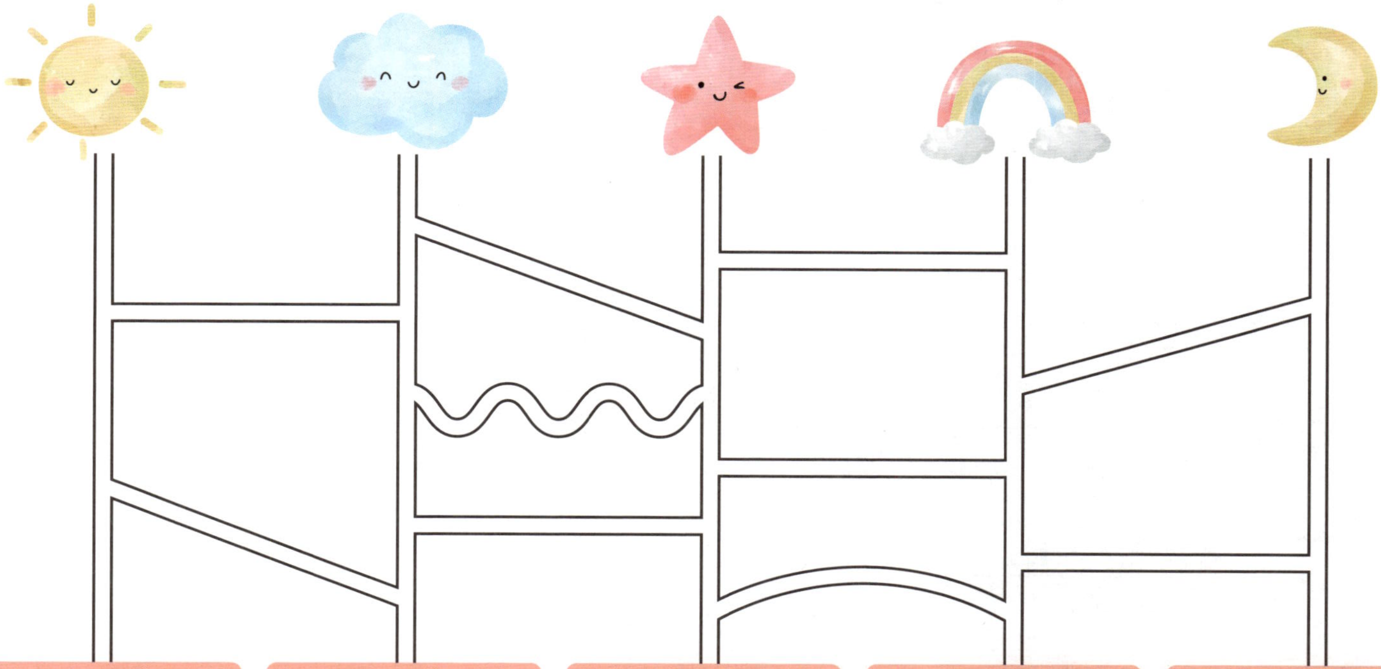

- 그럭저럭 괜찮은 하루를 보냈다는 말은?
- 무언가 바랄 때 외치는 주문은?
- 할아버지 집에 있는 어두컴컴한 다락방은?
- 동생이 엄마 뱃속에 있을 때 불렸던 이름은?
- 더 자세히 얘기 해 달라는 뜻은?

103

우리 가족 말사전

가족끼리 쓰는 말을 떠올려 말사전을 만들어 보자.

1. _____ : 맛있는 음식을 먹었을 때 하는 말
2. _____ : 내가 뱃속에 있었을 때 부르던 말
3. _____ : 힘든 하루를 보냈을 때 하는 말
4. _____ : 새로운 것을 알았을 때 하는 말
5. _____ : 신나는 음악을 들었을 때 하는 말
6. _____ : 기분이 좋지 않은 날이라는 말
7. _____ : 행운이 있었던 날이라는 말
8. _____ : 사고 싶은 물건이 생겼을 때 하는 말
9. _____ : 할머니가 가장 많이 하는 말
10. _____ : 어딘가 놀러가고 싶을 때 하는 말

거울 글자 만들기

손거울에 비친 글자 모양을 써 보자.

ㅏ

ㅁ 를 ㅇ

ㅐ ㅂ

ㅡ ㄴ

ㅏ ㅇ ㅅ

준비물
손거울, 색연필
또는 사인펜

준비물: 연필, 지우개

낱말 찾기

올바른 글자를 찾아 동그라미 쳐 보자.

	호빵이	호랑이
	치마	치마
	할배	할매
	저고리	문고리
	또드랑	또드득
	판죽	팥죽

할머니에게 새 이름이 생겼어요

할머니에게 새로운 이름을 지어 주자.

할머니 떡서방

할머니 떡메니

할머니

할머니

음절 수가 같은 것

준비물: 크레파스 또는 색연필

음절 수를 세어 보고, 음절 수가 같은 단어끼리 같은 색으로 색칠해 보자.

1 - 빨강	2 - 주황	3 - 노랑	4 - 초록
기둥		다리	
뱀		코	
창		상아	
낭떠러지		머리	
부채		귀	
밧줄		꼬리	

108

눈으로, 손으로, 귀로 느껴요

하나의 대상을 시각, 촉각, 청각으로 표현해 보자.

물건\감각	시각	촉각	청각
수면양말			
식빵			
컵			
공			

일곱 마리 눈먼 생쥐가 그린 코끼리

일곱 마리 눈먼 생쥐가 묘사했던 것처럼 코끼리를 그려 보자.

준비물
크레파스 또는 색연필

그림 그리는 칸

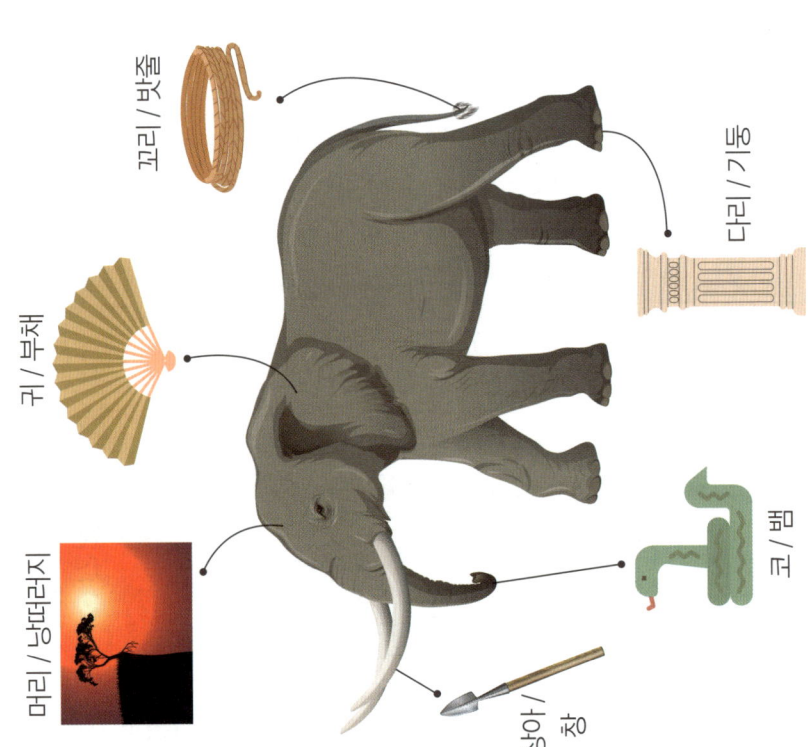

꼬리 / 밧줄
다리 / 기둥
귀 / 부채
머리 / 낭떠러지
코 / 뱀
상아 / 창

알맞은 글자 찾기

준비물
연필, 지우개

그림에 알맞은 단어를 골라 보자.

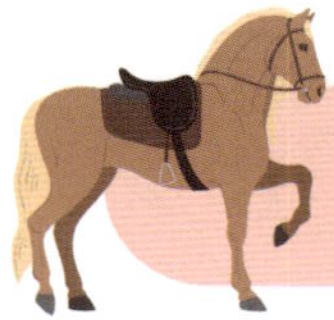

알 말 밀 팥

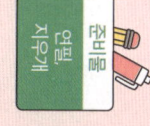

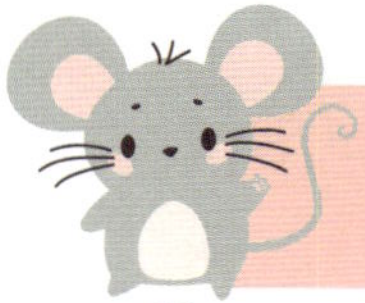

샘쥐 생지 성쥐 생쥐

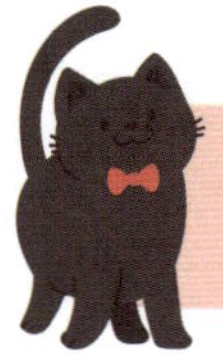

기양지 그양이 고양이 고냥이

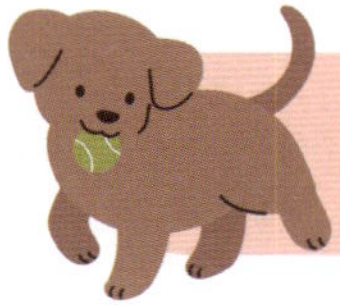

감아지 강미지 깅이지 강아지

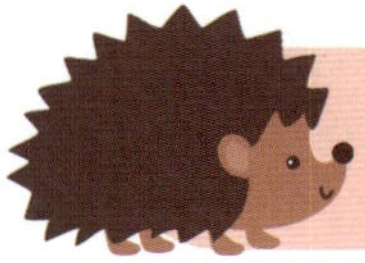

고삼도치 고슴도치 고슴다치 고슴도체

준비물: 색연필 또는 연필

동물 이름 빙고 게임

동물 이름으로 빙고 게임을 해 보자.

아이 빙고판

※ 부모님은 별도 종이에 빙고판을 그려 아이와 함께해 주세요.

칭찬 나무 만들기

오늘 내가 잘한 일을 칭찬해 보자.

준비물
색종이, 가위, 풀

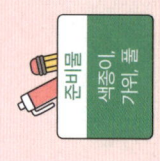

다른 글자 찾기

함께 제시된 단어 중 서로 다른 자음, 모음에 색종이를 오리거나 찢어서 붙여 보자.

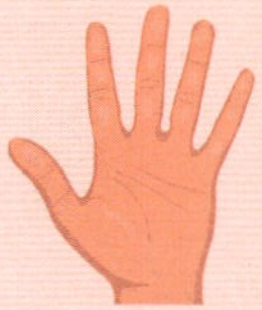 살	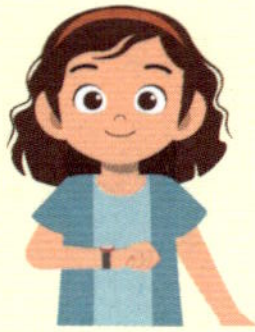 사람	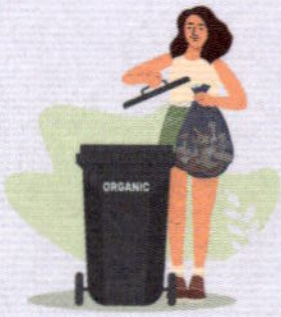 버림	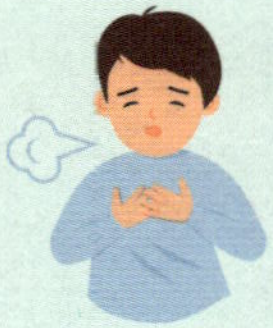 숨
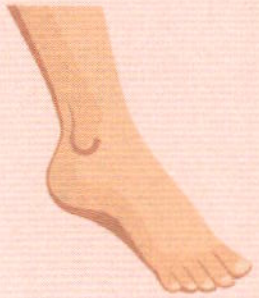 발	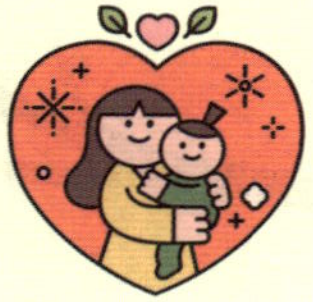 사랑	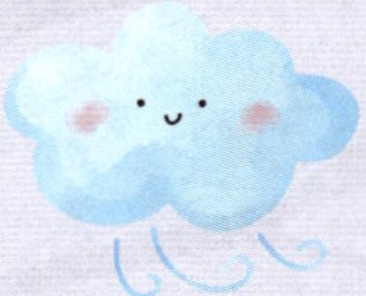 바람	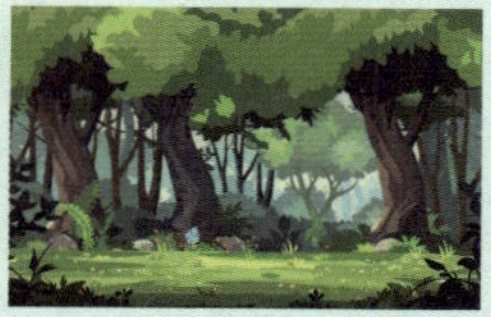 숲

의성어, 의태어로 표현한 종이 소년

종이 소년에 적힐 말을 표현해 보자.

꼬깃꼬깃

왁

포슷포슷

덜컹덜컹

우글쭈글

비행기에 접어 넣는 매듭

버림받은 매듭을 담은 색종이를 접어 종이비행기를 날려 보자.

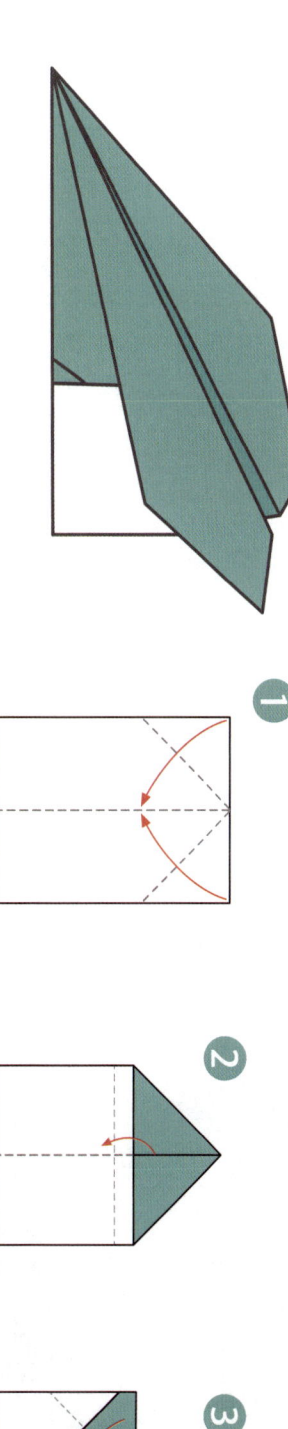

1
중심에 맞춰 접어 주세요.

2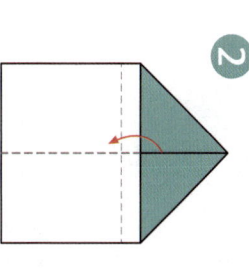
점선대로 비켜서 접어 주세요.

3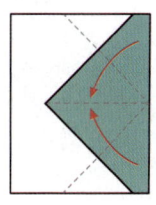
중심에 맞춰 접어 주세요.

4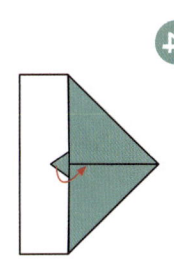
뾰족 나온 부분을 앞으로 접어 주세요.

5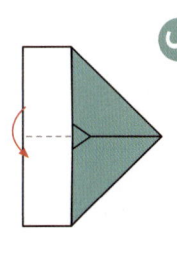
뒤로 반을 접어 주세요.

6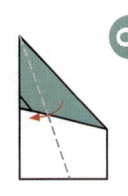
접어서 수평이 되게 해 주세요.

7
완성!

117

준비물: 색연필 또는 연필

감정 끝말잇기

감정을 나타내는 말의 마지막 글자로 시작해서 끝말잇기를 해 보자.

슬픔(슬프**다**)

행복

분노

불안

감정 퀴즈

감정 카드를 오려서 뒤집고, 그중 한 장을 뽑아 상대방이 어떤 감정인지 맞힐 수 있도록 설명해 보자.

감사	불안
평화	분노
슬픔	사랑

준비물
가위

감쪽 호텔에 온 손님들

어느 방에 묵는 손님일지 방과 손님을 연결해 보자.

준비물
연필, 지우개

면의 변신

준비물
색연필 또는 연필

글자카드를 꾸미고 '면, 변, 먼, 멸'이 들어가는 낱말을 써 보자.

면	
변	
먼	
멸	

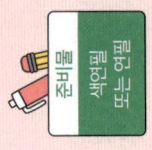

면을 이어 붙이면

'알가루 면(麵)'으로 끝나는 말이 적힌 글자카드를 면처럼 길게 이어 붙여 보자.

비빔면	라면	소면	완탕면
메밀면	쫄면	볶음면	그랑드면
왜나햐면	반면	이라면	저라면

풀칠 / 풀칠 / 풀칠 / 풀칠

준비물
가위, 풀 또는 테이프

123

짜장면의 여행

짜장면이 어떻게 우리나라에 왔는지 그림을 오려 순서대로 붙여 보자.

짜장면의 여행

짜장면이 어떻게 우리나라에 왔는지 그림을 오려 순서대로 붙여 보자.

1	3
2	4

127

씨앗 주문 외우기

씨앗이 쑥쑥 자라게 씨앗 주문을 불러 보자.

씨앗씨앗! 웃앗앗앗! _____ 씨앗! 씨앗!

씨앗 이름 만들기

준비물
색연필 또는 연필

그림책에 나온 씨앗들의 이름을 새롭게 다시 지어 보자.

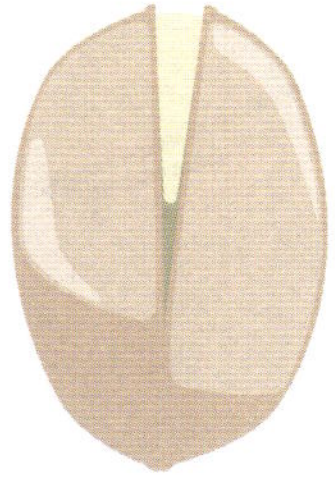

씨앗

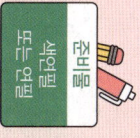

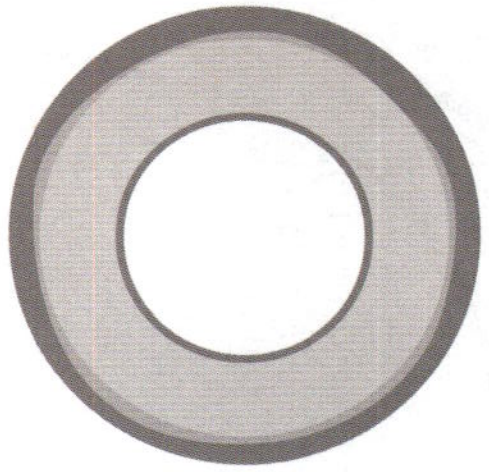

씨앗

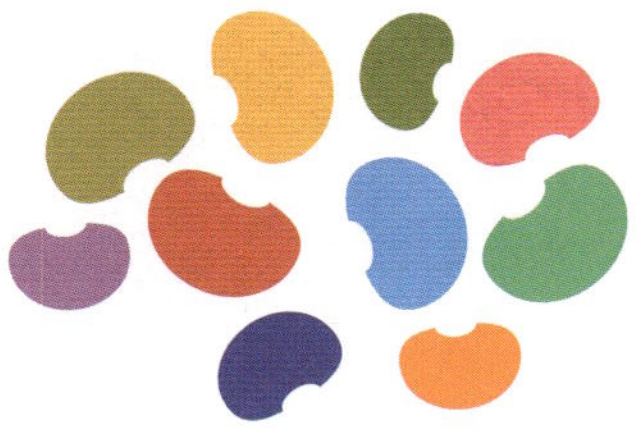

씨앗

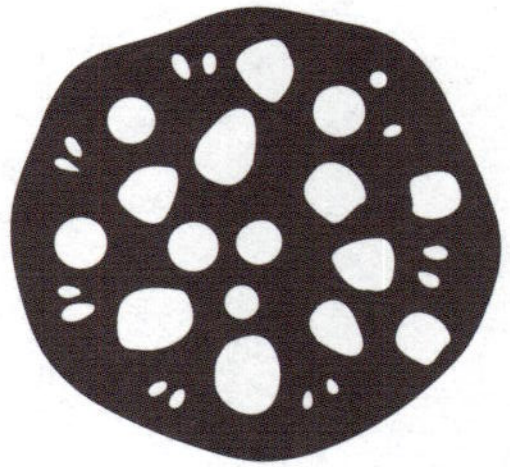

씨앗

내 씨앗의 이름 짓기

나는 지금 어떤 씨앗 같은지 표현해 보자.

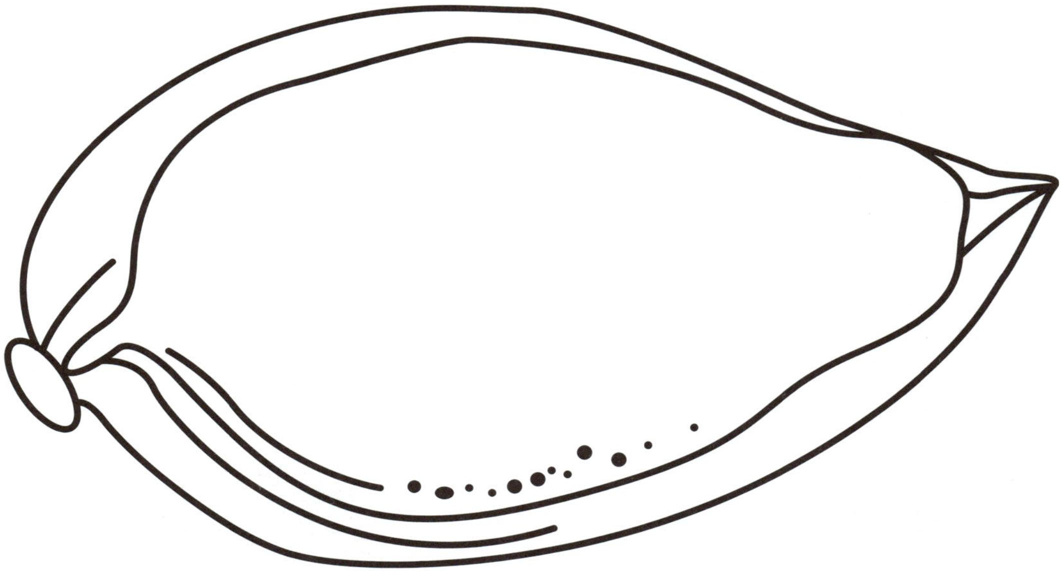

나는 지금 씨앗이에서.

나중에는 열매가 되고 싶어요.

고양이 가족 이름 짓기

준비물
색연필
또는 사인펜

고양이 가족을 그리고 이름을 지어 보자.

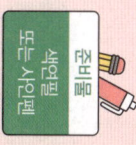

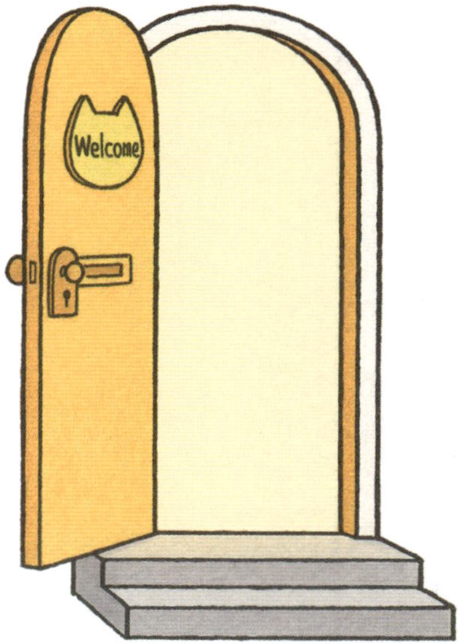

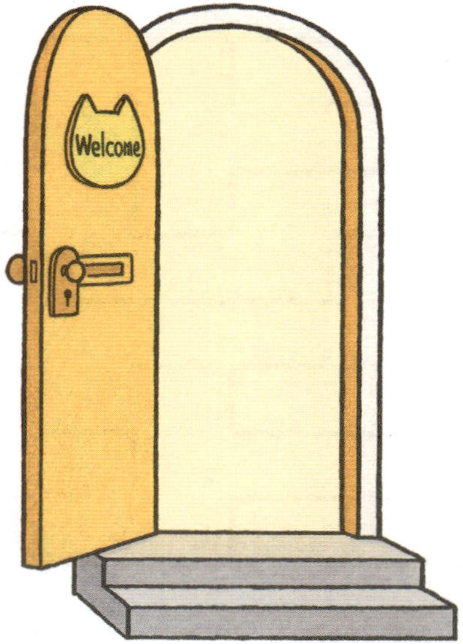

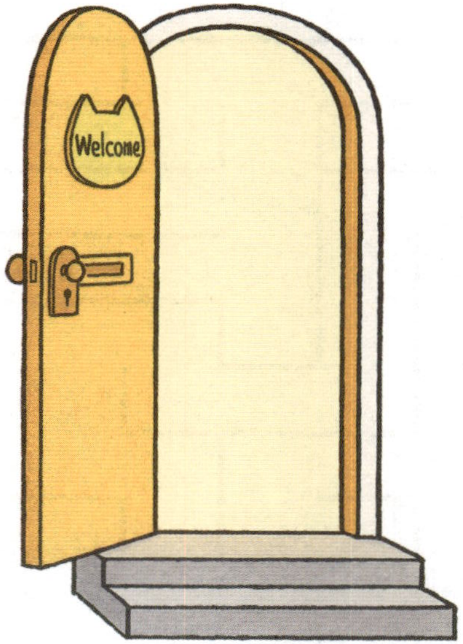

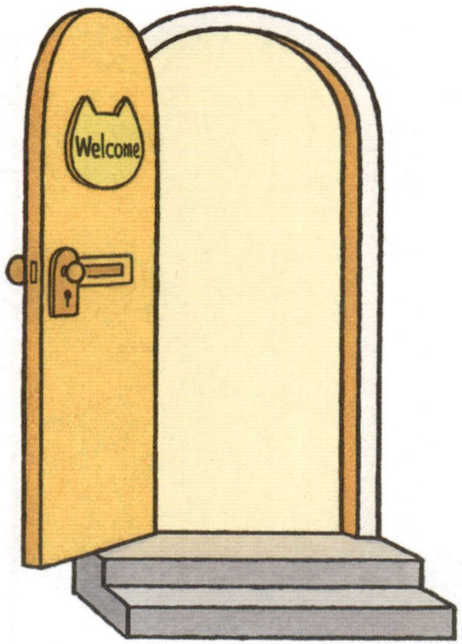

우리와 두리의 미로 찾기

준비물
연필,
지우개

우리와 두리가 엄마 아빠를 찾아갈 수 있도록 길을 찾아주자.

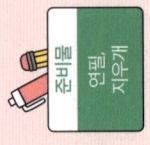

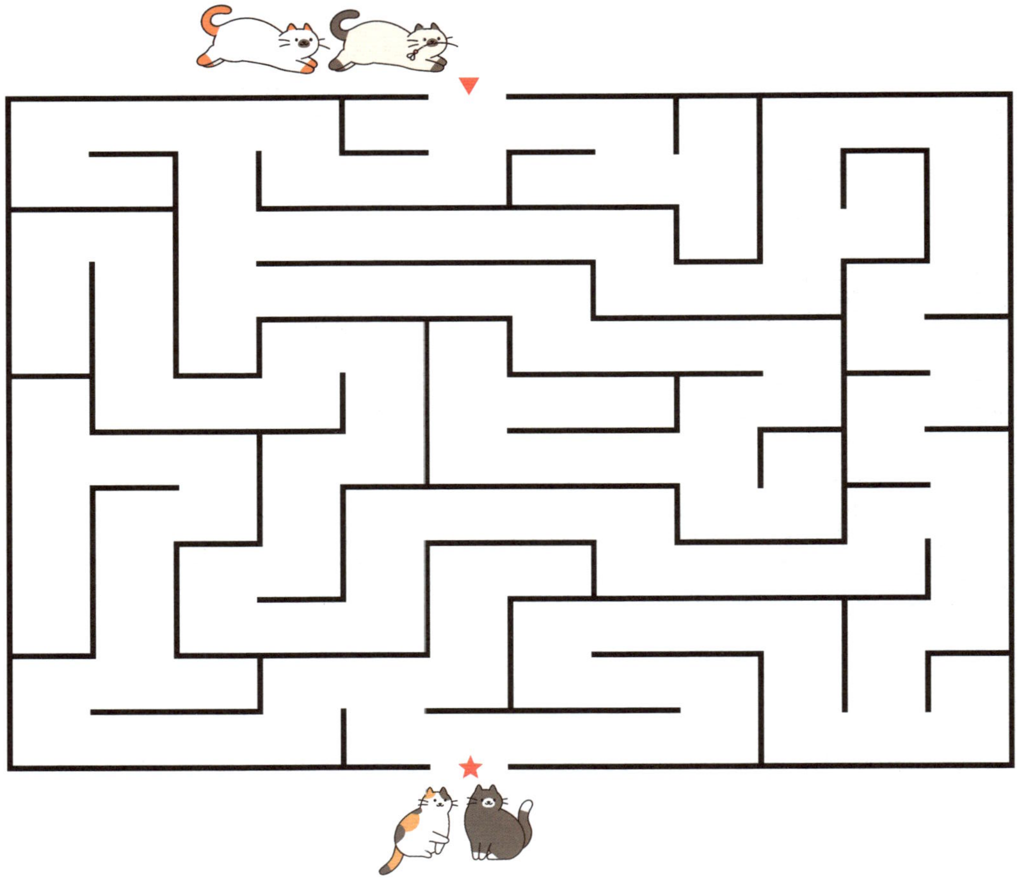

100마리 고양이 집 점 잇기

준비물
색연필 또는 크레파스

점을 이어 100마리 고양이 집을 완성해 보자.

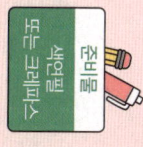

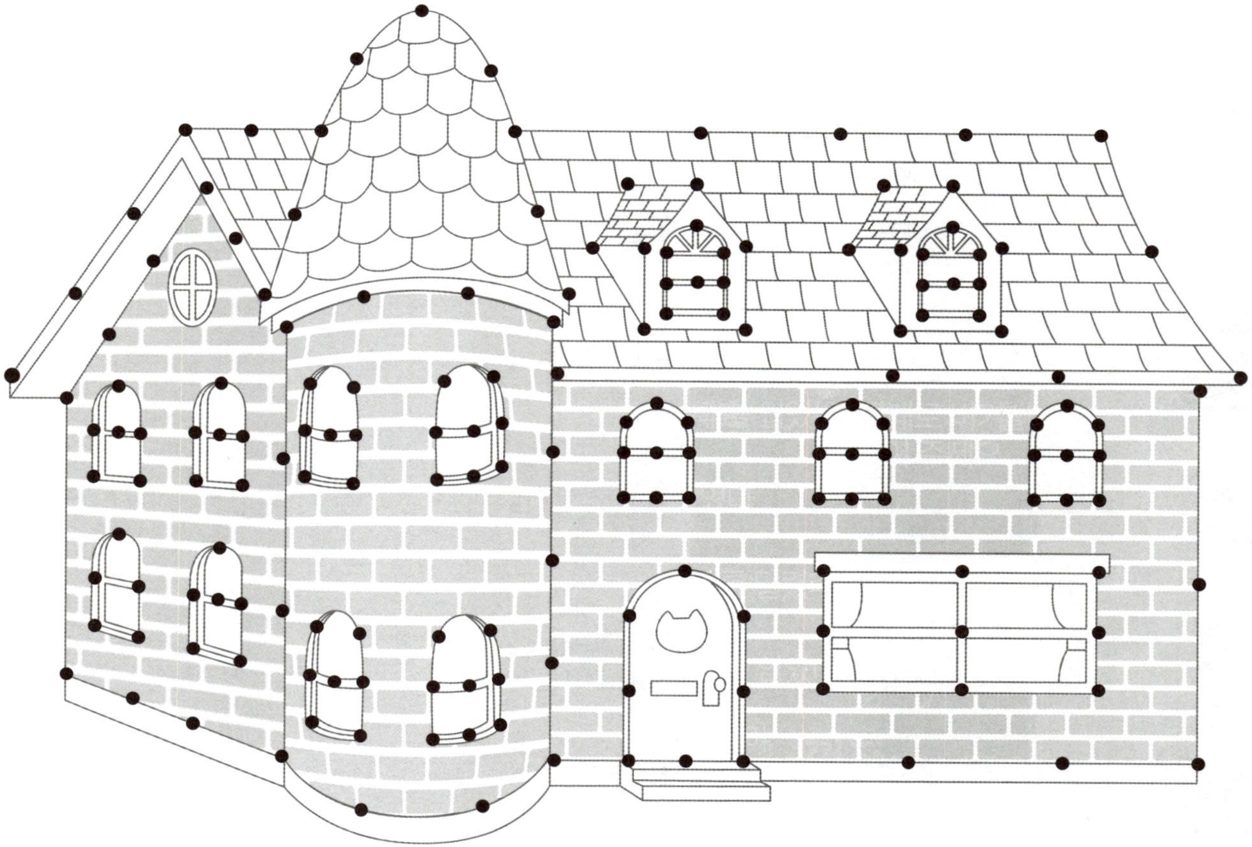

낱말을 찾아라

그림과 낱말을 올바르게 연결해 보자.

- 토끼
- 왕관
- 나비
- 수박
- 돼지
- 번개

나비 · 수박 · 번개 · 왕 · 토끼 · 돼지

자음 나라 vs 모음 나라

자음과 모음을 구분해 보자.

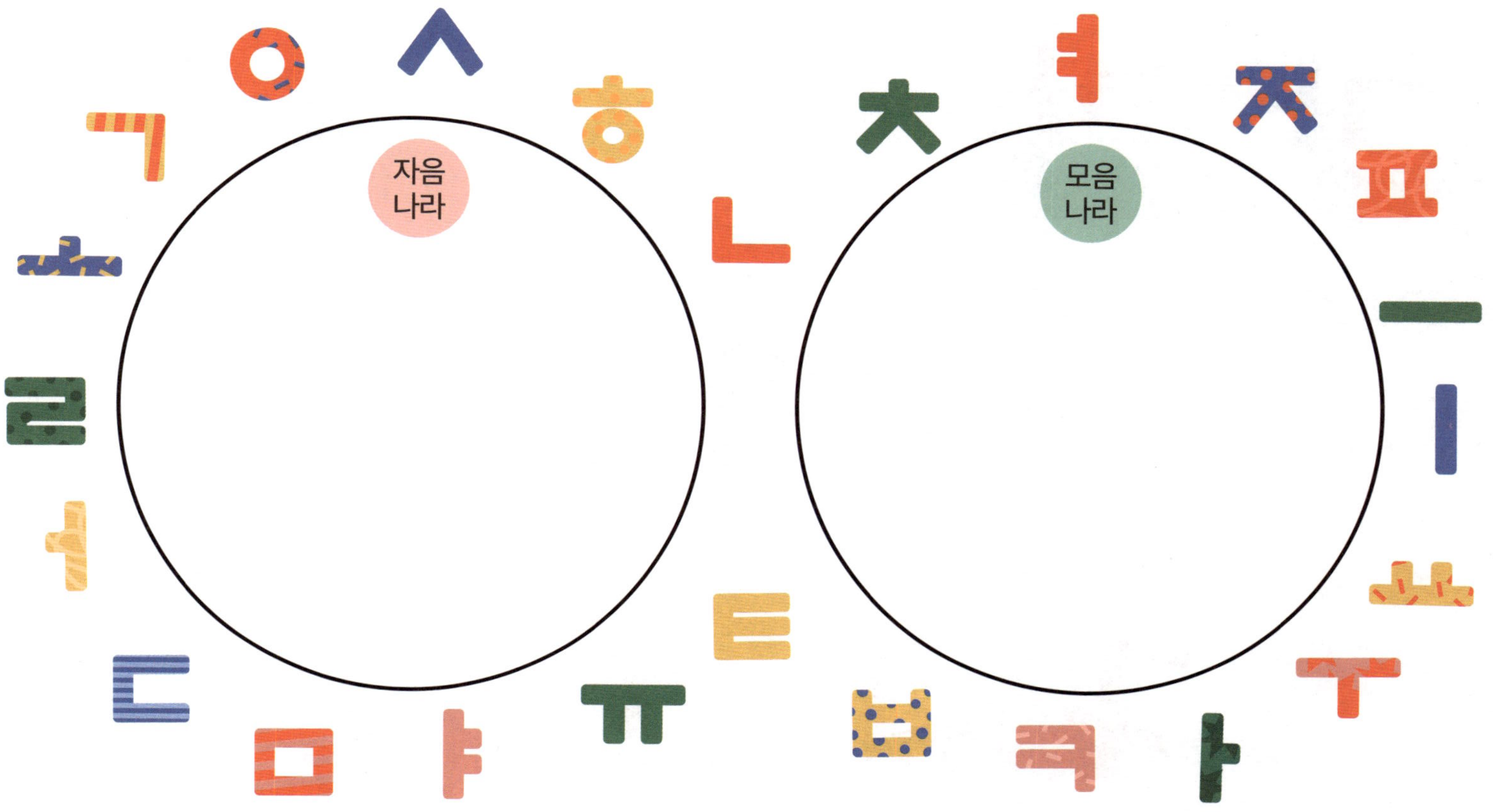

자음 나라

모음 나라

ㄱ ㅇ ㅅ ㅎ ㄴ ㅊ ㅋ ㅍ ㅌ ㅂ ㅁ ㄷ ㄹ

ㅘ ㅏ ㅓ ㅕ ㅜ ㅣ ㅡ ㅠ ㅑ

준비물
연필
지우개

준비물: 색종이, 가위

색종이 모음 놀이

색종이로 모음들을 만들어서 기역과 조합해 보자.

"모음이랑 춤추게 해줘"

초성부터 인물까지, 선 긋기

제시된 초성을 보고 맞는 이름을 찾아 그림까지 선을 이어 보자.

ㄴㅂ	ㅇㅂ	ㅍㄱ
ㄹㅜ	ㅇㅔㄱㅓ	ㅇㅣㅜ
아빠	놀부	돼지

준비물: 연필, 지우개

OX 퀴즈

책 내용을 기억하며 OX 퀴즈를 맞혀 보자.

놀부는 처음부터 착했다.

놀부는 기억력은 나빴지만 창의력은 좋았다.

흥부는 원래 욕심이 많았다.

놀부가 배에 써둔 초성 암호는 "ㅇㅇㄹ ㅍㅅ"다.

흥부는 놀부에게 따뜻한 대접을 받았었다.

흥부는 놀부의 생일선물로 대왕 치킨을 가져왔다.

꿀꿀 일보 틀린 그림 찾기

준비물
연필, 지우개

꿀꿀 일보 신문에서 틀린 그림을 찾아보자.

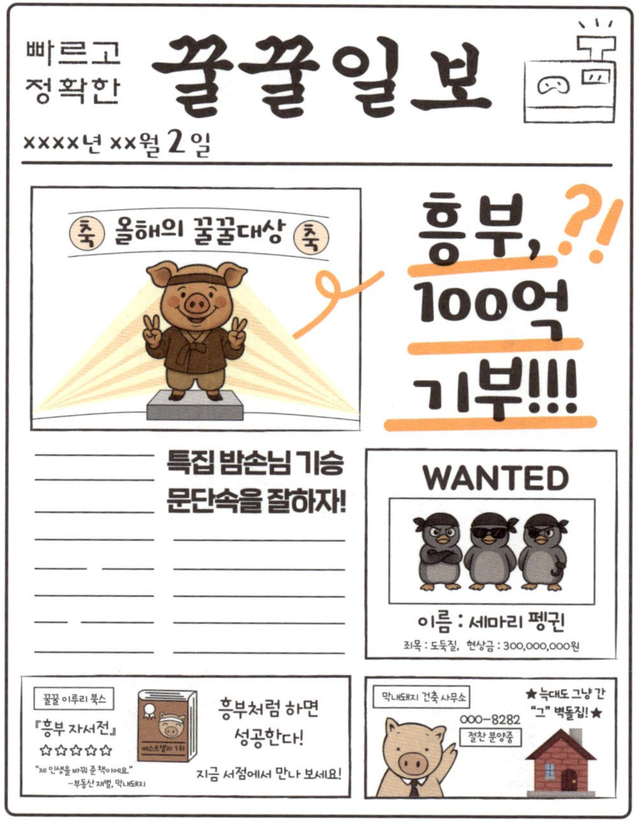

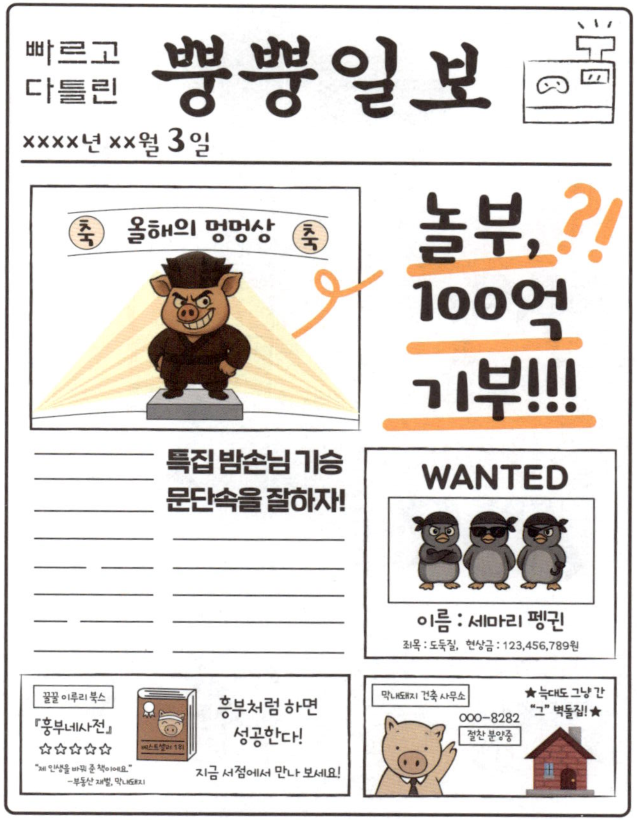

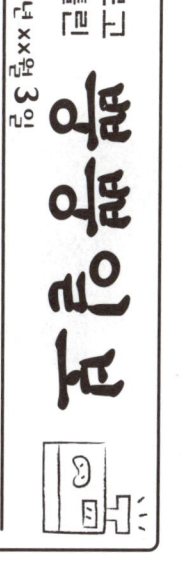

뛰어다니는 말

제멋대로 뛰어다니는 말을 문장의 흐름대로 순서를 찾아보자.

준비물: 연필, 지우개

보기 문장
책 속의 말들이 뜨금없이
막 뛰어다니기 시작하는 바람에
읽기가 무척이나 어려워졌지 뭐예요.

- 읽기가
- 무척이나
- 뭐예요.
- 뜨금없이
- 어려워졌지
- 바람에
- 막
- 뛰어다니기
- 책 속의
- 말들이
- 시작하는

잃어버린 'ㅏ'를 찾아줘

'ㅓ'를 'ㅏ'로 바꾼 표현을 찾아 선을 그어 보자.

- 후누도
- 은 재멋드고
- 문어
- 욱어가
- 내구
- 어떻게 후른 물아
- 위엄훈 욱어
- 조심후세오
- 물훈 멷
- 너무후잖우

- 만약
- 안 재밌다고
- 하나도
- 위험한 약어
- 조심하세요
- 말하면
- 약어가
- 너무하잖아
- 어떻게 하란 말아
- 내가

141

사라진 이야기를 찾아줘

사라진 단어들의 자리를 채워 새로운 이야기를 만들어 보자.

옛날 옛적, _____에 뛰어난 _____가 살고 있었습니다. _____는 _____하러 그곳으로 가는 길에 _____는 초록빛 악기를 _____는데 그때 _____는 초록빛 악기를 _____해 보았어요. 그런데 여기서 냄새가 조금 나지 않나요? 알고 보니 _____는 _____가 아니라 _____였던 거예요.

글자 계단 놀이

글자 계단을 밟으며 올라가 초등학교에 도착해 보자.

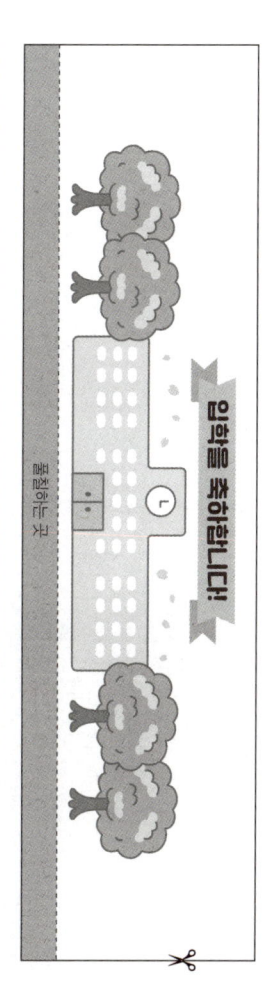
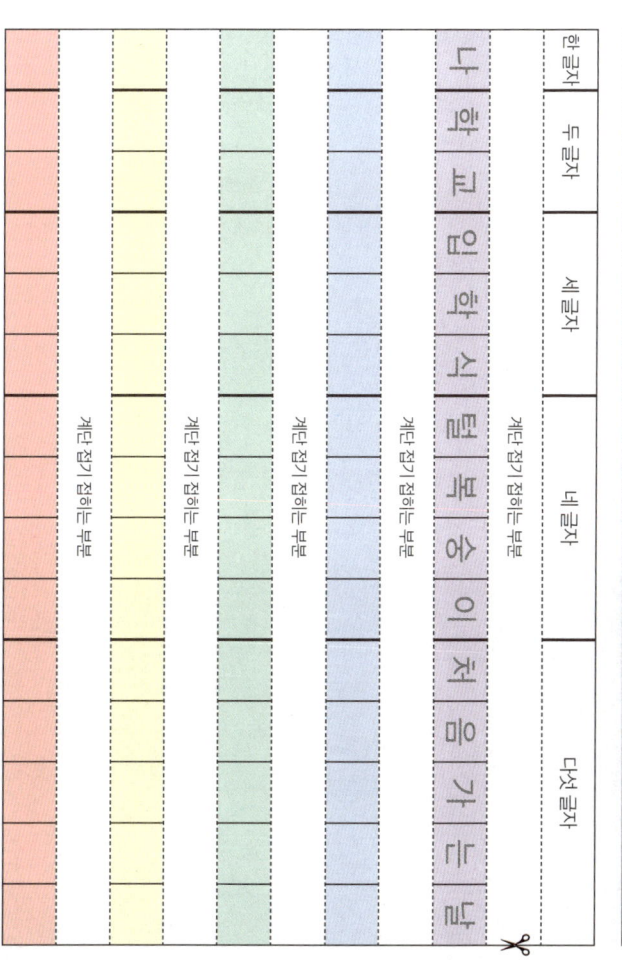

같은 점과 다른 점 찾기

유치원과 초등학교의 같은 점과 다른 점을 찾아보고 그림이나 글로 표현해 보자.

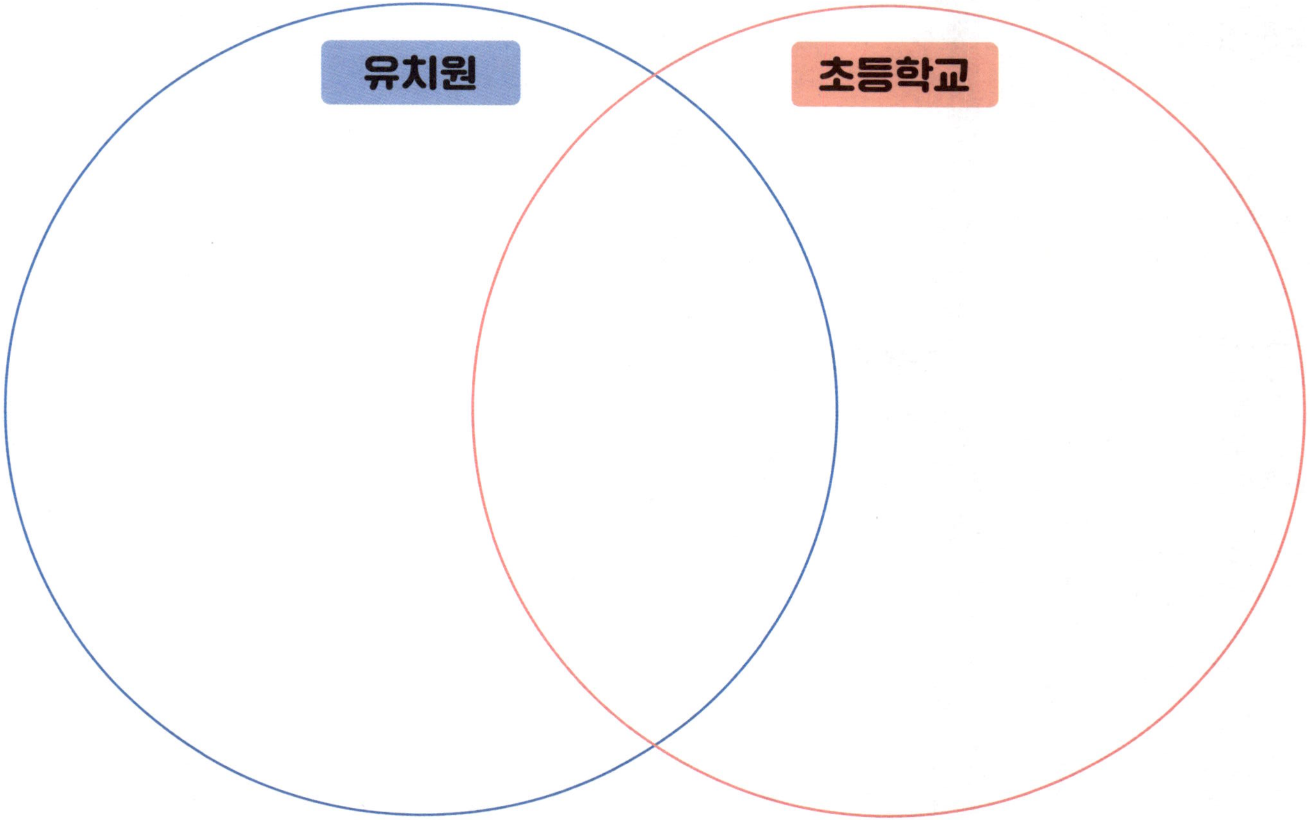

유치원

초등학교

매력 카드 만들기

호아가 학교에서 힘낼 수 있도록 매력 카드를 만들어 보자.

준비물
색연필 또는 사인펜

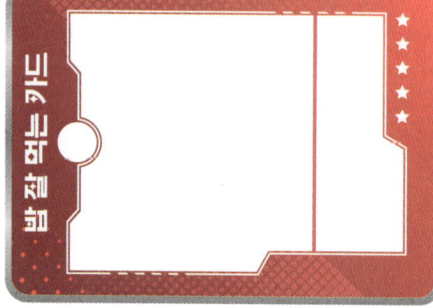
밤 잘 먹는 카드

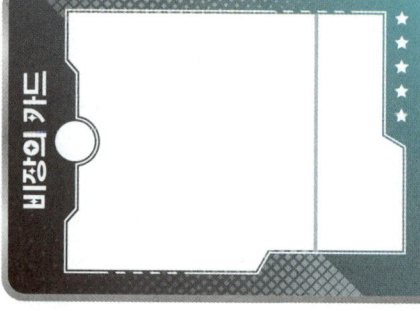
비장의 카드

친구 잘 사귀는 카드

체육 잘하는 카드

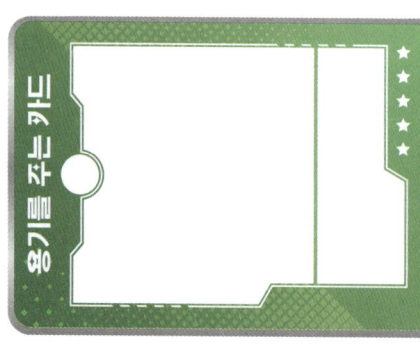
용기를 주는 카드

공부 잘하는 카드

응원 문구

힘내! 호아는 용감한 친구야.

반갑게 인사해 봐!
호아는 멋진 친구야.

맛있게 냠냠!
호아는 건강한 친구야.

차근차근 집중하면 돼!
호아는 똑똑한 친구야.

몸을 쑥쑥! 힘차게 뛰어봐.
호아는 씩씩한 친구야.

호아는 뭐든 할 수 있어!
넌 정말 특별한 친구야.

146

ㅇㅅㅎ 글자 패턴 찾기

ㅇㅅㅎ 글자 패턴을 찾아보자.

친구 이름 맞히기

빈칸을 채우고 친구들의 이름을 맞혀 보자.

아이수비

슈퍼 김밥 라면 오이
국물 형 부엌 묵

우정 쪽지 쓰기

준비물
색연필
또는 사인펜

로봇 친구가 만든 단어를 골라서 친구에게 우정 쪽지를 써 보자.

사랑해

고마워

미안해

좋아해

함께해

행복해

멋있어

친절해

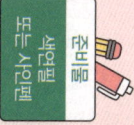

'무'의 의미

'없다'는 뜻을 가진 '무'가 들어간 말들 알맞은 그림과 연결해 보자.

무지방	•	•	무지방 우유는 지방이 없어서 맛이 깔끔해요
무설탕	•	•	무표정인 표정이 없어서 뚱뚱해 보여요
무표정	•	•	예의가 없는 무례한 친구는 다른 사람을 속상하게 해요
무례	•	•	무설탕 주스는 설탕이 없어서 달지 않아요

우정 열차

우정 열차의 글자 칸에 '우'로 시작하는 말과 '정'으로 끝나는 말을 적어 보자.

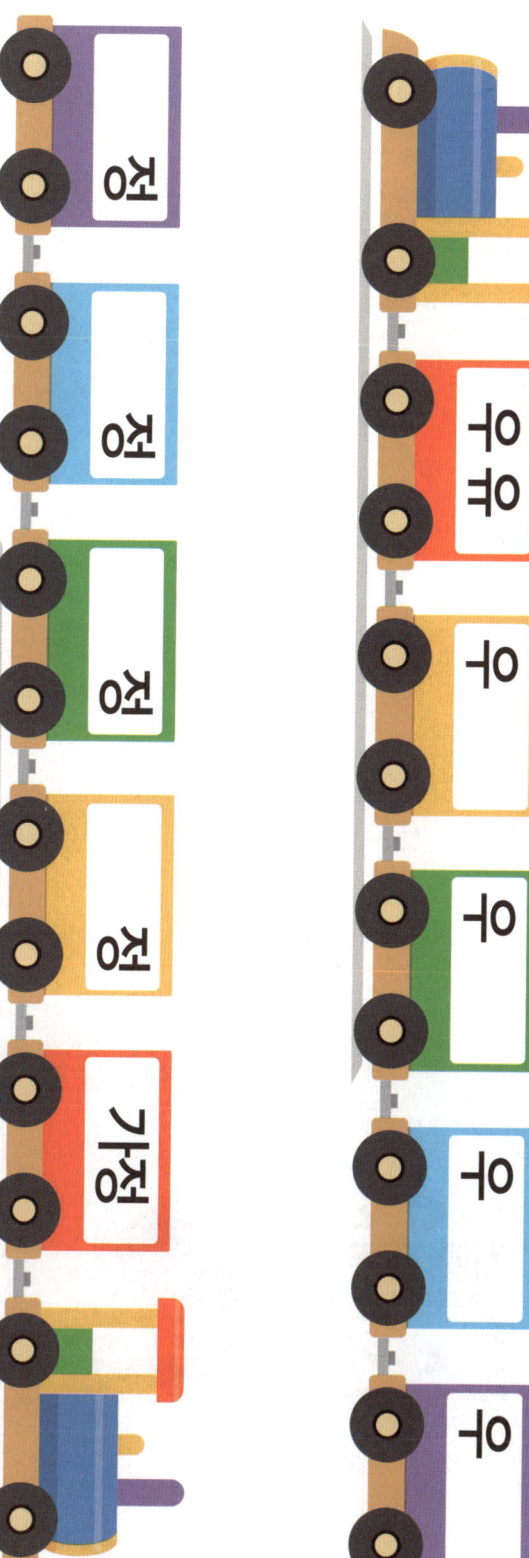

육하원칙

누가, 언제, 어디서, 무엇을, 어떻게, 왜 한 건지 말해 보자.

준비물: 색연필 또는 연필

육하원칙: 누가 / 언제 / 어디서 / 무엇을 / 어떻게 / 왜

누가 / 어디서 / 무엇을 / 어떻게

누가 / 무엇을 / 어떻게

누가 / 무엇을 / 어떻게

152